33.322

HISTOIRE D'ELBEUF

par H. SAINT-DENIS

TOME VI

(De 1780 à 1792)

ILLUSTRÉ DE 12 PLANCHES HORS TEXTE

PAR DÉLIBÉRATION DU CONSEIL MUNICIPAL D'ELBEUF,
EN DATE DU 9 MAI 1894

ELBEUF. — IMPRIMERIE H. SAINT-DENIS

1899

HISTOIRE D'ELBEUF

TOME VI

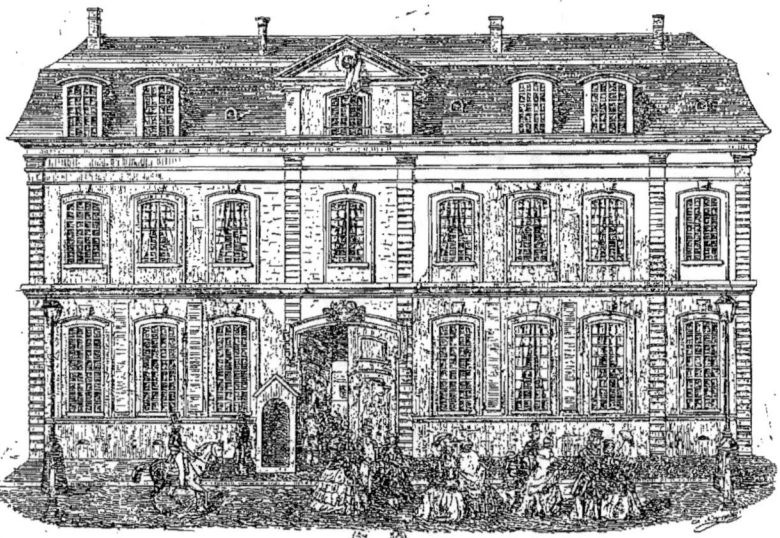

ANCIEN HOTEL DE VILLE (vers 1856)

HISTOIRE D'ELBEUF

par H. SAINT-DENIS

TOME VI

(De 1780 à 1792)

ILLUSTRÉ DE 12 PLANCHES HORS TEXTE

PAR DÉLIBÉRATION DU CONSEIL MUNICIPAL D'ELBEUF,
EN DATE DU 9 MAI 1894

ELBEUF. — IMPRIMERIE H. SAINT-DENIS

1899

HISTOIRE D'ELBEUF

Tome Sixième

CHAPITRE Ier
(1780)

Le prince de Lambesc, duc d'Elbeuf *(suite)*. — L'impôt de capitation. — Prix de revient d'un drap d'Elbeuf et production annuelle. — Mort de l'abbé Jean Poulain. — Police des fabriques d'Elbeuf et de Louviers. — Un condamné a mort. — La marque des draps et les bureaux de visite. — Les droits de justice sur les ouvriers. — Substitution pour le maintien perpétuel du duché-pairie d'Elbeuf. — Les officiers du duché.

Les archives municipales conservent cinq rôles de l'impôt de capitation de la paroisse Saint-Jean, s'étendant de 1776 à 1780. Ces cahiers fournissent un état intéressant des imposés, en indiquant leur profession et la somme que chacun devait payer. Nous ferons quelques emprunts au rôle de 1779-1780.

Parmi les imposés figurant sur le rôle de la paroisse Saint-Jean, nous citerons les drapiers suivants :

Henry de la Rue, 258 livres ; Vve Duruflé et fils, 195 ; Patallier père, 160 ; Louis Flavigny, 221 ; Nicolas père, 252 ; Louis de la Rue, 365 ; Pierre Nicolas Bourdon, 225 ; Bernard de la Rue, 180 ; Pierre Maille, 278 ; Constant Bourdon, 175 ; Constant Godet, 462 ; Vve Le Roy et fils, 307 ; Jacques Quesné, 187 ; Vve Pierre Dupont, 160 ; Louis-Robert Quesné, 197 ; Robert Bourdon, 312. — Les autres fabricants de la paroisse Saint-Jean ne payaient que des sommes inférieures à 150 livres.

Le fermier général du duché d'Elbeuf, pour cette ferme et celle des moulins de Saint-Jean et de Saint-Etienne, payait 2.125 livres de capitation.

Cet état nous fait connaître qu'il y avait, sur la seule paroisse Saint-Jean, quatre maîtres d'école : Durand, Fleury, Legendre et Leroux ; un cinquième, du nom de Simon, venait de mourir. Les maîtresses d'école étaient au nombre de quatre : la demoiselle Piroult, la femme Leduc, et les veuves Julien et Regardenbas.

La paroisse comptait en outre 33 drapiers, 6 basdestamiers, 6 maîtres teinturiers, 1 chimiste, 1 marchand de bourre, 2 détacheurs de draps.

Les professions libérales étaient représentées par 4 avocats, 1 notaire, 1 médecin, 2 chirurgiens. Citons encore 1 maître à danser, 2 maîtres écrivains, 1 armurier, 1 sculpteur.

L'*Encyclopédie méthodique des Arts et Manufactures*, éditée par Panckoucke quelques années après, nous fournit le prix de revient d'un drap d'Elbeuf et la facture que le fabricant en pouvait faire. Nous reproduisons un passage de cet ouvrage, qui ne manque pas d'intérêt :

DRAP D'ELBEUF

5/4 *Gris teint en laine*, 27, 28 à 2.900 fils en chaîne ; deux aunes un trente-deuxième ou un seizième, ou un huitième de largeur, et au moins douze enseignes de longueur sur le métier.

LAINE POUR LA CHAINE ET LA TRAME ; SAVOIR :

1. F Ségovianne, trente-six livres en surge pour vingt-sept livres plusées, à raison de quatre onces de déchet, à 3 liv. 5 sols. 117¹.
   F Sorie, trente-six liv. en surge pour vingt-sept livres plusées, à 3 liv. 3 sols........ 113¹. 8ˢ. } 230¹. 8ˢ.
2. Dégraissage et lavage de soixante-douze livres de laine............... 1.
3. Teinture.......................... 10.
4. Battage........................... 15.
5. Plusage de cinquante-quatre livres de laine teinte, à 9 deniers............ 2. 6ᵈ
6. Huile d'olive pour l'ensimage de ladite laine, à raison d'un quart par livre ; treize livres et demi à 13 sols. 9. 15. 6·
7. Droussage {Plaquage de 67 liv. 1/2 de laine ensimée à 1 sol 6 deniers   5¹. 1ˢ. 3ᵈ.
   Repassage de ladite laine, à 1 s. 6 d.   5. 1. 3.}   10. 2. 6.
8. Filage de trente-trois livres et demi de fil de chaîne, provenant de vingt-sept livres un

quart de laine ensimée, à 8 sols.............. 13. 8.			
Filage de quarante-six livres de fil de trame, provenant de quarante livres de laine ensimée, à 7 sols.............. 16. 2.	29.	10.	
9. Bobinage de trente-trois livres de chaîne, à 9 deniers................	1.	5.	
10. Ourdissage de la chaîne de 2.800 fils		7.	
11. Collage.....................	1.	10.	
12. Lisières toutes ouvrées et faites de grosse laine teinte en différentes couleurs, pesant quatre livres, à 30 sols..	6.		
13. Tissage du drap et sépoulage de la trame, à raison de 9 sols par livre de trame employée...................	20.	14.	
14. Epinçage du drap en gras et en maigre	3.		
15. Dégraissage et foulage............	3.		
16. Savon blanc, cinq livres à 10 sols. .	2.	10.	
17. Lainage, tonture, etc..............	12.		
18. Epoutiage et rentrayage...........	2.	10.	
19. Usé des outils...................	6.		
20. Cati en toile....................	3.		
21. Loyer de maison, frais de communauté et autres...................	6.		

    Total des frais de fabrication... 361. 7. 6.

A déduire :

Une livre de corrons à 20 sols............. 1^l.		
Une livre de gros et ploquettes à 20 sols .... 1.	2.	

Facture dudit drap mesuré avec l'aune et le pouce, et vendu pour payer au terme de douze mois.

N° 1.......... 27 : 7/8 aunes
A déduire pour
la bonne mesure, à raison
d'un quart par
quatre aunes.   1 : 5/8

    Reste.... 25 : 1/4 à 15^l. 10^s. ci.   391^l. 7^s. 6d.
En déduisant le net de la dépense de... 359. 7. 6.

Il reste pour le bénéfice du fabricant... 32^l.

Année 1780

Ce même ouvrage nous apprend que la Manufacture de draps d'Abbeville faisait venir d'Elbeuf, de temps à autre, un émouleur de forces.

Enfin, nous y trouvons le tableau de la production de la fabrique de notre ville, à cette époque. Elle produisait annuellement :

18.000 pièces de drap de 5/4, longues de 30 aunes, valant 16 livres 10 sols l'aune et 495 livres la pièce, soit...	8.910.000 livres
150 pièces de royales de 5/8, longues de 30 aunes, valant 10 livres l'aune et 360 livres la pièce, soit...	54.000 —
80 pièces de kalmouks de 5/4, longues de 30 aunes, valant 16 livres l'aune et 480 livres la pièce, soit...	38.400 —
100 pièces d'alpagas de 5/8, longues de 40 aunes, valant 9 livres l'aune et 360 livres la pièce, soit...	36.000 —
Production totale annuelle	9.038.400 livres

En ce temps là, la fabrique de Louviers ne produisait par an que 4.400 pièces de draps fins, valant ensemble 3.196.800 livres.

L'importance totale des fabrications lainières de Rouen, comprenant les draps, ratines, espagnolettes croisées ou lisses et flanelles ne se chiffrait que par 1.021.790 livres.

Enfin la production en draps, ratines, espagnolettes, croisées ou lisses, pinchinats et flanelles de la manufacture de Darnétal, ne s'élevait qu'à 2.489.400 livres par an.

Robert Heüllant ayant donné sa démission

de collecteur des vingtièmes, capitation, industrie et autres impositions royales, le corps municipal nomma Mathieu Maille pour le remplacer. La délibération est du 3 janvier 1780.

Jean Poulain, alors âgé de 71 ans, prêtre habitué de Saint-Jean, le principal auteur de la rue qui porte son nom, habitait la rue de la Justice. Mieux que personne, il avait reconnu l'utilité du percement de la nouvelle voie, pour lequel il avait versé une somme de 10.000 livres. Mais il ne jouit pas de son œuvre, car il mourut le 25 janvier 1780, après avoir, le matin même, vers onze heures, fait son testament, qu'il avait remis à Pierre Osmont, vicaire de Saint-Etienne et chanoine du Saint-Sépulcre de Rouen.

A cinq heures du soir, peu de temps après le décès, Me Osmont requit le notaire d'aller apposer les scellés au domicile du défunt. L'inventaire des meubles et papiers fut dressé à partir du 13 mars et se continua jusqu'au 31 de ce mois.

Nous n'avons pu trouver le testament du vénérable abbé Poulain, mais nous savons que, sur une somme de 37.798 livres en espèces qui fut trouvée chez lui, son exécuteur testamentaire préleva 10,700 livres, « pour payer les legs provisoires qui sont : l'hôpital, les pauvres... »

On trouva dans ses très nombreux papiers une reconnaissance faite au défunt pour le prêt de 12.000 livres au trésor de Saint-Jean, sur laquelle il avait abandonné 300 livres pour faire un pavage autour de l'église, et un registre indiquant qu'il avait des intérêts dans les forges de la Bonneville, dont Robert Grandin, un de ses parents, était directeur.

Le mobilier était assez riche et comprenait un billard : c'est le premier meuble de ce genre que nous rencontrons. Le défunt possédait aussi de nombreuses propriétés et rentes diverses. Il avait toujours soigneusement inscrit ses recettes et ses dépenses et mis beaucoup d'ordre dans la gestion de ses biens, dont héritèrent les familles Grandin, Quesné, Sevaistre, Flavigny et Duruflé. La succession en immeubles fut évaluée à 140.000 livres.

Jacques Siméon, ouvrier de notre fabrique, profès du tiers-ordre de Saint-François, légua ses meubles à l'hôpital. Jacques-Etienne Patallier, prêtre sacristain de Saint-Jean, en fit faire l'inventaire le 26 janvier. Il valaient environ 130 livres.

Le 4 février, Marc-Antoine Marcotte, notaire à Bourgtheroulde, se trouvant à Elbeuf, vendit à Louis-Pierre Pourpoint, agent d'affaires et feudiste à Saint-Pierre-des-Cercueils, son office de notaire, pour le prix de 14.000 livres. A cette époque, l'auberge du *Coq* existait encore.

Une pièce de ce même mois est un contrat d'apprenti basdestamier. Le maître était Michel Duvivier, demeurant au Buquet ; l'élève Baptiste Metais, de la Londe. L'apprentissage devait durer six mois ; le jeune homme s'engageait à payer 100 livres pour prix des leçons qui lui seraient données.

Les registres du Conseil d'Etat contiennent une nouvelle ordonnance royale, concernant la police à observer dans les manufactures de de draps d'Elbeuf et de Louviers, portant la date du 14 février 1780. Cet arrêt fut imprimé chez Jacques-Joseph Le Boullenger, à Rouen :

« *Arrêt du Conseil d'Etat du roi, concernant la police à observer dans les manufactures de draps d'Elbeuf et de Louviers.*

« Le roi étant informé qu'il s'est élevé des discussions entre les fabricants des manufactures de draps établies dans les villes d'Elbeuf et de Louviers, et surtout en ce qui concerne la vente des bouts, corons et déchets dont les vols deviennent plus fréquents ; Sa Majesté aurait jugé nécessaire de prévenir les inconvénients qui en pourroient résulter, et de prendre en même temps les précautions nécessaires pour empêcher que ces manufactures en se dégradant, ne perdent insensiblement la réputation qu'elles ont justement acquise dans les pays étrangers, comme dans le royaume, et Sa Majesté s'y seroit portée d'autant plus volontiers, que n'y ayant point eu de communautés établies dans ces deux villes, et l'exercice des arts et métiers y étant entièrement libre, il étoit encore plus important d'établir une bonne police dans des manufactures si intéressantes pour le commerce : à quoi voulant pourvoir ; ouï le rapport du sieur Moreau de Beaumont, conseiller d'Etat ordinaire et au Conseil royal des finances, le roi étant en son conseil a ordonné et ordonne ce qui suit :

« Art. I⁰ʳ. — Il sera tenu tous les ans, un jour qui aura été convenu, dans une assemblée de fabricants de draps, de chacune des deux villes, une assemblée générale des fabricants d'icelle, à l'effet de procéder à l'élection : savoir, dans la ville d'Elbeuf, de trois d'entre eux pour remplir les fonctions de jurés-gardes des fabriques, et dans celle de Louviers de deux seulement ; ladite assemblée sera convoquée huit jours auparavant.

« II. — Lesdits jurés-gardes seront tenus de veiller à la police desdites manufactures, et de faire exécuter exactement les règlements généraux et les règlements particuliers faits pour chacune desdites manufactures.

« III. — Indépendamment de l'élection desdits jurés, il sera nommé par ladite assemblée, un ancien juré garde, et deux des fabricants qui ne seront point du nombre desdits jurés-gardes élus, pour les aider de leurs conseils et avis, assister avec eux aux bureaux de visite et de marque, et proposer ce qu'ils croiront le plus convenable pour la police et l'avantage des fabriques.

« IV. — Et où lesdits jurés-gardes et leurs conseils, estimeroient nécessaire de convoquer, dans le cours de l'année, quelqu'autre assemblée générale, ils seront obligés de se retirer par devant le s^r intendant, commissaire départy en la généralité de Rouen, pour obtenir de lui la permission de la convoquer.

« V. — Ledit s^r commissaire départi pourra toutes les fois qu'il le jugera à propos, envoyer un de ses subdélégués pour assister auxdites assemblées, ou y assister lui-même s'il l'estime nécessaire.

« VI. — Il sera fait tous les ans, au jour qui sera réglé par l'assemblée tenue pour l'élection des jurés gardes, une vente générale des bouts, corons et déchets desdites fabriques, au plus offrant et dernier enchérisseur, sans qu'aucun desdits fabricants puisse les vendre en tout ou partie, à aucun autre que celui à qui ladite adjudication aura été faite, ni les exporter ou faire exporter à l'étranger, à peine de cinq cents livres d'amende, même de plus grande peine s'il y échet.

« VII. — Fait Sa Majesté défenses expresses à tous ouvriers des fabriques, de retenir lesdits bouts, corons et déchets, et à toutes personnes sans exception, d'en acheter d'eux, à peine de confiscation, et de mille livres d'amende, même s'il y échet, d'être poursuivis extraordinairement comme coupables de vols et de recelé ; au surplus, évoque Sa Majesté à Elle et à son Conseil, toutes les demandes et contestations qui pourroient survenir entre lesdits fabricants, ou au sujet de leurs fabriques en matière civile, ou de police, pendant l'espace de trois années seulement, et les a renvoyées et renvoye, circonstances et dépendances, par devant le sieur intendant et commissaire départi en la généralité de Rouen, pour être par lui instruites et jugées définitivement et en dernier ressort, en appelant deux gradués au moins ; lui attribuant à cet effet, pendant ledit temps, toute cour, juridiction et connoissance, et icelle interdisant à toutes les cours et juges. Fait Sa Majesté défenses aux parties de se pourvoir ailleurs que par-devant ledit sieur Intendant, à peine de nullité, cessation de procédures, et tous dépens, dommages et intérêts.

« VIII. — Le présent arrêt sera publié et affiché dans lesdites villes d'Elbeuf et de Louviers, et exécuté en tout son contenu, jusqu'à ce qu'il en ait été autrement ordonné par Sa Majesté, nonobstant opposition ou empêchements quelconques, dont si aucun intervient, Sa Majesté a réservé la connoissance à Elle et à son Conseil ; enjoint au sieur Intendant et commissaire départi d'y tenir la main.

« Fait au Conseil d'Etat du roi, Sa Majesté

y étant, tenu à Versailles le 14e jour de février mil sept cent quatre vingt.

« Signé : BERTIN.

« Louis-Thiroux de Crosne, chevalier, conseiller du roi en ses conseils, maître des requêtes de son hôtel, intendant de justice, police et finances de la ville et généralité de Rouen.

» Vu l'arrêt du Conseil d'état du roi du quatorze de ce mois, ci-dessus.

« Nous ordonnons que ledit arrêt du Conseil sera exécuté suivant sa forme et teneur, et qu'il sera imprimé, lu et affiché dans les villes d'Elbeuf et de Louviers. Fait en notre hôtel, le vingt quatre février mil sept cent quatre-vingt.

« Signé : THIROUX DE CROSNE ».

Cette ordonnance fut affichée le lendemain à Elbeuf et à Louviers.

Le 18 février, Pierre-Mathieu Quesné, fabricant, maire d'Elbeuf, demeurant paroisse Saint-Jean, Robert-Bernard Flavigny, Louis-Robert Flavigny, Louis Delarue et François-Jacques Quesné, également fabricants, échevins de la ville, le premier et les deux derniers demeurant paroisse Saint-Jean, le second paroisse Saint-Etienne, tous représentant le corps de ville et autorisés par de nouvelles lettres patentes du roi du 11 avril précédent, empruntèrent une somme de 8.000 livres à Jacques Delacroix, ancien échevin, moyennant 400 livres de rente, pour être employée aux travaux de la rue projetée et de la Maison de ville.

Le lendemain, on mit en liberté Pierre Ferrand, marchand de laine à Surtauville, détenu aux prisons d'Elbeuf pour dettes, qui venait de désintéresser ses créanciers.

Le 14 mars, Michel Grandin, administrateur de l'hôpital, encaissa 3.000 livres que lui remit Pierre Osmont, vicaire de Saint-Etienne, chanoine du Saint-Sépulcre de Rouen, provenant du legs fait à cet établissement par feu Jean Poulain, prêtre de Saint-Jean. — Trois jours après, Mathieu Flavigny, curé de Saint-Jean, reçut du même la somme de 600 livres, pour les pauvres. — Le 18, Pierre Osmont remit aux religieuses ursulines une somme de 6.000 livres que M° Poulain avait promis leur prêter. Cette somme devait être remboursée aux héritiers du défunt.

Ce même jour, Jean-Baptiste Grandin père reçut une somme de 14.000 livres, par les mains de Charles Durand, fabricant à Louviers, et de la veuve de Fontenay et ses fils, de Rouen, pour l'extinction d'une rente de 700 livres créée au profit de Joseph Godet père, fabricant à Elbeuf, pour cause de fieffe faite, le 24 novembre 1766, « à l'Association des Manufactures unies de Louviers », composée de Jacques-Mathieu Maille, Charles Durand, Charles-François Dubusc, Nicolas-Augustin Decrétot, Michel-Georges Petou, Barthélemy-P. C.-Marc Langlois, Louis-Pierre Delacroix, Guillaume B.-N.-Claude Langlois, et Michel François Lemercier, d'un moulin à foulon à Amfreville sur-Iton et de divers droits sur cette rivière, dont Grandin était devenu propriétaire par transport du 22 décembre.

Un contrat du 9 avril nous fait connaître que pour apprendre le métier de « siamoisier fleuriste », il en coûtait 60 livres.

Le plus ancien employé de la fabrique d'Elbeuf mentionné comme « commis de comptoir » est Simon Eloy, dont nous trouvons le nom et la profession dans une obligation de cette année.

Une autre pièce concerne la confrérie du Saint-Sacrement, à Orival, de laquelle Charles Chrétien était alors maître en charge, et Etienne Lebret, prévost.

Le 18 avril, on mit en adjudication la démolition de la maison et bâtiments composant l'auberge du Coq, afin d'ouvrir la rue projetée. L'adjudicataire fut Jacques Chefdrue, entrepreneur de bâtiments, qui avait poussé l'enchère jusqu'à 650 livres. La place devait être nette pour le 20 mai suivant.

Ce même jour, sur la réquisition de Guillaume Blin, procureur du roi au bailliage de Pont-de-l'Arche, Me Lingois, notaire d'Elbeuf, se transporta au château du Bec-Thomas, où était décédé la veille à dix heures du soir, « haut et puissant seigneur messire Marc-Antoine de Languedor, conseiller du Roy en tous ses conseils, doyen de nosseigneurs les présidents à mortier du parlement de Normandie, chevalier, seigneur marquis du Bec-Thomas, comte d'Averton, etc., gouverneur pour le roy des ville et château d'Aumalle ». Là, le notaire apposa des scellés sur les portes des appartements et dépendances du château.

Languedor fut inhumé le lendemain. A cette cérémonie se trouvaient Adrien-Amable-Marie de Rouen, chevalier, seigneur de Bermonville, de Thuit-Anger et autres lieux, président à la Cour des comptes ; Romain-Guillaume Rondel, maître ordinaire à cette même cour, seigneur patron d'Heudreville, Cauverville, etc. ; Louis-Félix Lambert, chevalier, seigneur de Saint-Marc, officier de cavalerie; Langlois d'Auteuil de Criquebeuf, et autres personnages.

Un arrêt du Parlement, en date du 27 avril, homologua une ordonnance de l'évêque du diocèse d'Evreux concernant la célébration, à Saint-Jean, d'une messe d'onze heures, les dimanches et jours de fête.

Le 5 mai, le nommé Jean-Romain Lefebvre, âgé de 23 ans, né à Thuit-Simer, demeurant à Elbeuf, paroisse Saint-Etienne, où il avait exercé la profession de tailleur de pierres, mais alors soldat dans les grenadiers royaux, se rendit coupable d'un crime.

Etant en état complet d'ivresse, il entra dans le presbytère de Thuit-Simer, où il tua le sieur Benoît Girard, ouvrier tondeur de draps, qu'il avait engagé comme soldat, et qui voulait rompre cet engagement pour en contracter un autre plus avantageux.

Traduit devant la haute justice d'Elbeuf, le bailli le condamna à mort ; mais de hauts personnages s'étant intéressés à Lefebvre, le chapitre de Saint-Romain de Rouen le désigna pour porter la Fierte, en 1782, et il eut la vie sauve.

Une licitation fit réunir dans notre ville, le 11 mai 1780, les frères Jean-Baptiste-Servant Huault, écuyer, demeurant paroisse Saint-Etienne ; Charles Augustin Huault de Boisouse, écuyer, employé dans les Aides, demeurant à Lyons ; Pierre-Hippolyte Huault, écuyer, demeurant à Pont-de-l'Arche, et Jacques Huault, prêtre, curé de Bec-Thomas. Nous reparlerons du premier et du dernier, notamment au début de la période révolutionnaire.

Une autre pièce mentionne le sieur de Zens, « inspecteur des étalons du haras du prince de Lambesc ». Nous retrouverons également ce personnage par la suite. C'était l'ancien maître d'équitation du duc d'Elbeuf.

Louis XVI étant à Versailles, le 1er juin, donna des lettres patentes concernant la marque des étoffes et les bureaux de visite. Nous en détacherons les articles suivants :

« III. — Les gardes-jurés resteront en exercice pendant une année. Voulons néanmoins que ceux qui seront élus dans le mois de juillet de la présente année, en conséquence des dispositions ci-dessus, soient remplacés au premier janvier 1781, et qu'il en soit usé ainsi successivement de six mois en six mois ; de sorte que, par la suite, les bureaux se trouvent desservis par un nombre égal d'anciens et de nouveaux gardes-jurés.

« IV. — Seront tenus lesdits gardes jurés de se trouver au nombre de deux, au moins, aux bureaux de visite et de marque, aux jours et heures qui auront été réglés. Voulons que, dans les bureaux qui seront desservis concurremment par des gardes-jurés marchands et fabricants, il se trouve toujours au bureau un nombre égal de chacun desdits gardes.

« V. — Seront pareillement tenus lesdits gardes-jurés, ainsi que ceux qui seront par nous proposés pour desservir lesdits bureaux, de visiter et examiner toutes les étoffes qui y seront apportées, et qui seront déclarées être fabriquées d'après les règles prescrites. Si lesdites étoffes se trouvent fabriquées conformément à icelles, lesdits gardes-jurés ou préposés y apposeront les marques indiquées par les lettres patentes du 5 mai 1779. Et dans le cas où aucunes desdites étoffes présentées comme fabriquées suivant les règlements, ne s'y trouveroient pas conformes, soit quant à la fabrication, soit quant à la teinture, ou qu'elles auroient été dégradées par les apprêts, elles seront saisies, et il en sera dressé procès-verbal.

« VI. — A l'égard des étoffes fabriquées d'après les combinaisons arbitraires, lesdits gardes-jurés constateront si elles sont revêtues des lisières prescrites par lesdites lettres-patentes du 5 mai 1779, ou des marques représentatives desdites lisières. Ils vérifieront pareillement si la qualité de la teinture est conforme à celle annoncée par le plomb apposé sur icelles ; auxquels cas ils seront tenus de les marquer du plomb prescrit par lesdites lettres-patentes. Et où lesdites étoffes seroient dépourvues desdites lisières ou marques, ou n'auroient pas la qualité de la teinture désignée par le plomb, elles seront saisies par lesdits gardes-jurés, lesquels en dresseront procès-verbal.

« IX. — Les coins et autres instruments servant à marquer les étoffes, ne pourront, sous quelque prétexte que ce soit, être déplacés ni transportés hors desdits bureaux. Voulons en conséquence que, lorsqu'ils ne seront pas employés à la marque des étoffes, ils soient renfermés dans un coffre fermant à deux clefs, dont l'une sera entre les mains d'un des gardes-jurés, et l'autre dans celles du concierge ou garde desdits bureaux. Voulons pareillement que les coins et marques soient renouvellés tous les ans ; et qu'au commencement de chaque année, il soit dressé procès-verbal par le juge des manufactures, du bris de ceux qui auront servi l'année précédente.

« Il sera tenu par les gardes-jurés ou par nos préposés pour la desserte desdits bureaux de visite et de marque, des registres paraphés par les juges des manufactures, sur lesquels seront inscrites, sans aucun blanc ni interligne, et jour par jour, toutes les marchandises présentées à la visite et marque. Le registre destiné à l'enregistrement des étoffes de laine, fabriquées d'après les règles prescrites, sera divisé en cinq colonnes, dont la première contiendra la date du jour auquel ladite pièce aura été présentée en toile au bureau de visite; la seconde, le nom du fabricant et celui de son domicile; la troisième, le numéro de la pièce, s'il y en a sur ladite pièce; la quatrième, la dénomination et qualité de l'étoffe; et la cinquième, la date à laquelle l'étoffe aura été marquée après les apprêts.

« X. — Il sera payé par ceux qui présenteront des étoffes auxdits bureaux, un sou pour chaque empreinte, marque ou plomb qui seront apposés sur icelles. Et sera ledit droit perçu par lesdits gardes-jurés, ainsi que le produit des amendes et confiscations qui seront prononcées par les juges sur leur procès verbaux.

« XI. — Ne pourront les marchands et fabricans, ramer les étoffes que pour les équarrir et de manière que leur qualité ne soit pas altérée. Dans le cas où les gardes-jurés suspecteroient quelques-unes de celles qui leur seront présentées, d'avoir été trop tirées en longueur ou en largeur, nous les autorisons à les faire mouiller, après en avoir constaté l'aunage, et à les faire auner de nouveau lorsqu'elles seront sèches. Et si lesdites étoffes, lors du second aunage, se trouvent raccourcies au-delà de la proportion fixée par les tableaux de fabrication, elles seront saisies, pour, sur le procès-verbal desdits gardes-jurés, être statué par le juge des manufactures, conformément à l'article IX des lettres-patentes du 5 mai 1779. Pourront néanmoins les fabricans, s'opposer au mouillage desdites étoffes ; et dans le cas de ladite opposition, il en sera référé audit juge, pour être par lui ordonné ce qu'il appartiendra ».

La caserne de maréchaussée, à l'Hôtel de Ville, fut livrée à Louis Flambart, écuyer, chevalier de Saint-Louis, lieutenant de la maréchaussée en résidence à Rouen, le 12 juin. L'entrée était rue de la Bague ; les soldats n'avaient que droit de passage à pied par la porte donnant sur la place du Coq, où cependant était une enseigne : *Hôtel de la Maréchaussée*. Sur la rue de la Bague, il y avait une sonnette avec un écriteau indiquant que c'était celle des gendarmes.

Elbeuf n'était lieu d'étape que pendant les cinq mois d'hiver, de novembre à mars ; pendant les autres mois, on ne délivrait pas de billets d'étape dans notre ville.

Jean Radier, receveur-syndic des maire et échevins d'Elbeuf, demeurait alors au bureau général des droits, dans la cour de l'Hôtel de Ville.

Un acte daté du 19 juin porte la signature de Marie-Marc-Antoine-Michel Berment et de Charles-François Ricatte, tous deux chanoines de la Saussaye. Dans un autre, sont mentionnés Antoine-Noël Deshayes et Jean-Robert Lehure, aussi chanoines de Saint-Louis.

Le 22 juillet, Guillaume Blin, procureur du roi à Pont-de-l'Arche et bailli d'Elbeuf, vendit la première de ces charges, qu'il tenait depuis le 12 janvier 1760, à Nicolas-Joseph-Boniface

Delaroche, licencié ès-lois, demeurant à Pont-de-l'Arche, moyennant 7.000 livres. — Jean-Nicolas Duvillars était alors contrôleur des aides et inspecteur de l'octroi d'Elbeuf.

Le 26, François-Alexandre-Jacques Quesné, fabricant, acheta moyennant la somme de 119.000 livres, le fief de la Pyle, dont le dernier propriétaire avait été Jean Poulain, prêtre de Saint-Jean, décédé.

Le 15 août, Michel Grandin et Louis Delarue, administrateurs de l'hôpital, vendirent plusieurs immeubles appartenant à cet établissement et qui lui étaient contigus.

Cette vente était faite conformément à une délibération des 16 et 30 du mois précédent, par laquelle le conseil d'administration avait décidé d'aliéner six maisons situées rue Meleuse, une demi-acre de terre sise triège de la Chaussée à Caudebec, la dîme du Bouillon et deux parties de rente.

Les registres du Conseil d'Etat portent, à la date du 15 août 1780, un intéressant arrêt du roi, maintenant le prince de Lambesc dans le droit de justice et de police sur les ouvriers et manufacturiers d'Elbeuf. Nous en citerons les parties principales :

« Sur la requête du prince de Lambesc, duc d'Elbeuf, grand écuyer de France, contenant que, par édit des mois de février 1778 et avril 1779, Sa Majesté auroit éteint et supprimé toutes les communautés d'arts et métiers..., que, par déclaration du 11 août de la même année, Elle aurait permis à toutes personnes d'exercer à l'avenir librement leurs métiers, arts ou professions ; que cependant la manufacture de draps d'Elbeuf ainsi que celle de Louviers avoient paru mériter une attention particulière, et qu'il avoit rendu, le 14 février dernier, un arrêt du Conseil concernant la police à observer dans lesdites manufactures ; que parmi la disposition que renferme cet arrêt, il en est qui intéressent essentiellement le suppliant, entre autres celles qui le privent du droit qu'en sa qualité de duc d'Elbeuf, il a de faire exercer, par ses officiers, la justice et la police sur tous les ouvriers et entrepreneurs qui composent ladite manufacture d'Elbeuf, et d'accorder l'agrément pour la réception de chaque fabricant ; que ce droit étant absolument distinct de celui d'établir des corps et communautés et de faire des règlements généraux pour les manufactures, il est d'autant plus fondé à le réclamer que le roi n'a, à Elbeuf, aucune portion de justice enclavée dans celle du duché ; qu'il n'y a d'autres officiers que ceux nommés et institués par le suppliant, et que dans tous les temps l'homologation et l'execution des Règlements donnés pour cette manufacture, notamment ceux de 1667, leur ont été confiés ; ils y ont maintenu l'ordre, la paix et l'industrie.

« Le suppliant n'a été averti qu'on voulait les troubler dans l'exercice de leurs fonctions qu'à l'époque où un nommé Eustache Duchemin a fait signifier à ces officiers un acte extrajudiciaire, par lequel, à la faveur de l'interprétation donnée à ladite déclaration du 11 août 1779..., il a prétendu être fondé à établir une fabrique sans s'être conformé aux formalités prescrites par les statuts et règlements, et sans avoir obtenu l'agrément du suppliant.

« Cette innovation, également contraire au bien général de la fabrique et au droit parti-

culier du suppliant, ne saurait en consé
quence subsister...

« Vu ladite requête... le roi ordonne que
ledit sieur prince de Lambesc, duc d'Elbeuf,
continuera à faire exercer comme auparavant
ledit arrêt du Conseil du 14 février dernier,
dans ledit bourg d'Elbeuf, la justice et police
sur tous les ouvriers, manufacturiers et fabricants de draps dudit bourg, à la charge, par
lesdits officiers, de faire exécuter les règlements généraux et les statuts donnés pour la
manufacture d'Elbeuf, notamment celui de
1667..., dérogeant en tant que besoin Sa
Majesté aux dispositions dudit arrêt du Conseil du 14 février dernier, qui ont attribué au
sieur intendant et commissaire départi en la
généralité de Rouen l'exercice de la police sur
lesdits ouvriers et manufacturiers, et en conséquence, sans s'arrêter à l'acte extra-judiciaire signifié aux officiers de police d'Elbeuf,
le 29 mars dernier, à la requête dudit Eustache Duchemin, lequel Sa Majesté a déclaré
nul et de nul effet ;

« Fait défense audit Duchemin et à tous
autres d'établir aucune nouvelle fabrique de
draps audit bourg d'Elbeuf sans s'être confor-
més aux formalités prescrites par lesdits règlements et sans avoir obtenu l'agrément dudit
seigneur d'Elbeuf... »

Sur la prière de Nicolas Louvet et de Michel
Fouard, gardes du métier de chandelier, et en
raison de l'augmentation du prix des suifs, le
bailli porta celui de la chandelle de 12 à 13
sols la livre, par arrêté du 24 août. L'année
suivante, le prix de la chandelle fut encore
augmenté de 8 deniers. En 1786, il atteignit
17 sols la livre.

Sur l'ordre du prince de Lambesc, le bailli d'Elbeuf fit transcrire sur les registres de la haute justice, le 7 septembre, les lettres-patentes suivantes :

« Louis, par la grâce de Dieu, roi de France et de Navarre, à tous présens et à venir, salut.

« Notre très cher et aimé cousin Charles-Eugène de Lorraine, prince de Lambesc, duc d'Elbeuf, pair et grand écuyer de France, chevalier de nos ordres, gouverneur et lieutenant général de la province d'Anjou, gouverneur particulier des ville et château d'Angers et du Pont-de Cé, mestre de camp, propriétaire du régiment Lorraine-Dragons et grand sénéchal héréditaire de Bourgogne, nous a exposé qu'il désirait perpétuer dans sa maison sa propriété du duché pairie d'Elbeuf.

« Cette terre, qui est l'une des plus anciennes baronnies de notre province de Normandie, fut érigée en marquisat en 1551, et en duché-pairie par lettres-patentes de l'année 1581, en faveur du prince Charles de Lorraine. Les lettres-patentes de ces érecteurs annoncent que les rois nos prédécesseurs ont de toute ancienneté accordé à cette baronnie les droits les plus éminents, ne s'y étant réservé que la mouvance, le ressort et la souveraineté. C'est ce qui résulte tant d'une charte de Philippe de Vallois, de l'année 1338, confirmée par Charles V en 1371, que des différentes lettres de confirmations octroyées de règne en règne, et notamment des lettres-patentes accordées à nostre dit cousin par le feu Roy nostre très honoré seigneur ayeul, le 9 septembre 1768.

« Ce duché-pairie, outre son ancienneté, est encore distingué par la manière dont il a été érigé en faveur de la maison de Lorraine, en ce que contre la teneur de l'édit du mois de juillet 1566, qui déclara réunis à notre domaine les titres des terres de haute dignité, dans le cas où la ligne masculine viendrait à manquer, ledit duché-pairie d'Elbeuf n'a été érigé qu'aux conditions que s'il ne restoit que que des filles de ladite maison héritières de ce duché, elles jouiroient pleinement de ladite terre et conserveroient ce titre et les prérogatives de la duché-pairie ; à l'effet de quoy, il a été expressément dérogé à notre dit édit et même à la dérogatoire, en faveur de notre très cher et amé cousin Charles de Lorraine, premier duc d'Elbeuf, et de sa postérité.

« Tous ces motifs ont fait concevoir à nostre dit cousin le projet d'établir une substitution graduelle et perpétuelle dudit duché-pairie en faveur de ses descendances masles, et à défaut de sa descendance masculine, d'y appeler notre très cher et amé cousin Joseph-Marie de Lorraine, prince de Vaucouleurs, son frère, et ses descendans masles, jusqu'à concurrence toutefois de trente mille livres de revenu.

« En conséquence, il auroit, sous notre bon plaisir, donné toute assurance à cet égard par le contrat de mariage dudit prince son frère, avec notre très chère et amée cousine Louise-Auguste-Elisabeth-Marie-Colette de Montmorency, princesse de Vaudemont, du 28 décembre 1778, avec faculté tant audit prince son frère qu'à ses représentants ou autres appelés audit duché-pairie d'Elbeuf, de retirer le surplus dudit duché, en récompensant ceux qui y auroient des droits successifs, sur le pied du denier vingt-cinq, conformément à notre édit du mois de mai 1711 ; et comme, aux termes dudit édit, il ne luy est permis de substituer que jusqu'à concurrence de quinze mille livres de revenu, que d'ailleurs la Coutume de Normandie sous laquelle est situé ledit duché-pairie d'Elbeuf n'admet point de substitution, il nous auroit supplié de luy accorder toutes lettres à ce nécessaires.

« A ces causes et autres à ce nous mouvant, voulant traiter favorablement nostre ait cousin, et mettant en considération le sang illustre dont il est issu, les alliances que la maison de Lorraine a contractées tant avec notre maison qu'avec la plupart de celles qui règnent actuellement en Europe, les services importans que les princes de cette maison ont rendu à nos prédécesseurs et à nostre Etat et ceux que nostre dit cousin continue de nous rendre à l'exemple de ses ancêtres,

« Vu l'extrait du contrat de mariage de nostre dit cousin le prince de Vaudemont du 28 décembre 1778, cy attaché sous le contrescel de nostre chancellerie.

« Nous avons, de notre grâce spéciale, pleine puissance et authorité royalle, authorisé et par ces présentes, signées de notre main, authorisons nostre dit cousin Charles-Eugène de Lorraine, prince de Lambesc, duc d'Elbeuf, pair de France, à établir une substitution graduelle et perpétuelle à toujours du duché-pairie-d'Elbeuf... en faveur de ses descendans masles, et. à deffaut de sa descendance masculine, y appeler notre dit cousin Joseph Marie de Lorraine, prince de Vaudemont, son frère, en ses descendans masles jusqu'à concurrence de trente mille livres de revenu, sans préjudice à tous ceux qui seront appelés à ladite substitution perpétuelle du droit qui leur appartiendrait de retirer le surplus dudit duché, en récompensant... etc.

« Si donnons en mandement à nos amés et féaux les gens tenant notre Cour du Parlement de Normandie, etc.

« Donné à Versailles, au mois de septembre l'an de grâce 1780 et de nostre règne le septième. — Louis ». Et plus bas : « Par le roi : Gravier de Vergennes ».

Louis-Henriette-Agathe Leseigneur, veuve de Nicolas-Charles de Saint-Ouen, chevalier, fils de Louis de Saint-Ouen, auditeur à la Cour des comptes, mourut à Saint-Martin-la-Corneille, le 7 septembre, à onze heures du matin. Sur la réquisition de Georges-François Le Diacre, chevalier, seigneur et patron de Saint-Cyr-la-Campagne, le notaire d'Elbeuf se transporta le jour même au domicile mortuaire pour apposer des scellés. La décédée laissait deux filles mineures : Marie-Charles-Louise et Marie-Adélaïde de Saint-Ouen, qui dès lors furent qualifiées de « dames et patronnes de Saint-Martin-la-Corneille et de la Saussaye ».

Un acte du 17 concerne le projet d'ouverture de la rue nouvelle, tendant de la place du Coq à la rue de la Justice, afin de donner à cette nouvelle rue « une largeur honnête et relative à ce qui s'est projeté ».

Un autre, du même jour, a pour objet « la ruelle des Equelettes, les jardins, cimetière et maison de l'hôpital », écrit par les administrateurs de cet établissement, dont l'abbé Guenet était alors chapelain.

Aux assises mercuriales tenues au prétoire ordinaire de la haute justice du duché-pairie d'Elbeuf, le 24 octobre, devant Guillaume Blin, bailli, furent présents :

Louis Grandin, lieutenant; Pierre-Benoist Callais, avocat, procureur fiscal; Joseph Godet, juge verdier; Nicolas Bourdon, lieutenant de la verderie;

Jean-Louis Maille, doyen des avocats; Etienne Nicolas Palfrenne, Louis-Michel Sanson, Pierre Asse, Louis-René Morin, Michel-Guillaume Bosquier, Pierre Nicolas-Gervais Lemercier des Fontaines, avocats;

Thomas Yves, greffier de la verderie; Pierre Lingois, tabellion; les tabellions de Boissey, Quatremares, Grostheil et Couronne;

Pierre-François Fontaine, sergent; Adrien-Jean Durosey, commis; les sergents de Boscroger, la Haye-du-Theil, Grostheil; (Ruel, sergent également, était interdit). Louis-Alexandre Dumort, geôlier;

Gosselin, garde général des bois du duché; J.-J. Lemarchand, François Auger, Thomas Gasse, Pierre Laignel, Jean Girard, Jean Polet, Pierre Tirard, Pierre Dantan, Simon Pinchon, Noël Carbonnier père, Noël Carbonnier fils, Pierre-Thomas Dunevert, J.-J. Mouchard, Nicolas Jeuffroy, gardes. Jean Huet père et Joseph Huet fils, facteurs. Les messiers de Boscroger et de Thuit-Signol;

Les sénéchaux des fiefs d'Anneboult, du Becquet, du Bosfollet, du Framboisier, du Val, d'Harcourt, de Tilly, de Marcouville, de la Mesangère, de la Motte, de Lantheuil, de Boscregnoult, de Gelleville, du Thuit, des Marais, du Bosc-Yves, de Dame-Avienne, Cabot, de Moulineaux, de Couronne, de l'Aigle, de Saint-Martin-de-Cléon, de Saint Martin-la-Corneille, de la Fontaine et de Fourquettes.

Dans cette audience, André Dupont fils Pierre, originaire de Saint-Pierre de Pavilly, au pays de Gex, généralité de Bourgogne, qui avait subi ses examens de chirurgien devant la communauté des praticiens de Pont-de-l'Arche, fut admis à exercer, à Elbeuf, l'art de la chirurgie.

Le 3 novembre, mourut Jean-Baptiste Grandin, fabricant, à l'âge de 83 ans. Le surlendemain, mourut Louis Grandin, lieutenant de la haute justice d'Elbeuf, à l'âge de 82 ans. Ils furent inhumés à Saint-Etienne, par le curé Duhamel, en présence d'Osmont, vicaire, de G.-M.-G. Guenet, J.-B. Degeulter et Ph. Decaux, prêtres de la paroisse.

Un reçu du 14 novembre mentionne que les dépenses pour le casernement des dragons de Larochefoucault, qui avaient tenu garnison dans notre ville, s'étaient élevées à 2.287 liv.

Le 22, sur la réquisition de Gabriel-Thomas Collet, procureur de Louis-Claude-Marie Coignard, seigneur de Saint-Etienne-du-Rouvray et d'Igoville, écuyer, audiencier en la chancellerie du Parlement, le notaire Lingois se transporta « en une grande maison scize ruë et proche la porte de Rouen, paroisse Saint-Etienne d'Elbeuf, où sont les archives du duché-pairie, à l'effet d'avoir communication des registres où doivent être portés les payements que font les vassaux du duché des rentes seigneuriales qu'ils doivent, et nommément le grand registre et un registre en papier que le sieur Leprince a fait lui-même et sur lequel il a dû écrire particulièrement les rentes seigneuriales qui se perçoivent par la paroisse de la Haye-du-Theil, suivant qu'il est plus au long énoncé à la sommation qui a été commise audit sieur Leprince, en sa qualité d'ancien receveur des rentes seigneuriales du duché d'Elbeuf, où parlant au sieur Louis Martin, directeur des archives dudit duché, comme procureur du sieur Leprince... » Suit la copie d'une centaine d'articles transcrits de ces registres, concernant des rentes en boisseaux de blé.

A l'audience de l'élection du Pont-de-l'Arche, le 7 décembre, l'octroi des quatre deniers appartenant à la ville d'Elbeuf, avait été adjugé, moyennant 1.580 livres à Durand, secrétaire-greffier, qui le tenait précédemment. Mais « un tiercement » étant intervenu, la municipalité de notre ville décida, le 17 décembre, que Durand se transporterait à Pont-de-l'Arche, à la seconde adjudication, et que, coûte que coûte, il devrait s'en rendre adjudicataire.

Les registres des délibérations de la municipalité d'Elbeuf nous fourniront maintenant de nombreux documents sur l'histoire de notre ville.

La première séance dont il y est rendu compte est celle du 13 décembre 1780. Les membres, convoqués par billets, étaient Mathieu Quesné, maire ; Jacques Quesné, Louis-Robert Flavigny, Louis Delarue, échevins ; Jean-Nicolas Lefebvre, ancien maire ; Blin, bailli ; Duhamel, curé de Saint-Etienne ; Huault, Le Tellier, Routier-Duparc, Bernard Delarue, Auguste Grandin, notables ; et enfin Me Bosquier, avocat, procureur-syndic.

Dans cette séance, Benoit Delarue et Parfait Grandin furent élus échevins, pour deux années, en remplacement de Jacques Quesné et Bernard Flavigny, dont les fonctions expiraient à la fin du mois.

Deux notables, Jacques Béranger et J.-B. Leclerc, furent élus également.

Davillers, receveur du tarif, ayant demandé une augmentation d'appointements, il fut arrêté qu'on lui accorderait l'excédent de la somme de cent livres qui pourrait revenir à la ville sur son tiers des amendes et arrangements, à condition cependant que ce tiers ne montât pas au dessus de deux cents livres, car alors l'excédent reviendrait en entier à la ville.

CHAPITRE II
(1781)

Le prince de Lambesc *(suite)*. — Liste et importance respective des fabriques elbeuviennes. — Nouveau règlement pour les draps d'Elbeuf. — Le Mont-Duve. — Création d'un cimetière au triége de la Porte-Rouge. — Affaires de la manufacture de draperies. — Instructions données aux fabricants.

Le tableau suivant indique les noms des fabricants d'Elbeuf et la quantité de balles de laine d'Espagne employée par chacun d'eux pendant les années 1780 et 1781.

Fabricants de la paroisse St-Etienne	1780	1781
Pierre Grandin et frère...	207	277
Veuve Pierre Grandin.....	36	38
Jacques Grandin..........	91	94
J.-B. Delarue............	74	60
Nicolas Le Couturier......	14	14
J.-B. Leclerc............	32	23
J. Flavigny..............	81	102
Moïse Duruflé............	120	118

Année 1781

Pierre Dugard............	25	29
L.-B. Flavigny et fils.....	221	209 ½
Amable Béranger.........	88	105
David Delarue............	26	23
Mathieu Sevaistre........	94	77
Pierre Lejeune............	110 ¼	125
Nicolas et Pierre Grandin frères................	317 ¼	566
Benoît Delarue...........	76	61
Joseph Godet et fils.......	125	279 ½
Mathieu Quesney père....	150	158 ½
Nic.-Mathieu Quesney fils.	61 ½	75
Louis Sevaistre...........	66	60
Veuve P. Hayet et fils.....	138	122 ½
Charles Béranger.........	11	12
M. Frontin et Duruflé.....	84	70 ½
J.-B.-Pierre Grandin......	50 ½	95 ½
Nicolas Chéret...........	7	3 ½
Veuve Jacques Grandin...	7	24
Pierre-Nicolas Bourdon...	68	68
Pierre-Joseph Duruflé.....	»»»	8
Totaux..........	2.617 ½	2.898 ½

Fabricants de la paroisse St-Jean	1780	1781
Henri Delarue............	94	112
David Ménage...........	25 ½	15
Veuve J. Duruflé.........	39	52
J.-Nicolas Lefebvre.......	98	114
André Gancel............	60	61
Louis Flavigny...........	78	103
Thomas Yves.............	34	52
Joseph-Pierre Grandin....	128	249
Louis-Joseph Quesney.....	36	49
Nicolas Bourdon..........	100	69
Louis Delarue............	182	210
Nicolas Patallier..........	54	86
Pierre Maille jeune.......	123	144
Pierre-C. Bourdon........	70	54
Pierre Maille aîné........	74	47
Prosper Godet............	17	14

C. Godet..................	222	205
Nicolas Louvet............	54 ½	71 ½
Veuve Nicolas Leroy et fils	130	135
Pierre-Alexandre Delacroix	53	44
Jacques Quesney père.....	46	53 ½
Jacques Quesney fils......	82	84 ½
Jean-Pierre Lacroix.......	46	58
François Dupont..........	50	42
Louis Quesney............	59	95
Charles Louvet............	27	44
Robert Bourdon..........	170	126
J.-B. Flavigny.............	»»	10
Bernard Delarue..........	71	64
Totaux...........	2.210	2.465 ½

Ces tableaux furent établis pour la perception du droit de trois livres que payait chaque balle de laine d'Espagne à son entrée dans Elbeuf.

Disons tout de suite qu'un autre état, s'appliquant à l'année 1786, indique une consommation de 2.713 balles 1/2 pour la paroisse Saint-Etienne et de 2.014 balles 1/2 pour celle de Saint-Jean.

Les fabricants d'Elbeuf, pour la plus grande partie, fréquentaient les principales foires de Normandie et des provinces voisines. A l'Exposition du Travail, qui se tint il y a quatre ans à Paris, un des exposants eut l'idée de montrer la circulaire de l'un d'eux ; en voici le texte :

« Pierre Maille le jeune

« *fabricant de draps d'Elbœuf*

« Tient les foires de Caen et Guilbray ; celle de Caen, rue de Rouen, à côté de M. Ruillé-Fontaine, et celle de Guilbray, rue des Drapiers de Paris, en face de MM. Gouin frères :

UNE DES ROCHES D'ORIVAL
(Sous le Câtelier)

« Avec un assortiment complet de draps d'Elbœuf unis, mélangés, catis et à poil, kalmoucs, alpagas, sibériennes, royales à poil, rayés, jaspés, quadrillés en soie et laine ;

« Le tout dans les couleurs les plus à la mode ».

La municipalité décida, le 4 janvier 1781, de présenter une requête tendant à la continuation de l'abonnement des huis sols pour livre au profit de la ville.

La fontaine Sainte-Clotilde, à Pasquier, attirait alors un grand nombre de pélerins, dont beaucoup d'Elbeuf. Il s'y faisait aussi des processions le 2 et le 3 juin de chaque année. Cette paroisse qui ne comptait que vingt-six feux — elle en a encore moins de nos jours — possédait une confrérie dite de Sainte-Clotilde, que nous trouvons mentionnée dans une revalidation de titre datée du 24 janvier 1781. Louis Vimard, laineur de la fabrique d'Elbeuf, en était échevin.

Les noix d'Orival jouissaient encore d'une bonne réputation, et leur séchage était une des occupations de nombreux habitants de la paroisse pendant les mois de septembre et d'octobre. Cette opération se pratiquait généralement sur des claies placées sous des roches en surplomb. Nous trouvons une transaction passée à Elbeuf, le 23 du même mois, au sujet d'un de ces séchoirs.

Le 25, M⁰ Baptiste Béranger, prêtre sacristain de Saint-Etienne depuis soixante-quatre ans et qui avait exercé les fonctions d'administrateur-receveur de l'hospice de 1723 à 1727, mourut à l'âge de 92 ans.

Après le décès de cet excellent et modeste prêtre, Pierre Osmont, vicaire de Saint-

Etienne, déposa le testament qu'il en avait reçu environ quatre ans auparavant, par lequel il donnait son mobilier à Jacques Béranger, fabricant, son neveu; réclamait six messes par semaine pendant un an, à célébrer à l'église paroissiale ou dans la chapelle des Ursulines ; faisait un don au trésor de Saint-Etienne, en reconnaissance des honoraires qu'il avait reçus depuis plus de soixante ans en raison de ses fonctions de sacristain ; faisait également la donation de sa bibliothèque et d'objets sacerdotaux au curé de Calville, son autre neveu. Il ne donnait rien à son neveu l'aîné, qu'il avait secouru « au temps de son désastre » et avait ainsi touché par avance sa part dans la succession.

Après Mlle Cabut, décédée, Mlle Thérèse Flavigny, fille de feu Louis Nicolas, fut nommée à la direction de l'hospice. Nous verrons plus tard combien Mlle Flavigny éprouva d'ennuis dans sa mission, par suite de l'aliénation des biens de l'hospice, pendant la Révolution.

Une vente passée le 8 février, concerne un immeuble sis paroisse Saint-Jean, « dans la vallée vulgairement appelée le Tapis-Vert ».

Les principales religieuses de Sainte-Ursule étaient, en 1781, Jeanne Onfroy de Saint-Stanislas, supérieure ; Madeleine Vignon de Saint-Joseph, assistante ; Geneviève Sevaistre de Sainte-Claire, zélatrice ; Louise Bourdon de Sainte-Thérèse, dépositaire.

Il fallait alors quatre ans et il en coûtait environ trente livres pour apprendre le métier de tailleur à Elbeuf. Pour celui de charcutier, le maître ne demandait que six mois, mais soixante livres en argent, moyennant laquelle somme l'apprenti était encore instruit sur la manière d'acheter les bestiaux et de n'être pas trompé par les vendeurs.

Sur la marque de J.-B. Delarue, garde pour l'année 1781, on voit quatre fleurs de lys et deux croix de Lorraine.

A l'assemblée des fabricants qui eut lieu le 17 février, le procureur fiscal du duché dit qu'il était porteur d'un arrêt du Conseil, obtenu par le prince de Lambesc, le 15 août précédent, ordonnant que le prince continuerait de faire exercer la justice de police sur tous les ouvriers, manufacturiers et fabricants de draps d'Elbeuf, par ses officiers, et, pour en éviter la signification, le procureur fiscal demanda que cet arrêt fut transcrit en entier sur le registre de la communauté.

L'assemblée déclara unanimement qu'elle tenait cet arrêt pour signifié et consentit à sa transcription sur ses registres.

Un ouragan survenu pendant la nuit du 19 au 20 février causa de nombreux dégâts à Elbeuf et aux environs.

Le 1er mars, François-Hélène d'Hesbert, veuve de Jacques François de Frémont, chevalier, major de la capitainerie de Paluel, demeurant à Thuit-Anger, fit un transport à Michel Langlois, jaugeur et réformateur des poids et mesures du bailliage de Rouen, demeurant à Elbeuf.

Le roi étant à Versailles, le 1er mars, donna le règlement suivant pour la fabrication des étoffes de laine dans la généralité de Rouen :

« Louis, par la grâce de Dieu, roi de France et de Navarre : à nos amés et féaux les gens tenant notre cour de parlement à Rouen ; salut. Nous avons, par nos lettres-patentes du 4 juin 1780, déterminé les lois de police concernant les étoffes de laine qui seroient dans le cas d'être revêtues du plomb de règlement. Et ayant annoncé que nous fixerions, par des tableaux particuliers pour chaque province ou généralité, ce qu'on devroit observer, tant pour les matières qui doivent être employées dans lesdittes étoffes que pour leurs apprêts, nous avons eu soin de le faire d'après les divers renseignements qui ont été fournis sur les usages observés dans les principaux lieux de fabrique. A ces causes et autres à ce nous mouvant, et pour faire connoître nos intentions en ce qui concerne la fabrication des étoffes de laine de la généralité de Rouen, nous avons, de l'avis de notre conseil, et de notre certaine science, pleine puissance et autorité royale, ordonné, et par ces présentes signées de notre main, ordonnons ce qui suit :

« Art. Ier. — Le tableau annexé sous le contre-scel des présentes sera déposé au greffe de la juridiction des manufactures, dans chaque lieu de fabrique. Il sera aussi inscrit dans le registre des délibérations de chaque communauté de fabricans, et affiché dans le lieu le plus apparent des bureaux destinés à la visite et à la marque des étoffes.

« II. — Toutes les étoffes énoncées dans ledit tableau, et auxquelles les fabricans désireront faire apposer les marques destinées aux étoffes réglées, seront à l'avenir fabriquées avec les matières, le nombre de fils en chaîne, et conformément aux dimensions et largeurs indiquées par ledit tableau.

« III. — Pourront néanmoins les fabricans, dans la composition des étoffes énoncées audit tableau, employer des laines autres que celles qui y sont indiquées, pourvu qu'elles soient équivalentes en finesse et en bonté.

« IV. — Les frocs forts contiendront trente aunes de long sur le métier, pour avoir vingt-quatre aunes après les apprêts. Et les frocs foibles auront vingt-huit aunes sur le métier, pour revenir à vingt-deux aunes au plus après les apprêts.

« V. — Les fabricans seront tenus de mettre aux étoffes qu'ils fabriqueront d'après les règles prescrites, des lisières conformes à celles indiquées par ledit tableau. Quant aux étoffes énoncées dans ledit tableau, pour lesquelles il n'a été assigné aucune lisière distinctive, et qui néanmoins ont des lisières, elles pourront être revêtues de celles que les fabricans jugeront convenables d'adopter, pourvu qu'elles diffèrent des lisières déterminées par l'article III des lettres patentes du 5 mai 1779, pour les étoffes libres. A l'égard des étoffes qui ne sont point susceptibles de lisières, les fabricants seront tenus de se conformer à l'article VIII des lettres patentes du 4 juin 1780, et feront les barres transversales, ordonnées par ledit articles, de la largeur au moins de trois lignes.

« VI. — Il sera libre à tous fabricans de faire toutes les espèces d'étoffes de laine, fil et laine, ou filoselles, comprises dans les tableaux de fabrication qui seront dressés pour les autres généralités du royaume. Et seront lesdites étoffes revêtues de la marque de visite, si elles sont conformes à ce qui aura été prescrit par lesdits tableaux.

« VII. — La marque qui, conformément à l'article III de nos lettres patentes du 5 mai 1779, doit être apposée, au sortir du métier, sur les étoffes réglées, aura la forme d'un quarré long, et sera appliquée avec de l'huile et du noir de fumée. Et le plomb, qui, suivant nosdites lettres-patentes, doit être apposé après les derniers apprêts, sera d'une forme ronde, et d'un pouce de diamètre.

« VIII. — Voulons que les présentes soient exécutées selon leur forme et teneur, dérogeant à cet effet à tous édits, déclarations, lettres-patentes, arrêts et règlemens, en tout ce qui pourroit y être contraire ».

La partie du tableau concernant la manufacture d'Elbeuf porte que :

Les draps blancs fins de 5/4 seront entièrement de laine segovienne cardée, de 3.100 fils en chaîne, de 99 pouces sur le métier ; lisières partagées en trois raies égales : deux bleues et une jaune.

Les draps fins de 5/4, de laine teinte en bleu, gris ou autre nuance douce, seront également, chaîne et trame, de laine prime segovienne cardée, de 2.900 fils en chaîne, de 96 pouces sur le métier ; lisières partagées en trois raies égales : deux rouges et une blanche.

Les draps fins de 5/4, de laine teinte en vert, noisette ou autre couleur forte, seront entièrement de laine prime segovienne cardée, de 2.700 fils en chaîne, de 93 pouces sur le métier ; lisières en trois raies égales : deux rouges et une blanche.

Les draps fins de 5/8, teints en laine ou mêlés, seront aussi de laine prime segovienne cardée, de 1.500 fils et de 45 pouces sur le métier ; lisières jaunes.

Les ratines fines de 5/4, teintes en laine, seront encore de prime segovienne cardée, de

3.100 fils en chaîne, de 82 pouces sur le métier ; lisières jaunes.

Les draps blancs ordinaires de 5/4, seront de laine fine d'Espagne, de 2.800 fils, de 99 pouces sur le métier ; lisières partagées en trois raies égales de couleurs différentes, au choix des fabricants.

Les draps ordinaires de 5/4, de laine teinte en bleu, gris ou autre couleur douce, seront de laine fine d'Espagne cardée, de 2.600 fils en chaîne, de 99 pouces sur le métier ; lisières partagées en trois raies égales, de couleurs différentes, au choix des fabricants.

Les draps ordinaires de 5/4, de laine teinte en vert, noisette ou autre couleur forte, seront en laine fine d'Espagne cardée, de 2.400 fils en chaîne, de 97 pouces sur le métier ; lisières partagées en trois parties égales, de trois couleurs différentes, au choix des fabricants.

Les draps double-broche ordinaires de 5/4, teints en couleurs douces, seront faits de laine fine d'Espagne cardée, de 2.800 fils en chaîne, de 99 pouces sur le métier ; lisières partagées en deux raies égales : une bleue et une jaune.

Les draps double-broche ordinaires de 5/4, teints en couleurs fortes, seront de laine fine d'Espagne cardée, de 2.600 fils en chaîne, de 99 pouces sur le métier ; lisières partagées en deux raies égales : une bleue et une jaune.

Les draps kalmouks ordinaires de 5/8, seront de laine fine d'Espagne cardée, de 1.200 fils en chaîne, de 47 pouces sur le métier, lisières partagées en deux raies égales : une blanche et une jaune.

Les ratines croisées ordinaires de 5/4, teintée en laine, seront également de laine fine d'Espagne cardée, de 3.000 fils en chaîne, de

80 pouces sur le métier ; lisières partagées en trois raies égales, de couleurs différentes, au choix des fabricants.

Le 29 mars, « Jacques-Valon-François Vallon de Boisroger, écuyer, inspecteur pour le Roy des manufactures de la généralité de Rouen, demeurant à Elbeuf, paroisse Saint-Etienne », vendit à « Messire Jean-Baptiste Servant Huault, écuyer, demeurant en la même paroisse, savoir :

« 1º Le domaine du Mont-Duve, scitué en ladite paroisse Saint Etienne, consistant en une masure bâtie, jardin, bois taillis, terres labourables et colombier, le tout clos de murs de bauge et pierres, et tout autant que ledit de Boisroger en avait acquis de M. de Gaugy, le 23 août 1752, borné d'un côté M. Delarue, garde du roy, et le chemin de Thuit-Anger, d'autre côté le chemin de la Vallée de l'Epine, et des deux bouts la forest de Monseigneur le duc d'Elbeuf..., sujet à cinq sols de rente seigneuriale et une douzaine de pigeons pour le colombier et en cinq livres de rente seigneuriale pour le surplus.

« 2º Un héritage en labour et bois taillis, vulgairement appelé le Désert à Paris, situé paroisse Saint-Etienne, entre les deux côtes de la forest des Monts-le-Comte, dans le fond de la vallée de l'Epine.... sujet à la faisance de quatre boisseaux d'avoine de rente seigneuriale, etc.

« 3º Un héritage partie en labour et bois taillis situé en la même paroisse, vulgairement appelé la Chenaye Boisselle, borné d'un côté la forest des Monts le-Comte, d'autre côté la carrière Touin ou du Béquet, et d'autre bout en partie la forest des Monts-le-Comte... »

Cette triple vente fut faite moyennant la somme de 26.000 livres francs deniers venant aux mains du vendeur.

Le 10 avril, Charles-Eugène de Lorraine, étant à Paris, donna à Jean-Louis Maille, doyen des avocats d'Elbeuf, ancien maire, des lettres de provision pour l'office de lieutenant au bailliage d'Elbeuf, vacant par le décès de Louis Grandin. Copie de ces lettres est conservée aux Archives départementales.

A cette époque, Le Forestier et Berment, tous deux chanoines de la Saussaye, étaient en procès l'un contre l'autre devant le bailliage d'Elbeuf.

Jean et Jacques Dif avaient été nommés ramoneurs de la ville, par sentence du bailli, le 23 janvier 1779. En 1781, Guillaume Blin fit un règlement pour l'exercice de leur profession. Il leur ordonna d'avoir chacun une enseigne portant ces mots : « Ramoneur privilégié » et d'entretenir à leurs frais quatre jeunes ramoneurs, portant tous, patrons et enfants, à leur chapeau ou bonnet, une plaque de cuivre sur laquelle seraient gravés ces mots : « Ramoneur du bailliage d'Elbeuf ». Ils devaient tenir registre de leurs ramonages, se rendre au premier coup de tocsin aux incendies, etc. Le règlement comporte seize articles.

Il y avait peu de temps que l'église Saint-Jean était finie et il restait encore de grosses sommes à payer pour les travaux qui y avaient été faits, lorsqu'un arrêt de la cour du Parlement défendit d'enterrer dans les églises et dans les cimetières placés au milieu d'habitations urbaines.

Le 18 avril, le trésor de Saint-Jean reçut

l'ordre d'établir un cimetière hors de la ville. Pour une fabrique écrasée de dettes, dit François Dupont, « pareil établissement était fort dispendieux. Il fallut pourtant s'y soumettre.

« Le trésor possédoit une pièce de terre, dont la donation est si ancienne que le donateur est inconnu, située dans la bourgeoisie au triage de la Porte-Rouge ; il l'échangea avec M. des Fontaines contre une pièce de terre située le long du jardin appelé la Porte-Rouge, par acte passé en cette présente année 1782. »

Les archives départementales possèdent l'acte d'échange. Le trésor paroissial était représenté par Jean Charles-Prosper Durand, greffier au bailliage ; André-Robert Bourdon, Nicolas-Constant Le Roi et J.-B. Flavigny, marchands-fabricants et trésoriers en exercice. L'autre partie était Pierre Drouet, sieur des Fontaines.

La clôture du nouveau cimetière, situé où est la place Lemercier actuelle, et l'édification d'un petit bâtiment, coûtèrent 3.407 livres.

La dépense totale, pour la reconstruction de l'église et l'établissement de ce cimetière, coûta à la fabrique paroissiale de Saint-Jean 76.000 livres.

« Es hauts jours du duché-pairie d'Elbeuf » tenus par Guillaume Blin, bailli, le mardi 8 mai, appel fut fait de « tous les pêcheurs de la rivière de Seine, depuis l'ombre du Pont-de-l'Arche jusqu'au Gravier d'Orival ». Furent présents : Fréret, propriétaire de la sergenterie de l'Eau ; Jacques Renoult, sergent commis ; dix-huit pêcheurs de Pont-de-l'Arche, trois de Criquebeuf, neuf de Saint-Aubin et vingt-sept de Freneuse, sauf quelques défaillants, qui furent condamnés à l'amende.

François-Ferdinand-David Langlois d'Auteuil de Criquebeuf, conseiller au Parlement, fieffa, le 12 juillet, un lieu « scis place du Coq, borné par la rue ou place du Coq, d'autre côté la Cour dite à Madame, d'un bout..., et d'autre bout une porte qui doit exister pour communiquer de la rue dans la Cour à Madame ».

Le 25 septembre, le sieur de Boisroger, inspecteur, réclama des fabricants elbeuviens l'exécution de l'article 8 de lettres-patentes datées du 5 mai 1779 et des articles 6 et 13 d'autres lettres-patentes des 1er et 4 juin 1780, stipulant qu'il serait apposé par les manufacturiers et teinturiers « des marques ou empreintes des bons et petits teints, sur toutes les étoffes en général ».

Les fabricants opposèrent que ces prescriptions ne pouvaient concerner que les étoffes teintes en pièce et non les draps d'Elbeuf, tous teints en laine, et demandèrent d'être renvoyés devant le Conseil du roi, pour présenter leurs observations.

Les fabricants exposèrent également que l'interprétation de l'article 3 des lettres patentes du 5 mai 1779 présentait beaucoup de difficultés ; il s'agissait de la lisière dite de mille raies que devaient porter les draps libres, et dont la composition n'était pas définie.

Boisroger permit aux manufacturiers d'employer pour ces lisières « mille raies » telles couleurs variées qui leur conviendraient, sans placer deux fils de la même nuance à côté l'un de l'autre, et en y employant des fils bleus ou noirs.

En octobre, Laurent Bastin, « lieutenant des maîtres perruquiers d'Elbeuf », bailla à loyer la place qui lui appartenait, moyennant trente livres par an.

Le 6 de ce mois, sur la réquisition de Vallon de Boisroger, le bailli ordonna que « le dessus de la marque portante l'empreinte des armes de S. A. Mgr le prince de Lambesc avec l'inscription suivante autour : « Manufacture particulière de draps superfins d'Elbeuf », seroit brisée par Bonaventure Delastre, serrurier de la fabrique..., lequel, mandé, l'a porté à son fourneau et rapportée au bureau absolument effacée ».

Le 12 octobre, les trente porteurs d'Elbeuf remontrèrent au bailli qu'ils avaient seuls le droit de charger et décharger les bateaux, et que, pour l'exercice de ce droit, ils payaient annuellement au duc une somme de 60 livres.

Néanmoins, des particuliers s'entremettaient dans leur travail, ce qui leur causait un préjudice. Ils conclurent à ce que défenses fussent faites à tous individus de s'y immiscer. Le bailli fit droit à leur requête.

Le 26 novembre, le procureur fiscal donna lecture d'un arrêt du Parlement du 10 du même mois, « défendant de brûler sous les chaudières des teintures autres bois que du bois blanc et charbon de terre ».

Le 4 décembre, le maire exposa à l'assemblée municipale que par les lettres-patentes du roi du 11 février 1780, le charbon de terre n'était assujetti qu'aux mêmes droits que le charbon de bois, ce qui devait occasionner une diminution de plus de 2.000 livres dans la perception des droits du tarif. Le corps de ville chargea le maire de présenter une requête pour obtenir une augmentation sur la taxe du charbon de terre.

La municipalité désigna Michel Grandin, François Dupont et Jacques Delacroix pour être présentés au prince de Lambesc, afin que parmi eux, il choisit un maire. Par sa lettre du 8 du même mois, adressée à Mathieu Quesné, maire en exercice, le prince déclara que son choix s'était porté sur Michel Grandin, et qu'il entrerait en fonctions à partir du 1er janvier 1782. Grandin se fit recevoir en cette qualité, au bailliage de Pont-de l'Arche.

Le 18 décembre, devant Guillaume Blin, bailli d'Elbeuf, et les fabricants assemblés, le sieur François-Claude Lazowsky déposa sur le bureau une commission de sous-inspecteur des manufactures à Elbeuf, dont il avait été pourvu. Ses appointements étaient fixés à 1.500 livres par an.

Ce même jour, il fut décidé, de l'avis des inspecteurs et manufacturiers, « que les lisières des draps règlementés à l'exception des blancs, seroient uniformes ; que les blancs et fins porteroient une lisière pleine bleue ; que les blancs ordinaires règlementés porteroient trois bandes bleues et deux blanches », comme il avait été pratiqué jusque-là. Quant aux draps blancs de combinaison arbitraire, il fut convenu « qu'ils seroient coeffés d'une lisière de deux fils bleus et de deux blancs. alternativement, pourvu qu'il y eût au moins quatre liteaux bleus ». Enfin, pour les draps libres, les fabricants « employeront trois couleurs au moins, compris le bleu et le noir, c'est-à-dire que si l'on commence par un fil bleu, un rouge, un jaune, on sera obligé de suivre le même ordre jusqu'à la fin, laissant toutefois aux fabricants le choix des couleurs qui coefferont mieux leurs draps ».

Le sieur de Bosroger, adressa aux gardes-jurés du corps des fabricants drapiers d'Elbeuf la lettre suivante, en date du 16 décembre, qui nous fournit d'intéressants renseignements concernant l'histoire de notre principale industrie locale :

« Je dois vous instruire, Messieurs, des décisions intervenues sur différentes questions ; je vous prie d'en donner connoissance à votre communauté, afin qu'elle puisse se conformer à l'avenir aux intentions du gouvernement, qui tendent à inspirer au public la plus grande confiance pour les objets de fabrique nationale.

« 1º Par décision du 20 septembre dernier, le plomb de teinture prescrit par les lettres-patentes ne doit être apposé que sur les étoffes teintes en pièce, après les opérations du foulon. Vous engagerez en conséquence MM. Lambert, Quesné et Capelet de distinguer par des plombs de bon ou de petit teint tous draps qu'ils teindront, avant de les envoyer à la marque ; autrement, le plomb de la fabrique seroit refusé à tous draps teints en pièce qui n'auroient pas le plomb du teinturier ;

« 2º Le ministre est satisfait de la précaution que vous avez prise, Messieurs, de faire tisser ou broder les numéros sur les chefs des draps règlementés avant d'être présentés à leur visite en toile, pour ensuite les porter sur le registre, lorsque ces draps en haire sont conformes aux tableaux de fabrication ; mais il ajoute que, s'il en résultoit par la suite des abus, il faudroit que l'inspecteur en prévint le Conseil, afin qu'il y fût remédié ;

« 3º Par décision du Conseil du 17 septembre de la même année, tous draps, après leurs apprêts, sont assujettis à deux plombs, l'un en tête et l'autre à la queue de chaque pièce ;

« 4° L'arrêt du 25 juillet dernier, qui a permis la circulation dans le Royaume, des étoffes et toiles en coupons de six aunes et au-dessous sans être revêtues des marques ordonnées par les règlements, vient d'être révoqué par un autre du 4 novembre suivant ; vous voudrez bien vous y conformer ;

« 5° Par lettre du 10 de ce mois, le ministre désire sçavoir de qui les préposés à la marque tiennent leurs commissions et quels sont leurs appointements. Vous avez le nommé Fleury qui dessert avec honnêteté le bureau depuis nombre d'années ; je crois convenable de luy fixer un sort qui l'attachât davantage à son état ; je désirerois que la communauté lui continuât les 150 livres qu'elle luy faisoit cy-devant, comme son clerc, et je déterminerai, de mon côté, le ministre à luy envoyer une commission de préposé à la marque aux appointements annuels de pareille somme de 150 livres, ce qui lui produira une somme totale de 300 livres. Je vous prie, Messieurs, de délibérer en conséquence de ma proposition ;

« 6° M. de Tolozan m'ordonne, par sa lettre du 7 de ce mois, de vous prévenir qu'il ne sera fait aucune grâce aux entrepreneurs qui exposeront dans le commerce des étoffes non revêtues des marques prescrites, et que le ministre a donné les ordres les plus précis pour faire arrêter et saisir tous draps qui seront dans ce cas ou avec des plombs réappliqués ;

« 7° Le Conseil, instruit par l'inspecteur

que la bigarure des lizières à mille rayes pouvoit décourager le petit nombre de fabricants encore jaloux de fabriquer des draps règlementés, à cause de la ressemblance que les entrepreneurs d'étoffes libres affectent de mettre entre les lizières de ces deux genres de fabrications, ce qui préjudicie à la confiance publique, a jugé convenable de faire arrêter tous draps libres dont les lizières de trois ou quatre fils de différentes couleurs ne seroient pas alternatifs après un bleu ou noir ; c'est-à-dire que si le fabricant commence sa lizière par un fil blanc, un jeaune, un rouge et ensuite un noir, il est tenu de suivre le même ordre jusqu'à la fin. Je vous prie, Messieurs, de donner à cet objet la plus grande attention, vous prévenant que je veillerai de mon côté à ce qu'il ne se glisse à cet égard aucun abus ;

« 8° Il n'est permis de faire marquer les étoffes à des bureaux qui se trouvent sur la route des lieux de consommation que dans le cas où il n'y auroit point de bureau dans le lieu même de fabrication, et encore cette permission ne peut-elle s'étendre à tous les bureaux de la route indistinctement. Voicy le cas : on suppose qu'un fabricant soit éloigné de deux lieues du bureau de visite le plus proche de son domicile ; si le lieu de sa consommation est du côté de ce bureau, il est tout simple qu'il y fasse marquer sa marchandise ; mais si sa consommation doit se faire du côté opposé..., il peut faire marquer ses étoffes sur la route qui conduit à leur destination, mais il faut qu'il prenne cette marque au premier bureau qu'il rencontrera ; car s'il alloit au-delà sans que ses étoffes fussent marquées, ou qu'il prît quelque voie détournée... lesdites étoffes seroient dans le cas d'être confisquées. Vous connaissez, messieurs, les raisons qui me déterminent à m'étendre sur cet article, quoique les fabriques d'Elbeuf, de Louviers et d'Orival, qui se trouvent comprises dans mon département, ne soyent nullement dans ce cas.

« 9° Par décision du 6 de ce mois, il vous est défendu toutes inscriptions sur les draps autres que les noms et surnoms des fabricants et celui du lieu de fabrique, lesquels noms et surnoms sont tissus ou mis à l'aiguille en tête et en queue des draps, avant de les envoyer au foulon. Tous autres draps portant d'autres inscriptions seront saisis et confisqués.

« 10° Il a été arrêté, conformément au règlement du 29 janvier 1743 fait pour Sedan, que vous laisseriez aux draps règlementés en toile le penne et que vous les diviseriez par portées avant leur visite en haire ; cette formalité est ordonnée par le ministre, et l'on refusera l'enregistrement à tous draps qui seront sans leur penne.

« 11° M. de Tolozan vous engage de faire apposer en ma présence et celle de l'un de vous, messieurs, la marque de grâce tant sur les draperies que sur les toileries ; il me charge de vous représenter que vous seriez cause que l'on saisiroit les étoffes des détaillants et que si cela arrivoit, vous pourriez être exposés à des demandes en recours de garantie. J'assure devant M. de Tolozan que vous vous prêterez volontiers à ce qu'il désire de vous pour le bien du service.

« Vous sçavez peut-être, messieurs, que M. Joly de Fleury a bien voulu m'accorder ma retraite et qu'il a choisy pour me remplacer dans mes fonctions M. de Lazowsky ; je vous prie de convoquer une assemblée générale pour mardy prochain 18 du courant, à l'effet de faire enregistrer sa commission...

« De Boisroger ».

En 1781, l'hôpital s'enrichit d'une donation de 3.000 livres, faite par Baptiste Grandin, et d'une de 300 livres faite par Louis Grandin.

CHAPITRE III

(1782-1783)

Le prince de Lambesc *(suite)*. — Michel Grandin, 5e maire d'Elbeuf. — Création du cimetière Saint-Auct. — Pratiques féodales. — Les viandes de boucherie. — Les premiers métiers a filer la laine. — Les Van-Robais. — Vœux de la municipalité. — Ouverture du nouveau cimetière Saint-Jean. — Réduction des fondations a Saint-Etienne.

Michel Grandin prit possession de la mairie le 1er janvier 1782.

Le lendemain, Michel-Charles-Louis de Biencourt, chevalier, marquis de Poutraincourt, grand bailli d'Ardres et du comté de Guines, baron de Creseiques, chevalier de Saint-Louis, demeurant en son château à Martot, époux d'Adélaïde-Geneviève Emélie Lucas de Boucout, dame châtelaine de Martot, celle-ci représentant à droit successif Geneviève Béranger, veuve de Jacques Bourdon, bourgeois d'Elbeuf, reconnut être débiteur d'une rente envers le trésor paroissial de

Saint-Jean, pour la fondation de vingt-trois messes annuelles, créée le 30 avril 1699.

Le 5 février, les gardes en charge représentèrent à Guillaume Blin, bailli, que « malgré les différents mouvements qu'ils se donnoient pour arrêter le commerce illégitime des bouts, pennes et corrons, il se continuoit toujours ; que d'ailleurs il ne leur étoit pas possible de découvrir tous les autheurs de ces vols, et que pour diminuer ces abus il n'y avoit pas d'autre moyen que de charger les commis ambulants du tarif de cette ville de visiter, saisir et verbaliser contre tous les délinquants qu'ils trouveroient ». — Le bailli ordonna de faire comme le désiraient les gardes.

Les paroissiens de Saint-Etienne s'occupèrent, à leur tour, de la création d'un nouveau cimetière.

Le dimanche 10 mars, dans une assemblée générale des habitants de la paroisse, annoncée au prône par trois dimanches consécutifs, par billets et par le son de la grosse cloche, tenue en présence de Me Henri Duhamel, curé, on délibéra sur son emplacement, conformément aux ordres du procureur général du roi, donnés en réponse à une requête qui lui avait été présentée par les paroissiens, à la suite d'une première délibération en date du 6 janvier précédent, lesquels ordres avaient été intimés au trésorier Amable Béranger, par Callais, procureur fiscal du duché.

Il fut décidé qu'il serait nommé des commissaires, suivant l'ordre du procureur général et les désirs du prince de Lambesc, afin de rechercher un terrain, en dehors de l'enceinte des habitations, pour y enterrer les corps des fidèles qui mourraient dans l'espace de dix années, pour ensuite faire un rapport à la communauté des paroissiens. La commission se trouva composée de Sevaistre père, Joseph Duruflé le jeune et A. Béranger, trésoriers ; Osmont, vicaire, et Guenet, prêtre sacristain.

Dans une seconde réunion générale, tenue le 5 mai suivant, les commissaires proposèrent de traiter pour un terrain situé sur le flanc de la côte Saint-Auct, qui avait été visité par eux, par le bailli et par le procureur fiscal, ce qui fut agréé par les habitants.

Le nouveau cimetière Saint-Etienne fut inauguré cette même année, pendant laquelle il y eut soixante cinq décès dans la paroisse. Quatre ans plus tard, le jardin du presbytère fut agrandi aux dépens du vieux cimetière, alors supprimé.

Parmi les questions à l'ordre du jour de la séance municipale tenue le 28 mars, nous citerons :

Déficit de 9,000 livres dans la caisse commune, par suite de dépenses extraordinaires et la cessation de l'abonnement des huit sols pour livre ;

Construction d'une barrière sur le quai, qui, tout en ne nuisant pas à la navigation, empêcherait la fraude considérable qui se fait par ce côté.

Construction d'un abreuvoir, afin de prévenir les funestes accidents qui arrivent journellement aux personnes allant faire boire les chevaux à la Seine.

Modification à « l'égout de ravine », où des accidents arrivent également.

Pavage de la rue Neuve, nouvellement ouverte et déjà désignée sous le nom de rue Poulain.

Le corps de ville, pour exécuter ces travaux, décida de demander l'autorisation d'emprunter 30.000 livres ; mais en mai suivant, la municipalité abandonna ce projet d'emprunt.

Les gardes en charge ayant fait saisir un drap fabriqué par Jérome Delarue, l'affaire fut portée devant le bailli, le 11 avril.

Ce drap portait au chef le mot « Londres ». Pour s'excuser, Delarue dit que « jusqu'à présent, les draps fabriqués à Orival ont porté constamment l'empreinte du nom la Londe, et que s'il y a une lettre d'augmentation sur la pièce saisie, ce n'est que par inadvertance de la marqueuse ; qu'au surplus, il s'assujettira à l'avenir à marquer ses draps comme faits à Orival ».

En ce qui concernait la laine employée pour ce drap, Delarue dit qu'à la vérité elle provenait de laines « ramassées » en différents endroits.

Cette réponse « plus que suspecte » eut seulement pour résultat une défense faite à Delarue de se servir de laines en loquets pour fabriquer ; son drap lui fut rendu, après que l'on eût coupé le mot Londres.

A l'approche de la Révolution, qui supprima toutes les pratiques féodales, nous croyons devoir reproduire un procès-verbal du 22 juin 1782, dressé par le notaire d'Elbeuf :

« De la réquisition de messire François-Marguerite-Joseph Courtin de Saint-Vincent, chevalier, seigneur des fiefs de Saint-Vincent, du Basset, Saint-Martin de Cléon, Gruchet et autres lieux, demeurant à Paris, place Louis XV, rue Royale, paroisse de la Madeleine, nous sommes transporté avec ledit sieur de Saint-Vincent, accompagné des témoins cy-après nommés, au château et manoir seigneurial du duché-pairie d'Elbeuf, scitué audit Elbeuf, grande rue, paroisse Saint-Etienne, appartenant à très haut, très puissant et très illustre prince Monseigneur Charles Eugène de Lorraine, prince de Lambesc, duc d'Elbeuf, pair et grand écuyer de France, chevalier des ordres du roy, gouverneur et lieutenant général pour Sa Majesté de la province d'Anjou, gouverneur particulier des ville et château d'Angers et du Pont de Cé, grand sénéchal héréditaire de Bourgogne, mestre de camp, propriétaire du régiment de dragons de son nom,

« Aux fins d'estre présent et de lui accorder acte de ce qu'il va faire à Son Altesse Monseigneur le prince de Lambesc, duc d'Elbeuf, la foy et hommage qu'il lui doit, à cause de son fief de Saint-Martin de Cléon et de ses dépendances, qu'il tient noblement de mondit seigneur prince, à cause de ses fiefs de Saint-Gilles, Cléon, la Heuze, réunis et incorporés audit duché-pairie et sujet à foy et hommage audit duché d'Elbeuf,

« Ensemble lui payer le relief qu'il lui doit, comme étant ledit fief de Saint-Martin de Cléon fief de haubert, et ce à cause de la mutation arrivée par la vente qui en a été faite audit seigneur de Saint-Vincent par contrat duëment en forme et dont le treizième a été acquitté aux receveurs de Sadite Altesse.

« Parvenus à la porte dudit château et manoir seigneurial..., ledit seigneur de Saint-Vincent a frappé à la porte et appellé par trois fois monseigneur Charles Eugène de Lorraine, sur quoy s'est présenté le sieur Louis Martin, directeur des archives du duché d'Elbeuf, y demeurant dans le château cy-devant désigné, lequel nous a déclaré avoir de Son Altesse une procuration générale, mais comme elle ne contient point le pouvoir de recevoir la foy et hommage que se proposoit de faire ledit seigneur de Saint-Vincent, il nous a demandé acte tant de l'acte de soumission qu'il fait que de l'exhibition de la somme de 15 livres, argent découvert, qu'il se proposoit de payer pour le relief qu'il doit à Sadite Altesse, à cause du fief de Saint-Martin de Cléon, laquelle somme ledit sieur Martin a reffusée au même nom que devant.

« Ledit sieur de Saint-Vincent nous a aussi demandé acte de ce qu'il demande aussi la communication des aveux qui lui sont nécessaires pour faire et rendre l'aveu et dénombrement qu'il doit à Sadite Altesse, tant pour ledit fief que pour les objets roturiers qu'il possède dans la mouvance du duché d'Elbeuf et de ce qu'il se soumet de présenter aux jour et heure qu'il plaira à Son Altesse indiquer pour effectuer la foy et hommage qu'il se proposoit de faire aujourd'huy... » Témoins : Félix Get et François Pottier, orfèvre à Elbeuf.

Vers le milieu de cette année, le maire et les échevins de notre ville adressèrent une supplique au ministre de Vergennes pour qu'il s'opposât aux entreprises projetées par plusieurs particuliers, tendant par des constructions, à retirer de trois pieds la largeur de la rue Neuve, ouverte pour relier la place du Coq au chemin du Neubourg. M. Parfait Maille a publié le texte de ce document. (Tome II, p. 315 et suivantes).

En 1782 également, notre hospice entra dans

la possession d'une somme de 3.040 livres, capital d'une rente de 152 livres de Mlle Prevost, décédée. L'année suivante, l'hospice reçut une somme de 763 livres, de divers, et, un peu plus tard, une autre somme de 910 liv.

Une pièce dont le texte suit est conservée aux archives municipales :

« Ce jourd'huy, troisième jour de juillet 1782, moi Jean Andrieu, huissier-garde, résidant à Elbeuf, de la réquisition des sieurs Alexandre Lefebvre et Cie, fabricants de draps rue Saint-Etienne, certifie m'être transporté en la maison du nommé Chantelot, cardeur et fileur de laine, demeurant à Caudebec, auquel mesdits requérants auroient livré le 1er juin dernier trente-cinq livres de laine pour la carder et filer, et huit livres d'huile, le fil de laquelle laine ledit Chantelot auroit dû rapporter quinze jours après, ce qu'il n'a encore fait, ce qui fait supposer auxdits requérants que cet ouvrier travaille pour d'autres maîtres... »

Et de fait, Andrieu trouva deux parties de laine appartenant à des fabricants d'Elbeuf et d'Orival. « Vu quoy et la contravention manifeste dudit Chantelot aux Règlemens de la manufacture, qui, au mépris d'iceux, travaille pour trois maîtres, ce qui est expressément défendu, nous lui avons déclaré la saisie et enlèvement des laines grise et blanche... »

Le 6 de ce mois, l'assemblée des fabricants, sous la présidence du bailly Blin et en présence de Luzowsky, sous-inspecteur, décida, sur la permission du duc d'Elbeuf, d'admettre en la communauté des manufacturiers René Morainville, fabricant à Orival « et ce moins en considération de sa réception à Orival qu'à cause du talent qu'il possède à détacher les draps et rendre service à la communauté, pourquoy la présente réception ne pourra tirer à conséquence à l'avenir ». Morainville prêta serment le même jour.

Les Archives du département conservent l'acte de fieffe, daté du 25 juillet 1782, par Pierre-Benoît Calais, au nom du prince de Lambesc, collateur et présentateur de la chapelle Saint-Félix et Saint-Auct, et par Robert-Jean Mathieu Leforestier, grand chantre et chanoine en la collégiale Saint-Louis de la Saussaye, comme titulaire de ladite chapelle, à la fabrique de Saint-Etienne, représentée par Pierre Osmont, vicaire, Louis Sevestre, Pierre-Joseph Duruflé, Bernard Join-Lambert, trésorier, d'une demi-acre de terre (mesure du Pont-de-l'Arche), sise hors la porte Saint-Auct, pour y établir le nouveau cimetière, pris dans l'étendue des biens appartenant à la chapelle Saint-Félix et Saint-Auct.

Le procès-verbal qui suit, dressé par Me Lingois, nous fera connaître une autre pratique féodale, concernant les monastères et les seigneurs des fonds possédés par les communautés religieuses :

Le 7 août, le notaire se rendit au couvent des Ursulines, situé rue Saint-Etienne — aujourd'hui rue de la République — où Jeanne Onfray, supérieure ; Madeleine Vignon, assistante ; Hélène Vignon de Saint-Joseph, maîtresse des novices, et Cécile Cousin de Jésus-Marie-Joseph, faisant l'office de dépositaire, par suite du décès de Louise Bourdon, se trouvant au parloir, ces religieuses « pour elles et leur communauté, voulant donner à Monseigneur le prince de Lambesc, duc d'Elbeuf, un homme vivant, mourant et confisquant, discrette personne M° Pierre Dévé, leur chapelain, prêtre, demeurant audit Elbeuf, lequel à ce présent s'est soumis de faire au nom de la communauté tout ce que la qualité d'homme vivant, mourant et confisquant exige ».

Par le même acte, les religieuses donnèrent pouvoir à Pierre Dévé de rendre aveu au prince de Lambesc pour les biens appartenant au couvent, et lui donnèrent même leur procuration générale.

François Dupont fit, en 1782, le relevé de tous les biens fonds que possédait alors le trésor de la paroisse Saint-Jean. Il s'élevait, au total, à 58 vergées 17 perches, provenant de donations diverses, mais pour la plupart afin de fonder des messes pour le repos de l'âme des donateurs.

Dans un litige entre le prince de Lambesc, seigneur de la Haye-du-Theil, et les sieurs Coignard de Saint-Etienne et Coignard de Jouvent, propriétaires de domaines importants dans cette paroisse, qui relevaient du duc d'Elbeuf, il fut établi que le boisseau de blé valait alors 3 livres 18 sols, et un chapon 15 sols. Les sieurs de Jouvent, pour les soixante acres qu'ils tenaient du duché d'Elbeuf, devaient ensemble, outre la redevance seigneuriale, quatre boisseaux de froment et un chapon par an « 34 livres 18 sols 9 deniers, obole pite en argent, un éperon évalué à 10 sols, et une aire ou couple de pigeons de 6 sols ». Le duc avait le droit d'exiger en argent la valeur des redevances seigneuriales en nature, au prix du jour de l'échéance.

M. de Crosne, intendant de la Généralité de Rouen, avisa les officiers municipaux d'Elbeuf, le 7 octobre, qu'une somme de 3.000 livres était à leur disposition pour être employée à l'atelier de charité établi sur la route d'Elbeuf à Rouen.

A l'appel des officiers du duché d'Elbeuf qui fut fait au prétoire de notre bourg, le 15 octobre, devant Me Guillaume Blin, avocat à la Cour et juge en chef, avec l'assistance de Me Jean-Louis Maille, lieutenant, furent présents les suivants :

« Me Pierre Benoit, avocat et procureur fiscal ; Me Thomas-Nicolas Paspenaud, doyen des avocats ; Me Louis-Michel Sanson, avocat ; Me Pierre-Victorien Asse, avocat ; Me Louis-René Morin, avocat ; Me Guillaume Bosquier, avocat ; Me Joseph Godet, juge verdier ; Me Nicolas Bourdon, lieutenant de la verderie ; Me J.-B.-Pierre Grandin, garde-marteau ; le sieur Thomas Yves, greffier de la verderie ; Me Pierre Lingois, notaire d'Elbeuf ; les tabellions de Boissey, Quatremares, Gros-Theil et Couronne ;

« Pierre-François Fontaine, sergent d'Elbeuf ; Jean-Baptiste Lemarchand, sergent commis ; Mustel, sergent de Boissey ; Jean-Louis Harel, sergent du Gros-Theil ; Pierre-Olivier, aide-sergent de la Haye-du-Theil ; Louis-Alexandre Dumort, geôlier ; Grosselin, garde-général ; J.-J. Lemarchand, Jean Martin, François Pierron, Pierre Endouze, Thomas Gasse, Jean Girard, Jean Potel, Pierre Dantan, Simon Pinchon, François Augée et Remy Hervieu, gardes ; les gardes facteurs de la forêt ; Noël Carbonnier père, garde du Framboisier ; Noël Carbonnier fils ; le garde-messier du Gros-Theil et de la Haye-du-Theil.

« Les sénéchaux des fiefs d'Annebault, du

Becquet, du Bosfollet, du Framboisier, du Val, d'Harcourt, de Thilly, de Marcouville, de la Mésangère, de la Motte, d'Autheuil, de Bosregnoult, de Gelleville, du Thuit, du Bosc, des Marais, du Bosc-Yves, de Dame-Avienne, de Cabot, de Moulineaux, de Couronne, de l'Aigle à Sot'eville, de Saint-Martin-la-Corneille, de la Fontaine et de Fourquettes » ; tous ces fiefs étaient dans la mouvance d'Elbeuf.

Ce même jour, Joly de Fleury, ministre des finances et chargé de l'administration du commerce du royaume, nomma Louis-Charles-Pierre de Coprez sous inspecteur des manufactures à Elbeuf, aux appointements de 1.500 livres par an.

Le pavage de la route de Rouen au Neubourg, dans la traverse d'Elbeuf, était terminé en 1782 ; mais dans une assemblée tenue à l'Hôtel de Ville, à laquelle assistaient Michel Grandin, maire d'Elbeuf ; Parfait et Auguste Grandin, officiers municipaux, il fut décidé qu'en raison du mauvais travail exécuté par Jallain, l'adjudicataire, il serait demandé à l'intendant de la généralité de nommer des experts pour la réception du pavage. L'intendant se rendit à ce désir par une décision du 16 octobre ; mais une opposition fut formée par Jalain, et, le 6 décembre suivant, les offi ciers municipaux d'Elbeuf reçurent avis que les travaux ne pouvaient être examinés que par les ingénieurs des ponts et chaussées, et qu'à cet effet, M. Cochin serait chargé de visiter l'ouvrage.

Pierre-Louis Langlois, âgé de de 60 ans, ancien procureur fiscal, mourut le 17 octobre, en la paroisse Saint-Jean. — Joseph Fleury, était alors maître de musique, rue de la Barrière.

Les six cents chaises de l'église Saint-Jean furent données à loyer, le 22 novembre, par Constant Le Roy, fabricant, trésorier en charge, pour le prix de 800 livres par an.

Le 7 décembre, Courtin de Saint-Vincent, seigneur de la Cour, la Motte, l'Haye, Boissel, etc., vendit à Jean Baptiste-Pierre Grandin, fabricant à Elbeuf, la seigneurie du Basset et de Saint-Martin-de Cléon, composée de deux fiefs nobles, l'un le Basset, huitième de haubert, mouvant directement du roi ; l'autre, fief de pleines armes, relevant du duché d'Elbeuf, à cause du fief de Saint-Gilles et de la Heuze, tous deux situés à Cléon. Cette vente fut consentie moyennant la somme de 120.000 livres.

Le 14, Jacques-François Vallon de Boisroger, écuyer, ancien inspecteur des manufactures de la généralité de Rouen, demeurant à Chartres, représenté par Jean-Baptiste-Servant Huault, écuyer, son gendre, acheta un terrain « faisant partie du Clos des Vignes et la totalité de la côte Berthelot, au triège de la Carrière-Mullot, borné en bas par le chemin des Ecameaux ou autrement la Vallée de l'Epine..., d'un bout le chemin du Bucquet et la côte dite la Carrière-Mullot... »

Une lutte sourde existait depuis longtemps entre les bouchers d'Elbeuf et ceux des environs.

Aux plaids de meubles d'Elbeuf, tenus au prétoire ordinaire de la haute justice du duché-pairie, le 28 janvier 1783, par M⁰ Guillaume Blin, avocat à la Cour, juge en chef civil et criminel d'Elbeuf, des châtelleries de Boissey-le-Châtel, la Haye-du-Theil, du Gros-Theil, de la baronnie de Quatremares, des eaux et forêts du duché et des manufactures d'Elbeuf, fut rendue une sentence interdisant la vente clandestine de viandes et faisant défense à tous autres qu'aux bouchers « dont les noms seront inscrits sur les registres de la police » de vendre et débiter des viandes à Elbeuf.

A la suite de cet arrêt, les bouchers du dehors se firent inscrire à Elbeuf. Alors ceux de la ville adressèrent le, 16 juin 1783, une requête au bailli, tendant à ce qu'il fut enjoint aux bouchers horsains inscrits à Elbeuf, sous peine de déchéance du droit de vendre, d'apporter en tout temps et à tous jours de marché des viandes en quantité suffisante.

Le 4 décembre suivant, le bailli rendit cette sentence : « Permis aux bouchers externes d'apporter de la viande aux jours et heures de marché de cette ville, où elle sera exposée sur des étaux, parce qu'ils seront tenus de massacrer leurs bestiaux en cette ville et de souffrir la visite des gardes-bouchers ; parce qu'aussy leurs étaux seront garnis de toute espèce de viande, comme bœuf, veau et mouton ; à eux enjoint de se faire inscrire au greffe et de suivre exactement les marchés, sous peine d'exclusion en cas d'absence pendant deux marchés de suite... », etc.

Un acte du 17 février concerne « Mᵉ Jacques-Etienne-Charles-Victor de Flavigny, écuyer, conseiller secrétaire du roi, audiencier maison et couronne de France et doyen de la chancellerie établie près le Parlement de Normandie. seigneur du Plessis et de la Mésangère où sont plusieurs fiefs réunis, demeurant en sadite terre de la Mésangère, paroisse de Saint-Pierre-de-Bosguerard, fils de Mᵉ Jacques-Louis-Flavigny, bailly de la duché-pairie

d'Elbeuf et de dame Marie-Anne Ansoult... »
— A cette époque, Henri Grosselin, garde-général pour le prince de Lambesc en son duché d'Elbeuf, demeurait en la paroisse Saint-Etienne ; Louis Clouet était prêtre habitué à Saint-Jean, et Louis Dautremère, collier. Des actes de ce même temps mentionnent l'existence d'une auberge « où pendoit le *Gros Raisin* », paroisse Saint-Jean, et d'une autre « où pendoit le *Grand Dauphin* ».

Il paraît que le repassage des forces en usage pour le tondage des draps ne se faisait pas au gré des fabricants de notre ville ; car les gardes en exercice de la communauté passèrent un traité, le 10 mars, avec Robert Buissel, de Sedan, émouleur de forces, pour lui faciliter les moyens de s'établir à Elbeuf.

A cet effet, la communauté s'engagea à lui payer tous les mois, pendant une année, à commencer du 1er mai suivant, une somme de 42 livres, « pour luy donner le temps de se former des pratiques ». En outre, la communauté promettait de lui faire les avances nécessaires pour l'achat d'une meule et autres ustensiles, desquelles moitié seulement serait remboursée par Buissel.

En retour, celui-ci promit de former un apprenti, à la condition qu'il lui serait payé par ledit apprenti une somme de 800 livres en deux ans, durée fixée pour l'apprentissage.

Buissel s'engageait, en outre « à émoudre les forces à raison de 40 sols la paire ».

On a quelque peine à croire, en voyant fonctionner les immenses et magnifiques machines à filer la laine actuellement employées, que le premier appareil mécanique de ce genre ne fit son entrée en France qu'en 1783.

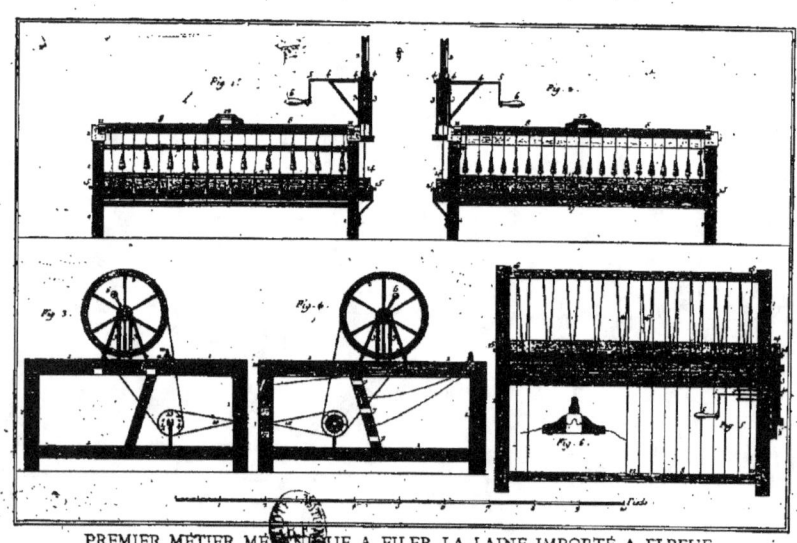

PREMIER MÉTIER MÉCANIQUE A FILER LA LAINE IMPORTÉ A ELBEUF

Cette date est bien certaine, car voici comment l'auteur qui traita de la filature dans l'*Encyclopédie methodique*, éditée en 1784 par Panckoucke, s'exprima d'abord :

« J'apprends au moment où j'écris ceci (en décembre 1782), que les Anglois ont une mécanique, mue par l'eau, qui carde, file en gros, file en fin, double et retord les fils, le tout à à la fois, et par milliers. J'ai en même temps quelques raisons de croire que sous peu elle sera en France ».

L'auteur dit en un autre endroit :

« Trois mois après que ceci a été écrit, la mécanique en question a été apportée en France. On m'en a confié les détails, et je l'ai vue opérer ; j'en ai calculé la dépense et les produits, et je puis attester qu'on n'a jamais rien eu en France de ce genre d'aussi ingénieux... »

Un peu plus loin, notre auteur parle d'une autre machine :

« Lorsque je composai ce traité, je savois qu'en Angleterre on filoit la laine cardée à une mécanique différente de celle-ci (une dont il donne la description), mais que je ne connaissois pas. Depuis, cette mécanique a été apportée en France, et elle existe (mars 1783), entre autres lieux, à Elbeuf et à Abbeville, où je l'ai entrevue, sans pouvoir la faire dessiner... »

Il ajoute qu'il se l'est procurée et qu'il la publiera dans le supplément de son ouvrage, où, en effet, elle figure.

Voilà donc bien précisée l'époque de l'introduction de la première « méchanique » à Elbeuf, où elle excita la curiosité de tous, mais que son introducteur tint cachée durant plusieurs mois, afin que ses confrères ne pussent en faire venir de semblables.

Peine inutile, car plusieurs autres fabricants en montèrent également en cette même année, et les dispositions de la « méchanique » furent bientôt le secret de Polichinelle.

A Louviers, on ne se servit de métier à filer qu'à partir de 1785. La filature qui, la première, y fut établie, donna son nom à la rue de la « Mécanique ».

Alexandre Lefebvre, fabricant, loua pour trois ans, par contrat du 12 septembre de cette même année, « à Samuel-Isaac-Wan Robais », négociant à Abbeville, maintenant audit Elbeuf », une maison d'habitation sise rue de la Barrière.

Cette location indique que le grand manufacturier abbevillois avait l'intention de fonder une maison dans notre ville.

Samuel-Isaac était le descendant direct du célèbre Van Josse Robais, mort en 1685, fondateur de la très renommée manufacture de draps extra-fins d'Abbeville, qui porta un coup terrible aux fabricants hollandais et anglais par la supériorité de ses admirables produits. La manufacture d'Abbeville finit par prendre le premier rang parmi toutes celles d'Europe. Louis XIV avait une telle estime pour Josse Van Robais, originaire de Courtrai, qu'il lui avait donné, pour lui et ses ouvriers, des lettres de naturalisation et la permission de pratiquer en toute liberté la religion protestante. Ses descendants furent peut-être les seuls bourgeois qui purent élever leurs enfants dans les doctrines de la Réforme. Abbeville est redevable à la famille Van Robais de sa principale source de prospérité et de richesse.

C'était la nouvelle invention des métiers à filer qui avait attiré Isaac Van Robais à Elbeuf, et il entrevoyait une entreprise colossale pour l'époque : de fonder un immense établissement où l'on filerait mécaniquement la laine pour tous les manufacturiers elbeuviens. Nous ne connaissons point la nature des obstacles que rencontra Van Robais ; en tous cas, son projet ne fut pas mis à exécution.

Dans une addition à son traité de filature, où l'auteur donne la description de la nouvelle machine fonctionnant à Elbeuf et à Abbeville, et dont nous reproduisons le dessin ci-contre, il ajouta une observation qu'il devait, dit-il, au temps et à l'expérience, « sur la nature de la matière propre à faire tourner ou pivoter les broches verticales ou fuseaux de fer de ces sortes de mécaniques :

« D'abord on employa le verre, persuadé qu'une pointe obtuse et arrondie, sur une surface plane et polie, touchant celle-ci par le moins possible de points, y essuieroit le moindre frottement, et qu'elle tourneroit avec le plus de facilité, de douceur et d'uniformité. Mais bientôt, la surface du verre se trouvant égrisée, la poudre qu'en résultoit, par le frottement continuel du talon de la broche, hâtoit sa destruction. La broche le creusoit, s'y logeoit et s'y empâtoit : bientôt on réforma les verres, auxquels on substitua des cailloux.

« On a employé les cailloux avec beaucoup de succès, et je les ai conseillés moi-même dans bien des circonstances, à diverses personnes, et dans nombre d'atteliers. Les broches tournent dessus à merveille et ne les entament point ; mais on s'est apperçu après quelques mois de travail, que c'étoit eux qui attaquoient les broches et qu'ils les usoient assez pour les faire accourcir sensiblement, inégalement même, suivant l'homogénéité ou la densité de l'un ou de l'autre matière, et quelquefois à un point tel qu'il a fallu moins d'une année de travail pour mettre ces broches hors de service ».

L'auteur continue en se demandant quelles matières il faudra de préférence employer et il termine ainsi :

« On n'a encore trouvé rien de mieux pour le support des broches des mécaniques à filer, à retordre, ou autres de ce genre que fer contre fer, l'un et l'autre trempés en acier, de part et d'autre en pointe mousse et arrondie ».

Quelque temps après, une ouvrière eut l'idée de lubrifier le talon des broches de son métier avec de l'huile à quinquet, et la difficulté fut tournée.

A la séance municipale tenue le 27 mars, étaient présents Michel Grandin, maire ; J.-B. Leclerc, Auguste Grandin, Bernard Delarue, échevins ; J.-N. Lefebvre et J.-L. Maille, anciens maires ; P. Osmont, vicaire de Saint Etienne ; Louis Flavigny et J.-B. Delarue, notables.

Le but de cette réunion était, entre autres affaires, de presser la terminaison de la route d'Elbeuf à Rouen, notamment le pavage de la section entre le château du prince de Lambesc, jusqu'à la porte de Rouen, soit une longueur de 150 toises, où se trouvait un amas de boue qui infectait le quartier : « C'est une entrée de ville affreuse par deux portes différentes, celles de Rouen et de Bourgtheroulde ».

Le maire observa qu'il faudrait raccorder le pavage de la porte du Bourgtheroulde —

aujourd'hui on dirait porte Saint-Auct — autrement celui de la porte de Rouen formerait « une digue contre laquelle viendroit frapper l'égoût et le ravin du la coste qui domine ».

Il fut décidé de demander à l'intendant d'appliquer à ces travaux 2.099 livres qui étaient présumées devoir rester sur la corvée de l'année 1785. L'intendant donna les approbations le 10 juillet suivant.

Nous trouvons dans un mémoire de François Dupont qu'avant la désastreuse guerre de 1756, le peuple d'Elbeuf consommait de 30 à 40.000 pots d'eau-de-vie chaque année. Après cette guerre, qui engendra tant de misère, la consommation de l'eau-de-vie descendit à environ 12.000 pots. Dupont constate également que la consommation de la viande de porc diminua considérablement après cette guerre. Pour les années précédentes, notre auteur estime la consommation de porcs, dans notre ville, de 700 à 800 têtes par an.

Il attribuait cette diminution à la multiplicité des impôts; aux taxes mises sur les offices municipaux, pour le payement desquelles la ville avait dû recourir aux emprunts ; à l'inconcevable augmentation des subsistances ; à la langueur que ces premières causes jetèrent dans le commerce et qui ne permit pas d'élever le salaire des ouvriers au taux de leurs besoins, et enfin aux 10 sols pour livre, en sus de la taille, imposés par le roi.

« Les besoins de l'Etat étoient sans doute pour lors trop pressants, trop impérieux pour pouvoir en faire la remise, mais aujourd'hui (1783) qu'une paix glorieuse ramène le calme dans l'Etat et va permettre à Sa Majesté de remplir les désirs les plus chers à son cœur, en soulageant ses peuples, la ville d'Elbeuf ose espérer que les améliorations et soulagements qu'elle va proposer seront favorablement accueillis ».

Suit la nomenclature des réformes réclamées par François Dupont, au nom de la ville :

« Que les 10 sols pour livre sur le produit du tarif soient supprimés.

« Que les octrois dits du sol pour livre, celui des quatre deniers et celui du quai, accordés à la ville et perçus à son profit, soient aussi supprimés.

« Que pour parfaire la construction du quai, payer les intérêts des sommes empruntées et en rembourser les capitaux, S. M. veuille bien accorder à la ville de percevoir pendant douze ans, à son profit, les 10 sols pour livre du produit dudit tarif... et après ces douze années que les 10 sols soient modérés à 3 sols pour livre, considérés comme bien patrimonial de la ville et être employés à ses besoins... »

Dans ce même mémoire, Dupont estime la population d'Elbeuf à 5.600 habitants, dont 60 fabricants de draps, et environ autant de marchands détaillants et artisans. Le commerce de la fabrique roulait sur environ 9.000.000 de livres par an, dont deux tiers en achat de laines et le reste en main-d'œuvre.

La fabrique occupait la population d'Elbeuf et, en plus, de 10 à 12.000 habitants des campagnes.

Un acte du notariat d'Elbeuf mentionne les membres suivants d'une branche de la famille Grandin : Robert Grandin, maître de forges, demeurant à Paris ; Alexandre et Louis

Grandin frères, fabricants à Elbeuf, héritiers de Jacques Grandin ; Louis-Jacques Grandin, prêtre, François et René Grandin, tous trois frères.

Les registres paroissiaux de Saint-Jean portent la mention suivante :

« Le dimanche 27 de juillet, a été faitte par moi, vicaire soussigné, la bénédiction du nouveau cimetière ordonné par une déclaration du Roy du 9 novembre 1776 et confirmé par un arrêt du parlement, lequel cimetière est hors la ville, proche le clos de M. Constant Godet, laquelle bénédiction s'est faitte en vertu d'une permission de Monseigneur l'évèque d'Evreux, en la présence de tout le clergé de la paroisse ». — Suivent les signatures de Lenoble, vicaire ; Patallier, prêtre ; Zacharie Osmont, bedeau.

Nous n'avons pas encore donné de spécimen d'exploit d'huissier de l'ancien régime ; l'ouverture de ce cimetière nous fournit l'occasion d'en publier un :

« L'an mil sept cent quatre-vingt-trois, le vingt-huit juillet, à la requeste de M. le procureur fiscal de la haute justice d'Elbeuf, pour lequel domicile est esleu au greffe de ladite juridiction, sciz audit Elbeuf, paroisse Saint-Jean, Je Pierre-François Fontaine, huissier du Roy, archer, garde héréditaire en la prévosté généralle des monnoye, maréchaussée et gendarmerye de France, exploitant par tout le royaume, reçu et immatriculé au bailliage de Pont-de-l'Arche, résidant en la ville d'Elbeuf, paroisse Saint-Jean, soussigné ;

« Sommé discrette personne M⁰ Flavigny, prêtre curé de la paroisse dudit Saint-Jean d'Elbeuf, y demeurant en son manoir presbiteral...; en son domicille, en parlant à sa personne, après midy, chargé et faire sçavoir à quy il appartiendra de se conformer à la déclaration du Roy du neuf novembre mil sept cent soixante seize et aux arrêts et règlements de la Cour concernant les inhumations, avec defense à luy faitte entérer à l'avenir aucun corps dans le cimetière ancien quy existe dans l'enceinte de la ville, sous quelque prétexte que ce soit, et partout ailleurs que dans celui établi à l'extrémité de ville, dont la bénédiction a esté faite le dimanche jour d'hier vingt-sept de ce premier mois, sous peine de rendre ledit sieur curé personnellement guarant et responsable de toutes les condamnations au cas appartenants. Dont acte et délivré le présent en parlant comme dessus. — FONTAINE ».

Les registres paroissiaux de Saint-Jean portent également cette mention :

« Le mardi 29 de juillet 1783, le corps de Jacques-Simon Bachelet, âgé de 70 ans, mort sur la paroisse Saint-Etienne, muni des sacrements de l'Eglise, a été inhumé le premier dans le nouveau cimetière de cette paroisse, selon la réquisition dudit Bachelet ».

A cette époque, Pierre Drouet, écuyer, sieur des Fontaines, propriétaire à Elbeuf, demeurait chez Mᵉ Flavigny, chanoine de la cathédrale de Rouen.

Le 1ᵉʳ août, sur la réquisition du procureur fiscal, le bailli prescrivit l'exécution des anciennes ordonnances des rois Louis IX et Henri II sur le glanage, des abus considérables s'étant produits dans l'étendue de sa juridiction.

La réduction des fondations de messes, services et autres prières faites en l'église Saint-Etienne eût lieu sans donner naissance à des réclamations, contrairement à ce qui s'était passé dans d'autres paroisses, où les familles se révoltèrent contre l'autorité ecclésiastique. Voici quelques pièces concernant cette affaire :

« A Monsieur le cardinal de La Rochefoucauld, archevêque de Rouen.

« Le curé de Saint-Etienne d'Elbeuf a l'honneur de représenter à Votre Eminence que les honoraires des basses messes fondées dans son église sont fixées à quinze sols ; que, ne pouvant les acquitter toutes, et les prêtres de sa paroisse n'aiant que quarante livres de la fabrique, comme habitués, et leurs messes pour se procurer leur nourriture et leur entretien, reçoivent des personnes qui leur en font dire, quelquefois trois livres, souvent vingt-quatre sols, jamais moins de vingt, les messes des fondateurs ne peuvent donc être acquittées dans son église suivant l'intention des fondateurs.

« Pour remédier à cet abus et pour se procurer à lui-même un peu plus de facilité d'acheter les choses de première nécessité, augmentées de plus de moitié depuis l'époque des fondations, le suppliant se trouve forcé de recourir à la justice et à l'autorité de Votre Eminence, Monseigneur, pour obtenir une augmentation d'honoraires de chacune de ses basses messes, en diminuant leur nombre, selon le taux que Sa Haute Sagesse y fixera et en réunissant celles qui ne seroient pas susceptibles de diminution vu leur petit nombre, et Votre Eminence fera justice.

« H. Duhamel,
« Curé de St-Etienne d'Elbeuf ».

Cette requête fut communiquée au promoteur général du diocèse, le 19 août, qui, avant de prendre une décision, ordonna qu'il fut fait état, par commissaire, des titres et papiers concernant les fondations, et que dans le procès verbal il fut fait mention des biens aumônés originairement pour l'acquit de chaque fondation, de la valeur qu'elles avaient à l'époque de l'enquête, des charges, du nombre de personnes ayant droit ou usage de participer aux honoraires ; il requit, en outre, que la lettre du curé Duhamel fut communiquée aux trésoriers dans une assemblée convoquée à cet effet ; que, pour plus grande notoriété, elle fut, ainsi que l'acte par lequel le commissaire accepterait la commission en y indiquant les jour et heure auxquels il procéderait, lue au prône de la messe paroissiale et affichée au principal portail de l'église, avec avertissement à tous ceux qui auraient ou prétendraient droit, de s'opposer entre les mains du commissaire ou au greffe de l'officialité.

Le curé de Saint-Paul de Fourques, témoin synodal du doyenné de Bourgtheroulde, fut nommé commissaire enquêteur, mais s'étant récusé, cette mission fut confiée, le 6 septembre, par le vicaire général et official Osmont, à Mᵉ Painchon, curé d'Orival, lequel s'adjoignit, comme secrétaire, Gabriel Guenet, prêtre sacristain de Saint-Etienne.

Le curé d'Orival s'assura que les prescriptions de l'official avaient été remplies et que la fabrique paroissiale avait émis un vœu favorable à la réduction des fondations ; après quoi, il dressa un état de celles que l'on proposait de réduire et dont voici la désignation :

Robert Doinville, 4 août 1708. — Etienne

Lamy, 27 janvier 1606. — Marie Paluel, 11 octobre 1672. — Guillaume Boissel, écuyer, 15 mai 1753. — Catherine Legay, 7 janvier 1684. — Philippe Flambart, 22 février 1676. — François Fauvel, 16 avril 1742. — Jean Grandin, prêtre, 3 août 1536. — Louis Delarue, 19 mars 1703. — Marguerite Hardy, 18 janvier 1714. — Jean Guedon, 17 juillet 1515. — Madeleine Lemonnier, 27 avril 1718. — Laurent Lemonnier, 10 mars 1683. — Anne Lechartier, 30 août 1650. — Anne Potel, 8 septembre 1728. — Veuve Macabre, 23 août 1512. — Marguerite X..., 9 septembre 1717. — Catherine de Fleselles, 8 novembre 1721. Catherine Bataille, 28 décembre 1750. — Jean Davout, 12 mai 1682, 6 septembre 1698, 1er octobre 1661 et 24 juillet 1662. — Catherine Bizet (sans date).

La réduction des fondations fut accueillie favorablement par le promoteur général Tuvache, le 15 novembre 1783, et approuvée par le vicaire général du diocèse, le 1er décembre.

Michel-Guillaume Bosquier, avocat et directeur de la poste d'Elbeuf, agissant comme porteur de la procuration de « haute et puissante dame Cécille-Jeanne-Blanche-Barbe de Grambourg, marquise de Pierrecourt », veuve en dernières noces de « haut et puissant seigneur Alexis-Bernard Le Comte de Nonant, marquis de Pierrecourt, et tutrice d'Abel-Alexis Le Comte de Nonant, marquis de Pierrecourt, son fils mineur, vendit une rente, le 26 août, à Bernard Join-Lambert, marchand teinturier paroisse Saint-Etienne ».

Une transaction, datée du mois suivant, est relative à une fraude d'octroi faite « par l'entrée de trois bouteilles de pinte, saisies par les employés aux aides et tarif d'Elbeuf, à la porte dite du Neubourg, au bas de la coste de la Justice ».

Nous devons constater que les fraudes d'octroi étaient très fréquentes au siècle dernier, mais qu'elles n'étaient poursuivies que fort rarement, bien que certains individus ne vivaient qu'au moyen des produits de ces pratiques illicites.

Quelques années plus tard, quand on supprima les barrières, les fraudeurs cherchèrent par tous les moyens à jeter le désordre dans notre ville.

CHAPITRE IV
(1784)

Le prince de Lambesc *(suite)*. — Les premières ouvrières fileuses a la mécanique ; procès curieux. — Notes sur la fabrique et ses opérations. — Crise industrielle et cherté des subsistances. — Affaire ville d'Elbeuf contre Grandin de l'Eprevier, au sujet des droits d'octroi. — Le fief de l'Eprevier.

Dans sa séance du 15 mars 1784, le corps municipal délibéra sur la réparation du chemin de la côte Saint-Auct « faisant partye de la grande route d'Elbeuf au Bourgtheroulde », qui était impraticable pour les charrettes. Le maire dit qu'il avait entretenu le marquis de la Londe de cette solution et en avait obtenu la promesse de participer pour moitié aux frais d'amélioration.

Il fut convenu également que l'on enjoindrait aux portiers du tarif, c'est-à-dire aux receveurs de l'octroi, de délivrer des passe-debout pour les laines destinées aux fabricants d'Orival.

Dans la séance tenue le 26 du même mois, on parla de la propriété de Grospoisson, maître charpentier, « bornée d'un côté par le fossé qui règne le long du Cours » et qui s'était avisé de remplir ce fossé. On lui enjoignit de le vider, et, s'il voulait accéder à la voie publique, d'établir un pont débouchant entre deux arbres, lesquels devraient être protégés chacun par une borne de trois pieds de hauteur.

Ce même jour, la municipalité décida de faire construire « une planche » pour servir les jours de ravine, afin que le public pût passer d'un côté de la rue à l'autre. Cette passerelle devait être mise à l'endroit qui serait reconnu le plus utile.

En ce même mois, Louis-David Delarue, fabricant, rue Meleuse, vendit à Jacques-Pierre-Michel Grandin, également fabricant, un moulin à fouler les draps, avec ses attenances, situé sur la Risle à Beaumontel. Cette vente fut consenti emoyennant le paiement de rentes annuelles s'élevant à 72 livres et 17.000 livres comptant.

Un acte du 26 mai mentionne Bernard Flavigny, procureur de Louis-Joseph Flavigny, entrepreneur de la fabrique de draps des Andelys, lequel Joseph était fils unique de Louis-Flavigny et neveu de feue Elisabeth Flavigny, celle-ci veuve de Michel Le Cerf, inspecteur des manufactures à Sedan. — Le Bernard Flavigny ci-dessus avait pour frères Louis-Michel Flavigny, chapelain à l'Ecole militaire royale de Paris ; Jean-Baptiste Flavigny, fabricant à Elbeuf, et Louis-Nicolas Flavigny. aussi fabricant, tous trois héritiers de feu Louis-Nicolas Flavigny. Sont encore nommés dans cet acte : Louis-Robert Flavigny, fabricant, Alexandre et Ambroise Flavigny, tous trois fils de feu Robert Flavigny et héritier de la veuve Le Cerf.

Les chanoines Morel et Aubertin, du chapitre d'Evreux, vinrent à Elbeuf, le 5 juin, pour donner à loyer la dîme de Thuit-Anger, qu'ils baillèrent moyennant 550 livres par an et diverses charges. Le même jour, les deux chanoines affermèrent également la dîme de Montaure et de la Haye-Malherbe, moyennant un loyer de 1.221 livres, plus certaines charges, et la dîme du Sommier du Becquet, à Caudebec, pour 236 livres par an.

Quelques jours après, Charles-François Ricatte et Jean-Robert Lehure, chanoines de la Saussaye, vinrent aussi à Elbeuf pour donner à bail les dîmes de Boscroger.

Pierre Girard, ancien chapelain des Ursulines, qui avait été nommé chanoine à la collégiale de Bourgtheroulde en 1754, étant décédé, il eut pour successeur, à partir du 19 juin 1784, Noël-Jean-Baptiste Desgenetey, prêtre honoraire de la paroisse Saint-Étienne, lequel démissionna l'année suivante.

Vers ce temps, le bailli et le maire d'Elbeuf visitèrent le chemin qui, de la rue Robert, conduisait au cimetière — sur lequel chemin est aujourd'hui la rue de la Porte-Rouge — ; ils constatèrent qu'il était impraticable en temps de pluie et conclurent à la nécessité d'établir un fossé de chaque côté pour son assainissement et à l'effet de recevoir les eaux s'écoulant des terres en labour bordant ce chemin.

Le 6 juillet, Robert-Jean Leforestier, chanoine de la Saussaye et titulaire de la chapelle « Saint-Phélix et Saint-Haut », bailla à loyer à Charles Capplet, maître teinturier, une carrière dont l'ouverture donnait sur le chemin de la côte Saint-Auct, vis-à-vis la porte du clos appartenant à Parfait Grandin. Le prix fut fixé à quatre livres par an.

Le 13 du même mois, le sieur de Coprez, sous-inspecteur de la manufacture, demanda, dans une assemblée générale des fabricants, « qu'au désir de la déclaration du roy du 6 février 1783, il fut immédiatement procédé à la nomination de dix députés pour veiller à l'administration des affaires de la Communauté ».

L'assemblée, d'une voix unanime, déclara que « sans vouloir manquer au respect qui est dû aux décisions du Conseil, il sera fait des représentations à l'effet de savoir si la déclaration du roy peut intéresser une communauté anciennement établie et qui n'a jamais éprouvé le désagrément de la suppression... »

C'est dans le procès-verbal de la séance du corps des manufacturiers d'Elbeuf du 15 août 1784, présidée par Me Guillaume Blin, en présence de Me Pelfrenne, avocat fiscal, qu'il est fait mention, pour la première fois à Elbeuf, d'ouvrières travaillant sur les nouvelles machines à filer.

Il y fut dit par le sieur Godet, fabricant, demandeur contre le sieur Henri Grandin, défendeur, « que l'intérêt du commerce et surtout de la fabrique d'Elbeuf exigent une règle de conduite vis-à-vis des ouvriers, surtout dans la circonstance présente, où l'on voit depuis peu l'établissement de nombre de mécaniques destinées à la filature ; que pour donner ces principes et l'expérience convenable aux ouvriers qui y sont destinés, il faut un temps considérable ; le fabriquant éprouve une perte infinie dans le commencement de cet exercice, et il devient indispensable que les ouvriers qui s'y sont livrés indemnisent au moins leurs maistres, ce qui ne se peut faire qu'en travaillant pendant un espace de temps assez considérable ; qu'il résulte de ces vérités qu'un ouvrier ne peut quitter son maistre qu'après avoir travaillé à l'indemniser de la perte que ce maistre auroit éprouvée par de premières opérations nécessairement mauvaises ».

Le sieur Godet, fabricant, avait appris « avec étonnement que la fille Le Vasseur, après avoir travaillé sur la mécanique, après avoir fait de mauvais ouvrage et à peine instruite, avoit pris le parti de quitter son maître pour aller chez ledit sieur Henry Grandin, fabriquant en cette ville ; que ne pouvant la retenir chez luy, il luy a donné une permission, sur la date du 12 de ce mois, conçue en ces termes : « Permis à la Vasseur *(sic*, de « la Londe, de travailler à la mécanique à « fisler où bon lui semblera, quand elle nous « aura payé cinq louis d'apprentissage ».

Grandin, interpellé, répondit que la fille Le Vasseur s'étant présentée chez lui avec le billet de congé ; il lui avait demandé si elle avait payé les 100 livres, et qu'elle lui avait répondu n'avoir jamais pris d'engagement de ce genre avec Godet.

On fait venir l'ouvrière devant le juge. Elle déclare que « depuis le mois d'octobre (1783) jusque il y a environ deux mois et demi, elle a travaillé chez ledit Godet à sa fabrique pour filer en gros, et qu'elle a été destinée depuis environ deux mois et demi à la mécanique à fisler, qu'elle n'a pas lieu de se plaindre dudit sieur Godet, mais qu'une femme Dautresme, chargée de veiller à cette mécanique, lui a fait quelques mauvais procédés, ce qui l'avoit déterminée à demander un billet de congé ; que ce billet contient une condition à laquelle elle n'avoit pas lieu de s'attendre et à laquelle elle ne peut satisfaire, quand bien même cette condition seroit juste et raisonnable, ce qui n'est pas à présumer d'autant qu'elle n'avoit pris aucun engagement ».

Après avoir pris l'avis du sieur de Coprez, inspecteur de la Manufacture royale d'Elbeuf, et des gardes en charge, et conformément aux conclusions du procureur fiscal, le bailli déclara à bonne cause l'approchement ; il condamna solidairement Grandin et l'ouvrière au payement de la somme de 24 livres « pour tenir lieu de dédommagement audit Godet, ledit sieur Grandin condamné aux frais ».

Par la même occasion, le bailli fit défense à tous maîtres drapiers de recevoir des ouvriers sans billet de congé portant libération envers les fabricants de chez lesquels ils sortaient.

Nous empruntons à l'*Encyclopédie des Arts et Manufactures*, quelques nouveaux détails sur la fabrication des draps à Elbeuf, à cette époque :

Elbeuf envoyait en Espagne une certaine quantité de draps ; notamment à Cadix, pour les Indes espagnoles, des étoffes de couleur très brunes que les Espagnols appelaient « aile de corbeau ». Les fabriques d'Alcoy, dans les montagnes de Burgos, travaillaient avec beaucoup de goût dans le genre de celles d'Elbeuf, auxquelles elles avaient porté un grand préjudice.

On fabriquait à Aix-la-Chapelle et à Verviers des quantités de draps qui étaient vendus sous le nom des manufactures les mieux réputées: Louviers, Sedan, Abbeville et Elbeuf.

Quelques années auparavant, en 1777, la fabrique d'Elbeuf avait fourni les draps de livrée pour la garde du roi, à Naples.

« Elbeuf est une des plus plus anciennes manufactures de draps de France; elle fut très renommée et mérita sa réputation ; longtemps on ne fut guère mieux vêtu qu'avec du drap d'Elbeuf ; il s'éleva ensuite d'autres manufactures ; elles enchérirent sur celles d'Elbeuf qui, de son côté, dégénéra d'une manière si sensible, surtout de 1760 à 1770, que je vis alors expédier en Italie beaucoup de ses draps au prix de 10 livres l'aune, sur lequel étoit compris le bénéfice du fabricant, celui du marchand, et les bons d'aunage et les longs délais de payement ; draps très chers encore, eu égard à leur valeur.

« Cette manufacture en perdit son crédit. Sans admonition, sans violence, sans règlement enfin ; mais uniquement par intérêt senti qui, en tout et partout, est vraiment la force des choses, elle rectifia sa fabrication ; elle revint à ses anciens errements, et elle recouvra sa réputation.

« Aujourd'hui, Elbeuf fabrique de beaux et bons draps fins, tels que ceux d'aucune autre manufacture de France n'en sauroient tenir lieu ; moins fins que les draps de Sedan, d'Abbeville, de Louviers, ils sont plus corsés, loin cependant d'offrir le grossier, ni de donner la surcharge de ceux de Châteauroux, ni de Romorantin, ni même de ceux de Rouen et de Darnétal, dont les étoffes en laine tiennent le milieu entre la draperie fine et la draperie commune, parce qu'elles sont formées, les unes d'une laine de Berry, prime fine à la vérité, mais les autres, telles que les ratines, ou de pures laines d'Espagne, ou d'un mélange de ces dernières avec les meilleures laines du Berry ».

« ... Les draps de Châteauroux furent longtemps employés pour la livrée, en manteaux et redingotes de voyageurs. Le luxe augmentant, la vanité des valets taxa la sotise des maîtres ; et ceux-ci crurent valoir mieux de ce que l'habit de leurs valets étoit d'un drap plus fin ; à peine l'Elbeuf put il parmi nous suffire à l'élégance de tous ces gens-là ».

Nous n'entrerons pas dans les longs et forts intéressants détails de la fabrication des draps à cette époque ; nous relèverons seulement quelques particularités spéciales à la fabrique de notre ville, que note l'auteur :

« A Elbeuf, on dégorge les draps différemment, et la méthode qu'on y emploie est d'un très bon effet. Rangé à plat dans une grande pile, et battu à l'eau pure jusqu'à ce que le savon mousse abondamment, il est aussitôt arrosé, noyé de quinze à vingt seaux d'eau, qui entraînent à la fois tout ce qui s'est détaché du savon. Comme le volume du drap augmente beaucoup dans ce travail, deux hommes, placés de chaque côté de la pile, l'y maintiennent avec chacun un bâton ; ensuite on va le bouer au trempoir deux fois d'un bout à l'autre ; puis on le remet dans la pile et on le fait battre d'abord avec une légère eau de terre, enfin à grande eau jusqu'à ce qu'elle sorte claire ; on le reporte au trempoir pour le bien rincer au courant de l'eau en le houant encore, et on le fait sécher.

« Le préjugé, enfant de l'ignorance, attribue à cette manière de dégorger les draps à Elbeuf, le fonds de gras que l'on retrouve quelquefois dans ceux de cette manufacture : il faut remonter au dégraissage mal fait des laines ou des draps pour reconnoître le principe de ce vice.

« On lave les draps sur des perches ou au moulinet ; la première méthode, la plus répandue, a lieu dans tout le Languedoc, à Sedan et ailleurs ; la seconde, beaucoup moins usitée, est observée dans les manufactures de la fabrique d'Elbeuf ».

On sait que les règlements de la manufacture d'Elbeuf obligeaient les aspirants fabricants à un apprentissage de trois ans. En 1784, la communauté des fabricants s'opposa à l'enregistrement d'un brevet d'apprenti drapier portant que celui-ci ne ferait qu'une année de stage, chez son maître d'Elbeuf, parce qu'il avait travaillé chez un autre fabricant, à Orival :

« On ne voit rien, dit dédaigneusement le garde de la communauté, qui puisse dispenser le sieur Fantelin de la condition imposée par les règlements : « Ce n'est pas le prétendu travail qu'il auroit fait à Orival, qui puisse assurer de sa capacité. S'il est vray que reçu aujourd'hui à Orival, sans principes, sans connoissances, sans expérience, l'on peut dès le lendemain faire fabriquer dans « cette es-« pèce de fabrique » ; mais dans celle d'Elbeuf, dont les opérations sont de la plus grande importance, l'on voit clairement le besoin d'un apprentissage de trois ans ».

Des lettres de provision furent données par le roi, le 15 septembre, à J.-B. Lemarchand, pour l'office d'archer garde en la connétablie et maréchaussée de France, pour le bailliage de Pont de-l'Arche. Ayant été sommé par l'administration de la ville d'Elbeuf, qu'il habitait, au logement des gens de guerre, il leur adressa une réclamation, basée sur ce que son office l'exemptait de servitude.

Des prêtres d'Elbeuf se rendirent à la Saussaye pour l'inhumation de Thomas-François Harel, curé et doyen de Saint-Louis, décédé le 2 décembre. A cette époque, le chanoine Ricatte était secrétaire du chapitre.

Le 13, le chevalier de Biencourt-Poutrincourt, seigneur de Marlot, vint à Elbeuf, où il vendit à Jacques Dautresme, la moitié du passage et port de Criquebeuf-sur-Seine, pour le prix de 500 livres.

Vers la fin de 1784, la municipalité adressa la supplique suivante à l'intendance de la généralité de Rouen :

« Supplient humblement les officiers municipaux de la ville d'Elbeuf-sur-Seine et remontrent à Votre Grandeur qu'ils attendent de votre justice, sur leurs impositions pour l'année 1785, une diminution relative et proportionnée aux malheurs que la ville éprouve depuis plusieurs années.

« Le plus grave de tous est la diminution, on pourroit dire même l'anéantissement total de la manufacture des draps, qui faisoit la seule ressource de la ville et des alentours.

« La diminution de cette branche de commerce est telle que cette année-cy il est entré dans Elbeuf près de neuf cents balles de laine de moins que l'année précédente.

« Celle des autres matières de fabriquation est proportionnellement la même. Le désœuvrement et l'émigration des ouvriers en est le résultat nécessaire, de sorte que les entrées sur les comestibles et toutes les matières de consommation ont produit infiniment moins.

« A ce fléau destructeur se sont joints deux autres fléaux également oppressifs : la rigueur de l'uyver et la cherté des grains. Quels ravages affreux cette réunion terrible n'a-t-elle pas fait dans cette ville, composée pour la pluspart d'ouvriers chargés d'enfants et qui n'ont d'autre ressource que le travail de leurs bras ?... La majeure partie de ces malheureux auroient péri sans les soins charitables de leurs concitoyens qui, ne pouvant leur donner d'ouvrage, les ont généreusement aidés de leur bourse.

« Les cicatrices profondes que le deffaut d'ouvrage, la rigueur de l'hiver et la cherté des grains ont produit ne sont pas à beaucoup près fermées ; elles saignent encore et ne peuvent être guéries que par quelques années de prospérité, que rien malheureusement ne fait augurer.

« Votre Grandeur est donc instamment suppliée de prendre en considération la position cruelle de la ville, l'état d'épuisement où se trouve le plus grand nombre de ceux qui la composent, et la difficulté, disons mieux, l'impossibilité du recouvrement sur une foule de malheureux depuis longtemps épuisés et qui ont tout vendu pour subvenir aux premières nécessités.

« A ces causes, il plaira à Votre Grandeur,

lors du département prochain, accorder à la ville sur ses impositions, année 1785, une diminution relative et proportionnelle à l'état de détresse cy dessus exposé.

« Et les suppliants ne cesseront d'adresser des vœux au ciel pour la conservation des jours prospères de Votre Grandeur. — Bernard Delarue, J.-B.-Pierre Grandin, Constant Godet, Michel Grandin, maire ».

Un arrêt de 1784 régularisa l'administration des haras. Le prince de Lambesc, grand écuyer de France, alla s'installer au Pin et continua d'y résider jusqu'à la Révolution. Ce fut, dit M. de la Fresnaye, un heureux événement pour l'industrie du cheval dans la Généralité, une époque mémorable pour le haras et l'espèce des chevaux dans le pays. Un de ses premiers actes fut de mettre à la réforme tous les étalons médiocres, ajoute M. Joseph de Robillard de Beaurepaire ; ils furent remplacés par des étalons supérieurs. Le prince de Lambesc avait, en effet, pour principe de tenir autant aux allures et aux qualités qu'à la beauté des formes, et aucun étalon n'était établi au haras sans qu'il ne l'eût auparavant monté et ne se fut assuré par lui-même de sa supériorité. Il fit même, à cet égard, construire un manège de cent pieds de long, qu'on devait plus tard reprocher à son administration comme une folle dépense ».

En 1784, il y eut procès entre le duc d'Elbeuf, seigneur du Gros-Theil, et l'abbaye du Bec, au sujet de la mouvance de plusieurs pièces de terre appartenant à la Charité et à des habitants de Saint-Georges-du-Theil, que l'abbé du Bec disait relever de son fief du Bosc-Yves. Une transaction mit fin au débat.

Jean-François Tassel, peintre et sculpteur, propriétaire en la paroisse Saint-Jean, est mentionné dans un acte de cette année.

Les trois « sujets » dont les noms furent soumis, en décembre, au prince de Lambesc, pour qu'il choisît un maire d'Elbeuf, furent Bernard Delarue, Jacques Delacroix et Bernard Flavigny.

Nous résumerons ici un procès qui intéressa vivement les habitants de notre ville durant plusieurs années et ne prit fin que pendant la Révolution.

Voici d'abord un extrait de lettres de provision du roi, données à Paris, le 7 juillet 1784 :

« Louis, par la grâce de Dieu..., faisons savoir que, sur le témoignage avantageux qui nous a été rendu de la personne de notre cher et bien aimé le sieur Michel Grandin, notre conseiller maire actuel de la ville d'Elbeuf, et de ses sens, suffisance, loyauté, prud'hommie, capacité, expérience, fidélité et affection à notre service pour ledit conseil et autres, nous lui avons donné et octroyé, donnons et octroyons par ces présentes l'état et office de notre conseiller secrétaire maison et couronne de France et de nos finances, que tenoit et exerçoit le feu sieur Benoist Babeuil qui en jouissoit à titre de survivance au moyen de la finance par lui payée, en conséquences des édits et déclarations..., pour ledit office avoir, tenir et dorénavant exercer et jouir, et user par le sieur Grandin aux honneurs, pouvoirs, libertés, fonctions, autorités, privilèges, droits, exemptions, franchises, immunités, prérogatives et prééminences, privilèges de noblesse, rang, séances, gages tant anciens que nouveaux... et généralement tous autres droits, revenus, émoluments audit office appartenant... »

Michel Grandin fit signifier ces lettres, le 7 août, aux conseillers du roi, échevins et officiers municipaux de la ville d'Elbeuf, ainsi qu'aux répartiteurs des droits et impositions, avec déclaration qu'il entendait jouir des droits y attachés.

Le 27 janvier 1785, Benoit Delarue, maire, assembla le corps de ville, alors composé de J.-B. Grandin, Constant Godet, Pierre Lejeune, Laurent Patallier, échevins en exercice ; Michel Grandin, ancien maire ; Jean Lefebvre, Louis Flavigny, Join-Lambert aîné, J.-B. Delarue, Louis Sevaistre, notables, et Bosquier, avocat, procureur syndic.

Le maire exposa que la signification du 7 août précédent ne précisait ni le genre ni l'étendue des privilèges accordés au nouvel anobli ; mais que la conduite ultérieure de Michel Grandin les avait suffisamment manifestés à la ville, puisque lui et ses enfants, composant ensemble cinq des maisons les plus considérables d'Elbeuf, s'étaient refusés au payement des droits du tarif. Le maire ajouta que ces prétentions ne lui paraissaient pas fondées.

Après en avoir délibéré, l'assemblée arrêta que le receveur ferait rentrer tous les droits restés en surséance dus par Grandin et ses enfants et qu'il continuerait à percevoir ces mêmes droits dans toute leur intégrité, comme il le faisait pour tous les autres nobles. Cette décision fut prise à l'unanimité, moins Michel Grandin, qui, au contraire, déposa une protestation contre cette délibération.

Cette affaire resta en l'état pendant quelque

temps ; mais, le 16 août, les fils Grandin protestèrent à leur tour contre l'arrêté pris par la municipalité et contre une contrainte de payer les droits du tarif et autres.

Le corps municipal s'assembla le 22 du même mois, et décida qu'il y avait lieu de défendre à l'action : c'était, d'ailleurs, l'avis de M⁰ Guisier, avocat à la Cour, que le maire avait consulté à propos de cette affaire.

Le 12 décembre, le corps de ville présenta ses moyens devant les juges de Pont-de-l'Arche, auxquels répliquèrent les fils Grandin, le 7 janvier 1786.

Le maire et les échevins répondirent à cette réplique le 23 du même mois.

Le 6 mars suivant, l'élection de Pont-de-l'Arche rendit une sentence. Le procureur du roi avait conclu à ce qu'il fût fait défense aux maire et échevins de qualifier Elbeuf de ville : cette qualification pouvant être contraire aux intérêts et à l'intention du roi. Il ne fut point statué sur ces conclusions.

Le 4 avril 1786, les fils Grandin assignèrent le maire et les échevins d'Elbeuf devant la cour des Comptes, aides et finances de Normandie, pour statuer sur le renvoi prononcé à Pont-de-l'Arche.

Ce procès traîna en longueur et nous ne trouvons aucun autre document le concernant avant une lettre de Loisel, procureur à Rouen, datée du 10 novembre 1788. Dans cette lettre, il demande l'état des nobles et privilégiés de la ville. « Au terme du règlement de 1634, les villes, bourgs et paroisses qui payent 900 liv. de taille et au-dessus ne peuvent en avoir que huit, et au dessous de cette somme que quatre. Comme il y a lieu de croire, dit-il, qu'il y a plus de huit nobles à Elbeuf, les sieurs Grandin venus les derniers, ne peuvent réclamer leurs privilèges ». Sur la question de savoir si les enfants jouissent du privilège du père, dit Loisel, il faut pour cela que le père ait joui de son office pendant vingt ans ou qu'il soit mort en étant revêtu.

Une autre lettre de Loisel est datée du 20 novembre. Il invite le maire à se rendre à la suite de la cour, l'affaire devant être appelée. Suivant l'usage, il devra apporter « son accoutrement consistant en un habit noir, un manteau et un collet ». L'échevin devra avoir le même costume, car il convient de venir à deux au moins. A la suite de cette lettre, se trouve la liste des juges qui doivent prononcer sur l'affaire ; trois noms sont marqués d'une croix.

A cette même date du 20 novembre 1788, nous trouvons une intervention au débat de « Michel Grandin père, écuyer, conseiller, secrétaire du Roy, maison couronne de France et de ses finances, seigneur de l'Eprevier et autres lieux ».

La Cour des comptes rendit son arrêt le 5 décembre. Elle rejetait les prétentions des fils Grandin.

Nous trouvons une seconde lettre de l'avocat Guisier, datée du 12 février 1789. Son opinion est que l'arrêt ci-dessus fait titre contre Grandin père, de même que contre ses fils.

Nous voyons également une lettre signée de l'Eprevier, datée du 28 février 1789. Il demande un délai pour réfléchir sur la prétention de la ville d'Elbeuf de le soumettre aux droits du tarif.

Le 26 mars, Grandin de l'Eprevier écrivit au directeur général des finances :

« Monseigneur ; pourvu d'une charge de secrétaire du roi au Grand Collège, en 1783, je fis signiffier mon titre au corps municipal d'Elbeuf, où j'ai élu domicile, pour jouir des privilèges d'exemption des droits de tarif, impôt représentatif de la taille, et comme en ont joui les nobles, ecclésiastiques et annoblis, depuis 80 ans que ce tarif est établi.

« Point d'opposition de la part de la ville. J'ai toujours eu mes entrées franches, jusqu'au moment que, le 26 février dernier, il fut délibéré dans une assemblée générale du corps municipal et décidé que dorénavant il n'y auroit aucuns exempts du droit de tarif, ny nobles ni annoblis, excepté les ecclésiastiques. Réserve injuste, parce que les ecclésiastiques étant dans la classe des nobles, ils ne doivent pas avoir plus de privilèges.

« En conséquence de cette délibération, je suis averti que je ne jouirai pas du droit de tarif. Si c'est une loi générale, Monseigneur, je consens de m'y conformer, et d'après les moyens qu'on se propose aux Etats généraux, il me paraît juste que tout individu participe aux impôts qui seront établis par la nation ».

Mais Grandin proteste contre la prétention du corps municipal de lui faire payer les arrérages du tarif depuis la signification de son titre, prétention d'autant plus injuste qu'il vivait plus souvent à la campagne qu'à la ville, et qu'il y aurait habité tout à fait si l'on eut fait valoir les prétentions que l'on élevait alors.

Le mois suivant, la lettre de Grandin fut renvoyée à l'administration municipale d'Elbeuf pour y repondre ; ce qu'elle fit en ces termes :

« 1º L'arrêt du Conseil d'état du roy du 14 juillet 1708, qui authorise la perception des droits de tarif en la ville d'Elbeuf porte en termes formels : « Que ces droits seront payés « indistinctement par tous les habitants de « laditte ville, exempts et non exempts, pri-« vilégiés et non privilégiés, ecclésiastiques, « nobles et autres, de quelque qualité et con-« dition qu'ils soient, même des denrées pro-« venantes de leur crû et pour leur propre « consommation ». Cet arrêt avait été sollicité par tous les habitants d'Elbeuf, sans modification pour les nobles, et cependant il y en avoit alors à Elbeuf, puisque Henri de Lorraine faisoit alors sa résidence dans cette ville.

« 2º Le sieur Grandin, secrétaire du roy en 1785, et ses enfants, composant cinq des plus fortes maisons de la ville d'Elbeuf et se prétendant aussi nobles que leur père, se sont rendus à l'arrêt du Conseil d'état du roy du 14 juillet 1708, ainsi qu'à l'arrêt d'enregistrement, et ils ont été déboutés de leur opposition par arrêt de la Cour des comptes du 5 décembre 1788...

« 3º Le sieur Grandin faisant valoir une ferme très considérable en la paroisse de Marcouville, voisine d'Elbeuf, y jouit des privilèges que remplissent et peut-être excèdent ceux attachés à sa charge, en sorte que s'il jouissoit de l'exemption des droits de tarif en la ville d'Elbeuf, où il ne passe que quelques mois de l'année, le sieur Grandin, trivialement parlant, tireroit d'un sac deux moutures...

« ... Le sieur Grandin, forcé de rendre hommage à la générosité de la noblesse de tout le royaume, qui consent à faire le sacri-

fice de tous ses privilèges pécuniaires, observe qu'il seroit injuste de répéter contre lui les arrérages des droits de tarifs échus depuis sa promotion au secrétariat, et il ajoute « qu'il
« lui semble qu'on ne devroit exiger les droits
« de tarif qu'on ne lui a jamais demandés que
« du jour où l'on a délibéré de les lui faire
« payer ».

« Nous ne demandons rien au delà au sieur Grandin. C'est le 27 janvier 1785 que l'on a délibéré, « en sa présence » que la Ville le forceroit de payer ces droits, qui s'élèvent suivant sa lettre du 26 mars 1789 à la somme de 488 livres. Que le sieur Grandin verse cette somme dans les coffres de la ville et qu'il continue de payer à l'avenir : on n'exige de lui rien en plus...

« Le sieur Grandin est millionnaire. La ville est écrasée d'impôts, surchargée de dettes ; elle renferme dans son sein une infinité de malheureux ouvriers qui, outre le droits de tarif payent jusqu'à 20 et 25 livres de capitation. Le sieur Grandin ne l'ignore pas, il a présidé le corps de ville, il est son créancier et connoît toute sa détresse.

« Au surplus, le sieur Grandin doit-il les 488 livres dont il s'agit ? Oui, d'après son propre aveu. Il doit donc les payer, et il est inconcevable que, pour s'y soustraire, il ait recours à des moyens aussi humiliants que ceux que présentent sa lettre au ministre... »

La dernière pièce concernant cette affaire porte la date du 10 octobre 1791 ; c'est une consultation délibérée à Rouen, par Delaunay et Leboucher-Dutronché. Leur avis est que l'arrêt de la cour des Aides, du 5 décembre 1788, n'a statué qu'à l'égard des sieurs Grandin fils, et non à l'égard du père, vis-à-vis duquel la question est restée entière.

Les fils ont pu être considérés comme n'étant pas exempts des droits du tarif, d'une part, parce que les enfants ne jouissent des privilèges de la noblesse que lorsque le père a possédé son office pendant vingt ans, ou est mort en étant revêtu ; d'autre part, parce que les sieurs Grandin fils, qui faisaient valoir des manufactures de draps, ne devaient pas jouir du privilège de l'exemption. « Dans tous les cas, il n'y a pas lieu de revenir sur le passé et M. Grandin père doit jouir de l'exemption pour tout le temps pendant lequel il n'a pas été troublé dans son privilège ; or il n'a pas été troublé tant que les privilèges de la noblesse n'ont pas été supprimés ».

Le surnom de l'Eprevier, porté par une branche de la famille Grandin, d'Elbeuf, auquel avaient droit aussi, s'ils eussent voulu l'ajouter à leur nom, M. Victor Grandin, député, et ses fils, a pour origine un très ancien fief sis à Hauville-en-Roumois, dont le titulaire était en 1040, Roger de l'Eprevier, ainsi nommé parce qu'il était tenu à la garde d'un nid « d'éprevier » — on écrit aujourd'hui épervier — s'il s'en trouvait dans la forêt de Brotonne.

Parmi les seigneurs de ce fief, nous citerons : Roger de l'Eprevier (1155) ; Godefroy de la Houssaye, au XVIe siècle ; Guillaume II Scott de la Mésangère, qui acheta cette terre en 1622 ; Guillaume III Scott (1683) ; Edouard-François de l'Eprevier, fils du précédent (1741) ; Jacques-Victor de Flavigny, pour une partie, et Marie-Anne de Flavigny, pour l'autre. Celle-ci épousa Michel Grandin, écuyer, sieur de

Morainville, auquel elle porta le domaine de l'Eprevier.

La famille Flavigny dont il s'agit est aujourd'hui éteinte, Victor de Flavigny étant mort célibataire ; le seul représentant de cette branche est le petit-fils du baron Le Roy.

Michel Grandin, époux d'Anne Flavigny, était, en 1784, le maire d'Elbeuf dont nous avons brièvement rapporté les démêlés avec la Ville. L'un de ses petits-fils fut M. Grandin de l'Eprevier, de Martot, dont la famille possède encore la terre de l'Eprevier, à Hauville.

CHAPITRE VI
(1785)

Le prince de Lambesc *(suite)*. — Jacques Delacroix et Benoist Delarue, 6ᵉ et 7ᵉ maires d'Elbeuf. — Ricatte nommé doyen de la Saussaye ; protestation des chanoines. — Statistique de la fabrique d'Elbeuf. — Tolozan et la manufacture elbeuvienne. — La comtesse de Brionne et l'affaire du « Collier de la Reine ». — Les cardiers et les cardeurs de laine. — Une séance d'examen pour la réception a la maitrise de drapier.

Le 22 décembre de l'année précédente, le prince de Lambesc avait prévenu Michel Grandin, maire d'Elbeuf, que son successeur à la mairie serait, à dater du 1ᵉʳ janvier 1785, Jacques Delacroix. Mais celui-ci, dès le jour de son entrée en fonctions, fut révoqué par le prince qui, le 1ᵉʳ janvier, fit écrire par Muller, son secrétaire, à Michel Grandin, qu'ayant été informé des revers de fortune éprouvés par Delacroix, il ne pouvait remplir l'office auquel il l'avait nommé.

Deux jours après, le prince annonça à Michel Grandin que Benoit Delarue, fabricant, était le sujet qu'il choisissait pour être maire d'Elbeuf. Celui-ci prêta serment, au bailliage de Pont-de-l'Arche, sept jours après.

Dans ce même mois de janvier, moururent deux anciens maires de la ville d'Elbeuf. Le 5, Jean-Louis Maille, âgé de 62 ans, avocat au Parlement, ancien trésorier de Saint-Jean, qui fut inhumé par Mᵉ Le Roy, curé d'Amfreville-la-Campagne, en présence de Jacques-Etienne Patallier, prêtre sacristain. Le 28, Charles Le Roy, âgé de 61 ans, ancien fabricant de draps et ancien trésorier de la paroisse.

La bonne intelligence entre le prince de Lambesc et ses chanoines de la Saussaye s'était rétablie, car à l'occasion du 1ᵉʳ janvier 1785, le chapitre lui avait adressé ses vœux et ses hommages. ainsi qu'à la comtesse de Brionne, sa mère, alors à Paris, qui y répondirent avec beaucoup de politesse. Mais cette harmonie se rompit quelques jours après, ainsi que le prouve la protestation suivante, extraite des registres du notariat d'Elbeuf :

« Aujourd'hui 26ᵉ de janvier 1785, nous notaire, de la réquisition de discrettes personnes maîtres Thomas Le Gay, Antoine-Noël Deshayes et Amédée Bellemin, prestres chanoines de l'église collégiale de Saint-Louis de la Saussaye, nous nous sommes transportés audit lieu de la Saussaye.

« Parvenus au chapitre tenu par la prise de possession de discrette personne Charles-François Ricatte, aussi chanoine, de la dignité de doyen de ladite collégiale, ils nous ont demandé, tant en leur nom qu'en celui de Mᵉ Marie-Michel Berment et de Mᵘ Jean-

Robert Le..., aussi prestres et chanoines, acte dans les termes qui suivent de la protestation qu'ils entendent faire à la prise de possession dudit M⁰ Ricatte à la dignité de doyen dudit chapitre :

« Que quoi qu'ils ne fussent nullement en
« doute du droit que leur avoit accordé le
« fondateur de la dite collégiale, par la charte
« du mois d'octobre 1320 d'élire leur doyen,
« cependant le respect et la defférence qu'ils
« avoient pour Son Altesse, les ayant jusqu'à
« présent empêchés de procéder à une élec-
« tion, ils avoient pris le party d'exposer à
« Son Altesse leur droit ; qu'ils voyoient avec
« la plus grande douleur que le prince, malgré
« leurs représentations, avoit passé outre ;
« qu'ils n'entendoient en aucune manière
« s'opposer à ses volontés, mais que pour
« remplir en même temps les obligations im-
« posées à tout bénéficier et les engagements
« qu'ils ont contractés en leur particulier lors
« de leur installation, en laissant à leurs suc
« cesseurs chanoines en cette église les droits
« et prérogatives attachés à leur état, tels
« qu'ils les avoient reçus eux-mêmes de leurs
« prédécesseurs, ils déclaroient qu'ils étoient
« résolus de protester, comme de fait ils pro-
« testoient par le présent de la manière la
« plus authentique que pareille prise de pos-
« session du doyenné ne préjudicieroit en rien
« tant à eux qu'à leurs successeurs au droit
« d'élection, renouvellant à cet effet et confir-
« mant en tant que de besoin les protesta-
« tions faites par leurs prédécesseurs toutes
« les fois que pareille entreprise a eu lieu. Et
« au surplus, sous toutes réserves de fait et
« de droit, desclarant encore lesdits sieurs

« requérants pour eux et audit nom qu'en si-
« gnant par la suite purement et simplement
« aux actes et délibérations du chapitre, ils
« n'entendoient déroger en rien à la présente
« protestation ny luy porter préjudice en au-
« cune manière... »

Suivent les signatures de Bellemin, Le Gay, Deshayes, J.-J. Rivette, Michel-Etienne Doublet, tous prêtres et chanoines de la Saussaye.

Le duc d'Elbeuf vint dans notre ville quelque temps après Le chapitre de la Saussaye envoya une députation pour le saluer et l'assurer de son respect.

Quand, dit M. Maille, après une absence, le prince de Lambesc revenait à son château de la rue Saint-Etienne, les manants, c'est-à-dire les habitants de sa ville d'Elbeuf, s'assemblaient devant chaque église, et de là allaient, en corps, offrir leurs hommages à leur seigneur et se féliciter devant lui de son retour dans la cité. Le peuple, pour cette cérémonie, était reçu dans la grande cour du château.

J.-B. Cavé, bourgeois d'Elbeuf, avait obtenu d'abord l'agrément du prince de Lambesc, puis un arrêt du Conseil qui l'autorisait à faire fabriquer des draps dans notre ville ; mais les fabricants exigèrent qu'il fît signifier à toute la communauté, et même aux manufacturiers de Louviers, l'arrêt dont il s'agissait, et en outre, avant de l'admettre dans leur corporation, qu'il fît son chef-d'œuvre, afin de prouver qu'il avait les capacités requises pour diriger une fabrique de draps.

Cavé répondit que l'on devait s'en tenir aux termes de la décision du Conseil, qui ordonnait sa réception, sans condition. Il fut appuyé par le procureur fiscal, et le bailli ordonna son inscription au nombre des fabricants ; mais ceux-ci avaient décidé, le 30 décembre précédent, de porter leur protestation à M. de Tolozan, intendant du commerce.

Tolozan répondit, le 21 janvier 1785, que l'arrêt ordonnant l'admission de Cavé dans la communauté des fabricants d'Elbeuf « le dis-dispensoit de présenter un brevet d'apprentissage, dans la supposition que ce particulier avoit toutes les connoissances nécessaires pour bien fabriquer ; mais que l'intention du Conseil n'avoit jamais été de l'affranchir du chef-d'œuvre, qui est le seul moyen par lequel Cavé puisse donner des preuves de sa capacité.

« La fabrique d'Elbeuf est trop intéressante pour ne pas exiger des récipiendaires cette formalité reconnue indispensable. Si le sieur Cavé a autant de talent qu'il l'a annoncé dans ses mémoires, il ne doit pas se faire une peine de les mettre au jour. Le refus qu'il a fait ne peut que laisser beaucoup d'incertitude sur ce point. Vous voudrez bien, en conséquence, prévenir les gardes-jurés de cette fabrique qu'ils ne doivent admettre le sieur Cavé en qualité de maître qu'après qu'il aura justifié de sa capacité par le chef-d'œuvre qui est d'usage.

Le 1er février, à l'assemblée des fabricants, Cavé demanda copie de cette lettre et dit qu'au surplus il ne se refusait pas à faire son chef-d'œuvre. Trois fabricants furent nommés pour le voir travailler ; mais Cavé, au lieu de prouver qu'il avait réellement les connaissances dont il se vantait, ne se présenta point à l'atelier du bureau, et fit une sommation extra-judiciaire à la Manufacture. En conséquence, le bailli dut le déclarer « inapte à l'admission de maître ».

L'auteur du rapport suivant nous est inconnu, mais le caractère officiel de cette pièce nous engage à en reproduire le texte :

« Les draperies de cette ville sont estimées d'un produit considérable ; il s'y fabrique, année commune, dix-huit mille pièces de draps, évaluées à 9.500.000 livres. Cette fabrique est la première, et peut-être la plus intéressante du royaume dans ce genre : la moitié de sa consommation se fait à l'étranger ; et pour juger enfin de son importance, l'on avancera avec fondement que la Suisse, le Piémont, l'Italie, l'Espagne et les Etats-Unis d'Amérique versent annuellement dans notre commerce 2.500.000 livres, déduction faite des matières premières et des ingrédients de teinture que cette manufacture est obligée de tirer elle-même de l'Espagne et de l'étranger : ce bénéfice augmenterait encore si le gouvernement voulait encourager l'exportation des bois de teinture de la France équinoxiale, qui remplaceraient ceux en partie de Fernambouc, Sainte-Marthe, le bois jaune, le campêche et le bois d'Inde ; cette partie du continent de l'Amérique, depuis le cap d'Orange jusqu'à la rivière de Marony, qui comprend les côtes d'Oyapock et Cayenne, abonde, dans l'intérieur des terres, de bois de teinture ; l'on y a même trouvé un peu de cochenille ; j'ignore si les défenses d'exploiter et exporter les bois de teinture et marqueterie existent encore comme elles existaient il y a huit ans. Le système de ce temps était d'attacher les colons à la culture du coton, en leur interdisant le commerce des productions naturelles du pays ; le ministère doit-il donner de nouveaux ordres ? C'est à lui de prononcer sur cette importante question.

« Les soixante-quinze entrepreneurs de la manufacture d'Elbeuf emploient les bras de 24.000 ouvriers ou ouvrières ; ils exploitent 1.093 métiers ; mais ils en entretiendraient un plus grand nombre si la filature, base de leur commerce, était plus abondante.

« Elbeuf se trouve resserré de tous côtés par d'autres manufactures qui emploient beaucoup de bras. Rouen et Darnétal ont quantité d'ouvriers dans Elbeuf même. Je ne connais point d'autre remède que l'introduction et la multiplicité des mécaniques ; l'on en compte déjà, à l'époque actuelle, 29, de 46 à 60 broches chacune, qui filent journellement 248 livres de laine, et qui n'emploient que 174 ouvrières ; par ce moyen, le produit de la filature est doublé, puisqu'une bonne fileuse ne peut donner par jour qu'une livre de fil aux quatre et cinq perrots, et qu'elle fournit, à l'aide de la mécanique, dix écheveaux journellement.

« Les vingt-huit moulins à foulon de Pont-Saint Pierre, d'Amfreville et Brionne ; les trois teinturiers guesdrons, les vingt maîtres cardiers et les trois maîtres lamiers et rosiers d'Elbeuf occupent encore de nombreux ouvriers. Cette petite ville, enfin, est très vivante, et annonce, par ses grands ateliers, les richesses que lui procure l'industrie de ses habitants.

« Le régime intermédiaire me paraît absolument nuisible aux manufactures d'Elbeuf ; la liberté indéfinie autorise la fabrication d'une infinité de draps défectueux. Pour remédier à tout, deux moyens suffiraient : 1° la suppression de la visite en toile des draps, à raison des inconvénients qui en résultent, par la fermentation de l'eau, l'huile et la colle dont ces toiles en l'air sont infestées, et parce que cette visite est absolument illusoire ; 2° un examen scrupuleux des draps apprêtés : lorsqu'ils se présentent à la visite, marquer les bons et les médiocres et rejeter les défectueux, sous telles peines qu'il appartiendrait ; enfin, n'avoir qu'un seul régime à Elbeuf ; tels sont, dis-je, les moyens que j'emploierais, et avec lesquels je parviendrais à conserver la réputation et la qualité de ces draperies. Je ne déterminerais point le compte des fils en chaîne ; je laisserais le fabricant maître de ses opérations, et je l'abandonnerais entièrement à sa propre industrie, pourvu qu'il ne présentât pas à la visite et qu'il ne fît point circuler dans le commerce de mauvaises draperies ».

Nous avons sous les yeux un contrat d'apprenti orfèvre, portant la date du 16 janvier 1785. Pierre Lefebvre, marchand lamier, plaçait son fils Michel, âgé de 16 ans, chez Jean-François Roche, maître marchand orfèvre, de la paroisse Saint-Etienne, lequel s'engageait à lui enseigner tout ce qui concernait son métier « pendant huit années entières et consécutives conformément aux statuts et règlemens de l'orfèvrerie ». Un extrait du registre de baptême qui accompagne ce contrat, nous apprend que la femme de Pierre Lefebvre, née Marthe Barjolle, appartenait à la « religion prétendue réformée ».

A cette époque « noble dame Marie-Marthe Levisse de Montigny, veuve de M° Jacques Marest, ancien chirurgien », était marchande épicière à Elbeuf, paroisse Saint-Jean ; Routier Duparc était chirurgien de l'Hôtel-Dieu d'Elbeuf et Nicolas Miège, fabricant de bas dans notre ville.

Nous trouvons également des Elbeuviens au dehors : un Rouvin était en Portugal, et deux frères Delarue étaient, l'un fabricant d'étoffes de soie à Lyon, l'autre établi négociant à Alexandrie, en Virginie.

Une note, datée du 27 janvier, mentionne qu'il se faisait de nombreuses fraudes à l'octroi, et que la plus fréquente était pratiquée par des voyageurs à cheval, dans les valises desquels se trouvaient des objets soumis aux droits d'entrée, que les « portiers » n'étaient pas dans l'habitude de faire ouvrir. Le procureur syndic réclama de la municipalité le droit de fouiller dans les valises, sommes, charrettes et voitures, sans distinction, soit aux portes soit au bureau du receveur de la ville, où les commis du tarif les accompagneraient. Le corps de ville décida qu'il en serait ainsi.

Nous avons parcouru le cahier de charges pour l'enlèvement des boues et fumiers, dressé en 1785. L'adjudicataire était tenu de faire mettre sur le collier de l'un des chevaux attelés au banneau « une inscription sur une plaque de fer blanc portant ces mots : Ville d'Elbeuf ». Les habitants étaient tenus de faire balayer quatre fois par semaine le devant de leurs maisons, savoir : le lundi, le mercredi, le vendredi à neuf heures du matin et le samedi de cinq à sept heures du soir. Mais comme il ne se présenta pas d'adjudicataire, la municipalité décida de faire coller des affiches aux portes des deux églises d'Elbeuf, de celles de Caudebec et de Martot. Les boues furent adjugées, le 3 mars, à Dumor, jardinir à Caudebec, pour le prix de quatre-vingt-une livres par an.

En février, on planta vingt-trois ormes et deux tilleuls sur le Cours. L'année suivante, cette promenade reçut quatorze nouveaux ormes et un tilleul.

Jean-Baptiste-Pierre Grandin, « seigneur de Saint-Martin de Cléon et du Basset, demeurant à Elbeuf, paroisse Saint-Etienne », où il dirigeait une manufacture de draps, reçut le remboursement d'une rente le 9 mars.

Un acte, daté du 9 mai suivant, fut passé entre Pierre Drouet, écuyer, sieur des Fontaines, demeurant à Rouen, et Michel Grandin, aussi écuyer, conseiller du roi, ancien maire d'Elbeuf, au sujet de l'échange d'un terrain « au travers duquel passe le chemin tendant d'Elbeuf à la Saussaye, scis audit Elbeuf, paroisse Saint-Jean, triège de la Fosse Liénard » avec un autre terrain sis également paroisse Saint-Jean « au triège de la Vignette ».

Le 30 mai, J.-B. Flavigny, fabricant, acheta un bâtiment situé rue de la Barrière, « borné par un terrain nommé le Maurepas ».

Un contrat du 12 juin, est une convention par laquelle un apprenti cardier devra passer deux ans chez son maître d'apprentissage, et lui payer chaque année 48 livres pour ses leçons. En cas de départ de l'apprenti, celui-ci devra lui verser 100 livres d'indemnité.

Le maire et les échevins d'Elbeuf reçurent une lettre du prince de Lambesc, datée de Valenciennes, 21 juin 1785, dans laquelle le seigneur leur disait que son intention, relativement aux deux huissiers, auxquels la municipalité paraissait s'intéresser, n'était point de les empêcher de fixer leur domicile à Elbeuf. Mais, ajouta-t-il, « ils ne peuvent le faire qu'en se soumettant à ne rien entreprendre contre les droits de ma sergenterie, que je dois conserver, et à ne faire aucun des actes qui regardent directement mon bailliage d'Elbeuf. L'arrêté de mon conseil, à cet égard, est conforme aux règlements, qui ne permettent aux huissiers royaux que les actes étrangers aux juridictions des seigneurs.

« Quant à ce que vous proposez de partager l'exercice de la sergenterie, cela ne me regarde point. C'est à eux à s'arranger convenablement avec le fermier ou le sergent qui en a le droit. Je n'empêcherai point tout accord qui sera pour le bien de la ville et des des vassaux du duché.

« Je suis, Messieurs, votre très affectionné serviteur : Le prince de Lambesc ».

Les finances de la ville étaient alors mauvaises ; Radier, receveur du tarif, était son créancier pour une assez forte somme. Dans l'impossibilité de l'indemniser, le corps municipal, composé de Benoist Delarue, maire, Patallier, Grandin et autres, agissant du consentement de M. de Crosne, intendant, et, plus tard, de M. de Villedeuil, son successeur, autorisèrent l'administration municipale à augmenter les appointements de Radier jusqu'à concurrence et en représentation des intérêts qui lui étaient dus pour les avances qu'il avait faites.

Pendant la nuit du 2 au 3 août, la ville fut en grand émoi. Le feu venait de se déclarer paroisse Saint-Jean, au domicile de Louis Delarue, fabricant de draps, et se communiquait déjà à la maison de Lemercier, marchand. Mais de prompts secours ayant été organisés, le sinistre ne se développa pas davantage.

La lettre suivante, adressée par M. de Tolozan aux fabricants d'Elbeuf, répond à un mémoire, concernant diverses affaires intéressant notre manufacture :

« Paris, le 6 aoust 1785.

« J'ai reçu, Messieurs, la lettre que vous avez pris la peine de m'écrire, le 12 du mois dernier, sur trois objets différents.

« Le premier concerne la saisie de différentes matières volées que vous avez trouvées chez le nommé Louis Pelnier, de la Hayerangère. Vous observez qu'il est intervenu une sentence du bailly d'Elbeuf qui a déclaré les marchandises confisquées au proffit des pauvres de l'hôpital, mais que ce particulier s'est pourvu au Parlement de Rouen, où il s'est rendu appelant de cette sentence, et vous demandez que le Conseil évoque cet appel.

« Sur le compte que j'ai rendu de cette demande à MM. les intendants du commerce, ils ont observé que les juges des manufactures étoient chargés de statuer sur de pareilles contraventions, sauf l'appel au Parlement ; on ne pouvoit évoquer sans s'exposer à des plaintes bien fondées de la part des cours ; qu'ainsi il n'y avoit d'autre parti à prendre que de poursuivre au parlement l'appel qui y a été interjetté de la sentence du bailly.

« Le second objet est relatif aux deffenses faites par le parlement de brûler du bois, non seulement sous les chaudières de teintures, mais encore sous celles à dégrais et sous les fourneaux des plaques pour la presse. Vous observez que vous vous êtes soumis à ne point faire usage de ce combustible pour les chaudières de teinture, mais qu'il vous est impossible de ne pas l'employer pour les deux autres articles.

« Il est certain qu'il seroit à désirer qu'on pût suppléer au bois par le charbon de terre, mais cela ne peut venir qu'insensiblement et après avoir fait des essais. Je proposeray à M. le contrôleur général d'écrire à M. le premier président pour lui faire part de vos représentations à ce sujet.

« Enfin, vous demandez, Messieurs, qu'il ne soit permis de faire des apprentis qu'aux fabricants qui auroient au moins quinze années d'exercice.

« Cette demande a paru être l'effet de l'ambition qu'ont toujours eue les fabriquants d'Elbeuf de concentrer dans leurs mains la manufacture. Le gouvernement ne sçauroit adopter de pareilles vues; il suffit d'être maître pour avoir le droit de faire des apprentis.

« Quant au sieur Boilley, fabriquant à Orival, qui demandoit à ne faire qu'une année d'apprentissage chez le sieur Nicolas Lefebvre, retiré dans l'enceinte de la ville d'Elbeuf, il a été décidé, dès le 19 octobre de l'année dernière, que la déclaration du 6 février 1783, qui n'oblige qu'à une année d'apprentissage les aspirants qui auroient obtenu l'âge de de vingt cinq ans, ne concernoit point les fabriquants d'étoffes de laine et de soye, et que si le sieur Boiley vouloit être reçu à Elbeuf, il falloit qu'il y fit trois années d'apprentissage chez un fabriquant domicilié dans cette ville et qui n'eût point abandonné la fabrication des draps... »

Voici une autre lettre de M. de Tolozan, datée du 11 septembre 1785, et adressée au sieur de Coprez, sous-inspecteur dans notre ville :

« Vous m'avez marqué, Monsieur, par votre lettre du 22 du mois dernier, que les gardes-jurés de la fabrique d'Elbeuf devoient m'envoyer la sentence du juge de cette ville, concernant les sieurs Lefebvre et Rivette qui, quoique non domiciliés à Elbeuf et ayant quitté la fabrique depuis longtemps, prétendent avoir le droit de faire des aprentis.

« Les gardes-jurés m'ont effectivement fait passer cette sentence. Par la lecture que j'ai prise des dires des différentes parties, il m'a paru que les sieurs Rivette et Lefebvre n'avoient repris la fabrication qu'ils avoient abandonnée, qu'à l'époque où ils ont imaginé de recevoir les sieurs Boiley et Fautelin pour aprentis.

« Vous n'ignorez pas, Monsieur, qu'il a été décidé à différentes occasions que, pour avoir le droit de faire des aprentis, surtout dans une fabrique aussy importante que celle d'Elbeuf, il falloit être maître en exercice et domicilié dans la ville même. Or, s'il est prouvé que ces fabricans avoient abandonné depuis longtemps leur fabrique et qu'ils ne l'ont reprise que pour admettre à l'apprentissage les sieur Boiley et Fautelin et leur prêter leur nom pour faire fabriquer, il paroîtroit que c'est une voye indirecte pour éluder les réglements ; mais ce n'est point au conseil à statuer sur cette question ; elle est entièrement de la compétence du juge de police, qui n'auroit pas dû renvoyer la question... ».

Le 16 août, on avait appris à Elbeuf une

nouvelle qui causa une certaine émotion et eut un immense retentissement dans l'Europe entière.

La veille, jour de la fête de l'Assomption, pendant que la cour attendait Louis XVI et Marie-Antoinette pour se rendre à l'office religieux que le cardinal Louis de Rohan, grand aumônier de France, cousin de la comtesse de Brionne, allait célébrer dans la chapelle du palais de Versailles, le baron de Breteuil, ministre de la maison du roi, avait commandé d'arrêter le cardinal, qui alors était revêtu de ses habits sacerdotaux et entouré de son clergé, ordre qui avait été exécuté par le duc de Villeroi, capitaine des gardes.

Le prince de l'Eglise et de l'Empire que l'on avait emprisonné, l'un des plus notables personnages du royaume, était accusé d'un grand outrage à la majesté royale, d'escroquerie et de vol, commis avec la complicité d'une courtisane de sang quasi-royal.

Il s'agissait de la célèbre affaire dite du « Collier de la Reine », une des plus scandaleuses des temps modernes. Pendant l'instruction, la comtesse de Brionne témoigna beaucoup d'intérêt à l'indigne cardinal, homme vicieux, dont les prodigalités avaient soulevé l'indignation publique et qui était lié avec le fameux charlatan Gagliostro, compromis lui-même dans l'affaire.

Pendant le procès, Mme de Brionne, avec Mme de Marsan et le maréchal de Soubise, ses parents, fit des visites à tous les membres du parlement de Paris, afin de les porter en faveur du cardinal.

« Mme de Brionne, dit un anonyme du temps, a agi avec beaucoup de zèle et de chaleur pour le cardinal. La reine s'est trouvée offensée de ses démarches et lui a dit fort sèchement qu'elle la prioit de se tenir tranquille, et qu'elle était très surpris de voir une personne de la maison de Lorraine chercher à cabaler contre sa souveraine ».

Pendant l'hiver suivant, le bruit courut «que Mme de Brionne était exilée pour être restée cinq heures avec l'illustre prisonnier, au lieu de deux qui lui avoient été permises. D'autres parlent de propos indiscrets qu'un zèle mal entendu lui a fait tenir à la reine même ».

Grâce à la pression exercée par la comtesse sur les membres du Parlement, le cardinal fut acquitté, à quelques voix de majorité ; ses principaux complices, le comte et la comtesse de la Motte, furent condamnés aux galères à perpétuité.

Dix mille personnes, qui entouraient le palais, applaudirent avec un extrême enthousiasme à l'arrêt de la cour en ce qui touchait Louis de Rohan. Cette manifestation eut lieu par haine contre Marie-Antoinette ; mais le roi destitua le cardinal de tous ses emplois et l'exila dans une abbaye.

Depuis longtemps déjà, la fabrique d'Orival avait grand peine à se soutenir ; le discrédit était tombé sur ses draperies, qu'elle ne trouvait alors que fort difficilement à écouler. Aussi ses fabricants n'eurent-ils plus qu'un but : quitter Orival pour aller s'établir à Elbeuf ; mais outre les difficultés matérielles, il y avait encore, comme nous l'avons vu, la question d'apprentissage ou de séjour dans une fabrique elbeuvienne qu'il fallait remplir.

Cependant, en 1785, deux fabricants d'Orival purent obtenir de venir se fixer à Elbeuf.

Dans les années qui suivirent d'autres obtinrent le même privilège, et, disons tout de suite que, pour la seule année 1789, il y en eût cinq au moins.

La communauté des fabricants, dans sa séance du 6 octobre, reconnut « qu'il étoit du plus grand intérest pour la conservation des matières de la fabrique, d'établir une ou deux pompes qui, en cas d'incendie, en arrêteroient les malheureux progrès ». Séance tenante, la corporation décida d'acheter une grande pompe ou deux moyennes, aux frais du corps de la fabrique et au choix des gardes en charge.

Robert Grandin, âgé de 74 ans, entrepreneur de grosses forges, mourut en la paroisse Saint-Etienne, le 15 novembre. Il était fils de Robert Grandin, fabricant, et de Marguerite Poulain.

Le 26, les fabricants, réunis devant Guillaume Blin, délibérèrent sur les moyens de mettre fin au « grand nombre d'abus qui s'étoient introduits dans la fabrique par le retouchement successif des anciens règlements, notamment dans la livraison des cardes aux ouvriers ». Voici un extrait du curieux exposé qui fut présenté à l'assemblée :

« Personne n'ignore les liaisons trop intimes entre certains cardiers et les cardeurs fileurs, d'où s'inscrivent mille manœuvres sourdes et illicites qui, d'un côté, tiennent les fileurs bien plus à la disposition du cardier qu'à celle du fabricant, et, de l'autre, amènent nécessairement des complaisances réciproques entre certains cardiers et les cardeurs, et dont le fabricant est la victime.

« Si l'on vouloit remonter à une certaine époque où le maître cardier apportoit au fabricant le nombre de cardes qui luy était demandé, où ce dernier, outre la marque du cardier sur chaque paire de cardes, apposoit aussy la sienne et les livroit lui-même au fileur en exigeant le rapport des vieilles, sur lesquelles il reconnoissoit sa marque, on avoueroit que l'abus dont on a tant à se plaindre ne vient que du relâchement d'abord, et ensuite de l'abandon total de cet usage, dont on n'auroit jamais dû s'écarter.

« L'usage actuel est donc plus pernicieux et ouvre la voye aux manœuvres les plus illicites ; on abandonne le seul moyen de les prévenir en cessant d'obliger le fileur de rapporter ses vieilles cardes. Le fabricant aujourd'huy se contente de donner un billet pour prendre chez tel cardier que le fileur luy indique une quantité désignée de paires de cardes... Où est la certitude du fabricant que le fileur, ayant reçu toute cette quantité, n'en vendra pas une partie à des fileurs d'une fabrique étrangère ? »

Après avoir entendu cet exposé et les observations du procureur fiscal, le bailli rendit cette ordonnance :

« Art. 1er. — Pour obvier à l'abus qui se commet dans la livraison des cardes aux fileurs, il sera établi par la fabrique un dépôt général, dans le lieu qui sera trouvé le plus commode, où chaque maistre cardier aura son dépôt particulier nanti de telle quantité de paire de cardes qu'il luy plaira.

« Art. 2. — Il sera posé, par la fabrique, un commis à ses gages audit dépôt, pour y tenir sur un registre paraphé de nous, écriture par débit et crédit de chaque quantité de paires de cardes dont chaque maître cardier, qui aura son compte ouvert dans ledit registre, aura fourni son dépost particulier.

« Art. 3. — Lorsque le fabricant voudra donner des cardes à ses fileurs, il délivrera, comme à l'ordinaire, un billet au nom de tel cardier qu'il luy plaira, mais en spécifiant que lesdites cardes seront livrées au dépost.

« Art. 4. — Les cardeurs et fileurs auxquels on aura délivré des cardes seront tenus de les rapporter au bureau lorsqu'elles ne seront plus en état de travailler, et dans les quinze jours au plus tard après la livraison des neuves, sous la contrainte de 200 livres.

« Art. 5. — Ces billets seront exactement portés dans le débit de chaque maître cardier au proffit duquel ils auront été faits, et tous les mois ils seront remis audit cardier par les gardes jurés.

« Art. 6. — Les maistres cardiers, au jour de la semaine qui sera indiqué, pourront visiter leur dépost particulier, soit pour le remplir, soit pour retoucher les cardes s'il est nécessaire, ou les supprimer, si elles n'étoient pas jugées bonnes, auquel cas ils donneront décharge d'autant de paires qu'ils retireront.

« Art. 7. — Chaque maistre cardier apposera sa marque particulière sur chaque carde, et le préposé de la fabrique y appliquera la marque de la fabrique, telle qu'elle sera ordonnée.

« Art. 8. — Les fileurs qui se fourniront de cardes seront tenus d'en prendre au dépost et de s'entendre à l'amiable avec les sieurs gardes pour leur payer les vieilles, qu'ils seront également obligés de rapporter.

« Art. 9. — Les maîtres cardiers seront tenus de laisser à la bazanne en veau de leurs

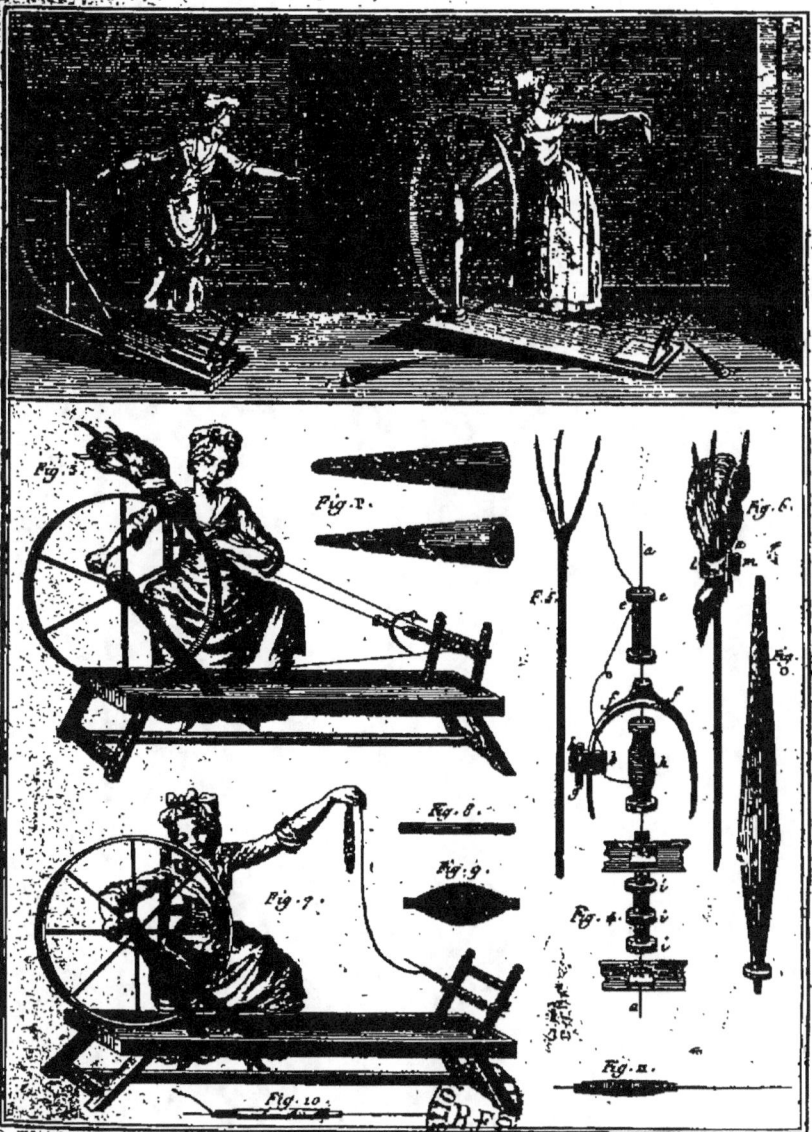

FILAGE DE LA LAINE A LA MAIN

cardes une petite languette d'environ un pouce, le long du manche ou autre endroit convenable, pour y appliquer la marque qui sera indiquée.

« Art. 10. — Enjoint aux maistres fabricans de prendre des cardes au dépost par eux établi, sous peine contre les refusants de 500 liv. d'amende.

« Art. 11. — Deffenses sont, et nous les avons faites aux cardiers, de livrer aux fileurs de la dépendance de cette fabrique aucunes cardes, sous peine de 300 livres d'amende. — Signé : BLIN ».

Louis Flavigny, fabricant, demeurant vis-à-vis l'église Saint-Jean, ayant, malgré des demandes réitérées, négligé de payer une somme de 116 livres 7 sols, représentant sa quote-part des frais du bureau de la communauté des manufacturiers elbeuviens pendant l'année précédente, les gardes en exercice, qui étaient alors Joseph Flavigny, Nicolas Bourdon, Nicolas Duruflé et Pierre Delacroix, firent saisir deux pièces de drap que Louis Flavigny présentait au bureau pour être marquées des plombs de visite, et l'assignèrent à comparaître en la chambre de la manufacture d'Elbeuf, devant le bailli du duché.

Les chanoines de la Saussaye n'étaient pas à l'abri des lettres de cachet. Un prêtre nommé Flambart, originaire d'Elbeuf, en sut quelque chose. Voici, en effet, ce que nous trouvons sur l'un des registres des délibérations capitulaires à la date du 5 décembre :

« M. Deshays a fait part d'une copie collationnée de la lettre de cachet par laquelle le sieur Flambart est détenu par ordre du roy dans la maison de Saint-Yon-lès-Rouen, dont

le teneur suit : « De par le Roy, cher et bien
« aimé, nous vous mandons et ordonnons de
« recevoir dans votre maison le sieur Flam-
« bart, chanoine de la Saussaye, et de l'y
« garder et détenir pendant deux ans, moyen-
« nant la pension et l'entretien qui seront
« payés sur les revenus dudit sieur Flambart.
« Si n'y faites faute, car tel est notre plaisir.
« Donné à Fontainebleau le 26 octobre 1785.
« Signé : Louis, et plus bas : Gravier de
« Vergennes ».

Une pièce conservée aux archives municipales, datée du 19 décembre 1785, est une
constatation d'Andrieu, huissier à Elbeuf, qui
s'était rendu, avec deux cavaliers de la maréchaussée de notre ville, chez un nommé Briant,
cardeur de laine, à Sainte-Colombe, près du
Neubourg, au domicile duquel il avait saisi
cinq étains de laine appartenant à Louis Godet, fabricant à Elbeuf.

Cette pièce n'a rien de particulier en elle-
même, mais dans son procès-verbal de constat.
Mᵉ Andrieu dit avoir apposé sur les poches en
toile contenant la laine un cachet de cire rouge
dont il reproduit l'empreinte en marge. Ce
cachet est ovale et représente un Amour ailé
à cheval, tenant un cœur de la main droite ;
on lit autour : onina vinit amore. Cette légende est évidemment une corruption de
l'*Omnia vincit amor,* de Virgile : « L'amour
triomphe de tout ».

Ce cachet assez singulier, surtout dans les
mains d'un huissier instrumentant, était assurément l'œuvre de quelque graveur ignare,
auquel on avait fourni un modèle, mais qui
ne sut le reproduire. On retrouve souvent de
semblables erreurs, rarement aussi grossières

cependant, sur d'anciennes monnaies imitées d'autres, antérieures ou de pays étrangers.

Approchant de l'époque ou les maîtrises furent abolies, nous placerons ici un spécimen de l'interrogatoire auquel il était procédé avant d'admettre les apprentis maîtres à faire leur chef-d'œuvre.

Nous sommes au soir du 22 décembre 1785, en la chambre du bureau de la manufacture. Guillaume Blin préside, assisté de Joseph Flavigny, Constant Duruflé, Pierre-Nicolas Bourdon et Jacques-Pierre Delacroix, gardes en exercice, conjointement avec les sieurs Louis Delarue et Robert Bourdon, commissaires nommés par une sentence du bailli, le 20 du même mois, rendue en présence de Thomas-Nicolas Palfrenne, avocat fiscal, pour le procureur fiscal. Le sieur de Coprez, sous-inspecteur de la manufacture d'Elbeuf, est également présent.

C'est devant cet aréopage que comparait J.-B. Cavé, prétendant à la maîtrise, et en cette qualité, ayant demandé à fabriquer son chef-d'œuvre.

Voici le dialogue qui s'établit entre un des gardes et Cavé :

— Avez-vous les connoissances convenables des laines propres à la fabrication des draps ?

— Pour la fabrication des draps réglementés, il est indispensable de faire usage des laines primes d'Espagne; pour les draps libres, on peut employer telles laines que l'on juge à propos.

— Connaissez-vous les différentes qualités de laines primes d'Espagne ?

— Il y a prime, secondes et tierces.

— Ne connoissez-vous qu'une seule espèce de prime en laine d'Espagne ?

— Il n'y a que des ségoviennes.

— Feriez-vous un drap réglementé avec une prime Cassère ?

— Non ; parce qu'elle n'est pas laine d'Espagne.

— Etes-vous en état de faire distinction, sur ces échantillons, des différentes qualités de laines d'Espagne ou nationales ?

— La lumière de la chandelle n'est pas assez favorable pour opérer cette distinction.

— Comptez vous dans le nombre des laines d'Espagne celles du Portugal ?

— Les laines du Portugal sont du Portugal.

— Les laines d'Espagne vous arrivent-elles de manière à pouvoir être employées ?

— Il faut les dégraisser avant de les employer.

— Comment opère-t-on le dégrais des laines ?

— On met un seau d'urine pour nourrir le dégrais, ensuite on en fait deux ou trois mises suivant et à proportion de la grandeur de la chaudière.

— Le procédé ci-dessus n'est-il pas pour un dégrais déjà monté ?

— Oui.

— Comment vous y prendrez-vous pour obtenir un nouveau dégrais ?

— J'y mettrois moitié eau et moitié urine.

— Quand vous aurez fait ce mélange, quel degré de chaleur lui donnerez-vous ?

— La chaleur sera telle que je puisse souffrir ma main dedans sans en être incommodé.

— Ce même degré de chaleur convient-il à toutes les laines ?

— Il faut plus de chaleur pour une laine chargée.

— Avez-vous des connoissances sur la teinture ?

— Chacun a sa recette.
— Laquelle couleur, l'une faite au colliatour et l'autre en garance, est la plus solide ?
— Celle en garance.
— Connoissez-vous la différence de « l'étain avec la traime » ?
(La réponse n'est pas indiquée sur la pièce; le greffier note seulement qu'elle est faite à satisfaction).
— D'un étain pesant trente et-une livres et rapportant vingt-huit livres de fil, et un autre du même poids rendant trente-huit livres, à quel compte mettriez-vous la chaîne ?
— De vingt-quatre et vingt-six.
— Lequel de ces deux draps, en vingt-quatre et vingt-six, rentrera plutôt en laize ?
— Celui de vingt-six.
— D'où proviennent le ribot et les gaines ?
— Je ne connois pas les gaines ; le ribot provient de la trame torse.

Procès-verbal de cet interrogatoire fut dressé et Cavé renvoyé pour passer aux opérations pratiques de la fabrication dans les ateliers de Joseph Flavigny. Le 31 décembre, il fut admis dans la corporation des maîtres drapiers.

Thomas-Mathieu Frontin, négociant à Elbeuf, « en vertu du brevet de permission à lui accordée par Sa Majesté » — Frontin était protestant — vendit, le 25 décembre, à Jacques Chefdrue, entrepreneur de bâtiments, une maison et ténements « assis en la paroisse Saint-Etienne, au Mont-Roty, proche la grande porte dite de Rouen, et faisant le coin de la rue Notre-Dame et la Grande-Rue ».

Par délibération du Conseil municipal d'Elbeuf en date du 7 octobre 1898, cette maison, frappée d'alignement, devra être rescindée, en 1903, sur les deux rues.

En 1785, le sieur de Gournay, inspecteur des haras de la généralité de Caen, ayant démissionné, fut remplacé dans cette fonction par le sieur du Trésor, alors colonel-commandant du régiment des dragons de Lorraine, appartenant au prince de Lambesc.

CHAPITRE VI
(1786-1787)

Le prince de Lambesc *(suite)*. — Une chanson diffamatoire. — Les plombs de visite des draps. — Dambourney et la garance. — Les perruquiers d'Elbeuf contre ceux de Caudebec. — Les fabricants elbeuviens contre ceux de Louviers. — Les assemblées provinciales. — Le fossé de l'Oison. — Représentations de la municipalité d'Elbeuf. — Les laines indigènes. — Les charges et les revenus municipaux.

Le 4 janvier 1786, on inhuma un témoin de la catastrophe du 4 janvier 1721, nommé Nicolas Osmont, aubergiste sur le quai, décédé à l'âge de 82 ans.

Parmi les personnes qui plaidaient alors devant la haute justice d'Elbeuf, nous trouvons « noble dame Louise-Anne-Barbe de Tirechaussée, veuve de noble homme Antoine-François de Franqueville » ; et « noble homme Charles-Timoléon Le Dain, époux de Madeleine Hubert ».

Le 7 janvier, « Louis-Jacques-Prosper Grandin, mineur, renonça à la succession de Robert Grandin, son oncle, en son vivant maistre de forges, demeurant à Paris », décédé à Elbeuf, six semaines auparavant. Mais le même jour, le jeune homme retira sa renonciation, les ordonnances lui accordant un délai de trois mois pour prendre une détermination.

Vers ce même temps, le bailli d'Elbeuf dut intervenir et prononcer une sentence au sujet de troubles survenus à Marcouville par suite de la location des bancs de l'église de cette paroisse.

La haute justice d'Elbeuf prononça, vers la fin de mars, l'interdiction, pour cause de folie, de Marie Madeleine Barbillon, demeurant à la Saussaye, veuve de François Ricatte et mère de Charles-François Ricatte, doyen des chanoines de la Saussaye, de Louis-Antoine Ricatte d'Hullier, avocat au parlement de Paris, et de J.-B. Ricatte de Villelune, architecte. Sur une des pièces de la procédure à laquelle cette affaire donna lieu, nous trouvons les signatures de Robert-Jean-Mathieu Le Forestier, grand chantre, Postis de la Boissière, Adrien Bocquet, Thomas Le Gay, Pierre-Louis de Ruel, François-André Bellemin, Noel Deshayes, Marie Michel-Antoine Berment, Georges Briosne et Jean-Robert Lehure, tous chanoines de la collégiale de la Saussaye.

Au 20 avril, les principales religieuses du monastère de Sainte Ursule d'Elbeuf étaient : Hélène Vignon de Saint-Michel, supérieure ; Julie Rosey de Sainte-Croix, assistante ; Madeleine Vignon de Saint-Joseph, zélatrice ; Jeanne Onfroy de Saint-Stanislas, dépositaire.

Le 28 mai, M. de Tolozan adressa cette lettre au bailli de notre ville :

« M. le contrôleur général m'a renvoyé, Monsieur, un mémoire qui lui a été présenté, par lequel M. le prince de Lambesc demande à être maintenu, en sa qualité de duc d'Elbeuf, dans le droit et possession de faire imprimer les armes de Lorraine sur un côté des plombs qui seront apposés aux draps de la manufacture d'Elbeuf.

« Sur le compte que j'ai rendu de cette demande au ministre, il a bien voulu consentir que les draps de cette manufacture continueront de porter un plomb aux armes de Lorraine, à la charge néanmoins que l'apposition de ce plomb ne pourra dispenser les fabricants de faire mettre sur lesdits draps le nouveau plomb de visite, qui doit commencer à avoir lieu au 1er juillet prochain.

« Je vous prie d'instruire de cette décision M. le prince de Lambesc et de luy présenter mon hommage le plus respectueux... DE TOLOZAN ».

Le savant Le Pecq de la Cloture vint dans notre ville, le 20 juin, pour faire l'autopsie du corps de Marie-Catherine Hollier, veuve d'Hébert, premier trésorier de l'Académie des sciences de Rouen, morte la veille, par suite d'un empoisonnement, disait-on.

En cette même année, la justice d'Elbeuf, sur la plainte d'un fabricant de draps, procéda à une enquête pour connaître l'auteur d'une chanson qui circulait en ville et dont, à titre de curiosité, nous reproduisons le texte :

AIR : *Vaudeville de Figaro.*

Soit ou raison ou boutade,
Malgré mon juste dédain,
Je veux sur un sot maussade

Distiller tout mon venain.
L'auteur de la *Dunciade* (Palissot)
Me laisse pour ce dessein
La lorgnette de Merlin *(bis)*.

Cette lorgnette fidelle
Produit les plus surs effets ;
En ces lieux je vis par elle
De mon héros les succès.
Je le vis — c'est bagatelle,
Il n'est pas de sot métier —
Le laquais d'un sous-fermier *(bis)*.

Capendant chacun admire
Cet animal parvenu.
Chez la bavarde Thémire
On le dit au mieux reçu.
Mais je vois Damon sourire :
Pourquoi, dit-il, s'étonner
On y sçait calomnier *(bis)*.

En cet art cet imbécile
Moissonne plus d'un laurier ;
Du pauvre haire Bazille,
Amis, il est l'écolier.
Enfin, plus bas qu'un reptile
Ce pied-plat n'eut point prime
S'il n'avoit pas rampé *(bis)*.

En politique sublime,
En souriant Figaro,
Il eut gardé l'anonime,
Si quelqu'autre Bartholo
L'eût pu rendre légitime.
Mais partageons son chagrin
Son père est un Jacob... *(bis)*.

Et d'état et de noissance
Peindre un bâtard ai-je tort ?
Qui ne doit sa consistance
Qu'aux bassesses du plus fort.
A ces traits chacun, je pense
Dira : Calmez cet effort
Nous reconnoissons... *(bis)*.

Ris avec moi de ma sottise ;
Pourquoi ce front sourcilleux ?
Ne puis-je, dis-moi, médire
Lorsque tu sais encore mieux.
Ma foi, j'ai pris mon parti
Gaudeant bene nati ;
Non : *Gaudeat bene nanti (bis).*

Par E. F...

Comme versification, c'était assez faible, mais il paraît que la malignité publique voyait dans cette chanson des allusions très drôles, quoique blessantes pour celui qui en était l'objet. Le personnage visé fit assigner seize témoins, dont plusieurs étaient des principaux manufacturiers de la ville. Cependant, il ne paraît pas que le chansonneur ait été connu.

Nicolas-Thomas Lefebvre, alors négociant au Cap-Français, île de Saint-Domingue, avait déclaré devant les notaires de cette ville, le 29 avril 1783, ne voulant gêner en aucune sorte la dame Bechol-Lefebvre, sa mère, dans la disposition de trois acres de terre qu'elle possédait au quai de la Brigaudière, à Elbeuf, lui donner pouvoir de les aliéner. Le 1er juillet 1786, le protestant Jean-Nicolas Lefebvre, son père, ancien négociant et ancien maire d'Elbeuf, après en avoir obtenu l'autorisation du roi, vendit ces trois acres à Michel-Pierre-Alexandre Grandin, écuyer et fabricant. Cette terre était bornée d'un bout par la Seine et de l'autre par le chemin de Rouen.

Le 4 juillet, l'inspecteur de Coprez déposa sur le bureau de la manufacture, en présence du bailli, du procureur fiscal et des gardes en charge, deux arrêts du Conseil.

Le premier, daté du 7 décembre précédent, prescrivait la forme et la dimension des plombs dont il devait être fait usage, à dater du 1er avril 1786, pour marquer les draps, et ordonnait que ces plombs seraient fournis par l'administration.

Le second, en date du 8 mars 1786, ordonnant que celui du 7 décembre précédent n'aurait son exécution qu'à compter du mois..., et fixant à six mois le terme de la circulation des étoffes portant des anciens plombs ; ordonnant en outre que les fabricants de draps seraient tenus de porter leurs étoffes aux bureaux de visite pour y recevoir le plomb prescrit.

Les gardes en charge objectèrent que les plombs étaient plus petits que le poinçon « qui, à ce moyen, coupe la lisière autour du plomb et ne l'assujettit pas suffisamment ; au point que dans l'essai fait, le 1er juillet, on avoit été obligé de reporter à la marque plusieurs pièces de draps, dont les nouveaux plombs s'étoient déjà détachés ».

Ils ajoutèrent « que l'assujetissement ou seroient les entrepreneurs de manufacture à faire appliquer les plombs au bureau de visite et au moment de la marque, feroit une très grande confusion et retarderoit toutes les opérations.

« Il se fabrique à Elbeuf de dix-huit à vingt mille pièces de drap par an, et il se présente quelquefois jusqu'à quatre, cinq et six cents pièces dans une seule séance ; or, il est de toute impossibilité que les gardes de la fabrique puissent veiller en même temps à la distribution des numéros ».

Les gardes et les fabricants présents dirent qu'il y avait nécessité que les plombs eussent au moins quinze lignes de diamètre, comme il avait été prescrit par l'article 1er de l'arrêt du Conseil du 7 septembre 1785, et que les manufactures eussent la liberté de se faire délivrer des plombs d'avance, afin que les draps pussent être présentés à la marque revêtus desdits plombs.

Le bailli donna acte à la communauté de ces réclamations et décida que « vu la lettre de M. de Tolozan, en date du 28 may dernier. laquelle nous annonce la décision du conseil pour l'emploi des armes de Lorraine sur les plombs, ordonnés par lesdits deux arrêts..., les sieurs gardes sont authorisés à reprendre l'usage des anciens coins et plombs... »

A cette époque vivait, à Oissel, Louis-Alexandre Dambourney, alors âgé de 64 ans. C'était un chimiste, secrétaire de l'Académie de Rouen, auquel le ministre Bertin avait donné des graines de garance, tirées de Smyrne, avec mission de cultiver cette plante.

Dambourney, qui avait déjà rendu des services à la teinture des laines en recommandant l'usage de la vouède ou pastel, dont, par la fermentation, on tirait un beau bleu, se rendit facilement aux idées du ministre.

Il fit défricher des bruyères et les remplaça par des champs de garance. Après leur récolte, il faisait sécher ces plantes dans un bâtiment qui existe encore, et répandit dans les teintureries d'Elbeuf et de Darnétal la nouvelle matière tinctoriale.

Ayant acquis de profondes connaissances dans la teinture, il publia, en 1786, son *Recueil de procédés et d'expériences sur les teintures solides que nos végétaux indigènes communiquent aux laines*. Le gouvernement fit imprimer cet ouvrage à ses frais, et accorda une pension de 1.000 livres à son auteur.

Le savant chimiste Girardin a dit, en 1851, à propos des garancières d'Oissel :

« L'exemple et les écrits de Dambourney, les encouragements du gouvernement, tout semblait fixer à jamais cette industrie dans notre localité ; mais à la mort du laborieux secrétaire de l'Académie de Rouen, arrivée en 1795, toutes les garancières disparurent, et aujourd'hui il ne reste plus de tant d'essais et d'efforts qu'un vague souvenir et quelques pieds de garance dans les haies et fossés d'Oissel. C'est l'Alsace qui a vu naître et grandir la culture d'une plante, qui, plus que tout autre, a le précieux mérite d'enrichir les pays qui l'adoptent ».

Actuellement encore, les botanistes d'Elbeuf et d'Orival recueillent à Oissel des pieds de garance, dont l'origine remonte aux semis de Dambourney. — On sait que, depuis, cette plante a été en grande partie remplacée en teinture par des colorants d'aniline.

Les perruquiers de notre ville avaient la prétention d'empêcher toute concurrence dans la banlieue, qui, suivant eux, s'étendait sur une grande partie de Caudebec, et il assignèrent un nouveau venu devant le juge du duché, pour faire dire qu'il cesserait tout travail du métier de perruquier.

Voici un extrait des registres du bailliage d'Elbeuf qui fera connaître la suite donnée à cette affaire :

« Du 21 juillet 1786, en la Chambre du Conseil du prétoire ordinaire, devant nous Guillaume Blin, avocat à la Cour, juge en chef, etc.

« Reprenant la cause mise en délibéré, par notre sentence du 18 de ce mois, entre la communauté des maistres perruquiers d'Elbeuf, demanderesse, contre le sieur Bassant, deffendeur ;

« Il est dit avant tout que les demandeurs justifieront des limites de la banlieue d'Elbeuf, pour, après ladite justification, être ordonné ce qu'il appartiendra... ; et cependant, vu l'étendüe de près d'une lieue de la paroisse de Caudebec et le nombre considérable d'habitans qu'elle contient, et qu'aucun des membres de la communauté des perruquiers d'Elbeuf ne s'y est encore fixé, permis provisoirement audit Bassan, pour le bien et l'utilité publique, d'en faire la profession jusqu'à ce qu'il en ait été autrement ordonné, et sans que ladite autorisation puisse nuire ny préjudicier aux droits et privilèges de ladite communauté ; au surplus, les objets saisis seront remis audit Bassan ».

Le prince de Lambesc, étant à Valenciennes, nomma, le 25 juillet, Louis-Pascal-Alexandre Dumort geôlier de la prison de notre ville. Dumort, prêta serment le 22 août suivant, après quoi on lui fit la remise du matériel et des clefs. La désignation suivante va donner une idée de ce qu'était la prison ducale :

« Trois boulons garnis chacun de deux nabots (?) et leurs clavettes, deux menottes garnies de leur barre de traverse avec les écrous, une autre menotte sans barre ny clavette, deux autres menottes montées sur une barre de fer, quatre cadenats dont trois de service.

« Clefs : les deux de la grande porte d'entrée, celle du caveau de dessous l'allée, celle de la maison du geôlier, celle de la porte du jardin donnant sur le Puchot, celle de l'entrée de l'audience ; deux clefs dont une au haut de l'escallier précédente celle de la chambre de prison où il y a cheminée, celle de ladite chambre de prison ; deux autres clefs dont une de la serrure et l'autre du guichet d'autre prison nommée chambre noire, puis celle du cochet et celle de la porte par laquelle arrivent les prisonniers en la chambre du conseil, enfin celle des greniers de dessus les bâtiments... »

A la Saint-Michel, Abraham Laîné, tanneur à Elbeuf, quitta notre ville pour aller se fixer à Pont-Saint-Pierre, où il continua d'exercer son industrie.

Aux assises mercuriales tenues, le 17 octobre, devant le bailli Guillaume Blin, assisté de Jacques Fosse, praticien, faisant, par intérim, fonctions de greffier, on fit l'appel des officiers et fonctionnaires du duché, parmi lesquels nous citerons :

Duval, lieutenant de Grosley, Thomas-Nicolas Pelfrenne, avocat fiscal ; Pierre-Benoît Callais, procureur fiscal ;

Pierre-Victorin Asse, Michel Guillaume Bosquier, Louis-René Morin, Romain Dubois, François-Pierre Balleroy, avocats ;

Joseph Godet, verdier ; Nicolas Bourdon, lieutenant de la verderie ; Jean-Baptiste-Pierre Grandin, garde-marteau ; François-Thomas Yves, greffier de la verderie.

Les notaires et tabellions d'Elbeuf, Boissey, Quatremares et Grostheil ; les sergents ; le geôlier d'Elbeuf ; les dix-sept gardes des bois et messiers, et les 26 sénéchaux des fiefs du duché.

Un registre de la haute justice mentionne comme intimés dans diverses affaires ; Jacques-Etienne-Charles-Victor de Flavigny, écuyer, conseiller du roi, secrétaire audiencier maison et couronne de France, seigneur du Plessis ; Louis Grandin, écuyer, ancien officier du roi, et Pierre Michel-Constant Grandin, écuyer, frère de celui-ci.

Le 28 novembre, les gardes en exercice déposèrent sur le bureau de la communauté des fabricants, réunis en assemblée générale, une signification, qui leur avait été faite, d'un arrêt du Conseil d'Etat du roi, obtenu par le sieur Parfait Grandin, le 30 mai précédent, par lequel il était permis à celui-ci d'établir une manufacture à Louviers et de continuer à exploiter celle connue à Elbeuf sous le nom de Jacques Grandin, son père.

Ce même jour, les gardes dirent à leurs confrères que l'état de maladie dans lequel se trouvait Fleury, concierge du bureau, ne lui permettait pas de continuer ses fonctions, autres que celles « de la desserte du bureau, la distribution des plombs, etc. » et qu'il conviendrait de nommer un commis « pour la tenue des livres, à l'effet d'enregistrer les draps en toile auparavant d'être partis au moulin et ensuite être présentés une seconde fois pour la vérification des apprêts ». — Les gardes furent autorisés à prendre un employé de leur choix.

Dans cette même séance encore, il fut dit par les gardes que ceux de la fabrique de Louviers avaient arrêté, saisi et déposé dans leur bureau, un drap double broche d'Elbeuf, alors que ce drap était encore entre les mains de l'ouvrier, dans un moulin à foulon, pour y être dégraissé. Ils ajoutèrent qu'il était étonnant que la communauté de Louviers ait exigé qu'on soumît à la visite de leur bureau les draps d'Elbeuf et que les fabricants elbeuviens fussent obligés d'aller plaider à Louviers, répondre à des difficultés sans exemple, sur un objet nécessairement attaché au bureau et à la juridiction d'Elbeuf ; qu'il était très intéressant d'arrêter le cours de pareilles entreprises pour ne pas troubler les fabricants elbeuviens dans leur repos et dans leurs opérations.

Après avoir consulté les registres, on reconnut que ce drap, portant le numéro 3.845, au sieur Flavigny, avait été présenté au bureau d'Elbeuf pour être visité avant d'être envoyé au dégraissage. L'assemblée prit fait et cause pour Flavigny et décida de poursuivre l'action devant les tribunaux et même au Parlement de Rouen si cela était nécessaire.

Quelque temps après, la communauté de Louviers, assignée devant le bailli d'Elbeuf, fut condamnée à faire rapporter la pièce de drap, dans un délai de huitaine, sous la contrainte de 770 livres, prix auquel elle était estimée, et 50 livres de dommages-intérêts envers Flavigny.

De son côté, Flavigny fut condamné par le tribunal de Louviers.

Cette affaire créa une profonde division entre les deux villes ; elle ne fut pas sans influence sur de graves évènements qui devaient se produire deux ans plus tard et dont nous parlerons longuement en entrant dans tous les détails, d'ailleurs intéressants.

Le différend fut porté devant le Parlement de Rouen, lequel rendit, le 30 mars 1787, un arrêt dont nous relèverons seulement les principaux passages :

« Louis, par la grâce de Dieu, roy de France et de Navarre, à tous ceux que ces présentes lettres verront, salut ; savoir que ce jourd'huy en la cause portée devant notre Parlement de Rouen, entre le procureur fiscal de la haute justice du duché et pairie d'Elbeuf, appelant de sentence rendue en la haute justice du comté de Louviers, le 17 juin 1786, laquelle en faisant droit sur la réclamation par luy faite d'une instance pendante audit siège entre la communauté des fabriquants de draps de Louviers et les sieurs Flavigny et Dupont, relativement à la saisie faite le 30 may 1786 par les fabriquants de draps de Louviers, d'une pièce de drap trouvée chez Jacques Lasne, foulonnier à la Vilette, appartenant auxdits sieurs Flavigny et Dupont... sous le prétexte que les couleurs gaulne et bleue étant aux lisières appartiennent à la communauté de Louviers, qui seule a droit de les mettre sur ses pièces... »

L'arrêt de la Cour porte que les parties seront renvoyées devant la haute justice d'Elbeuf, et fait défense au bailli de Louviers de prendre à l'avenir connaissance des affaires en contestation relatives à l'exécution des Règlements concernant la fabrique d'Elbeuf ».

Flavigny et Dupont assignèrent, le 21 avril suivant, la communauté des fabricants de Louviers à comparaître au bureau de la manufacture d'Elbeuf, sis grande rue et paroisse de Saint-Etienne, devant le bailli du duché, sous contrainte de 1,000 livres, etc.

Ce ne fut que le 15 avril 1788 que cette affaire se termina définitivement, par le payement de la pièce de drap que fit la communauté de Louviers, en y joignant les frais du procès et les intérêts de droit.

Au 7 novembre 1786, la justice de notre ville

s'occupait très activement de Marie-Jeanne-Euphrasie Delaquerrière, enlevée à l'âge de treize ans de chez sa mère, à Rouen, le mardi 12 février 1782, et que l'on avait internée au couvent des Ursulines de notre ville. Nous reparlerons plus tard de cette affaire.

En 1786, le corps de notre ville était ainsi composé : Benoist Delarue, maire ; Pierre Lejeune, Laurent Patallier, Louis Sevaistre et Jacques Dupont, échevins ; Osmont, vicaire de Saint-Etienne ; Louis Flavigny, J.-B. Delarue, Henri Delarue, Louis Gamarre, notables ; Bosquier, procureur-fiscal ; Durand, secrétaire-greffier.

Cette même année, en décembre, Jean Michel Lefebvre et Charles Capplet furent nommés échevins, à dater du 1er janvier suivant. L'abbé Flavigny, prêtre habitué à Saint-Jean, Pierre-Joseph Duruflé, Robert Bourdon et Nicolas Patallier, furent nommés notables pour cinq ans.

Le 6 décembre, à la demande du procureur fiscal, le corps de ville délibéra sur les moyens de réformer le mode de répartition de la capitation, parce que le corps de fabrique s'était singulièrement augmenté, et que, dans les temps où la proportion avait été établie, le corps de fabrique contribuait beaucoup plus aux droits du tarif, « le luxe qui s'est introduit depuis quelques années dans Elbeuf ayant fait perdre aux gens opulens l'usage des matières communes, qui sont presque les seuls articles imposés au tarif et auxquels l'opulence a substitué la soyerie, la porcelaine, les glaces, le sucre, le caffé, etc., articles non imposés au tarif ». Mais l'assemblée décida que la répartition de la capitation se ferait pour l'année suivante sur les mêmes bases que les précédentes.

Aux fêtes de Noël et du premier jour de l'An des années 1786-1787, un sieur Guillaume Brière, bijoutier de Paris, vint monter une loterie de laquelle on parla beaucoup. Un grand nombre de numéros avaient été placés ; mais des troubles furent apportés par une servante, et Brière en saisit la justice du duché, pour faire déclarer que « la roue de la fortune » avait tourné librement. Cette affaire occupa plusieurs audiences.

Nous avons vu que les habitants de la Haye-du-Theil plaidèrent souvent contre les seigneurs d'Elbeuf. En 1786, la communauté des paroissiens délibéra avec clameur de haro pour repousser une entreprise faite par les officiers du prince de Lambesc sur les pâtures communales. Elle obtint, deux ans après, à la vicomté de Beaumont-le-Roger, une sentence favorable, dont appel était porté au conseil du roi quand éclata la Révolution.

Depuis plusieurs années, les chanoines de la Saussaye présentaient leurs hommages au prince de Lambesc, le premier janvier, et cette coutume se continua jusqu'à la fin de la collégiale. Cependant, en sa qualité de patron, le prince ne cessait de veiller sur le chapitre et de le contenir dans ses velléités d'indépendance, toujours immédiatement repoussées, du reste.

A la suite de nouvelles tentatives de la part des chanoines, le prince leur signifia, en 1787, qu'il avait droit de regard sur la collégiale, obligée envers son bienfaiteur à une telle déférence, qu'elle devait constamment se diriger par ses vues et selon ses règles ; c'était le moyen, en outre, « de lui prouver la reconnoissance qui lui étoit due ».

Le 11 janvier 1787, sur la demande du sieur de Coprez, sous-inspecteur, le bailli ordonna que les coins et marques ayant servi avant l'établissement des nouveaux plombs seraient déposés à son greffe, pour y être brisés en sa présence « à la réserve touttes fois de celuy gravé aux armes de Lorraine ». Les anciens coins et marques furent mis hors d'usage, par un ouvrier serrurier, le 6 du mois suivant.

Parmi les requêtes adressées au bailli d'Elbeuf pour obtenir la maîtrise, par des apprentis fabricants ayant terminé leurs trois années d'apprentissage, nous noterons celle qui fut présentée, le 18 janvier 1787, par Waast-Robert-Constant Dupont, qui fut reçu. On verra plus tard que ce jeune homme joua un certain rôle dans notre ville, notamment en juillet août 1789.

La garenne des ducs d'Elbeuf était totalement détruite alors, car, le 14 avril, Jean-Charles-Prosper Durand, receveur des droits réservés du duché et procureur du prince de Lambesc, donna à loyer à des laboureurs pour douze années, « le terrain de la garenne de Cléon, contenant 89 acres et 34 perches... à la charge de labourer, cultiver et ensemencer ledit terrain suivant l'usage du pays... » Le loyer annuel était de 950 livres.

Le 17 avril, mourut en la paroisse Saint-Etienne, « Jeanne-Louise de Monte de Sandoval, née à Rota, en Espagne, veuve de Henri Grandin, négociant à Cadix », décédée à l'âge de soixante-quatre ans.

Par acte du 19 du même mois, les frères Carré, marchands à Pont-Audemer, et Louis-

Jacques Carré, curé de Fourneville, près Honfleur, constituèrent une rente de 30 livres pour faire admettre leur jeune sœur Madeleine, alors novice, comme sœur converse aux Ursulines d'Elbeuf.

Mathieu-Louis Piéton, fabricant à Louviers, est mentionné dans une pièce datée du 23, comme époux de Marie-Anne-Geneviève Grandin, fille de « Michel Grandin, écuyer, sieur de l'Eprevier, demeurant à Elbeuf ». Ce dernier signa : « Grandin de l'*Eperrier* ».

Le mercredi 23 mai 1787, Me Charles-Valery-Portien Pinel, prêtre, prit possession de la cure de Saint-Jean d'Elbeuf, résignée en sa faveur par Mathieu Flavigny, après quarante-deux ans d'exercice dans cette paroisse.

Le 16 juin, « Louis-Constant Clouet, de la Saussaye, prêtre du diocèse de Lisieux, demeurant à Elbeuf, curé de Surtauville, titulaire de la chapellenie à l'autel et sous l'invocation de la Conception de la Sainte-Vierge et Saint-Hubert, au château de la Mésangère, dans l'enclave de la paroisse de Saint-Pierre-du-Bosguerard », se présenta chez le notaire Pierre Lingois, devant lequel il constitua un procureur pour remettre purement et simplement cette chapellenie entre les mains de l'évêque d'Evreux « pour lui être par lui pourvu telle autre personne capable qui lui sera nommée et présentée par messire Laurent Denis de la Bunaudière de Bourville, chevalier, seigneur et patron de Saint-Denis-du-Bosguerard, le Thuisimé, la Mésangère, etc., conseiller du roy en ses conseils et son premier président en sa chambre des requêtes du Parlement de Normandie, patron et présentateur de laditte chapelle, consentir à l'expédition de toutes lettres sur ce nécessaires, même jurer et affirmer comme ledit Me Clouet de la Saussaye, le jure et affirme... qu'il n'est entré dans la présente démission aucune convention particulière... »

Dans un acte daté du 6 août, Thomas-Mathieu Frontin est qualifié de « écuyer et négociant » à Elbeuf ; il habitait la paroisse Saint-Etienne.

Le 4 septembre, mourut à Saint-Martin-la-Corneille, Jean-René-Guillaume-Claude de Turgis, écuyer, sieur du Bullé, maître de la Cour des comptes de Normandie. Le lendemain, le notaire d'Elbeuf se transporta à son domicile, où, à la requête de ses héritiers : Joseph-Pierre de Turgis, licencié ès-lois, avocat au Parlement et officier à la Monnaie de Rouen, et Jean-Alexandre-Amand de Turgis, également avocat et officier à la Monnaie, il procéda à l'opposition de scellés, puis, quelques jours après, à l'inventaire du mobilier.

Parmi les articles les plus intéressants de cet inventaire, nous relèverons diverses sommes en or et argent formant un total de 54.000 liv.

Quatre médailles frappées le 30 janvier 1687, en 1692, 1713 et 1714.

Une bague or, ornée de neuf diamants, trois montres en or, une horloge en sable, une sphère, un baromètre, un thermomètre, une lunette d'approche, une boîte de mathématiques.

Une bibliothèque très importante, contenant de nombreux ouvrages de géométrie, mécanique, astronomie, physique, mathématiques, histoire ancienne et moderne, géographie, médecine, philosophie, morale, politique, voyages, commerce, beaux-arts, théologie, théorie militaire, musique, architecture, etc., etc., dont beaucoup en latin.

La partie de l'inventaire concernant les livres ne comporte pas moins de quarante-quatre pages de petite écriture.

Moïse Chefdrue, dont le nom figura plus tard avec un certain éclat dans la fabrique elbeuvienne, fut admis en qualité d'apprenti et prêta serment en cette qualité le 29 septembre, dans une séance présidée par le bailli. Il était originaire d'Orival.

En 1787, dit M. Le Prevost, un dernier regain d'importance allait renaître pour les bailliages, notamment pour celui de Pont-de-l'Arche, dont Elbeuf faisait partie.

Pont-de-l'Arche était une des quatre vicomtés du bailliage de Rouen ; une des quatorze élections et l'un des douze greniers à sel de vente volontaire de la généralité de Rouen, une des sept maîtrises des eaux et forêts du département de Rouen. Il était le siège d'un des quatorze bureaux de la haute Normandie pour la levée des aides. Il y avait aussi une prévôté. En 1772. un édit avait réuni la vicomté et le bailliage de Pont-de-l'Arche.

Les assemblées provinciales furent créées en 1787, par le ministre Calonne, qui avait repris une idée de Necker.

On voit dans les procès-verbaux des séances de l'Assemblée provinciale de la généralité de Rouen que, dans la réunion du mois d'août de cette année, le département de Pont-de-l'Arche et Andely avait pour député des villes et campagnes, représentant le tiers état de l'élection, M. Le Camus, lieutenant du maire de Louviers, et M. Levé, écuyer, ancien échevin de la ville de Paris, tous deux nommés par le roi. Dans les choix qui appartenaient à cette assemblée, pour se compléter, les suffrages devaient se porter, pour le même département, sur deux membres des ordres du clergé et de la noblesse. Le marquis de Conflans et l'abbé Fresney, chanoine d'Evreux furent élus.

A l'Assemblée provinciale appartenait aussi le droit d'élire, au scrutin, la moitié des membres qui devaient composer chaque assemblée de département.

Ces assemblées, qui allaient entrer en fonctions le 24 septembre 1787, étaient au nombre de dix dans le ressort de l'assemblée provinciale de Rouen. Dix membres étaient à élire pour la septième assemblée, celle d'Andely et Pont-de-l'Arche, cinq par conséquent pour cette dernière élection. Elle fut représentée par l'abbé Levisse de Montigny, curé de Quatremares, originaire d'Elbeuf ; M. de Chalenge, d'Aubevoie ; M. Dubuc, échevin, à Louviers ; Joseph Grandin, propriétaire à Elbeuf, et M. Duval de Martot, propriétaire du fief de ce nom à Vraiville.

Le mardi 4 janvier précédent, le bailli Guillaume Blin avait procédé, au prétoire d'Elbeuf, à l'adjudication au rabais des ouvrages à faire au canal servant à l'écoulement des ravines traversant Caudebec (Saint-Pierre-lès-Elbeuf actuellement) et au pont passant au-dessus du canal, à son extrémité vers la Seine.

Cette adjudication avait été faite en conséquence d'une sentence rendue le 6 août 1785, par le tribunal d'Elbeuf, entre Charles-Louis de Biencourt, chevalier, marquis de Poutrincourt, baron de Mesnières, grand bailli d'Ardres et du comté de Guines, seigneur de Martot et de Caudebec en partie, d'une part, et les propriétaires caudebécais intéressés, d'autre part. Après lecture du cahier des charges, les travaux furent adjugés à Nicolas Féret, de Caudebec, pour le prix de 4.480 livres.

Quelque temps après, les maire et échevins de notre ville exprimèrent à l'Assemblée provinciale du département de Pont-de-l'Arche et d'Andely, le vœu que la route d'Alençon à Rouen, commencée en 1773 et alors très avancée, fut continuée jusqu'à Rouen.

Ils demandèrent également l'achèvement de la route d'Elbeuf à Pont-de-l'Arche, commencée cinquante ans auparavant, et dont on n'avait encore construit que six cents pas géométriques. Ils réclamèrent surtout un prolongement de douze cents pas, devenu urgent depuis que les habitants de Caudebec avaient creusé un fossé de cinq pieds de profondeur pour donner de l'écoulement aux ravines qui auparavant ravageaient leurs terres :

« A travers de ce fossé ou rigole qui se prolonge jusqu'à la Seine, passe la route ordinaire d'Elbeuf au Pont-de-l'Arche. Cette route n'étant distante de la rivière de Seine que d'environ 4 à 500 toises, dans les grandes eaux, cette rigole est inondée de trois à quatre pieds, et les voitures sont dans l'eau jusqu'à l'essieu ; plusieurs, depuis quelques années, y ont versé.

« Il est vray qu'à l'embouchure de cette rigole dans la Seine, on a fait un pont pour ne pas interrompre le hallage des grands batteaux qui montent à Paris ; mais ce pont devient absolument inutile dès que les débordements de la rivière ont couvert le terrier, et ces mêmes débordements rendent la route ordinaire très dangereuse...

« La nécessité de prolonger cette route de 1,200 pas est donc bien évidente et encore plus celle de faire un pont pour franchir cette rigole...

« De toutes les villes que renferme notre département, il n'en est aucune dont la part contributive aux impositions soit aussi haute et aussi exorbitante que celle supportée par la ville d'Elbeuf; et enfin, si les grandes routes n'ont pour principal objet que celuy de faciliter le commerce, quel est le lieu non seullement du département, mais encore de la généralité qui puisse prétendre avec plus de justice à la première faveur de l'assemblée provinciale ?

« C'est par ces 1.200 pas de route qu'une valeur de 8 à 10 millions de draperie passe journellement *(sic)* — il faut lire annuellement — pour se répandre à Paris, dans les provinces et à l'étranger. C'est par cette même route que les vins de Champagne, de Bourgogne, de l'Orléannois, de l'Isle-de-France, se rendent à l'entrepôt d'Orival...

« Les maire et échevins ont donc lieu d'espérer..., surtout quant à la nécessité urgente de construction d'un pont pour franchir la rigolle ».

A partir de cette époque, on enregistra à la haute justice d'Elbeuf les ordonnances et lettres patentes royales, les arrêts du Conseil et du Parlement, intéressant notre région.

Le 25 octobre, à la maison de ville, en présence de l'assemblée municipale, il fut donné lecture d'une lettre de Levisse de Montigny, curé de Quatremares, procureur-syndic du clergé et de la noblesse du département d'Andely et Pont-de-l'Arche, adressée à Duruflé, membre de l'assemblée du département. A la suite de cette lecture, le corps de ville arrêta que les échevins en exercice s'adresseraient à François Dupont, ancien échevin, pour le prier, au nom de la communauté, de disposer un mémoire sur les objets énoncés dans cette lettre, pour être ensuite remis à Duruflé.

Il s'agissait, dans cette lettre, des impôts, des travaux publics et autres objets d'intérêt général ayant rapport à l'agriculture, au commerce et à l'industrie manufacturière.

François Dupont formula les représentations qu'il y avait à faire. Nous détacherons un passage de son mémoire :

« ... Un des premiers objets dont s'occupera l'assemblée provinciale sera celui de la distribution de l'impôt substitué à la corvée pour la confection de grandes routes, et de l'emploi des deniers qui en proviendront.

« Dans cette persuasion, le maire et les échevins, conjointement avec le corps des fabricants de la ville d'Elbeuf, ne mettent point en doute que la grande route de Rouen à Alençon passant par Orival et Elbeuf, commencée depuis 1773 et aujourd'hui très avancée, puisqu'elle est presque dans sa perfection jusqu'au dit lieu d'Elbeuf, ne soit continuée sans interruption, vu le grand bien qui doit en résulter pour la communication des deux généralités et particulièrement pour la ville d'Elbeuf, à raison des grandes liaisons de commerce qu'elle a avec la ville de Rouen, tant par sa fabrique de draps que par ses halles et marchés qui approvisionnent la capitale de la province.

« Ce n'est donc point cet objet seulement, dont la nécessité de perfection est reconnue, qui fait celui de la présente requête, mais celui de la route d'Elbeuf au Pont-de l'Arche, pour joindre la grande route de Paris, renfermant un espace de deux lieues ».

A l'Assemblée provinciale de la généralité de Rouen, tenue le 11 décembre 1787, il fut dit que « entre les objets sur lesquels l'agriculture de la généralité reste en arrière, on doit particulièrement citer l'avilissement et la dégradation des moutons. On ne les considère qu'en rapport des engrais qu'ils produisent ; et pourvu que les toisons et la différence entre le prix d'achat et celui de la vente au boucher balancent les frais de nourriture et ceux de l'entretien du berger, l'on n'en demande pas davantage... Nos manufactures de lainages ne le cèdent à ceux de nos rivaux qu'à cause de l'infériorité de la matière première procédante de notre cru ».

Un des objets de l'institution du bureau d'encouragement, dans l'Assemblée provinciale, dit M. Ch. de Beaurepaire, dans son *Etat de l'Agriculture vers 1789*, c'était « l'acquisition et la propagation de nouvelles races de moutons qui pourroient perfectionner les belles laines nationales ».

L'Assemblée provinciale reconnaissait l'importance de faire venir des béliers et des brebis d'Angleterre, malgré la rigueur des lois anglaises. Mais bientôt la commission intermédiaire de la haute Normandie eût à constater les vains efforts du département pour se procurer des moutons du Lincolnshire, dont la laine était longue et fine.

Voici le nombre approximatif des moutons dans plusieurs communes des environs, vers la fin du XVIIIe siècle :

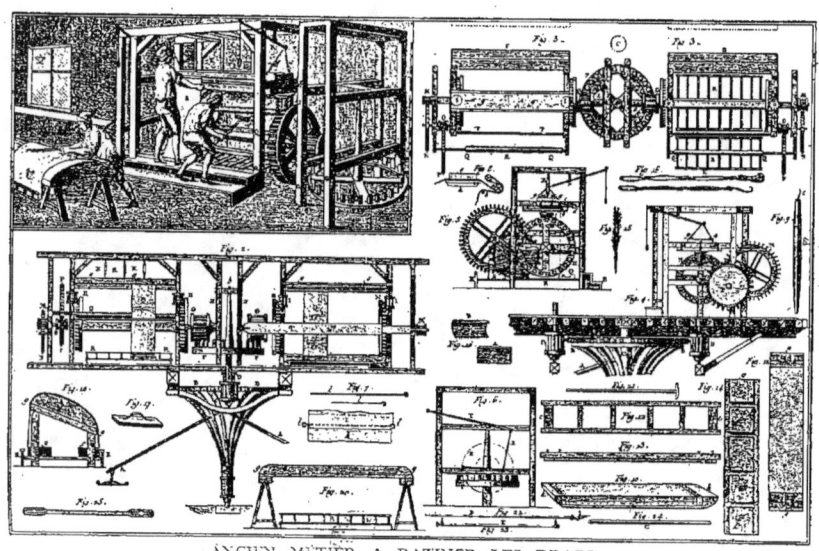

ANCIEN MÉTIER A RATINER LES DRAPS

Caudebec-lès-Elbeuf, 100 ; Cléon, 211 ; Grand Couronne, 200 ; la Londe, 156 ; Oissel, 337 ; Petit-Couronne, 60 ; Saint-Etienne-du-Rouvray, 500 ; Sotteville-sous-le-Val, 305 ; Tourville-la-Rivière, 380.

Un travail de Semichon, daté de 1787, nous fournit divers renseignements sur l'industrie lainière dans notre contrée à cette époque et sur la concurrence anglaise :

« Le produit total des manufactures qui emploient la laine dans la généralité de Rouen est estimé par an, à 34.000 pièces, tant draps que ratines, espagnolettes, flanelles et couvertures ; Aumale quelques serges, finettes, londrines, demi londrines.

« Les Anglois n'ont aucunes draperies qui égalent en beauté les draps de Louviers et les ratines d'Andely.

« Elbeuf ne soutiendra pas, pour ses draps ordinaires de cinq quarts de large, valant de 15 à 16 livres l'aune, la concurrence des draps anglois, qui, dans la même largeur, ne coûtent pas 11 livres l'aune.

« Tous les lainages anglois du genre des fabrications de Rouen et de Darnétal les effacent par le bas prix.

« Enfin, toutes les usines angloises de petites draperies, serges, molletons, flanelles, burats, etc., fabriquent plus beau et à meilleur marché que nous.

« La prépondérance de l'Angleterre dans toutes les draperies communes vient principalement de la bonne qualité, de l'abondance et du prix modéré de ses laines indigènes.

« Elle a cependant moins d'avantage qu'en France du côté du sol et de la température ; mais les soins ont compensé, surpassé le désavantage et ont été couronnés par le succès.

« Aussi ne dit-on plus : Importez des mérinos espagnols ; mais : Importez des moutons anglois, à laine fine et longue, si vous voulez vous sauver de l'abîme.

« Tout en désirant s'abstenir de réflexions, il est impossible de ne pas remarquer qu'ici, comme pour le coton, on constate une ruine flagrante, et on indique un remède éloigné et bien incertain : Améliorer nos races de moutons et trouver en Normandie des mines de charbon, que rien n'annonce et qu'on y cherche vainement depuis longtemps.

« En attendant, le travail du coton, des draperies, etc., tout est anéanti, puisque, loin de pouvoir soutenir la concurrence de l'étranger, nous succombons même au sein de notre mère-patrie, par les efforts inouïs des Anglois, ardents à détruire toute l'industrie françoise ».

Une sentence fut rendue, le 22 décembre, par Guillaume Blin, bailli d'Elbeuf, dans une affaire entre divers boulangers de la ville, le sieur Bataille, fermier des moulins banaux d'Elbeuf, « messire Jean-Baptiste-Servant Huault, écuyer, fermier général du duché, et Charles de Lorraine, prince de Lambesc, sire de Pont, prince de Mortagne, duc d'Elbeuf... etc. »

Les boulangers demandaient à être autorisés à faire venir et entrer des farines fines dans la ville d'Elbeuf, sans payer le droit de banalité, tant que les moulins d'Elbeuf ne seraient pas disposés pour en faire ; ils concluaient à ce que, par experts, il fut constaté qu'en effet ces moulins ne pouvaient produire de farine fine. Voici un extrait du jugement rendu :

« Vu l'inconvénient sensible de l'introduction arbitraire et gratuite des farines étrangères, par la facilité des boulangers à les faire passer indirectement dans les maisons banales de la ville d'Elbeuf, lesquelles à ce moyen seraient distraites de la banalité ; vu aussi un autre inconvénient encore plus à craindre, s'il est vrai que le travail des moulins banaux d'Elbeuf conduirait au besoin de taxer le pain blanc dit mollet à cinq sols la livre, lorsque le pain bourgeois n'est taxé qu'à deux sols six deniers ;

« Ordonne, avant tout, qu'il sera pris un relevé des différentes taxes de pain, tant avant l'usage des farines étrangères que depuis, pour constater si la proportion du prix de l'un et de l'autre n'a pas toujours été la même, telle qu'elle est aujourd'hui, de six deniers par livre pour le pain mollet au-dessus de la taxe du pain bourgeois, pour, ce relevé rapporté, être statué ce qu'il appartiendra ; ordonne, en outre, que, par provision, les boulangers continueront de payer les droits de banalité des farines ». Nous ne savons quelle suite fut donnée à cette affaire.

La dernière nomination d'un maire d'Elbeuf, faite par le prince de Lambesc, fut celle de Bernard Delarue.

Par sa même lettre, datée du 11 décembre, le prince, répondant à une demande du corps municipal, dit qu'il avait fait avec plaisir le sacrifice de plusieurs maisons pour l'embellissement et la commodité de la ville, mais qu'il lui est impossible de l'étendre plus loin, surtout en ce moment.

Voici, d'après François Dupont, l'état des charges et revenus de la ville en 1787 :

CHARGES

Offices patrimoniaux........livres	95
Vingtièmes de la maison de ville..	70
Centième denier des charges municipales.......................	60
Traitement du secrétaire-greffier...	300
Entretien des réverbères et pompes	1.200
Dépenses extraordinaires..........	800
Rentes viagères.................	1.080
Les articles suivants sont des rentes remboursables :	
Octroi du quai..................	2.500
Emprunt du déficit du tarif, en 1772	300
Emprunt des charges municipales, en 1774......................	350
Ouverture de la rue Neuve........	900
Acquisition de la maison de ville..	1.500
Rente au trésor Saint-Jean........	85
Au sieur Radier pour son prêt de 10.000 livres pour subvenir au déficit des caisses..............	500
Rentes de 8.000 livres dues par la ville.........................	400
TOTAL DES CHARGES......livres	10.140

REVENUS

Octroi des quatre deniers....livres	1.700
Octroi du quai..................	2.800
TOTAL.................livres	4.500

Les dépenses municipales surpassaient donc les revenus de 5.640 livres.

François Dupont ajoute que le produit du tarif y compris le sou pour livre, s'élevait alors à 32.235 livres.

La taille, les 10 sols pour livre, les frais de régie et autres s'élevaient à 48.352 livres.

Un mémoire de décembre 1787 porte une fourniture de trois chaînes de fer et une autre de 14 pieds de long pesant ensemble 480 liv., plus des boulons, pour tenir l'écartement des piliers de la chapelle Saint-Roch, dans l'église Saint-Etienne.

En 1787, la paroisse Saint-Etienne comptait 1.839 habitants et celle de Saint-Jean 3.013, ce qui formait un total de 4.852 habitants pour la ville entière.

En cette même année 1787, un mécanicien anglais, nommé Garnett, qui avait installé plusieurs filatures de coton à Rouen et à Sens, se préparait à monter aussi des filatures de laine dans notre région, lorsqu'il mourut. Dans ce même temps, un industriel du même nom, probablement un de ses parents, montait une filature de laine à Bradford.

CHAPITRE VII
(JANVIER-SEPTEMBRE 1788)

Le prince de Lambesc *(suite)*. — Bernard Delarue, 7e maire d'Elbeuf. — La « papillette ». — Lettres d'honorariat. — La mendicité. — Le cimetière Saint-Etienne. — Hommage au bailli Guillaume Blin. — Le théatre a Elbeuf. — Vives réclamations contre les impots.

Bernard Delarue succéda, comme maire d'Elbeuf, à Benoist Delarue le 1er janvier 1788.

Nous verrons que son administration fut très mouvementée pendant les années qui suivirent.

Quelque temps avant le commencement de la Révolution, le procureur fiscal fit cette remontrance au bailli :

« Aux paroisses Saint-Jean et Saint-Etienne de cette ville, les parrains et marraines distribuent au peuple, suivant un ancien usage, une certaine quantité d'argent que l'on appelle communément « jetter la papillette ». La forme de cette libéralité est de jetter en l'air des liards, que les gens du peuple et notamment les enfants cherchent à ramasser avec avidité.

« Il est facile de juger que, dans ces occasions, l'avantage dépend de la force ; mais l'homme ne connoit point le danger quand il s'agit d'intérest ; ce puissant motif lui ferme les yeux, fait entrer en lice le faible avec le fort et, sans écouter la raison et l'humanité, ce dernier pousse avec violence, frappe et charge quiconque ose luy disputer sa proye ; de là les plaintes, les injures et les menaces, qui conduisent souvent à des excès plus fâcheux.

« Les distributions qui se font à la suite des baptêmes ne sont pas le simple effet de la générosité ; le respect humain et la crainte en sont ordinairement le principal motif, et les parrains et marraines qui seroient portés à s'en abstenir, par principe et besoin personnel, se trouvent contraints de céder à l'usage, sinon des gens du peuple, assemblés pour avoir part à ces distributions, leur font des huées au sortir de l'église et les conduisent ainsi dans la rue, de sorte qu'un acte de cérémonie religieuse est immédiatement suivi, pour ne pas pas dire accompagné, d'un acte de dérision.

« Il est hors de doute que ceux qui se présentent à ces distributions vivent de leur travail, et que le proffit après lequel ils courent est bien loin de les dédommager de la perte de temps qu'il font, puisqu'en partageant avec égalité entre eux le montant de chaque distribution, il arriveroit souvent que chacun d'eux n'auroit qu'un liard ou deux au plus.

« Ainsi les accidents qui peuvent résulter des attroupements qui se font aux cérémonies de baptêmes, la contrainte ou les humiliations auxquelles sont exposés les parrains et marraines, l'indécence qui en est la suite, l'intérest propre des gens du peuple qui perdent un temps précieux pour eux et leur famille, l'ordre et la tranquillité publique, sollicitent la suppression d'un usage abusif et dangereux... »

Le procureur fiscal conclut en demandant : la suppression et une amende de 50 livres contre ceux qui jetteraient la papillette ; la défense des attroupements aux baptêmes et les huées, sous peine pour les contrevenants d'un mois de prison et de 3 livres d'amende, et enfin la publication, l'impression et l'affichage de la décision réclamée.

Le bailli fit droit à cette demande, et la papillette disparut, au moins de notre ville, pendant quelques années.

Plus tard, l'ancien usage fut repris et il se pratique même de nos jours, mais plus fréquemment dans les communes rurales, et c'est aux cris de : « Parrain sec ! parrain sec ! » que parfois les gamins reconduisent celui qui ne leur a distribué ni argent ni dragées. Enfin, à l'occasion de certains mariages, on jette encore des pièces de monnaie « à la papillette ».

Le 25 janvier 1788, Pierre-Michel-Constant Grandin, écuyer et fabricant de draps, au nom de son frère Louis Grandin, écuyer, ancien officier chez le roi, demeurant alors à Georges Crik, comté de La Fayette, aux Etats-Unis de l'Amérique, constitua au profit de Nicolas Lefebvre, ancien fabricant à Elbeuf, demeurant à Caudebec, une rente annuelle de 150 livres, moyennant la remise d'une somme de 3.000 livres comptant, qui servit à payer les réparations d'une maison sise au bord de l'eau, paroisse Saint-Jean.

A cette même époque, Mathieu Rouvin, d'Elbeuf, était négociant à Lisbonne, où, depuis plusieurs années, il faisait d'excellentes affaires.

Les Archives départementales conservent la pièce qui suit, probablement extraite des registres du Parlement :

« Vu par la Cour, la grande chambre assemblée, les lettres d'honoraire accordées par le roy, à Versailles, le 31 décembre dernier, au sieur Jacques-Etienne-Charles-Victor Flavigny, conseiller secrétaire maison et couronne de France, audiencier en la chancellerie près la Cour de ce Parlement, par lesquelles Sa Majesté a permis et accordé audit sieur Flavigny que nonobstant les provisions expédiées et la réception du sieur Robert audit office, ledit sieur Flavigny puisse toujours se dire et qualiffier en tous actes et en toutes occasions, tant en jugements que dehors, de conseiller secrétaire maison et couronne de France, audiencier en la chancellerie près ce parlement ; qu'en cette qualité il ait entrée en ladite chancellerie et qu'il jouisse des mêmes honneurs, rang, séance..., dans l'étendue du ressort de ladite chancellerie, privilège de noblesse et autres droits, privilèges, exemptions, franchises, immunités, prérogatives et prééminences comme il a dû jouir jusques à sadite démission, le tout ainsi qu'il est plus au long énoncé auxdites lettres.

« Requête présentée à la Cour par ledit Jacques-Etienne-Charles Victor Flavigny, ancien conseiller secrétaire maison et couronne de France, écuyer, audiencier en la chancellerie près la Cour, tendant à ce qu'il lui plaise ordonner que lesdites lettres d'honoraire seront registrées ès registres de la Cour, pour être exécutées...

« La Cour a ordonné et ordonne que lesdites lettres seront registrées, etc...

« Le 7 février 1788. — Camus de Pontcarré ; Lemazurier de Barneville ».

Le 23 février, Jacques-Pierre Grandin, Nicolas Louvet et Jacques Quesney fils, gardes en exercice de la manufacture d'Elbeuf, certifièrent qu'à la réquisition de M. Goy, inspecteur général, ils s'étaient transportés au bureau de la fabrique, où le sieur Goy leur avait déclaré qu'il venait de saisir chez Louis Delaunay et fils, fabricants à Orival, une demi-pièce de drap double broche coiffée de lières composées de fils jaunes et de six fils bleus, ce qui était contraire aux lettres patentes du 1er mars 1781, « qui disent que les lisières de draps à double broches seront partagées en deux voyes égales, sçavoir une bleue et une jaune ; ce qui est aussi contraire à l'arrêt du Conseil du 5 décembre 1782, qui assigne des lisières jeaunes avec un liteau de quatre ou six fils bleus soit en dedans soit en dehors du drap pour les draps de la fabrique de Louviers, et défend à tous fabriquants du royaume de se servir de ladite lisière à peine de saisie et de confiscation ».

L'année 1788 fut marquée par l'adoption générale en France de la « navette volante » et la suppression d'un ouvrier tisserand sur deux dans le tissage des draps.

Il y avait déjà huit ans qu'on l'avait employée en Angleterre ; son importateur dans notre pays se nommait Macloud. Il fut envoyé par le gouvernement de Louis XVI dans les principales villes manufacturières pour y propager cette invention qui influa considérablement sur le prix de revient du tissage.

Disons tout de suite que le gouvernement républicain accorda à Macloud, en 1793, une somme de 6.000 livres comme récompense. Plus tard, le gouvernement de Louis XVIII le fit entrer aux Incurables, où il mourut à l'âge de soixante-douze ans. Les services qu'il avait rendus à l'industrie française ne l'avaient donc pas sauvé de l'indigence.

Dans une lettre datée du 27 février, adressée par Levisse de Montigny, curé de Quatremares et procureur syndic du département d'Andely, au maire d'Elbeuf, il annonce que l'Assemblée provinciale désire l'abolition de la mendicité et veut chercher les moyens pour y parvenir. Levisse demande l'état de toutes les fondations et revenus existant à Elbeuf en faveur des pauvres. Sa lettre se termine ainsi : « Vous sentez trop bien quel bonheur ce seroit si, en soulageant la pauvreté involontaire, on faisoit disparoître la mendicité coupable, qui est la honte de l'humanité, le déshonneur de la religion et le fléau des villes ».

L'état fut dressé ; mais on n'y comprit pas « les pauvres honteux ny celuy des ouvriers manquant de travail qui, à raison de l'état languissant de la fabrique pourroit présenter cinq cents individus, avec la malheureuse certitude qui si le commerce continue de languir, la ville aura la douleur de voir, sous trois mois, sur le pavé et sans travail, au moins deux mille particuliers ».

La municipalité d'Elbeuf ajouta : « Il n'y auroit qu'un moyen pour prévenir ce fâcheux accident ; ce seroit d'accorder à la ville un attelier de charité, pour employer ces particuliers à la réparation du chemin d'Elbeuf à Lessard ; alors, les particuliers en état de travailler trouveroient leur subsistance. Les vieillards et infirmes ne pouvant être employés aux travaux, il seroit indispensable qu'on fît une augmentation de bâtiments à l'hôpital de cette ville, qui n'est destiné que pour les malades, et où il n'y a que vingt lits d'établis, et ce, pour y retirer les gens infirmes et invalides ; pour lequel établissement il est nécessaire de solliciter le gouvernement de venir au secours de la ville.

« Quant à l'évaluation des sommes qui conviendroient pour la subsistance et l'allègement des vieillards, infirme et ouvriers manquant de travail, il seroit peut-être effrayant d'en présenter l'estimation ».

Un acte du 10 mars, daté d'Elbeuf, rappelle l'affermage d'un trait de dîme aux Ecameaux, paroisse de Bosnormand, par Pierre Auguste Lettré, procureur de « religieux seigneur Antoine-Pierre-Charles de Megrigny Ville-Berlin, chevalier profès de l'ordre de Saint-Jean-de-Jérusalem, mestre de camp d'infanterie, commandeur de Sainte-Vaubourg-sur-Seine au prieuré de France, demeurant à Paris ». Ce bail était de l'année 1782.

Deux mois après, « illustre et religieux seigneur frère François-Constant de Campion, chevalier de l'ordre de Saint-Jean-de-Jérusalem, commandeur de Moisy et Magny, demeurant à Paris », étant à Elbeuf, nomma un administrateur de ces deux commanderies, en la personne de Louis-Pierre Pourpoint, notaire à Bourgtheroulde. — Constant de Campion était également commandeur de Puiseux.

Louis Sevestre, drapier de la paroisse Saint-

Etienne, administrateur de l'hospice de 1760 à 1762, mourut le 10 avril, à l'âge de quatre-vingt-quatre ans et demi.

En parlant de l'église Saint-Jean, François Dupont écrivit en 1788 : « Pour parfaire la décoration que ce beau vaisseau exige, il faut une chaire et des confessionnaux : les revenus des années 1789 et 1790 pourront y suffire ; mais il ne faut pas anticiper. Dans quarante ans, notre postérité pourra s'occuper de la démolition et de la reconstruction du grand chœur et de ceux des collatéraux, et alors l'œuvre sera parfaite ».

Dans sa séance du 2 mai, les officiers municipaux décidèrent de répartir l'impôt de 5.000 livres mis sur la ville, en rachat de la corvée, sur tous les taillables sujets à la capitation roturière, sauf sur ceux dont la capitation était inférieure à six livres.

Le procureur-syndic remontra au corps de ville que, depuis quelques années, plusieurs personnes s'étaient noyées avec leurs chevaux, faute d'abreuvoir. Le maire promit de faire établir un devis.

Le mardi 6 du même mois, en l'Hôtel de Ville, devant les maire, échevins et greffier, fut déposée sur le bureau une ordonnance concernant « l'imposition en rachapt de la corvée, datée du mois d'avril » par laquelle la ville d'Elbeuf était imposée à 6.137 livres, frais compris. Le rôle de répartition indique la profession de presque tous les imposés ; sous ce rapport cette pièce ne manque pas d'un certain intérêt.

Les habitants propriétaires de la paroisse Saint-Etienne s'assemblèrent dans l'église, le 1er juin, après avoir été convoqués par trois appels consécutifs faits au prône des dimanches précédents et du jour même, pour délibérer sur une demande présentée par Bosquier, procureur-syndic de l'Hôtel de Ville.

Il fut donné lecture d'une lettre des députés du département d'Andely et Pont-de-l'Arche, tendant à fournir et faire enclore decemment un terrain convenable pour l'inhumation de ceux à qui la sépulture ecclésiastique était refusée.

L'assemblée provinciale avait arrêté que, le cimetière de Saint-Etienne étant plus étendu que l'exigeait le nombre des habitants de la paroisse, il en serait pris une portion pour former le cimetière des non-catholiques, pour raison de laquelle la ville se chargerait de la rente que servait le trésor de Saint-Etienne pour la totalité du cimetière en proportion de l'étendue du terrain pris, lequel terrain serait séparé du surplus par un mur que la ville construirait à ses frais.

Au nombre des habitants propriétaires de Saint-Etienne présents à la séance, nous citerons : Mathieu Quesné père et fils, Fautelin, Letellier, Viard, Dumoutier, Desgenetez, Couy, Harang, Fouard, Durufflé, Capplet, Hayet, Morainville, Glin ; Guenet, prestre, et le curé de la paroisse, qui présidait.

Les onze premiers différèrent légèrement d'avis avec les six derniers ; mais il fut néanmoins entendu que l'on accorderait trente pieds de terrain en carré pour ce cimetière, à condition qu'il recevrait les corps des suicidés, des enfants morts-nés, des noyés et des inconnus morts sur les chemins.

Un certificat daté du même mois établit que depuis et compris l'année 1778 jusques et y compris l'année 1787, il y avait eu six cent-quatre-vingt-dix-huit inhumations dans la paroisse Saint-Etienne.

Une autre pièce, postérieure à la précédente, mentionne que tous les non catholiques d'Elbeuf, au nombre de dix-huit, habitaient la paroisse Saint-Etienne ; mais il était présumable, d'après l'édit du mois de novembre, que leur nombre augmenterait, car à Elbeuf « endroit de fabrique, il y avait beaucoup de protestants jadis ».

Le cimetière Saint-Etienne avait seize toises de largeur et cinquante toises de longueur, ce qui comportait huit cents tombes, c'est-à-dire cent trente-deux de plus que les besoins de la paroisse l'exigeaient pour une révolution de dix années, après laquelle on pourrait revenir sur les plus anciennes tombes et procéder à une nouvelle série d'inhumations pendant dix autres années.

Aux conditions imposées par les paroissiens de Saint-Etienne, la ville demanda, à l'assemblée provinciale d'Andely et Pont-de-l'Arche, si elle était obligée de faire le mur de séparation, ou si une haie ou un fossé ne suffisait pas. Elle demanda également si elle devait souscrire à la réserve, faite par les paroissiens, d'avoir le droit d'enterrer dans le cimetière des non-catholiques les noyés, suicidés, etc., de la paroisse, condition qu'elle considérait comme humiliante.

Dans le courant de cette même année, la ville d'Elbeuf écrivit au bureau d'Andely et Pont-de-l'Arche qu'il y avait un inconvénient à accepter la portion de cimetière proposée par la fabrique de Saint-Etienne pour les non-catholiques, parce que, pour y accéder, il fau-

-drait traverser le cimetière catholique et que cela « pourroit choquer quelques esprits : les non catholiques, en traversant le premier cimetière pourroient s'y permettre des irrévérences dangereuses, et il est intéressant de leur en ôter toute occasion ».

Suivant la municipalité, il était préférable de placer le cimetière des non-catholiques vers le chemin d'Elbeuf au Bourgtheroulde — c'est-à-dire du côté de la rue Saint-Auct — sur lequel on établirait une entrée spéciale, afin d'éviter toute communauté entre les deux cimetières. Une autre raison militait en faveur de cette nouvelle proposition, c'est que cette partie de terrain n'avait pas encore reçu de corps de catholiques.

Voici la copie du procès verbal de la réunion tenue le 17 juin, au bureau de la manufacture :

« Nous soussignés gardes en charge... reconnoissant qu'ayant vu dans tous les temps M. Blin, juge en chef du bailliage ducal d'Elbeuf et en cette qualité juge de notre manufacture, s'occuper essentiellement de ses intérêts, instruire à l'extraordinaire trois grands procès, dont deux d'office, pour arrêter le cours des brigandages dont quatre-vingts entrepreneurs n'avoient que trop lieu de se plaindre ; que l'instruction de chacun de ces procès, après six mois de travail et de fatigue, a reçu une approbation distinguée au tribunal supérieur, qui s'est fait un devoir de confirmer avec éclat ses décisions, de faire punir et de chasser les autheurs de ces brigandages, redoutables à l'une des plus grandes manufactures du royaume, s'il est vray qu'elle entretienne environ 20.000 ouvriers et soutienne un commerce de plus de dix millions, dont un au moins est versé dans les coffres du roy, par l'activité du fabricant et par les mains laborieuses qu'il employe à dix lieues à la ronde.

« Reconnaissant enfin que M. Blin ayant toujours saisi l'occasion de la servir avec un zèle infatigable, lequel vient encore de se signaler dans une affaire importante contre la manufacture de Louviers, dont il a sçu proscrire la prétention, quelque protégée qu'elle fût par une authorité supérieure ; nous ne pouvons assez reconnoître la générosité de ce zèle, l'opiniâtreté de ses travaux, ny la sagesse de ses décisions pour le véritable intérêt de notre manufacture.

« Fait et arrêté au bureau, lesdits sieurs gardes assemblés ; et ont signé après lecture faite : Jacques-Pierre GRANDIN, Nicolas LOUVET fils, Jacques QUESNÉ fils ».

Il nous est impossible de citer tous les jugements qui furent rendus pendant plus d'un siècle au bureau de la Manufacture, malgré l'intérêt que beaucoup présentent. Nous en prendrons seulement un au hasard, qui fut prononcé, le 26 du même mois, par le bailli Blin, contre Louis Delauney père, fabricant à Orival, chez lequel on avait saisi une pièce portant une lisière non conforme aux règlements, parce qu'elle contenait deux fils jaunes en trop.

Le juge ordonna que la pièce serait coupée de six aunes en six aunes, par le concierge Fleury, en présence du sous-inspecteur et des gardes, et qu'une demi-aune serait confisquée « sçavoir : un tiers au profit du domaine du seigneur, un autre tiers au profit des gardes et le troisième au profit des pauvres de l'hôpital d'Elbeuf ». En outre, l'affichage et la publicité du jugement à Elbeuf, à Louviers, à Rouen, à Darnétal et dans les principales paroisses du bailliage d'Elbeuf furent ordonnés aux frais de Delaunay.

Quelques jours après, Mathieu Mauclerc, ouvrier tondeur, accusé d'avoir abandonné un drap commencé, injurié et menacé David Delarue, son patron, « de lui brûler la cervelle d'un coup de pistolet ainsy qu'il le feroit à tout autre » fut traduit devant le bailli.

Le 19 juin, Robert Saxus, curé de Cléon, vint à Elbeuf, où il donna à bail les dîmes de la paroisse, moyennant 1.380 livres par an. Le curé se réserva la dîme des bois, des agneaux et des terres appartenant à son bénéfice-cure.

Quelques semaines après, Robert Saxus, également titulaire de « la chapelle ou haut vicariat à la collégiale de Notre-Dame de Cléry-sur-Loire, diocèse d'Orléans », rédigea à Elbeuf la démission de ce dernier bénéfice, qu'il remit purement et simplement entre les mains de l'évêque.

Le curé Saxus fut un des ecclésiastiques qui, dans notre région, adoptèrent les principes de la Révolution avec le plus de sincérité ; nous le retrouverons plus tard.

Le 3 juillet, Jean-Nicolas Lecouturier, fabricant, demeurant rue Meleuse, porta plainte contre des inconnus qui avaient brisé quatre très grandes statues placées dans son jardin et en avaient emporté deux têtes et un corps.

Cette année-là, le bailli prononça deux interdictions : celle de « demoiselle Madeleine de Trevet, âgée de quarante ans, pensionnaire aux Ursulines d'Elbeuf, fille de Jean-Baptiste de Trevet, écuyer, ancien officier d'infanterie, et de feue Marie-Rose-Eléonore de Guérin », et celle de Jean-Jacques Roussel, aliéné, détenu « dans la tour de force dite aux Normands à Rouen ».

On sait qu'un successeur avait été donné à Mathieu Flavigny, curé de Saint-Jean. Malade depuis quelque temps, Flavigny mourut le 16 de ce mois, à l'âge de soixante-dix-huit ans, après avoir dirigé la paroisse pendant quarante-deux ans. On l'inhuma le lendemain dans le nouveau cimetière, auprès de la croix, en présence de Pinel, alors curé, Jacques-Etienne Patallier, prêtre-sacristain, Le Noble, vicaire, et autres.

De l'inventaire que dressa le notaire au domicile du décédé, nous avons relevé les articles suivants : un jeu de trictrac ; le portrait du défunt, celui du chevalier Flavigny, son frère, et celui de l'abbé Leroy, mort étant curé de Saint-Herbland de Rouen, « tous trois peints en pastel, avec leur cadre en bois doré ; cinq autres tableaux très vieux, etc ».

Les terres que l'hôpital possédait à Boissemont, Susay, Farceaux et Neufville furent données à loyer, le 28 juillet, après adjudication publique, par Jean-Baptiste-Pierre Grandin et Robert Bourdon, fabricants, alors administrateurs de l'établissement, pour le prix annuel de 710 livres, pendant neuf années.

Michel-Guillaume Bosquier, avocat, est qualifié, dans un acte du 1er août, de « procureur syndic de l'Hôtel de Ville d'Elbeuf et directeur des postes audit lieu.

Les distractions publiques étaient rares aux siècles derniers ; on conçoit donc facilement que, lorsque l'occasion s'en présentait, nos pères la saisissaient avec empressement. En juillet et au commencement d'août 1788, Elbeuf eut la bonne fortune de posséder une troupe de comédiens, dirigée par un sieur de Villebreuil. Voici, en effet, le texte d'une supplique qui fut adressée aux autorités de la ville de Bernay :

« A Monsieur le lieutenant-général de police...

« Supplient humblement les sieurs Viala, Lerville et de Villebreuil, ce dernier demeurant à Troye en Champagne,

« Et vous remontrent qu'ils se sont destinés, avec huit autres personnes formant une troupe pour représenter le Tragique et le Comique. Ils se sont déjà présentés dans plusieurs villes de la province où ils représentent à la satisfaction du public : ils sortent présentement de la ville d'Elbeuf-sur-Seine, où ils ont représenté des pièces à l'applaudissement de Messieurs les magistrats et de tous ceux qui ont bien voulu assister à leurs représentations, ainsy qu'il résulte du certificat de M. Blin, juge en chef dudit lieu, en datte du 28 juillet dernier, où ils se sont comportés avec la décence et l'honnesteté en pareille circonstance.

« Ils désirent, Monsieur, amuser en cette ville toutes les personnes distinguées et en général le public par des représentations soit tragiques, soit comiques, mais ils ne le peuvent faire, etc.

« A ce qu'ils vous plaise, Monsieur..., permettre aux suppliants de lever un théâtre en maison et place quelconque de cette ville et de représenter des pièces pendant tout le temps qu'elles seront suivies.

« Présentée ce 8 août 1788, à le sieur de Villebreuil, signé tant pour luy que pour son confrère et sa troupe... »

Est-ce encore à une affaire de représentations théâtrales que s'applique la lettre suivante, adressée le 16 octobre par M⁰ Bosquier, procureur-syndic d'Elbeuf, à M. Bourdon de de Neuville, directeur ou plutôt entrepreneur de spectacles par la haute et basse Normandie ? » Dans tous les cas, elle montrera ce que valaient alors les conventions commerciales devant les fantaisies des puissants :

« Le corps municipal a reçu votre lettre du 29 septembre dernier... Vous lui marquez qu'il ne vous est pas possible de rompre votre marché avec Lizé ; il pense de même en ne consultant que les intérêts d'un particulier en opposition avec ceux d'un autre : mais il ne doit pas en être ainsi dans la circonstance présente, où l'intérêt de toute une ville réuni, à la vérité, à l'intérêt particulier de M. Bologne, exige que le traité dont il s'agit ne subsiste pas.

« D'ailleurs, Monsieur, depuis votre lettre du 29 septembre, M. Muller, secrétaire des commandements de Son Altesse Monseigneur le prince de Lambesc, a écrit à Bologne que M. le duc d'Harcourt nous avoit mandé — ce sont les expressions de sa lettre — de rompre avec le sieur Lizé le marché que vous avez fait avec lui et d'en faire un autre avec Bologne.

« D'après cela, Lizé ne peut vous faire aucun reproche en rompant le marché ; vous ne revenez pas sur vos pas : vous cédez aux circonstances, au vœu de toute une cité, à l'intérêt du plus grand nombre et à la déférence que l'on doit à des personnes du rang de Monseigneur le duc d'Harcourt et de M. le prince de Lambesc.

« Le corps municipal ne peut pas croire qu'en pareille circonstance, le sieur Lizé ose réclamer l'exécution de son traité ; il croit au contraire que c'est une chose finie de vous à lui.

« Voudriez-vous bien, Monsieur, nous marquer au juste ce qui en est, afin que nous puissions en rendre compte à Monseigneur le prince de Lambesc et afin que Bologne voye à traiter avec vous.

« Nous comptons toujours, Monsieur, que vous voudrez bien nous être plus favorable qu'au sieur Lizé ; nous vous en serons reconnaissants... »

La ville d'Elbeuf fut taxée, en 1788, à 65.472 liv. d'impositions, savoir ; 23.880 liv. pour la taille, dont le montant était payé sur le produit de l'octroi ; 14.239 livres pour les accessoires de la taille ; 15.333 livres pour la capitation ; 6.050 livres pour l'industrie, et 6.970 livres pour la corvée.

Les officiers municipaux représentèrent à l'administration supérieure que l'état de la population était misérable et demandèrent une réduction de taxe et une meilleure répartition des charges : « Les sujets, disaient-ils dans un mémoire, sont obligés de payer les subsides nécessaires aux besoins de l'Etat, mais il faut qu'ils soient répartis proportionnellement à la fortune de chaque citoyen... »

Nous avons relevé cette « copie du Mémoire adressé à Messieurs les membres du Bureau intermédiaire de l'assemblée du département des Elections de Pont de-l'Arche et d'Andely, au mois d'aoust 1788 :

« Les habitants de la ville d'Elbeuf, courbés sous le poids des impositions qui les accablent, ont inutilement réclamé dans tous les temps de justice distributive. Le silence de l'administration sur les différents mémoires qu'ils ont eu l'honneur de lui présenter les avoit plongés dans le plus grand découragement, et ils attendoient avec résignation que la Providence fît noître un moment favorable pour se faire écouter.

« ... Il est enfin arrivé, et nous devons au meilleur des rois et à des ministres patriotes l'établissement des assemblées provinciales et de départements, composées des hommes les plus méritants de trois ordres de l'Etat dont les lumières et le patriotisme sont généralement reconnus...

« Pour prouver l'énorme exhorbitance des impositions de toute espèce sous lesquelles gémissent les malheureux habitants d'Elbeuf, ils avoueront que, s'agissant de subsides arbitraires, ils ne trouvent d'autre moien que la comparaison de leur cotte avec celle de la ville de Louviers.

« La ville de Louviers peut et doit même lui être assimilée ; l'une et l'autre font partie de l'élection de Pont-de-l'Arche, leur population est à peu de chose près la même, toutes deux ont un tarif dont le produit sert à acquitter leur taille, elles ont respectivement une fabrique de draps renommée dans toute l'Europe. Celle d'Elbeuf est, à la vérité, plus considérable que celle de Louviers ; toutefois le parallèle n'en est pas moins exact, parce que Louviers est bien dédommagé de cette différence par son commerce de tannerie, par celui des toiles, par ses blanchisseries, par sa mécanique à filer du coton, et par une manufacture d'étoffes de cette matière.

« Quelle que soit la disproportion qu'il résultera du parallèle, les habitants d'Elbeuf sont bien éloignés d'en conclure que ceux de Louviers payent trop peu ; ils sont, au contraire, intimement convaincus que les taxes des habitants de Louviers... devroient être moins considérables qu'elles ne le sont...

« La ville d'Elbeuf est taxée pour sa part contributive de la présente année 1788 à la somme de 65.472 livres.

« Il est très important d'observer que les sept huitièmes des contribuables d'Elbeuf sont ouvriers de la Manufacture, qui n'ont d'autre ressource pour vivre que leur travail ; mais, que d'accidents rendent leur existence précaire ! La maladie, le haut prix des comestibles, le grand nombre d'enfants, la stagnation du commerce, la vieillesse, etc... Une seule de ces calamités les réduit à la mendicité, souvent pour toute leur vie, et alors, loin de pouvoir contribuer au paiement des impositions, ils deviennent nécessairement à charge à leurs concitoyens, de sorte que, en dernière analise, le nombre des habitants aisés ou réputés tels, n'est environ que de deux cents, parmi lesquels les fabriquants, toujours imposés en raison de leur commerce et proportionnellement à leurs facultés respectives.

« Un seul exemple suffit pour faire connoître combien les taxes de ceux-ci sont accablantes :

« Celui d'entre eux qui fait le commerce le plus considérable et qui s'élève à 450.000 livres ou environ, paie pour sa part contributive 2.008 livres, non compris les droits d'aydes, les vingtièmes, les 10 sols pour livre sur les droits de tarif et qui s'élèvent à environ à la somme de 400 livres.

« La ville de Louviers n'est taxée qu'à la somme de 37.218 livres, sçavoir : capitation 9.061 livres ; taille 14.112 livres ; accessoires de taille 8.412 livres ; industrie 2.105 livres ; corvée 3.528 livres. D'où une différence en moins pour Louviers de 28.254 livres.

« Cependant, s'il est vray que les fabriques sont la première branche du commerce ; s'il est vray que, en même temps, elles enrichissent le royaume, elles en augmentent la force et la population, quel pays mérite mieux de l'Etat que celui qui, comme Elbeuf, entretient un nombre considérable d'ouvriers et répand annuellement dans leurs mains deux ou trois millions ? Quel pays, au contraire, est plus surchargé d'impositions ? On peut bien dire avec vérité qu'il est traité en raison inverse de son utilité et du bien qu'il fait à l'Etat.

« Les malheurs des habitants d'Elbeuf ne se bornent pas à cette surtaxe. L'administration les a encore assujettis à une autre dont ils n'étaient pas susceptibles et de laquelle ils vont rendre compte.

« Convaincus que rien ne s'oppose davantage aux progrès du commerce et à celui des manufactures que l'arbitraire dans l'assiette des impositions royales, en occasionnant des procès ruineux et des haines implacables entre les contribuables, les habitants d'Elbeuf demandèrent et obtinrent, le 24 juilllet 1708, un arrêt du Conseil qui leur permît de percevoir un droit sur toutes les denrées qui entreroient dans Elbeuf, pour y être consommées ou fabriquées, dont le produit serviroit à payer le montant de la taille.

« Bientôt l'on reconnut l'avantage qui résultoit de ce nouveau régime... Qui eut pu prévoir alors que cet établissement utile deviendroit la cause de la ruine de cette ville ?

« De nouveaux besoins obligèrent l'administration d'établir de nouveaux impôts. La ressource des augmentations sur les tailles étoit épuisée : elles étoient montées à leur dernière période. Il fallut avoir recours à d'autres expédients et il parut juste que les habitants des villes exempts de taille contribuassent au soulagement de l'Etat. En conséquence, fut donnée la déclaration du roy, du 3 février 1760, qui ordonne que, jusqu'à 1770, il sera perçu un sol pour livre (porté depuis jusqu'à dix), en sus des droits établis sur une partie des fermes générales...

« Cette perception injuste augmentant considérablement le prix des denrées de nécessité première, le pauvre est obligé, sinon de s'en passer, au moins d'en faire une moindre consommation. D'un autre côté, elle excite la cupidité du fraudeur, qui est toujours en raison du profit que la fraude lui procure. De là, la nécessité aggravante d'ajouter annuellement aux rôles le déficit du produit du tarif, les intérests des sommes dues par la ville et les morts-deniers des années précédentes.

« Serait-il possible qu'une perception aussi injuste dans son principe et aussi désastreuse dans ses effets, subsistât plus longtemps sous un roy qui ne veut que le bien de ses sujets, dont le principal désir est d'établir une juste égalité dans la distribution des impôts, et dont les opérations sont éclairées par des sujets citoyens qu'il a eu la générosité d'associer aux importantes fonctions de l'administration ?

« ... Qui n'apperçoit que cette interprétation forcée de la déclaration du roy, du 3 febvrier 1760, est le résultat de l'insouciance de quelques anciens administrateurs et de la rapacité de ce corps destructeur qui domine au milieu de l'Etat, dont il dévore toute la substance ?

« Heureusement, le règne de la finance est près d'expirer, grâce aux soins de l'administration actuelle. Desjà vous lui avez porté des coups meurtriers: vous consommerez bientôt ce grand ouvrage. Votre zèle va se chauffer en raison de l'éclat et de l'importance des circonstances. En fut-il jamais une plus intéressante que celle qui se prépare et que notre auguste monarque a fixée au 1er mai 1789 ?

« C'est à vous, Messieurs, de disposer le cœur des François pour ce grand événement ; c'est à vous de leur persuader que leur roy ne veut que le bien de l'Etat ; que jusqu'à présent, il n'a rien fait que pour leur grand avantage ; qu'il écoutera leurs remontrances ; que, fidèle au plan de conduite qu'il s'est tracé, il fera cedder sa volonté suprême à la solidité de leurs représentations ; qu'enfin ils verront en lui moins un monarque au milieu de ses sujets qu'un père au milieu de ses enfants... »

Ces réclamations ne paraissent point avoir été entendues, car notre ville ne put payer qu'une partie des impositions, et une garnison fut mise à sa charge pendant quelque temps, dans les premiers mois de l'année suivante.

La Ville renouvela, le 10 septembre, sa demande en suppression de la taxe de 10 sols pour livre sur l'octroi, en déclarant que le commerce diminuait considérablement depuis plusieurs années et que le prix du blé avait beaucoup augmenté dans les derniers mois.

Elle ajouta encore que, quelques années auparavant, deux maisons très considérables avaient acheté des charges qui leur avait donné la noblesse, et qu'en conséquence, elles se prétendaient maintenant exemptes de payer le droit de tarif ou d'octroi.

Ces maisons étaient, le lecteur le sait, celles de Pierre Grandin aîné et Michel Grandin père. Ce dernier avait quatre enfants, établis chacun à la tête d'une maison très importante, et tous se prévalaient des mêmes exemptions, de sorte que les six maisons les plus opulentes d'Elbeuf se prétendaient privilégiées.

CHAPITRE VIII
(OCTOBRE-DÉCEMBRE 1788)

Le prince de Lambesc *(suite)*. — Curieux projet d'un hospice-hopital général. — Lettres du duc d'Elbeuf et du ministre Villedeuil. — Les adjoints aux répartiteurs. — Nouvelle crise industrielle. — La misère des ouvriers. — Premiers actes de la Révolution française a Elbeuf. — Mémoire sur la composition des Etats-Généraux. — Mort du bailli G. Blin.

A la réunion municipale du 14 octobre, le procureur syndic déposa sur le bureau un mémoire imprimé, signé de Me Blin « par lequel l'auteur, guidé par les principes de bienfaisance et d'humanité qui l'ont toujours distingué, propose au souverain l'établissement en ce lieu d'un hospice général, dont il démontre les avantages et les facilités. Après lecture de ce mémoire, le procureur sindic dit que le corps municipal, intéressé à l'accroissement du commerce, au maintien des mœurs et à la stabilité des principes religieux, devoit concourir avec l'auteur de ce mémoire pour obtenir du souverain l'établissement projetté ».

Le corps de ville déclara, le 21 du même mois, s'adjoindre à l'auteur et ordonna qu'un exemplaire de son mémoire serait déposé aux archives municipales.

Voici la copie d'une pièce concernant l'intéressant projet de Guillaume Blin :

« Sur la requête présentée au roi étant en son Conseil, par les maire, échevins et habitans de la ville d'Elbeuf, contenant que par un édit du mois de juin 1662, enregistré au Parlement le 21 août suivant, il a été ordonné qu'en toutes villes et gros bourgs du royaume où il n'y avoit pas encore d'hôpital général d'établi, on en établiroit incessamment pour y loger, enfermer et nourrir les pauvres mendiants invalides natif des lieux, ou qui y auront demeuré pendant un an, comme aussi les enfants orphelins ou nés de parents mendiants ; tous lesquels pauvres, porte encore cette loi, y seront instruits à la piété chrétienne et aux métiers dont ils pourront se rendre capables.

« Cette loi a fait concevoir au sieur Blin, juge en chef du bailliage ducal et de la manufacture d'Elbeuf, le projet de l'établissement d'un hôpital général dans la ville d'Elbeuf, établissement d'autant plus nécessaire que cette ville compte environ 10.000 habitants, comprise la paroisse de Caudebec qui y tient, et que la manufacture de draps d'Elbeuf, conduite par la vigilance de quatre-vingts entrepreneurs et soutenus par un travail de 20 mille ouvriers, pris à dix lieues à la ronde, et qui, par ce travail, trouvent le moyen d'acquitter les impositions considérables dont ils sont chargés.

« Après un temps de service, ces ouvriers

se fatiguent et deviennent à charge aux autres citoyens ; en leur donnant une maison de retraite, l'enfance et la vieillesse y trouveroient une occupation proportionnelle à leurs forces. La mendicité redoutable seroit extirpée de ce lieu de commerce ; il en résulteroit même et sensiblement un double avantage pour l'immense manufacture de cette ville, qui mérite d'autant plus la protection de Sa Majesté, qu'outre qu'elle fournit à l'Europe et aux parties du monde une étoffe de supérieure qualité, c'est qu'elle paye un million d'impositions.

« Ce double emploi pour la manufacture d'Elbeuf consisteroit en ce qu'elle trouveroit avec plus de facilité des ouvriers, et qu'il y auroit moins de brigandage dans la fabrique, et en ce que le rebut des ouvrages, dont la sortie sous le nom de corrons ou déchets conduit souvent à des abus et inquiète toujours l'entrepreneur, resteroit enfin dans la fabrique ; d'ailleurs, ces restes de laine, cardés de nouveau et filés à l'hôpital, produiroient au moins des lisières.

« Tant d'avantages mis sous les yeux des suplians et des entrepreneurs de la manufacture, ils ont unanimement applaudi au zèle respectable du sieur Blin, sans cesse animé du bien public, et les suplians n'ont pas hésité à le charger de solliciter en leurs noms, auprès de Sa Majesté, un établissement aussi utile et vraiment indispensable pour la ville d'Elbeuf, qui ne réunit aucun avantage de ce genre, de sorte que les vieillards et les enfans orphelins sont absolument sans secours et réduits à l'odieuse ressource de la mendicité.

« Les suplians se sont d'autant plus aisément déterminés à solliciter cet établissement de la bienfaisance et de la justice de Sa Majesté, qu'il présente les facilités les plus réelles.

« Il existe à Elbeuf un Hôtel-Dieu dont l'infimerie contient environ vingt-cinq lits ; cette maison possède une étendue assez considérable de terrain, dans une bonne situation, à l'une de portes de la ville. En allongeant le bâtiment principal et à l'aide de quelques murs de séparation, pour éviter le mélange des deux sexes, l'entreprise deviendrait moins à charge. La chapelle, solidement bâtie, présente encore un objet d'épargne. La dame de charité qui préside au détail de l'Hôtel-Dieu étendroit ses soins à l'hôpital général ; il ne seroit question que d'augmenter le nombre de domestiques. Quant au gouvernement des affaires, il seroit réglé par la même administration que l'Hôtel-Dieu.

« Cet établissement, dont l'utilité est si constante, se soutiendroit avec 15.000 livres de revenus, qui peuvent lui être attribués sans qu'il en résulte aucune charge pour l'Etat, si Sa Majesté daigne y attribuer des objets qui semblent destinés à cette espèce d'établissement vraiment précieux, telle qu'une terre seigneuriale située es paroisses de Cesseville et de Crestot, à trois lieues de la ville d'Elbeuf, et dont le revenu est de 5.000 livres au moins, toutes charges déduites, faisant partie de la maison des Célestins de Mantes, supprimée depuis seize ans. Sa Majesté pourroit y joindre d'autres possessions qui faisoient partie de la maison des Célestins de Mantes, dont l'hôpital général d'Elbeuf seroit saisi au fur et à mesure qu'elles deviendroient libres des rentes dont elles peuvent être chargées en faveur des religieux supprimés.

« On ne peut faire de ces revenus un emploi plus utile, plus digne de la sagesse et de la pitié de Sa Majesté, d'autant que cet établissement, en ajoutant à la célérité de la manufacture d'Elbeuf, il en sortira des sources de richesses toujours renaissantes pour l'Etat ; il en résultera la destruction du brigandage et de la mendicité, double fléau qui, sous tous les rapports, trouble l'harmonie de la société.

« Requiéroient à ces causes les suplians qu'il plût à Sa Majesté ordonner qu'il sera établi un hôpital général dans la ville d'Elbeuf, dans lequel les vieillards et les enfants orphelins domiciliés depuis un an au moins à Elbeuf et reconnus pour être de la classe des pauvres, seront admis, nourris, chauffés, blanchis et même entretenus. les enfans depuis l'âge de cinq ans jusqu'à quatorze ans au plus tard, après toutefois avoir fait leur première communion ; auquel hôpital sera affecté un maître où une maîtresse qui leur apprendra à lire, à écrire et les instruira des vérités de la religion.

« A la charge, par les enfans dès qu'ils pourront, et les vieillards autant que leurs forces le leur permettront, de filer soit de la laine fine, soit des déchets ou corrons, pour en faire des lizières ; auxquels enfans et vieillards ainsi occupés, il sera donné à la fin de chaque semaine, comme par récompense, un tiers du prix de leur filature, le surplus étant au profit de la maison ; et à la charge, en outre, qu'ils seront couchés séparément, si ce n'est en cas de foule, et que jamais les vieillards ne seront couchés avec les enfans, et en outre, qu'il leur sera fourni une nourriture convenable, dont le bon pain bourgeois sera la baze, et que les pauvres seront habillés d'une étoffe solide et que leurs habits ou robes seront renouvelés tous les deux ans.

« Vu ladite requête, signée Dumesnil de Merville, avocat des suplians, ensemble un exemplaire du Mémoire concernant ledit établissement. Signé Blin, juge en chef du bailliage ducal et de la manufacture d'Elbeuf, et les délibérations prises tant par la communauté des maîtres fabriquants d'Elbeuf, des 14 et 21 octobre dernier ».

Cette pièce s'arrête ici ; mais des lettres postérieures nous apprennent la suite qui fut donnée à ce projet.

Le maire pria le prince de Lambesc de s'intéresser au projet d'hôpital général ; celui-ci le lui promit, et, en effet, le prince, étant à Versailles, le 16 novembre, écrivit au ministre Villedeuil :

« Voulez-vous bien, Monsieur, que j'aye l'honneur de vous recommander la demande que fait la ville d'Elbeuf de l'érection d'un hôpital général. Il seroit inutile que je vous parlasse de l'intérêt très vif que j'y prends. Celui d'une ville qui est le siège d'une manufacture importante vous paroîtra un motif assez puissant pour vous engager à protéger ses sollicitations. Le grand nombre d'ouvriers qu'elle y occupe semble exiger un établissement de ce genre, et les moyens que la ville vous présente me semblent très praticables. Je vous prie d'être persuadé d'avance de l'obligation infinie que je vous aurai de ce que vous voudrez bien faire pour elle.

« J'ai l'honneur d'être, avec un profond

attachement, Monsieur, votre très humble et très obéissant serviteur. — LE PRINCE DE LAMBESC ».

Le ministre Villedeuil envoya, le 27 novembre, la lettre du prince et la requête des Elbeuviens à l'intendant de la généralité de Rouen, en l'invitant à donner son avis. M. de Biville, subdélégué à Pont-de l'Arche, fit cette réponse, le 16 décembre suivant :

« La demande de la ville d'Elbeuf mérite singulièrement l'attention de l'administration ; elle présente des faits qui ne sont malheureusement que trop vrais ; un pareil établissement d'un hôpital général paroît d'une nécessité indispensable ; il en résultera un avantage inappréciable pour la fabrique d'Elbeuf ; l'humanité souffrante y trouvera des secours dont elle auroit pu jouir depuis longtemps et qu'elle est toujours en droit de réclamer et d'espérer de la bienfaisance du gouvernement.

« On croit cependant devoir observer que lorsqu'une communauté demande un pareil établissement, elle doit proposer une contribution volontaire. Icy la communauté n'en propose aucune ; en luy accordant cette demande qu'elle formule, il est certain que chaque ville se croirait en droit d'en former une pareille. Il est vrai que la communauté d'Elbeuf a des moiens qui lui sont particuliers ; il est intéressant pour le gouvernement de les accueillir : la perte considérable qu'éprouve en ce moment son commerce doit la dispenser d'un usage général et faire décider en faveur de sa demande.

« Il est sans contredit que si les fonds, et particulièrement la terre de Cesseville qui ont appartenu aux Célestins de Mantes, sont libres des charges et des rentes qui peuvent être affectées aux individus de cet ordre, le roy pourroit en disposer en faveur de l'établissement demandé, ou affecter des fonds de canonicats jusqu'à ce qu'il fut possible de disposer définitivement des fonds. Il conviendroit de distraire les fonds seigneuriaux et honorifiques, ou, en les accordant, obliger l'hôpital à les mettre hors ses mains, dans la première année de sa jouissance, parce que le roy se réserveroit le droit de déclarer ses intentions sur l'employ des deniers qui proviendroient de la vente de la seigneurie ».

Tout allait donc à souhait et il semblait que rien ne s'opposerait à la création de l'hôpital général d'Elbeuf. Malheureusement, la terre de Cesseville, sur laquelle chacun comptait, avait déjà été donnée, ou le fut pendant ces pourparlers, à l'archevêque de Rouen, dont elle était la propriété, en tous cas, au 15 février 1789, ainsi que va nous le démontrer une lettre du maire d'Elbeuf, adressée, à cette date, à l'intendant de la généralité de Rouen :

« Monseigneur,

« J'ai pris toutes les informations qu'il m'a été possible de me procurer sur la ferme des Célestins de Mantes, qu'on nous avoit fait espérer d'obtenir pour l'établissement d'un hôpital dans notre ville ; mais ce bien était en la possession de M. l'archevêque de Rouen, il ne nous reste plus aucun espoir de ce côté.

« Nous n'avons plus d'espérance qu'en vos bontés ; nous n'ignorons pas qu'une réponse favorable de votre part à la requête qui vous a été communiquée nous sera d'un grand secours auprès du gouvernement ; aussi nous osons nous flatter que, prenant en considération l'état urgent de notre manufacture et vous laissant aller à votre penchant naturel et ordinaire pour le soulagement des pauvres, vous voudrez bien nous appuyer de votre protection.

« L'intention du gouvernement ayant été de nous donner des biens dont il se trouve qu'il ne peut disposer, nous croyons qu'il y peut suppléer en nous donnant les fonds nécessaires sur une abbaye qui viendrait à vacquer. Nous croyons que l'usage auquel nous nous proposons de les destiner ne peut être que bon, puisqu'il assure une retraite à des pauvres malheureux qui ont usé la plupart leur vie dans une des manufactures les plus intéressantes du royaume.

« J'ai l'honneur, etc...
« Bernard Delarue, maire ».

Cette intéressante affaire n'eut pas de solution favorable, par suite de la confiscation des biens ecclésiastiques et de leur entrée dans le domaine de la nation. Il était réservé à notre génération de la reprendre, avec les modifications que comporte notre époque, et ce n'est qu'en ces dernières années que l'établissement hospitalier est devenu réellement un hôpital général, bien que ce titre ne lui soit pas donné.

Le 23 octobre 1788, la municipalité, en exécution d'un arrêt du roi du mois précédent, appela dans une assemblée générale quarante des principaux habitants pour, conjointement avec les officiers municipaux, procéder à la nomination de huit adjoints. Et comme la communauté des fabricants supportait à peu près la moitié des impôts, le corps municipal avait cru, pour composer la liste des quarante, prendre vingt manufacturiers et les vingt autres dans les autres classes marchandes.

Mais la plus grande partie des fabricants convoqués ne se présenta pas, et il arriva que les huit adjoints élus furent choisis en dehors de leur corporation ; de sorte que, dans la composition du nouveau corps municipal, il ne se trouvait que deux fabricants antérieurement nommés.

Les fabricants présents protestèrent contre la nomination des huit nouveaux élus et se réservèrent de faire convoquer une nouvelle réunion, dans laquelle les délibérants seraient obligés de nommer au moins quatre manufacturiers aux fonctions d'adjoint.

Bosquier, procureur-syndic de la ville, écrivit dans ce sens, le lendemain 24, aux membres du bureau intermédiaire d'Andely et Pont-de-l'Arche. « Quant à moi, dit-il, je trouve la réclamation on ne peut plus juste. Il seroit affreux que, dans un objet d'administration qui l'intéresse aussi essentiellement que la répartition des impôts, le corps dont subsistent les autres corps n'eût pas de représentants en nombre suffisant ». Il terminait en demandant l'autorisation de faire une nouvelle convocation.

A l'assemblée municipale tenue le 31 du même mois, le maire déposa sur le bureau le mémoire qui avait été envoyé au département d'Andely et Pont-de-l'Arche, par les gardes de la communauté des fabricants, protestant contre la nomination des huit adjoints et demandant une nouvelle réunion.

Le maire dit qu'il avait été singulièrement affecté à la lecture de ce mémoire. Si le corps municipal n'y était pas incriminé, on y présentait sa conduite sous un jour défavorable. Il rappela que, pour cette élection, on avait appelé des fabricants pour moitié ; si tous les élus exerçaient d'autres professions, ce n'était pas la faute de l'administration, mais des fabricants eux-mêmes qui n'avaient pas voté pour leurs confrères.

Le corps municipal, à l'unanimité, déclara qu'en appelant vingt fabricants sur quarante électeurs, l'administration avait justement balancé les intérêts ; que si l'on n'avait appelé que des plus hauts imposés, tous les électeurs auraient été des fabricants « ce qui auroit répugné à toutes les idées d'une administration sage et desintéressée dans la répartition des impôts ».

L'assemblée ajouta, cependant : « Il est, pour la ville d'Elbeuf, plus intéressant qu'on ne peut le dire d'établir pour règle que dans la nomination des adjoints on prenne quatre membres du corps de la fabrique et quatre dans les autres corps, parce qu'il est de notoriété que la fabrique acquitte à peu près moitié de l'impôt qui se perçoit dans la ville d'Elbeuf ».

Le corps de ville conclut à une nouvelle réunion pour la nomination des adjoints, dans laquelle les électeurs seraient tenus de suivre la règle qu'il indiquait.

Le 8. Robert-Philippe-Marie de la Houssaye de Trouville, chevalier, seigneur des Plaintraux, du Val-Cabot, des Landes, du Rachet, d'Hermas à Saint-Eloy de Fourques, etc., vendit les biens qu'il possédait à Elbeuf.

Dans un mémoire qui fut remis à Duval de Martot, le 10 novembre, les officiers municipaux dirent que la construction de la grande route d'Elbeuf à Pont-de-l'Arche avait été définitivement décidée, et qu'une partie des travaux avait même été adjugée ; mais qu'il existait des défenses judiciaires faites à la requête du marquis de Poutraincourt, seigneur de Martot. Notre ville dans cette circonstance, réclama l'intervention du gouvernement.

Les officiers municipaux adressèrent, le lendemain 11, au directeur général des finances, un mémoire dont nous citerons quelques parties :

Le commerce d'Elbeuf éprouve une diminution effrayante pour les entrepreneurs de la fabrique et plus encore pour les ouvriers. Depuis le 1er octobre 1787 au 1er octobre 1788, il s'est fabriqué 1.500 balles de laine de moins que l'année précédente.

La perspective de l'hiver est alarmante ; les comestibles sont hors de prix ; la ville est surchargée d'impôts ; l'ouvrier manque de travail. En 1787, la fabrique d'Elbeuf occupait 16.000 ouvriers tant de la ville que des environs ; elle n'en emploie plus que 10.000.

Le mémoire conclut à une demande de secours à adresser au gouvernement.

Le même jour, les gardes en exercice de la communauté des fabricants adressèrent également au directeur général des finances, un mémoire appuyant celui de la municipalité, et réclamant une diminution d'impôts, surtout les 10 sols pour livre du tarif d'octroi.

Nous y lisons : « Un esprit de révolte et de sédition, produit par le deffaut de travail et par la cherté des vivres, s'est déjà manifesté dans notre enceinte, et il auroit pu avoir les conséquences les plus funestes, si la prudence des magistrats chargés de la police de la ville n'y eut apporté obstacle ».

Mais le lendemain, Bosquier, procureur-syndic de la ville, adressa à M⁰ Guillaume Blin, qui se trouvait alors à Paris pour intercéder en faveur de notre cité, une lettre ainsi conçue :

« Je vous fais passer le mémoire du corps municipal et non celui de MM. les gardes. La raison en est que, encore bien que je vous eusse communiqué le dernier, la veille de votre départ, ils n'ont pas voulu le signer, sous prétexte qu'ils en ont fait un autre dont vous étiez chargé, et dont vous ne m'avez pas prévenu ».

Le 14, le maire d'Elbeuf adressa à l'Intendant de la généralité de Rouen, une supplique dans laquelle nous trouvons plusieurs détails intéressants :

« Le taux commun des balles de laine d'Espagne employées depuis dix ans dans la fabrique d'Elbeuf a été de 5.100, qui, à raison de trois pièces et un tiers de drap par balle, font justement 13.000 pièces par an.

« Pour amener une balle de laine à sa perfection, il faut pendant toute l'année, la journée d'un homme, d'une femme et d'un enfant ; par conséquent, pour l'emploi de ces 5 mille 100 balles, il y a eu journellement et annuellement 15.300 ouvriers d'employés.

« La journée combinée de l'homme, de la femme et de l'enfant s'élève de 10 sols 6 deniers à 11 sols, pas davantage.

« L'année présente, commencée au 1ᵉʳ octobre 1787 et finie à pareil jour de 1788, n'a employé que 3.683 balles, ce qui différencie du taux commun de 1.417 balles. D'où l'on peut conclure, sans crainte de se tromper, qu'il y a 4.251 ouvriers employés de moins dans cette présente année que l'année commune des dix [dernières]. Ce n'est pas que ces 4.251 ouvriers ayent été sans travail pendant toute l'année ; la perte de toutes ces journées de travail qui, à raison de 280 jours de travail par an, forment un total de 396 mille 760 journées perdues, ont été supportées par la totalité des ouvriers ; mais aussi leur salaire, fixé ci-dessus de 10 sols 6 deniers à 11 sols, ne s'est pas élevé à 8 sols certainement.

« Comment, avec une aussi chétive rétribution, le malheureux ouvrier, surtout celui qui a son domicile dans Elbeuf, peut-il parvenir à se donner le nécessaire le plus absolu, vu le prix exhorbitant de toutes les denrées ? A païer 50 ou 60 livres pour le loyer d'une chambre, à païer les tailles, sans compter la capitation et la corvée ?

« Le cœur me saigne, Monseigneur, quand je m'appesantis sur ce détail de misère ; il faut cependant que j'en donne une idée à Votre Grandeur.

« La population d'Elbeuf va environ à 5.700 âmes ; mais quelle est la nature de cette population ? Il est important de bien la connoître : elle ne ressemble en rien à toutes les petites villes de la généralité ni de la province, Louviers excepté.

« Soixante fabriquants en font le fonds. 150 marchands détaillants et artisans fournissent aux besoins de la ville, et tout le reste est peuple, est journalier ; de sorte que sur environ 1.500 contribuables, il y en a 200 sur lesquels le collecteur d'impôt peut compter : il faut arracher le reste à la misère !

« Des 15.300 ouvriers employés à la manufacture, il y en a environ le tiers domicilié dans Elbeuf, les deux autres tiers sont répandus dans les campagnes voisines. Le prix de chaque ouvrage étant réglé, le salaire est absolument le même pour le domicilié dans la ville et pour celui de la campagne ; mais quelle différence dans le taux de leurs contributions ! Le journalier de la campagne paie environ pour la taille 4 livres, celui d'Elbeuf environ 18 livres, sans cependant faire pour un denier de plus de consommation que celui de la campagne. Cette assertion frappera Votre Grandeur ; elle ne la croira pas : rien de plus vrai cependant ».

Le maire entre ensuite dans des détails de chiffres et réclame contre la corvée, dont l'impôt venait d'être doublé d'un seul coup. Il dit également qu'Elbeuf avait été augmenté, dans des impôts, proportionnellement plus que les autres villes de la généralité de Rouen.

Il conclut par la remise totale des impôts de capitation et de corvée, et l'achèvement de la route de Pont de-l'Arche, afin de donner du travail aux ouvriers.

A une objection faite précédemment par l'Intendant, que la ville de Paris continuait à s'approvisionner de draps d'Elbeuf, le maire répondit que les achats des Parisiens avaient cessé, d'où la baisse de travail. En outre, depuis quinze jours, la fabrique d'Elbeuf venait de perdre 200.000 livres dans des banqueroutes et elle était dans des transes mortelles en prévision des événements qu'elle entrevoyait pour la fin de l'année. Sa lettre se termine ainsi :

« Voilà, Monseigneur, tous les renseignements que je puis donner à Votre Grandeur :

point de travail et point de pain ! Il y a de quoi gémir et trembler ! »

Dans une autre lettre, adressée par le syndic d'Elbeuf aux officiers municipaux de Nantes et à ceux de Quimper, nous lisons :

« Le corps municipal a reçu votre envoi... il me charge de vous témoigner sa reconnoissance et de vous protester qu'il est animé, pour le redressement et pour le maintien des droits du Tiers-Etat, des mêmes sentiments que vous ».

Il y avait déjà quelques années que la justice d'Elbeuf s'occupait de plusieurs différents successifs qui avaient éclaté entre Jean-Paul-François Prudhomme, curé de Marcouville, d'une part, les habitants de la paroisse, le trésorier de la fabrique et Jean-Baptiste Drouard, maître d'école, d'autre part.

En dernier lieu, Me Prudhomme avait injurié Drouard et de nombreux témoins déposèrent contre le curé. Le 27 novembre, pendant que le bailli procédait à un nouvel interrogatoire de ce dernier, un tumulte se produisit à la halle au blé. Le bailli dut lever la séance pour se rendre sur les lieux et apaiser le tapage.

Une pièce datée du 4 décembre porte que Jean-Baptiste-Nicolas Lemarchand, huissier en la connétablie et maréchaussée de France, demeurait paroisse Saint-Jean, « rue Villedeuil ».

Nous arrivons au premier acte de la Révolution française à Elbeuf ; mais avant de parler des faits particuliers à notre ville, nous croyons devoir rappeler, en quelques mots, quelle était alors la situation de la France :

On a dit qu'il n'y avait jamais eu d'événement ayant été mieux annoncé, et élaboré que la Révolution. En effet, la plupart des réformes accomplies par elle étaient esquissées en traits ineffaçables dans les travaux des penseurs, dans les œuvres des Montesquieu, des Voltaire, des Mably, des Rousseau et de tous les écrivains de cette grande génération. Ce sont leurs disciples mêmes qui allaient traduire ces impérissables idées en faits, en lois positives et donner un corps aux conceptions de la philosophie.

Déjà Turgot, Malesherbes, Necker avaient successivement tenté l'application timide de quelques-unes de ces idées ; mais ils avaient échoué devant l'égoïsme des hautes classes, devant la coalition des privilégiés. Non seulement les améliorations projetées furent abandonnées, mais encore on revint sur celles qui avaient été accomplies.

A la veille de la Révolution, la situation était donc : impérieuse nécessité de réformes larges et profondes ; résistance des classes privilégiées, qui se refusaient obstinément à toute diminution de leurs injustes prérogatives, à toute espèce de progrès et d'amélioration.

Une crise terrible était inévitable. En repoussant les réformes, on ouvrait fatalement la porte à un bouleversement général.

On connaît les agitations misérables des derniers temps de la monarchie, les embarras financiers, les troubles, les disettes, les luttes des privilégiés entre eux, le renvoi, puis le rappel des parlements, les coups de force et les actes de faiblesse, les tergiversations, les fausses mesures, etc., signes frappants d'une société en pleine dissolution.

Une panique avait saisi la France tout entière. Les révélations du *Compte-rendu* de Necker, en dévoilant le mystère des finances, en évoquant aux yeux de tous le spectre du déficit, avaient propagé la terreur d'une banqueroute publique et causé une impression plus profonde que la débâcle du fameux système de Law.

Mais la crise financière ne fut point, comme on l'a trop répété, la seule cause déterminante de la Révolution ; car il y avait bien d'autres déficits qui s'ajoutaient à la misère publique : déficit de justice, de garanties sociales et individuelles, de liberté, de dignité humaine, de progrès, etc.

Le mot d'Etats généraux avait été prononcé dans les inutiles assemblées des notables de 1787 et 1788 ; répété par les parlements et par les mille voix de l'opinion, il devint bientôt le cri de ralliement de ceux qui voulaient des réformes, une espérance pour la nation, un expédient pour la monarchie, qui comptait tout simplement en tirer des ressources financières.

Louis XVI n'avait d'abord accueilli cette idée qu'avec répugnance ; mais dominé par la nécessité, il finit par s'y résigner, naïvement convaincu, d'ailleurs, que cette institution d'apparat, tombée en désuétude depuis près de deux siècles, lui servirait à tirer de l'argent du pays et à donner des forces nouvelles à la couronne. C'était le résultat ordinaire de la comédie des Etats généraux.

Mais il se trouva que, cette fois, la nation prit son rôle au sérieux et travailla pour elle-même et contre le régime qu'on l'appelait à restaurer.

L'arrêt de convocation des Etats généraux

est du 8 août 1788. Leur réunion était fixée au 5 mai de l'année suivante.

Dès le commencement de septembre 1788, la bourgeoisie de notre ville, comme celle de toutes les provinces, s'occupa de la composition de cette assemblée générale; elle fut d'un avis unanime que les députés du Tiers-Etat devraient être en nombre égal à ceux des députés du Clergé et de la Noblesse réunis.

Dans l'assemblée municipale tenue à Elbeuf le 13 décembre, il fut donnée lecture d'un mémoire « présenté par la communauté des marchands-fabriquants de draps et d'un second mémoire présenté par les autres communautés corporatives et citoyens du Tiers-Etat de la ville d'Elbeuf ».

Après avoir entendu l'avis du procureur fiscal, le corps de ville prit la délibération suivante :

« La compagnie, considérant que le Tiers-Etat forme une des parties les plus précieuses de la nation, et qu'il est de toute justice et de toute équité qu'elle obtienne du roy, en l'assemblée des prochains Etats généraux une représentation égale à celle des deux autres ordres réunis, moins nombreux qu'elle, donne adhésion aux vœux exprimés dans lesdits mémoires et demande :

« 1º Que dans la convocation des prochains Etats généraux, les députés pour la ville d'Elbeuf et le bailliage de Rouen, dont cette ville fait partie, soient admis en nombre proportionné à la richesse de son territoire et de sa population, relativement à la richesse et à la population des autres districts qui députeront.

« 2º Que dans le nombre général des députés qui seront envoyés aux Etats généraux, ceux qui seront élus pour le Tiers-Etat et qui le représenteront soient en nombre égal avec les députés des deux ordres privilégiés.

« 3° Que les députés qui représenteront le Tiers-Etat ne puissent être pris ny élus que parmi les citoyens qui sont véritablement de cet ordre, sans qu'ils puissent être choisis ny parmi les nobles, ny parmi les annoblis, ny parmi ceux qui jouissent actuellement des privilèges de la noblesse, en excluant même ceux qui, par leurs offices ou emplois, sont attachés à l'un des ordres privilégiés.

« 4° Qu'il soit statué que les ordres se tiendront réunis, délibéreront en commun et voteront par teste, sauf à l'Assemblée à se distribuer en bureaux, dans chacun desquels l'égalité des voix sera toujours observée entre le Tiers-État et les deux autres ordres.

« Et pour obtenir de la justice du Roy que Sa Majesté veuille bien accueillir favorablement le vœu du corps municipal, il est arrêté que copie de la présente délibération, ensemble un double desdits mémoires, seront envoyés à Messieurs Necker, de Villedeuil et Barentin, qui seront suppliés de vouloir bien les présenter aux pieds du throsne et de les appuyer de tout le crédit que leurs éminentes qualités doivent leur donner auprès d'un Roy qui ne veut que le bonheur de son peuple.

« Arreste encore que lesdits mémoires et le présent arresté, en ce qui concerne les vœux du Tiers-Etat, seront faits imprimer jusqu'à concurrence de deux cents exemplaires, pour ensuite être par le procureur sindic adressés aux diverses villes de la province ».

Les signataires de cette délibération, premier acte de la Révolution à Elbeuf, furent : Charles Capplet, Louis Robert Quesné, échevins ; Louis Flavigny, M. Sevaistre, J. Duruflé, Gamare, Robert Bourdon, Nicolas Patallier, G. Quesné, Frontin, Constant Delarue, Join-Lambert ; Bernard Delarue, maire ; Bosquier, procureur-syndic ; Durand, secrétaire.

Le secrétaire d'Etat de Villedeuil répondit par cette lettre :

« Versailles, 24 décembre 1788.

« J'ay reçu, Messieurs, les deux mémoires qui nous ont été présentés par les gens du Tiers-Etat de votre ville, relativement à la composition des prochains Etats généraux du royaume, et l'expédition de la délibération que vous avez prise à ce sujet le 13 de ce mois. Sa Majesté fera incessamment connoître ses intentions.

« Je suis, etc. De Villedeuil ».

Quant au garde des sceaux Barentin, il répondit qu'il mettrait les mémoires sous les yeux du roi.

Nous avons la copie d'une lettre de Necker, datée de Paris, 24 décembre 1788, adressée à la municipalité d'Elbeuf ; mais elle est relative aux pauvres. Il annonce qu'il vient de donner l'ordre à la commission intermédiaire provinciale de Rouen « de destiner sur le champ au soulagement des habitants indigènes et des ouvriers de la ville d'Elbeuf, une somme de 6.000 livres... Si, dans quelque temps, ces secours devenoient insuffisants, faites-le moy connoître, et j'autoriserai la commission intermédiaire à vous procurer de nouvelles facilités, sur les fonds des travaux de charité qui seront mis incessamment à sa disposition... »

Le corps de ville envoya le maire Bernard Delarue et Robert Bourdon pour toucher ces 6.000 livres, qui furent destinées, par délibération du 29 décembre, à la réparation, par les ouvriers de notre ville, du chemin des Essarts, et à la réparation « du chemin qui prend au bout du Cours et descend à la rivière, à l'effet d'y faire une sente, et une plantation d'arbres pour faire continuer le Cours »·

Guillaume Blin, ancien procureur du roi à Pont-de-l'Arche, bailli d'Elbeuf, originaire d'Athis en basse Normandie, âgé de soixante-quatre ans, mourut en la paroisse St-Etienne, le 22 de ce mois.

Ce même jour, Nicolas-Marin Ribard, avocat, procureur fiscal en la haute justice d'Elbeuf, réquisitionna le notaire Pierre Lingois de se transporter au château ducal, rue Saint-Etienne, pour apposer les scellés sur la porte des appartements qu'occupait Guillaume Blin, pour la conservation des intérêts du prince de Lambesc.

Le décédé n'avait pas d'autres héritiers que son frère, Julien-Robert-Alexandre Blin, ingénieur des ponts et chaussées et maître des ponts de Paris.

La mort de ce magistrat fut une grande perte pour notre ville, aux intérêts de laquelle il s'intéressait activement. S'il eut vécu un an de plus, les événements graves qui se déroulèrent et influèrent douloureusement sur les rapports de deux fractions de la population elbeuvienne pendant plusieurs années, ne se seraient sans doute pas produits.

Le 31, les officiers municipaux se réunirent et rédigèrent une lettre de félicitations, à l'occasion du 1er janvier 1789, dont trois copies furent adressées, la première au prince de Lambesc, la seconde à M. de Villedeuil, et la troisième au ministre Necker. — Le sieur de Villedeuil s'était beaucoup occupé de faire diminuer les impôts d'Elbeuf, et de nombreux habitants lui en avaient déjà prouvé leur reconnaissance en donnant son nom à une rue de la ville.

CHAPITRE IX
(JANVIER-MARS 1789)

Le prince de Lambesc *(suite)*. — Les cahiers des trois ordres. — Les communautés de métiers préparent leurs doléances aux Etats généraux. — La misère redouble ; travaux de charité. — Hervieu du Homme, dernier bailli d'Elbeuf. — Marie Delaquerrière aux Ursulines. — Réunion des délégués des corporations. — Le Cahier de la ville d'Elbeuf.

On sait que les Cahiers de 1789 consistent en des recueils de remontrances et de propositions que le Clergé, la Noblesse et le Tiers-Etat, convoqués aux Etats généraux, devaient présenter au roi, au nom des électeurs.

Aux Etats précédents, les députés de la Noblesse et du Clergé avaient remis leurs Cahiers de doléances debout et découverts, pendant que les députés du Tiers offraient au monarque, humblement, à genoux, ceux qu'ils avaient également préparés.

Nous devons dire que les pouvoirs et instructions reçus par les députés de la noblesse et du clergé, en 1789, avaient pour la plupart une tendance égalitaire.

Mûrement réfléchis et discutés par leurs rédacteurs, les Cahiers, par lesquels commença la grande Révolution, offrent le plus grand intérêt. On y trouve, en effet, avec l'exposé de trop longues souffrances, l'esprit de nos pères, la situation de l'ancienne France et l'expression la plus parfaite des idées de l'époque.

Les Cahiers de 1789, a dit Chateaubriand, constituent un document précieux de la sagesse de la France; de sorte que si l'on avait suivi exactement les instructions qu'ils contiennent, on aurait obtenu pacifiquement tout ce que nous avons acquis par la Révolution.

Assurément, si les vœux formulés dans les Cahiers eussent été loyalement réalisés, la Révolution n'eût eu aucune raison d'être. Mais la nation ayant parlé, le roi ne sut pas obéir; il ne comprit pas qu'il n'était que le premier mandataire du peuple, et la Révolution fut la conséquence de sa courte-vue et de son obstination.

Dans les premiers jours de janvier 1789, la communauté des fabricants d'Elbeuf adressa aux maire et échevins, à propos de la rédaction du cahier de doléances que la ville devait envoyer aux Etats généraux, une lettre programme dont voici la teneur :

« La communauté des fabricants de cette ville a l'honneur de vous représenter que le Roy ayant daigné manifester ses intentions bienfaisantes, en exprimant le désir qu'il a de réunir les lumières et les vœux de son peuple sur la convocation des prochains Etats généraux, garder le silence dans ce moment intéressant, ce seroit manquer à nos devoirs de citoyens, ce seroit paroître douter des véritables intentions de Sa Majesté.

« L'assemblée des prochains Etats généraux doit sans doute devenir une époque heureuse pour le souverain et pour la nation ; mais cet espoir ne pourra se réaliser sans le plus parfait accord entre les trois ordres qui la composent. Des intérêts respectifs qui se tiennent divisés, il résultera infailliblement un choc nuisible à l'intérêt commun, si la classe la plus nombreuse et la plus utile à l'Etat n'y occupe la place que la justice et la raison lui assignent, en établissant par son influence l'équilibre nécessaire au bonheur de tous. Ce n'est, Messieurs, que dans la juste représentation du Tiers-Etat que nous devons trouver cet avantage, sans quoi, n'en doutons pas, le bonheur dont nous nous flattons n'aura été pour nous qu'une vaine chimère, et l'espérance qui nous charme par ses flatteuses illusions ne nous laissera que d'inutiles regrets.

« Déjà des réclamations se sont fait entendre des diverses parties de ce royaume. Un grand prince s'est déjà déclaré le protecteur des droits du peuple, que la noblesse entière d'une province a sçu consacrer si généreusement. Pourrions-nous nous présenter sous de plus heureux auspices ?

« C'est donc à vous, Messieurs, qui êtes les représentants de l'ordre du Tiers-Etat dans notre ville, à vous en montrer les dignes défenseurs, en portant aux pieds du trosne ses humbles doléances et son vœu sur les quatre objets suivants : »

Suit la reproduction des vœux émis dans la délibération des fabricants de draps du 13 décembre précédent, que nous avons rapportée. La requête de la corporation se termine ainsi :

« Nous osons espérer, Messieurs, que Sa

Majesté recevra avec bonté les suppliques d'une ville dont le commerce nourrit plus de 20 mille ouvriers, accablés présentement par les plus cruelles circonstances et dont le sort est intimement lié à l'objet de notre réclamation, et nous ne doutons pas que les autres corporations de la ville ne joignent leurs vœux aux nôtres.

« L'amour si connu des Français pour leur souverain est particulièrement le sentiment inné et invariable de ses fidelles communes. L'histoire nous apprend qu'elles ont toujours été le plus ferme appui du throsne. Mais aussi quel monarque mérita mieux cet amour de la nation que celui qui la gouverne? Louis XVI, après avoir délivré ses peuples de la servitude, veut aujourd'huy en effacer jusqu'aux moindres vestiges, en leur restituant les droits qu'ils avoient reçus de la nature et que de barbares préjugés leur avoient enlevés. Il ne manquera rien à sa gloire ni au bonheur de l'Etat lorsqu'il aura assuré d'une manière irrévocable l'existence d'une classe nombreuse, dans laquelle la patrie trouvera toujours de vrais citoyens et le roy ses plus fidelles sujets.

« Par délibération de la communauté des fabriquants : Jacques Quesné fils, Jacques-Amable Béranger, Charles Louvet, Pierre-Henry Hayet, gardes en exercice ».

Les autres corporations de la ville avaient rédigé aussi une lettre programme, exposant les mêmes principes et tendant au même but, bien qu'en d'autres termes. Nous ne croyons pas qu'il soit nécessaire de la reproduire ; mais nous désignerons ces corporations et citerons les noms de leurs délégués représentants respectifs :

Marchands détaillants : Jacques Dupont, G. Desgenétez, Miège aîné ;

Officiers et avocats au bailliage ducal : Blin, juge en chef (décédé depuis) ; Asse, avocat ;

Chevalier de l'ordre royal de Saint-Louis : Flavigny-Desilles ;

Chirurgiens : Routier du Parc, A. Henry ;

Orfèvres : Nicolas Félix Get ;

Notaire : Lingois ;

Maîtres serruriers : Jacques Lenoble, Bonaventure Delattre ;

Maîtres teinturiers : Gabriel Guenet ;

Maîtres traiteurs : Bouchery ;

Boulangers : Thomas Védie, Potteau ;

Cardiers : Cherel père, Cherel fils, Louis-Placide Leroy, Benoist Petitgrand ;

Huissiers : Andrieu ;

Grainetiers : Pierre-Amable Corblin, Jean-Louis Delalande, Louis Petit ;

Colliers lamiers : Louis-Robert Dautresme ;

Menuisiers : A. Duchemin, P. Dusaussay ;

Bouchers : Charles Dupont ;

Laboureurs : Thomas Oursel ;

Maîtres-perruquiers : Dudouit.

Dans la séance municipale du 13 janvier, le maire représenta au corps de ville que les 6.000 livres accordées par l'Etat ne seraient d'aucun secours aux invalides pauvres, puisque cette somme devait être employée en travaux aussitôt que la cessation de la gelée le permettrait. Cependant l'état des pauvres vieillards et des femmes était effrayant ; il fallait aviser.

L'assemblée municipale décida d'adresser une requête à l'intendant général, afin d'obtenir l'autorisation d'imposer une cotisation sur tous les fonds de la ville et de la bourgeoisie d'Elbeuf — on sait que la bourgeoisie s'étendait jusqu'à l'église de Caudebec — à raison de huit sols pour livre de la cote des vingtièmes, sans considération des deux sols pour livre des mêmes vingtièmes.

Dans cette même réunion, le corps municipal autorisa le maire à faire casser la glace dans les diverses rues de la ville et à payer les ouvriers qu'on y emploierait sur la somme allouée par le gouvernement.

Le 15 janvier, le corps municipal réclama la somme de 6.000 livres annoncée par le ministre, afin de l'employer à des travaux de vicinalité dans la côte des Essarts, sur laquelle somme serait prélevée celle due aux ouvriers qui avaient enlevé les glaces.

Le même jour, les officiers municipaux représentèrent au bureau intermédiaire du département de Rouen que l'ancienne route d'Elbeuf à Rouen, notamment jusqu'au Nouveau-Monde, était sans réparation. Cependant, la nouvelle route, à peine percée, était très étroite et ne présentait que des ornières extrêmement profondes, de sorte que les voitures avaient beaucoup de peine à s'en tirer. Ils conclurent à la mise en état de ce chemin.

Au 22 janvier, Guillaume Blin n'était pas encore remplacé. La réunion des fabricants qui eut lieu ce jour-là fut présidée par Pierre-Victorin Asse, avocat à la haute justice d'Elbeuf. Asse présida encore celle du 24 du même mois.

La municipalité avait résolu de faire construire un abreuvoir à l'extrémité du quai, au bout du chemin qui séparait les champs de la ville et qui, plus tard, devint la rue de Seine. Elle avait même demandé un devis à un sieur

Védie, mais celui-ci ne put étudier tout de suite la question, ainsi qu'il résulte d'une lettre adressée par lui le 24 janvier 1789, à Delarue, à cause des glaces d'abord et ensuite de la grande hauteur des eaux. Cependant, il estimait que la dépense s'élèverait de 1.400 à 1.500 livres.

Vers la troisième semaine de janvier, le prince de Lambesc nomma bailli de la haute justice du duché d'Elbeuf, un sieur Hervieu, fils de René Hervieu, ancien avocat au Parlement de Normandie, qui, le 2 août 1780, avait acheté le magnifique domaine du Homme, l'un des plus anciens fiefs seigneuriaux de Beaumont-le-Roger. Ce domaine devait, plus tard, devenir la propriété du député Dupont (de l'Eure), du sieur de Clercq et enfin de la comtesse de Boisgelin. René Hervieu ajouta donc le nom de du Homme au sien propre, et ce fut sous celui de Hervieu du Homme que son fils entra dans sa charge de bailli.

C'est le 2 février que nous voyons paraître pour la première fois le nouveau bailli, René-Pierre-François du Homme, avocat à la cour. On verra bientôt qu'il fut loin de donner autant de satisfaction à la Manufacture et aux habitants de notre ville que son prédécesseur.

Le 24 février, « Jacques-Etienne-Charles-Victor Flavigny, écuyer, seigneur du Plessis, de la Nobletière et du Tilleul en Ouche, seigneur et patron des paroisses de Landepereuse et de Notre-Dame de Braizey, demeurant à Saint Clair d'Arcey », héritier de Mathieu Flavigny, son oncle, ancien curé de Saint-Jean, constitua une rente viagère de 150 livres à Geneviève Lamy, qui avait gouverné la maison du curé Flavigny pendant quarante-deux ans, et à laquelle ce dernier avait reconnu devoir une somme de 3.000 livres pour gages impayés.

Le corps municipal décida, le 26, que les grandes pensionnaires du couvent de Sainte-Ursule d'Elbeuf seraient, à l'avenir, imposées sur les rôles à une capitation quelconque « et que les dames religieuses seroient invitées à donner les noms des personnes en religion dans leur monastère, à l'effet, par le corps municipal, de fixer l'exemption qui leur étoit personnellement due ». Les Ursulines furent immédiatement informées de cette décision.

L'hiver de 1788-89 avait été bien triste pour les ouvriers des villes, car le travail était tombé de moitié, les blés fort chers et le froid excessivement rigoureux. Il arriva donc que la misère d'un grand nombre de travailleurs, aigris contre les accapareurs, fut cause de scènes tumultueuses.

Afin de maintenir l'ordre sur les marchés d'Elbeuf et des environs, l'administration militaire envoya seize hommes montés du régiment « Commissaire général cavalerie ». Ils arrivèrent le 9 mars. Recommandation fut faite à notre corps municipal de ne pas les laisser rançonner par les marchands quand ils feraient des emplettes en vivres ou en fourrages.

Les officiers municipaux adressèrent une nouvelle supplique au ministre Necker, le 5 mars, dans laquelle ils lui donnaient l'emploi des fonds qu'il avait fait obtenir à la ville, mais qui étaient à la veille d'être épuisés, et demandaient un nouveau secours.

Ils exprimaient aussi le regret qu'Elbeuf

n'eût pas un hôpital général, comme en possédaient d'autres villes de province. Cet établissement avait déjà été sollicité par un magistrat citoyen qui avait « longtemps présidé à Elbeuf et sur la perte duquel tout le monde gémissoit », et un « grand prince, Mgr le duc d'Elbeuf » s'était intéressé aussi à la création d'un hôpital général dans cette ville.

Ils ajoutaient : « Le gouvernement doit d'autant moins balancer à nous accorder l'établissement dont il s'agit qu'il est possible de le former sans qu'il en coûte rien à l'Etat, en prenant sa dotation sur quelque abbaye ou sur quelque communauté religieuse, plus riches que leurs besoins l'exigent... »

Le 19 du même mois, ils sollicitèrent également des secours du directeur général des finances, en faveur des ouvriers sans travail.

Le même jour, ils firent réponse à M. de Belbeuf, procureur général, sur une représentation que celui-ci leur avait adressée, qu'ils ne prétendaient point soumettre les Ursulines d'Elbeuf aux droits du tarif d'octroi, mais qu'il leur semblait juste d'y imposer leurs pensionnaires. A cet effet, le corps municipal avait statué que la consommation personnelle des religieuses serait fixée, que l'excédent de ce qui entrerait dans la maison serait taxé, et en outre, qu'il avait décidé d'imposer à la capitation les grandes pensionnaires du couvent.

Le procureur général ne paraît pas s'être rangé à l'opinion de notre municipalité, car nous trouvons une lettre à lui adressée, par Bernard Delarue, maire d'Elbeuf, dans laquelle celui-ci compare la situation des pensionnaires du couvent à celle des ouvriers de la ville :

« ... Daignez, Monseigneur, jetter un coup d'œil sur ces malheureuses victimes et vous vous intéresserez pour elles plutôt que pour les dames Ursulines et leurs pensionnaires.

« La Communauté n'est point pauvre ; au contraire, elle est riche, et les services qu'elle rend à la ville en instruisant la jeunesse sont de leur part un acte de devoir ; les religieuses qui composent la communauté en ont fait le vœu au pied des autels...

« Le payement des droits de tarif sur la consommation des pensionnaires et la capitation des grandes ne sont pas objets à faire abandonner la maison. Au surplus, en supposant qu'il en fut ainsi, à quel titre, pour épargner ce désagrément à la communauté, surchargeroit-on le reste de la ville ?... »

Le 14 mars, le notaire d'Elbeuf se rendit au « monastère des dames Ursulines, établi dans la Grande-Rue, paroisse Saint-Etienne », où étant au parloir, la demoiselle Marie Delaquerrière, majeure, lui déclara devant témoins :

« Que le 11 février 1782, ladite demoiselle avait été enlevée avec violence, par des personnes déguisées et à elle inconnues et pour ainsi dire arrachée des bras de la dame sa mère et tutrice, par des moyens odieux concertés avec les ennemis de sa mère.

« Qu'elle avait été, sur l'instant, enfermée sous la clef dans un appartement du Lieu de Santé, de Rouen. Restée dans cet état l'espace de trois mois, elle avait été retirée et conduite par M⁰ Houel, sergent de la haute justice de Saint-Gervais, au monastère de ce lieu, où elle était restée depuis sept années en qualité de pensionnaire de force, pour le prix de 150 livres par an.

« Qu'elle ne devoit sa captivité qu'à une sentence de ladite haute justice de Saint-Gervais, dont ledit Me Houel donna lecture à Madame la supérieure en lui remettant ladite demoiselle ; laquelle sentence contenait entr'autres choses que ladite dame Delaquerrière, sa mère, étoit non déclarée recevable en sa demande en tierce opposition contre les sentences rendues au même siège les 21 et 28 mars 1782, que le sieur Marin, conducteur de ladite demoiselle, étoit à présent destitué et qu'on substituoit à son lieu et place le sieur Delaquerrière père, négociant à Rouen, et que les parents seroient tenus sous quinzaine d'indiquer à la mère de ladite demoiselle le couvent qui auroit été choisy pour y placer ladite demoiselle, aux fins par elle de la voir quand elle avisera bien, mais cependant en la présence de Madame la supérieure...

« Qu'en conséquence d'une commission rogatoire adressée à M. le bailly de la haute justice d'Elbeuf, par MM. les juges du bailliage de Rouen, ladite demoiselle fut entendue sur les plus petites circonstances de son enlèvement ; que sur la lecture qu'elle eût desdites sentences, elle apprit entre autres choses qu'elle seroit mise au couvent à la quotisation de sa famille, sans terme défini ; que l'on avoit en vue la coupable attention *(sic)* de faire confirmer trois desdites sentences par un arrêt de la Cour par des moyens aussi ténébreux que criminels, en sorte que ladite demoiselle ne connoît point le terme de sa captivité ; que pour augmenter le poids de sa douleur, on n'a voulu payer sa pension annuelle qu'à raison de 150 livres pendant environ six années et qu'on ne l'avoit augmentée de 50 livres qu'à la septième qui va expirer prochainement.

« Que lorsqu'elle fut entendue en conséquence de la commission rogatoire, elle en fit l'observation au juge, qui lui apprit qu'elle étoit sous la sauvegarde de la justice ; mais elle apprit en même temps, avec peine, qu'il étoit fait défense à Madame la supérieure de la laisser communiquer avec qui que ce fut.

« Elle a toujours espéré qu'à sa majorité il lui seroit permis au moins de voir librement sa mère... ; qu'elle a encore appris que, sur un réquisitoire de M. le procureur du Roy, il était sorti une sentence au bailliage de Rouen qui lui nomma pour tutrice ladite dame sa mère et pour tuteur *ad hoc* M. Pierre Lemaire, négociant, à Rouen, qui a entrepris de la faire rétablir et rentrer dans les biens qui lui appartiennent.

« Pourquoi elle croit pouvoir lui donner toute sa confiance et la prier d'accepter sa procuration générale et spéciale, tant pour la faire jouir de sa liberté, que pour prendre possession en son nom de ses biens... consistant en : 1º en 44 livres de rente dus par les régisseurs des biens des Religionnaires fugitifs ; 2º une maison et un jardin hors Bouvreuil ; 3º un capital de 2.000 livres dû par le Trésor royal ; 4º une maison et jardin au Mont-Riboudet ; 5º une ferme à Yerville-en-Caux ».

Cette procuration, dont nous ne donnons qu'une partie, est suivie des signatures des témoins, parmi lesquelles se trouve celle de Lebourgeois, prêtre.

Le nombre de billards à Elbeuf fut fixé à trois par le procureur général au Parlement, au lieu de deux ; ils étaient tenus par Jean-

Jacques-Louis Lizé, perruquier, Louis-Martin Fosse et Antoine Pelport, suivant la demande qu'ils en avaient faite vers le commencement du mois de mars.

Une transaction fut signée, le 16 avril, entre « Jacques-Pierre-Michel Grandin, écuyer, entrepreneur de manufacture à Elbeuf », et le couvent des Ursulines, représenté par Hélène Vignon dite de Saint-Michel, supérieure, et autres religieuses du monastère.

A cette époque, Joseph-Pierre de Turgis aîné, avocat au Parlement, demeurant à St-Martin-la-Corneille, plaidait devant la haute justice contre Pierre-François Fontaine, huissier et sergent à Elbeuf.

L'assemblée de la Noblesse qui se tint dans l'église des Récollets, pour le bailliage de Chaumont, les 16 et 17 mars 1789, fut présidée par le marquis de Guiry, maréchal héréditaire des Vexins normand et français, chevalier de Saint-Louis, gouverneur de Lillebonne, grand bailli d'épée et remplissant en outre la fonction de lieutenant du roi à Elbeuf.

Le samedi 28 mars 1789 fut une des journées mémorables de l'histoire de notre ville. A cinq heures du soir, la cloche appela les membres de la municipalité, devant laquelle comparurent :

Pierre Lejeune et Pierre-Nicolas Bourdon, députés de la communauté des maîtres fabricants, suivant délibération de ce corps du 23 du même mois ;

Jean-François Routier-Duparc, maître chirurgien, député des autres chirurgiens ;

Antoine Dudouit, député de la communauté des maîtres perruquiers, suivant délibération du 23 du même mois ;

Mᵉ Pierre Lingois notaire ; Laurent Patallier, Michel Fouard, Georges Viard, Benoist Miège, Thomas Védie fils, Charles Leveneur, Cherel fils, Robert Rousselin et François Lefebvre, nommés commissaires, par délibération du 25 du même mois, des habitants d'Elbeuf non compris dans aucun corps, corporation ou communauté.

Les comparants représentaient, avec le corps municipal, les différentes classes de bourgeois et habitants d'Elbeuf, lesquels, « pour obéir aux ordres de Sa Majesté portés par ses lettres patentes données à Versailles le 24 janvier dernier pour la convocation et tenue des Etats généraux » et qui en avaient eu connaissance par la lecture faite au prône des messes paroissiales, des publications en ville et des affiches, déclarèrent s'être rendus en cette assemblée pour rédiger le « Cahier de doléances, plaintes et remontrances du Tiers-Etat de cette ville ».

Et à cet effet, dit le procès-verbal, « après avoir vacqué tous ensemble à la rédaction dudit cahier, nous l'avons arrêté et signé double, dont un pour rester aux archives de cette ville — où, par parenthèse, nous ne l'avons point retrouvé — et l'autre être remis aux députés qui vont être ci-après nommés, après avoir été, les deux doubles, cottés par première et deuxième page, et paraphés *ne varietur* au bas d'icelle, par M. Bernard Delarue, maire.

« Et de suite, nous, lesdits sieurs représentans, après avoir mûrement délibéré sur le choix des députés qu'il convient de nommer.

« Avant que d'aller aux voix, a été dit par lesdits sieurs Lingois, Patallier, Védie fils, Cherel fils, Fouard, Rousselin, Leveneur, Benoist Miège, Georges Viard, François Lefebvre et Dudouit, que lorsqu'on a arrêté et consenti le cahier de doléances, ils ne s'attendoient point que MM. les députés de la fabrique prétendroient avoir le droit de voter à deux pour la députation de ceux qui doivent être nommés pour porter le cahier des doléances au Pont-de-l'Arche à l'effet d'être confondu avec les autres cahiers du même bailliage ; et, en effet, MM. les fabricans à Elbeuf ont alors nommé deux députés puisqu'ils ne sont pas au nombre de cent, et qu'alors ils devroient se borner à un député, suivant l'article 26 du Règlement fait par le Roy, puisque pour entrer dans le corps de la fabrique, il faut être reçu apprenti pendant trois ans, et ensuite, pour être reçu maître faire chef-d'œuvre...

« Ils ne s'attendoient pas non plus que les notables de la ville se présenteroient et seroient reçus à voter, puisqu'ils ne font point partie du corps municipal, et que d'ailleurs, il paroît, suivant la déclaration de M. Quesné, qu'aucun d'eux étoit à la délibération qui s'est tenue le 25 du présent.

« En conséquence, les cy dessus nommés demandent acte à MM. les officiers municipaux de ce qu'ils protestent contre les voix de ceux qui les donneront sans qualité, et qu'ils entendent que les nominations qu'ils feront soient comme non avenues ». — Suivent les signatures des opposants.

« Nonobstant laquelle protestation, dit le procès-verbal, vu ce qui résulte de l'arrest du Conseil d'Etat du Roy du 30 octobre 1767, nous maire avons ordonné qu'il sera présentement procédé à la nomination des députés, que lesdits deux représentants de la fabrique et tous les membres composant le corps municipal resteront nominateurs ainsy et de la même manière qu'ils ont coopéré à la rédaction du cahier de doléances. — Signé : Bernard Delarue, maire ».

« Et de suite, les cy devant nommés, après avoir délibéré sur le choix des députés... et les voix ayant été par nous recueillies en la manière accoutumée, il s'est trouvé que M. le maire, M. Louis Quesné, MM. Louis Flavigny, Frontin, Lambert, Duruflé aîné, Gamarre, Duruflé jeune, Robert Bourdon, Mathieu Sevaistre, Guenet, Constant Le Roy, Routier-Duparc et Lejeune ont nommé pour députés les personnes de MM. Thomas Védie fils, Laurent Patallier, Bosquier, Pierre-Nicolas Bourdon, Parfait Grandin et Henry Hayet ;

« Par M. Pierre-Nicolas Bourdon ont été nommés lesdits sieurs Védie, Patallier, Bosquier, Parfait Grandin, Moyse Duruflé et Henry Hayet ;

« Par M. Bosquier ont été nommés, etc. etc.,

« Calcul fait des voix, il s'est trouvé que le sieur Védie en a réuni 26 ; Patallier également 26 ; Bosquier, 15 ; Pierre-Nicolas Bourdon, 15 ; Parfait Grandin, 16 ; Henry Hayet, 16 ; Lingois, 10 ; Rousselin, 10 ; Viard, 10 ; Lefebvre, 6 ; Miège, 10 ;

« Au moyen de quoi la pluralité des suffrages s'est réunie en faveur des sieurs Pierre Védie, Patallier, Bosquier, P.-N. Bourdon, Parfait Grandin et Hayet.

« Ladite nomination des députés ainsy faite le cahier de doléances a été remis auxdits députés dans la personne dudit sieur Bourdon, l'un d'eux, afin de le porter à l'assemblée qui se tiendra le 1er avril prochain, devant M. le lieutenant général du bailliage du Pont-de-l'Arche... à l'effet de représenter le Tiers-Etat de cette ville d'Elbeuf en ladite assemblée, avec tous pouvoirs de proposer, remontrer, aviser et consentir tout ce qui peut concerner les besoins de l'Etat, la réforme des abus, l'établissement d'un ordre fixe et durable dans toutes les parties de l'administration, la prospérité générale du royaume et de chacun des sujets de Sa Majesté.

« Et de leur part, lesdits députés présents se sont chargés, par ledit sieur Bourdon, des doléances de laditte ville, et ont promis de les porter à ladite assemblée... etc. ». — Suivent les signatures.

CAHIER DES PLAINTES ET DOLÉANCES DU TIERS-ÉTAT DE LA VILLE D'ELBEUF

Le peuple réduit à la plus extrême misère, les cœurs des Français aigris par l'infortune des temps les plus désastreux, la langueur du commerce, l'inaction de toutes les manufactures, le dépérissement journalier de tous les principes, le silence des lois, tout porte l'empreinte du désordre et de la confusion, tout demande à grands cris une restauration générale.

Des ministres, trompés dans leurs spéculations, ont, contre les plus sages réclamations, signé, par le funeste traité avec l'Angleterre, l'arrêt de mort des fabriques de France, et ont ainsi disposé, de leur propre mouvement, de la subsistance d'une classe très nombreuse de citoyens.

La mauvaise administration des finances, le Trésor public épuisé, la dette énorme de l'Etat, les frais immenses de la perception de l'impôt, cette armée de traitants, de financiers, s'engraissant du pur sang des peuples ; ces gênes, ces entraves du commerce, ces barrières jusque dans l'intérieur du royaume ; des obstacles sans fin à la circulation de toutes les denrées ; des faillites, des banqueroutes multipliées qui restent impunies, et où tout est perte pour le créancier par le danger d'avoir recours à la justice qui consume et absorbe tout ; des arrêts de surséance accordées par la faveur à des gens de la plus mauvaise renommée et dont le but est de dépouiller entièrement leurs créanciers ; les représentations des fabriques, des chambres de commerce non écoutées et méprisées ; la sorte d'indifférence du gouvernement pour les manufactures, qui sont le nerf et la richesse de l'Etat et qui donnent l'âme et la vie au commerce et à l'agriculture ; l'instabilité des ministres, leur pouvoir de changer, d'innover, de tout renverser pour mettre en pratique le système qu'ils ont adopté ; les débats trop fréquents du ministère avec les Cours souveraines, d'où s'ensuit ordinairement la suspension de toute justice ; cette ambiguité de notre Constitution qui amène une sorte d'anarchie pendant laquelle naissent des désordres irréparables ; des impositions sans nombre, des répartitions inégales contre lesquelles toute réclamation a été vaine jusqu'ici ; les frais immenses d'une régie trop compliquée qui, en prélevant plus d'un tiers sur les impositions, ne laissent parvenir au trésor royal qu'une partie insuffisante pour ses besoins ; l'assentiment de la détresse de l'Etat, d'un déficit effrayant, cette crainte du renversement total de la fortune publique... Voilà les justes motifs des doléances des peuples ; voilà ce qui couvre le plus beau royaume de l'Europe d'un crêpe funèbre et lui imprime le sceau du deuil et de la tristesse.

C'est particulièrement sur ces différents objets que l'Assemblée donne, par le présent acte, aux personnes qui seront choisies, les pouvoirs généraux pour la représenter aux Etats généraux, y proposer, remontrer, aviser et consentir tout ce qui peut concerner les besoins de l'Etat, la réforme des abus, l'établissement d'un ordre fixe dans toutes les parties du gouvernement, la prospérité générale du royaume et le bonheur, tant commun que particulier, de tous les citoyens.

Article premier. — Le vœu de l'Assemblée est qu'avant tout, il soit statué que les délibérations aux Etats généraux seront prises par les trois ordres réunis, et les voix comptées par tête.

Art. 2. — Que, préliminairement à toute autre discussion, la Constitution française soit solennellement reconnue et sanctionnée; qu'il soit arrêté qu'à l'avenir il ne pourra être créé d'impôt ni fait d'emprunt sans le consentement de la nation ; que les Etats provinciaux soient établis dans toutes les provinces du royaume, et le retour des Etats généraux périodiquement fixé de cinq en cinq ans.

Art. 3. — Que toutes les provinces abdiquent leurs privilèges particuliers, afin que l'Etat ne présente qu'une seule et même famille, soumise au même chef, jouissant des mêmes droits et contribuant aux mêmes charges.

Art. 4. — Qu'ensuite et en portant la plus scrupuleuse économie dans toutes les branches de l'administration, les Etats généraux fixent les besoins actuels de l'Etat, en comprenant les remboursements de toutes les charges de magistrature, tous autres remboursements qu'ils jugeront utiles, les avances des traitants et les fonds nécessaires pour la retraite des employés qui seront jugés la mériter ; que le partage s'en fasse de province à province, relativement à la richesse territoriale, à leur commerce et à leur population, et qu'on leur laisse la liberté d'imposer leurs contributions ainsi qu'elles aviseront bien ; mais sous la condition très expresse de ne pouvoir la donner à ferme, afin qu'il n'existe plus de traitants, et que le commerce soit entièrement libre et dégagé de toutes les entraves fiscales sous lesquelles il gémit depuis si longtemps.

Art. 5. — Que les besoins extraordinaires de l'Etat soient fixés par approximation, ainsi que les circonstances dans lesquelles ils seront réputés avoir lieu et devoir cesser ; que la somme qu'ils exigeront soit répartie de province à province, et perçue sur le contribuable de chaque province aux besoins ordinaires.

Art. 6. — Que, pour rendre les impôts uniformes, dans tout le royaume, les Etats généraux conviennent de ceux au moyen desquels ils jugeront qu'il est possible à chaque province d'acquitter la contribution, et qu'à ce moyen tous ceux des impôts actuels qui ne seront pas jugés de nature à atteindre ce but soient éteints et supprimés.

Art. 7. — Qu'il n'en soit établi ni conservé aucun sur les denrées et marchandises qui circulent dans l'intérieur du royaume ; mais seulement sur les denrées et marchandises importées en France ; qu'ainsi les barrières soient reculées et portées jusqu'aux frontières.

Art. 8. — Que, pour cette perception-là seulement, si faire se peut, il existe des commis préposés pour chaque province et comptables, envers elle, de leur administration.

Art. 9. — Que, toutes considérations cessantes, la gabelle, la marque des cuirs et les loteries soient supprimées et la plantation du tabac rendue libre.

Art. 10. — Qu'il soit établi un impôt territorial également réparti sur tous les fonds du royaume, perçu par un seul et même rôle, et dont la collecte serait, dans chaque paroisse, une charge annale et publique.

Art. 11. — Qu'un autre impôt soit créé sur les hommes célibataires âgés de plus de trente ans, les militaires et les ecclésiastiques exceptés.

Art. 12. — Que tous les domaines du Roi, rentes et cens domaniaux soient aliénés à perpétuité, et que le produit des aliénations vertissent à l'acquit des dettes de l'Etat et aille en diminution de la contribution de chaque province, si la contribution est fixée avant l'aliénation.

Art. 13. — Que les forêts soient également aliénées et le produit de leur aliénation employé, comme en l'article précédent, à la charge par les aliénataires de les maintenir en l'état, à l'effet de quoi ils seraient soumis à l'inspection et à la surveillance des Etats provinciaux ou de leurs commissions intermédiaires.

Art. 14. — Qu'il soit nommé des commissions pour l'examen des échanges qui ont eu lieu sous le règne actuel et sous le précédent, ainsi que pour l'examen et réduction des pensions dont l'Etat est grevé.

Art. 15. — Que les ministres soient responsables de leur administration et tenus d'en rendre compte en personne aux Etats généraux.

Art. 16. — Qu'il soit établi un conseil permanent dans chaque partie de l'administration, afin que l'instabilité des ministres n'apporte désormais aucune altération dans les plans arrêtés pour le bien public.

Art. 17. — Que les comptes de la recette et les dépenses de l'Etat soient rendus publics d'année en année et vérifiés tous les cinq ans, à chaque tenue des Etats généraux et par eux.

Art. 18. — Que les poids et mesures soient rendus égaux dans tout le royaume.

Art. 19. — Que, calcul fait des impositions territoriales que paieront les fonds, calcul également fait de leurs productions, l'exportation des grains soit défendue, lorsque le prix commun excèdera tel ou tel autre taux.

Art. 20. — Qu'il soit défendu d'ouvrir les colombiers depuis et compris le mois de juin jusques et compris la mi-novembre.

Art. 21. — Que les Etats généraux prennent les mesures les plus efficaces pour obvier à la multiplication excessive du gibier, notamment du lapin, espèce qu'il serait très intéressant de détruire en faisant fureter à des époques déterminées.

Art. 22. — Que défenses soient faites à tous gardes de porter autres armes qu'une hallebarbe, sauf aux propriétaires de fiefs à avoir des gardes tireurs, mais sans qualité pour dresser procès-verbaux et délits de chasse.

Art. 23. — Que la milice soit supprimée et qu'il soit libre à chaque province de fournir, ainsi qu'elle avisera bien, les hommes dont l'Etat aura besoin en proportion égale avec les autres provinces du royaume.

Art. 24. — Que la liberté de la presse soit accordée, à la charge par l'imprimeur d'avouer l'ouvrage, et sauf toutes poursuites contre lui et l'auteur, si l'ouvrage blesse les mœurs, l'Etat ou la religion.

Art. 25. — Que le logement des gens de guerre soit une charge publique dont les veuves, filles et receveurs des deniers publics soient seuls exempts.

Art. 26. — Qu'il soit possible de tirer intérêt d'une somme exigible.

Art. 27. — Que l'agiotage soit proscrit, sous les peines les plus sévères.

Art. 28. — Que la liberté individuelle des citoyens, sous la censure de la loi, soit reconnue et sanctionnée, et que tout particulier arrêté par ordre du roi soit remis, dans les vingt-quatre heures, dans les mains de son juge naturel.

Art. 29. — Que le Tiers-Etat soit admis aux grades de l'armée et aux charges de la magistrature.

Art. 30. — Que dans toutes les villes, il soit établi des juridictions consulaires électives, avec faculté de juger en dernier ressort toutes les affaires de commerce jusqu'à somme déterminée, sauf pour celles excédant l'appel en dernier ressort en la juridiction consulaire de la principale ville de la généralité.

Art. 31. — Que, dans toutes les villes et bourgs, il soit établi des juges de paix électifs pour juger en dernier ressort toutes autres contestations non excédant la somme de cent livres.

Art. 32. — Qu'en attendant la réforme du Code commercial, les échéances des billets, lettres de change et autres effets commerçables soient dans tout le royaume fixées à des époques uniformes.

Art. 33. — Que les endroits privilégiés où se retirent les faillis soient supprimés.

Art. 34. — Que les lettres de surséance, de défense, de répit et tout autre sauf-conduit soient supprimées.

Art. 35. — Qu'il en soit de même des privilèges exclusifs et des exemptions de trésor, tutelles, curatelles, logements des gens de guerre, etc., etc.

Art. 36. — Que les seigneurs possédant fiefs soient invités à consentir le rachat des rentes seigneuriales et des corvées à un prix raisonnable, ainsi que l'affranchissement à la comparution aux plaids, en sorte que le vassal ne donne que la foi, l'hommage, le treizième et l'aveu.

Art. 37. — Que les banalités soient supprimées comme une servitude odieuse, reconnue telle par le roi dans ses domaines.

Art. 38. — Que défenses soient faites aux meuniers de recevoir le prix de leur mouture autrement qu'en argent, sur le pied d'une taxe fixe et déterminée, avec défense de vendre du blé, de la farine et du son, sous peine de punition corporelle.

Art. 39. — Que d'après les dispositions de la Coutume de Normandie, l'usage des rivières et courants d'eau soit libre ; que les seigneurs féodaux n'y puissent mettre aucune entrave et que les droits qu'ils se sont arrogés pour en permettre l'usage soient éteints et supprimés.

Art. 40. — Qu'il soit enjoint à tout propriétaire de faire borner ses terres et d'en faire dresser procès-verbal contradictoirement avec son voisin.

Art. 41. — Que les *committimus* et autres privilèges attributifs de juridiction personnelle ou réelle soient abolis, en sorte que nul ne puisse être traduit devant autre juge que son juge naturel.

Art. 42. — Que le privilège de la conservation de Lyon et de la ville de Paris, quant au droit de juridiction, soit particulièrement supprimé.

Art. 43. — Que la vénalité des charges de magistrature soit abolie ; qu'il soit pourvu au remboursement des propriétaires et à leur remplacement par des citoyens inamovibles choisis dans les Etats particuliers de chaque province.

Art. 44. — Que les hautes justices de nouvelle création soient supprimées, à charge de remboursement sur le pied de la première finance, même celles d'ancienne création, si mieux n'aime le seigneur haut-justicier se charger de tous cas, préposer pour l'exercice de sa juridiction trois juges au moins résidant sur le lieu, non compris les gens du fisc, avoir des prisons sûres et saines et faire tenir ses audiences de huitaine en huitaine.

Art. 45. — Que, dans aucun cas, les juges d'un seigneur haut-justicier ne puissent connaître des contestations qui l'intéressent, mais qu'elles soient de plein droit dévolues au juge royal le plus proche du chef-lieu de la seigneurie.

Art. 46. — Que la justice soit rapprochée des justiciables.

Art. 47. — Que défenses soient faites à tous juges de cesser arbitrairement l'exercice de leurs fonctions.

Art. 48. — Que les lois et la procédure civile, criminelle et commerciale soient réformées, les premières par un comité de magistrats et de jurisconsultes, et les autres par un comité de négociants choisis dans toutes les provinces du royaume.

Art. 49. — Qu'il soit pris toutes mesures pour que les procès soient définitivement jugés dans l'espace d'un an.

Art. 50 — Que convention soit faite avec les puissances étrangères pour que les Français prévenus de crimes soient arrêtés partout et remis dans les mains des juges compétents du crime dont ils sont prévenus.

Art. 51. — Qu'en matière criminelle les peines soient les mêmes dans tout le royaume, sans distinction d'ordres.

Art. 52. — Que la noblesse ne soit plus acquise à prix d'argent et qu'elle ne puisse être accordée que par le Roi, de son propre mouvement, ou au mérite personnel, sur la demande des Etats provinciaux.

Art. 53. — Que les praticiens subalternes, ceux qui sont en trop grand nombre, soient réduits et ceux inutiles supprimés, sauf le remboursement des uns des autres.

Art. 54. — Que le clergé régulier ne puisse, dans chaque maison, être au-dessous de trente ; qu'on leur départisse une pension proportionnée à leurs besoins et que l'excédent en revenu que possèderont toutes les maisons religieuses serve à l'établissement d'hôpitaux, seul moyen peut-être à la faveur duquel on puisse extirper la mendicité.

Art. 55. — Que les dîmes ecclésiastiques soient supprimées par une somme fixe, la même pour tous les curés.

Art. 56. — Qu'il soit assuré à tous les vicaires et prêtres habitués un sort qui les mette à portée de vivre avec la décence convenable à leur état.

Art. 57. — Que les grands vicaires des évêques et archevêques ne soient choisis que parmi les curés ayant quinze ans de pastorat.

Art. 58. — Que les cures ne soient données qu'aux prêtres qui ont vicarié dix ans.

Art. 59. — Qu'une honnête subsistance soit assurée aux matelots qui quittent la mer ou le service pour cause de vieillesse ou de blessures.

Art. 60. — Que les évêques et archevêques soient autorisés de donner toutes dispenses ecclésiastiques, sans qu'il soit besoin de s'adresser en cour de Rome.

Art. 61. — Que les évêques, archevêques, abbés, maisons conventuelles et autres possesseurs de grands bénéfices ne puissent en donner le temporel à bail général ; qu'il leur soit défendu de recevoir aucun pots-de-vin et que le successeur soit tenu d'entretenir les baux de son devancier jusqu'à leur terme.

Art. 62. — Qu'il soit permis de faire des baux des biens de campagne jusqu'à vingt années, sans qu'ils donnent ouverture à aucuns droits domaniaux, seigneuriaux ou lignagers.

Art. 63. — Que les Etats généraux sanctionnent l'édit du mois de novembre 1787, concernant les non catholiques.

Art. 64. — Que les recherches des mines de charbon de terre en France et leur exploitation, l'amélioration des laines nationales, les manufactures et la pêche maritime soient encouragées par des récompenses.

Art. 65. — Que les communes en fonds de

terre soient aliénées au profit des communes, et les landes et terres incultes mises en adjudication au profit de ceux auxquels elles appartiennent, si mieux ils n'aiment les défricher et mettre en valeur sous un bref délai.

Art. 66. — Que les punitions les plus sévères soient infligées à celui qui se permet l'usure surtout envers les enfants de famille.

Art. 67. — Que les Etats généraux, après avoir balancé les avantages et les désavantages du traité de commerce avec l'Angleterre, prennent le parti que leur suggérera l'intérêt du commerce et de la nation, mais qu'en attendant on prenne les mesures nécessaires pour empêcher les commis des douanes de favoriser l'entrée des marchandises anglaises en fraude des droits qu'elles doivent payer.

Art. 68. — Que tout ce qui aura été arrêté aux Etats généraux soit envoyé dans les tribunaux du royaume pour y être enregistré et exécuté.

Art. 69. — Que, provisoirement, si les besoins l'exigent, il soit accordé, à l'ouverture des Etats généraux, une subvention quelconque par une levée extraordinaire ou par voie d'emprunt.

Art. 70. — Que toute audience aux Etats généraux soit déniée au ci-devant contrôleur-général Calonne.

La nation l'a jugé...; sa présence et ses réclamations ne pourraient qu'affliger l'assemblée, retarder ses délibérations et distraire le ministre vertueux qui tient les rênes de l'Etat, sous la direction du meilleur des rois, de l'unique objet qui l'occupe... le bien public et la gloire du Roi.

Art. 71 et dernier. — Au surplus, l'assemblée pleine de confiance dans la bonté du monarque, dans la sagesse des ministres, espérant tout du désintéressement de la noblesse et du clergé, connaissant les lumières et le zèle patriotique de ses députés, leur abandonne ses intérêts et les autorise à se prêter à tous les sacrifices possibles, bien assurés que, nés Français, jamais ils ne compromettront les intérêts de la nation, les droits et la liberté du Tiers-Etat.

Lingois, notaire ; Thomas-François Védie fils ; Charles Leveneur ; F. Lefebvre ; Miége (sans approbation de l'article des gabelles); Cherel fils; L. Patallier ; Dudouit ; G. Viard ; Louis-Robert Quesné, échevin ; Joseph Duruflé ; P. Lejeune ; Rousselin ; Routier du Parc ; Pierre-Nicolas Bourdon ; Joseph-Gabriel Guenet ; Louis Flavigny ; Mathieu Frontin ; Join Lambert l'aîné ; Mathieu Sevaistre ; R. Bourdon ; Gamarre ; Pierre-Joseph Duruflé ; C. Leroy ; Bosquier ; Bernard de la Rue, maire ; et Durand, secrétaire-greffier.

CHAPITRE X
(AVRIL-JUILLET 1789)

Le prince de Lambesc *(suite)*. — L'Ecole militaire de la Saussaye. — Le Cahier des chanoines. — Le cabaretier Leveneur. — Réunion des Etats Généraux. — Le « massacre » des Tuileries. — Le duc d'Elbeuf s'échappe de Paris et gagne l'étranger ; son procès. — La prise de la Bastille. — Une famille elbeuvienne.

Les habitants d'Elbeuf ayant demandé la suppression des tarifs d'octroi, à partir du 1er avril 1790, le roi leur fit répondre, le 24 mars, qu'il ne pourrait consentir à cette suppression qu'autant que les officiers municipaux auraient pris d'ici là les mesures nécessaires pour que les revenus de l'Etat assis sur les tarifs fussent servis par la ville.

Le bénéficiaire de la chapelle Saint-Félix et Saint-Auct était alors Leforestier, chanoine et grand chantre de la collégiale de la Saussaye. Nous avons de lui plusieurs quittances délivrées au trésor de l'église Saint-Etienne, pour une rente perpétuelle créée par l'abandon d'une demi-acre de terre appartenant à la chapelle, à l'effet d'y établir le cimetière de cette paroisse.

Le chapitre de la Saussaye, à cette époque, se composait de Ricatte, doyen ; Bocquet, Bellemin, Deshays, Berment, Renault, Leforestier, Leguay, Brionne, Louvel, Lehure, Flambard, chanoines, et de Louis Alexandre, maître des enfants de chœur et de l'école.

Cette école avait été ouverte, le 1er avril de l'année précédente, sous les auspices du prince de Lambesc. On y enseignait le latin, l'allemand, l'anglais et l'italien, la géographie, l'astronomie, la fable, l'histoire naturelle, la botanique, la philosophie, les mathématiques et la physique.

Les élèves payaient 350 livres de pension par an et devaient se fournir d'un uniforme bleu de roi. Il y avait, en outre, des demi-pensionnaires et des externes. Le but annoncé était de faire une sorte d'école militaire et d'y préparer de bons officiers.

Après et comparativement avec les Cahiers de la ville d'Elbeuf, on lira avec autant d'intérêt quelques extraits du Cahier de doléances du chapitre de la collégiale Saint-Louis de la Saussaye, qui fut rédigé le 4 avril :

« ... Que l'aisance, l'ordre et l'économie soient rétablis dans les finances ; qu'après avoir reconnu exactement l'étendue et les besoins de l'Etat et de la dette publique, on détermine les sacrifices que la dignité du trône, le maintien de la foi publique, peuvent exiger en ce moment pour l'acquit de la dette nationale ; que les sacrifices cessent à l'instant où elle se trouvera éteinte ;

« Qu'en conséquence, les Etats généraux

s'assurent de l'origine des abus et de la source du mal, afin de pouvoir en prévenir le retour ; qu'une partie des domaines soit aliénée pour l'extinction des dettes à époque fixe, et que l'autre partie soit réservée pour servir d'apanage aux enfants de France ; que les forêts du Roy restent entre ses mains pour les besoins de la marine, mais qu'il soit pourvu à leur meilleure administration ; que les dettes viagères soient partagées entre les provinces, pour être par elles payées en raison de leurs forces contributives ; que les engagistes des provinces soient appelés à prendre de nouveaux engagements.

« Qu'il soit établi, aux Etats généraux, deux sortes d'impôts auxquels soient assujettis les trois ordres : l'un, fixe et permanent, pour soutenir la majesté du trône, défrayer la maison royale et pourvoir aux besoins ordinaires de l'Etat ; l'autre, pareillement fixe, mais subventionnel, pour avoir lieu en cas extraordinaire, comme guerres et autres circonstances qui seront déterminées par l'assemblée, lesquels cas arrivant, ledit impôt serait perçu sur une déclaration du Roy, envoyée par Sa Majesté aux Etats de chaque province, et dûment vérifiés en iceux ;

« Que le clergé, payant l'impôt général, soit déchargé des décimes et de leur cause ;

« Que les compagnies fiscales soient supprimées, en ce qu'elles donnent des entraves aux manufactures, au commerce et à l'agriculture ; qu'en conséquence, tous les droits d'entrée et de sortie ne se perçoivent qu'aux barrières du royaume ;

« Que les gabelles soient supprimées, le sel étant un objet de première nécessité ;

« Que, s'il n'est pas possible qu'en France il n'y ait qu'une loi, qu'une même coutume, qu'un même poids, qu'une même mesure, qu'au moins l'uniformité de ces objets soit établie dans chaque province du royaume ;

« Que les édits du mois de mai dernier, concernant la justice, soient exécutés ;

« Que toutes les charges dans l'administration de la justice cessent d'être vénales et deviennent la récompense du mérite reconnu.

« Que, pour remplir les vues bienfaisantes du monarque, soulager la partie la plus souffrante de ses sujets, les grandes maisons religieuses, surtout celles des villes, soient tenues d'avoir le nombre de religieux porté par leur fondation, et un plus grand nombre si leur revenu le permet, lequel sera tiré des maisons inférieures avec les fondations de ces dernières pour être acquittées dans les endroits où auront été transférés leurs titulaires, et le revenu des maisons désertes employé à l'établissement d'ateliers et bureaux de charité, pour occuper les nécessiteux et soulager les infirmes, de manière que chaque paroisse soit chargée de ses pauvres et qu'ils y soient confinés...

« Que, comme l'augmentation des portions congrues, en faveur des curés et vicaires, devient onéreuse à des chapitres de cathédrales et collégiales qui n'ont qu'un revenu à peine suffisant, insuffisant même dans certains chapitres, pour la subsistance de ceux qui y possèdent des bénéfices et n'y ont pas moins de charges à supporter qu'à remplir par obligation, on espère que le gouvernement voudra bien prendre en considération les moyens de pourvoir au soutien de leur état.

« Tels sont les vœux que forment les soussignés pour la prospérité de la monarchie et du monarque qui en fait les délices... »

En réponse à une demande de protection que lui avaient adressé les chanoines de la Saussaye, le prince de Lambesc leur écrivit la lettre suivante :

« Messieurs, je suis touché du tableau de votre situation. Je feroi volontiers tout ce que je pourroi pour améliorer votre sort ; mais je suis obligé de différer jusqu'à mon retour à Versailles, afin de conférer avec M. l'archevêque de Lyon.

« Soyez persuadés, Messieurs, que personne ne vous honore plus parfaitement que moi... »

Le cahier des doléances des Elbeuviens fut envoyé en double exemplaire à Necker, à Villedeuil et au garde des sceaux, le 13 avril, avec une lettre particulière adressée à chacun d'eux.

Le 15, les députés des trois ordres aux Etats du grand bailliage de Rouen, se réunirent en l'église du Collège, où une messe du Saint-Esprit fut célébrée par le cardinal de la Rochefoucauld, archevêque. A cette séance, le chapitre de la Saussaye était représenté par M⁰ Ricatte, doyen, et M⁰ Renault, chanoine.

Le ministre Necker manda, le 18, au prince de Lambesc :

« Monseigneur,

« J'ai reçu la lettre que vous m'avez fait l'honneur de m'écrire en faveur des pauvres ouvriers de la ville d'Elbeuf. Les officiers municipaux de cette ville m'avoient adressé un mémoire à ce sujet, et je l'ai communiqué à la Commission intermédiaire de haute Normandie, le 20 mars dernier, en lui recommandant d'y donner la plus grande attention et de faire participer cette ville aux secours en travaux de charité que le Roi a accordés pour cette année. Je suis bien persuadé que la Commission intermédiaire provinciale aura fait, en conséquence, les dispositions nécessaires, et je suis charmé d'avoir prévenu, dans cette circonstance, l'intérêt que vous inspire la situation des habitants de cette ville.

« Je suis, avec respect, Monseigneur, votre très humble et très obéissant serviteur.

« Necker ».

On attendait avec impatience, à Elbeuf comme dans tout le royaume, l'ouverture des Etats généraux ; ce ne fut que quelques jours après que l'on connut, dans notre ville, les principaux incidents qui s'étaient produits à à Versailles.

L'Assemblée fut ouverte le 5 mai. Le Roi y prononça un discours, le garde des sceaux et Necker également. Ces trois discours ne visaient que les vides du Trésor et ne tendaient qu'à rechercher les moyens de remplir la caisse de l'Etat. On ne dit à peu près rien des réformes réclamées par la nation.

Le point capital en discussion était de savoir si les députés formeraient une assemblée unique, ou si le vote aurait lieu par ordres et séparément.

Naturellement, les députés de la Noblesse et du Clergé s'étaient prononcés pour le vote par ordres, qui assurait la prépondérance aux privilégiés, et, le lendemain 6 mai, ils s'assemblèrent dans des locaux séparés, commen-

OUVERTURE DES ÉTATS GÉNÉRAUX (5 mai 1789)

çant ainsi une résistance qui devait retarder de six semaines les travaux de l'Assemblée.

Les députés du Tiers, avec un sens très pratique, s'étaient établis dans la vaste salle où avait eu lieu, la veille, la séance d'ouverture. Puis ils s'occupèrent de la vérification des pouvoirs.

En attendant la constitution du Tiers Etat en Assemblée nationale, nous noterons quelques faits locaux.

Le 24 mai, à l'issue de la messe paroissiale de Saint-Etienne et « sur convocation au son de la cloche et par billets, les anciens et modernes habitants de la paroisse » se réunirent chez le curé Duhamel, en présence du notaire Lingois, où, après délibération, ils prirent la résolution qui suit :

« M. de la Croix, un des trésoriers modernes, prendra l'avis de deux avocats, et s'ils sont favorables, il poursuivra le sieur Miège pour le faire condamner à gérer les biens de la fabrique, en sa qualité de trésorier ».

Miège avait prétendu qu'il était exempt de remplir les fonctions de trésorier, parce qu'il exerçait celles de contrôleur des salines.

Parmi les habitants d'Elbeuf dont nous trouvons le nom sur des actes de cette année, nous citerons Mᵉ Mathias Henri, chirurgien ; feu François Fleury et François Fleury, son fils aîné, tous deux maîtres écrivains, profession qu'exerçait également dans notre ville Jacques Duboc.

En ce même mois, Pierre Maille, trésorier en charge de Saint-Jean, rédigea une déclaration à Benigne Poret, vicomte de Blosseville, pour deux pièces de terre appartenant à la fabrique de cette paroisse, situées à Yville et dépendant du fief de Saint-Antoine dont Poret était seigneur. Cette pièce ne porte point de signature ; une note marginale en dit la raison : « Cette déclaration n'a pas été signée à cause des circonstances de la Révolution ».

Nous trouvons sur l'un des registres du notariat d'Elbeuf, à la date du 30 mai, un plan de la masure appelée la Rochelle. Elle s'étendait vers l'ouest jusqu'à la rue Notre-Dame, qui à cette époque se prolongeait jusqu'à la Seine, à gauche de l'endroit où le Puchot se jette dans le fleuve ; à l'est, la Rochelle était bornée par la ruelle aux Archers, qui n'était autre que la rue du Pré-Basile actuelle. Au sud, la Rochelle était bornée par la rue de la Rigole, laquelle se prolongeait jusqu'à la rue Notre-Dame. Cette masure appartenait à un sieur Mariquier. Dix-huit perches de la Rochelle relevaient du fief du Thuit-Anger et le reste du duché d'Elbeuf.

Ce plan fut dressé à la suite d'un procès devant le bailliage du Pont-de-l'Arche, entre le prince de Lambesc et « Félix de Rouen, chevalier, seigneur patron du Thuit-Anger, seigneur des fiefs Becquet, Boisnormand et des nobles fiefs d'Harcourt qui fut Bellou, de Conches qui fut Douville, etc., seigneur patron de Saint-Pierre du Bosguerard et autres lieux ».

Le même plan indique également ce que l'on appelait Pré-Basile : c'était une prairie de forme triangulaire, située au confluent du « douet du moulin à tan » et du fleuve, bornée par ces deux cours d'eau.

Le 4 juin, le maire informa le corps de ville que le ministre Necker, directeur général des finances, par une lettre datée de Versailles, le

25 mai, annonçait que « le Roy, pour mettre la ville à portée de continuer les ateliers de charité établis aux abords d'Elbeuf, avoit bien voulu accorder une somme de 4.000 livres, que l'intendant de Rouen étoit chargé de remettre à la ville ». L'assemblée décida de continuer, au moyen de cette somme, les travaux commencés sur la route des Essarts.

Il semble que nombre d'habitants d'Elbeuf élevaient des pigeons, car nous trouvons une lettre, datée du 13 juin 1789, disant que ces volatiles étaient cause de dégâts survenus à la maison contiguë à l'Hôtel de Ville. Radier, receveur du tarif, qui habitait l'hôtel, et Alex. Adam, son voisin, en avaient tous deux.

En juin, les officiers municipaux répondirent à une attaque portée contre eux et contre les fabricants, au directeur général des finances, par le sieur Leveneur, cabaretier :

« Il est affligeant pour des hommes honnêtes et choisis par leurs concitoyens pour remplir les charges municipales, de se voir obligés de se justifier des inculpations calomnieuses qu'il plaît à un homme obscur de leur faire : tel est le cas où se trouvent le maire et les échevins de la ville.

« Un nommé Leveneur, dont on ignore l'origine, est venu depuis peu d'années s'établir cabaretier en cette ville, où sa principale ressource est la fraude aux droits d'ayde et à ceux du tarif, pour laquelle il a été plusieurs fois condamné.

« Ces condamnations sont les motifs des libelles affreux que Leveneur a adressés à M. le directeur général des finances, contre le régisseur des aydes et contre le corps municipal, libelles dont il a répandu des copies de toutes parts et qui ne sont capables que d'exciter une sédition dont la Providence nous a préservés jusqu'à présent, malgré les malheurs du temps... »

Les officiers municipaux discutèrent longuement ensuite sur les griefs présentés par Leveneur, qui se disait « l'écho du peuple ».

Ils terminèrent ainsi : « Si l'on n'arrête pas la frénésie de ce sujet détestable, on se propose de réclamer contre lui l'authorité des tribunaux et de poursuivre la vengeance des infamies que contient son odieux mémoire ».

Nous avons dit qu'un procès était survenu entre les trésoriers de la paroisse St-Etienne et Benoit Miège, nommé membre de la fabrique, mais qui avait refusé cette fonction, en prétextant que son office au grenier à sel de Pont-de-l'Arche le dispensait de remplir la charge à laquelle on venait de le désigner. Les paroissiens confirmèrent le pouvoir qu'ils avaient donné à Joseph Delacroix, trésorier, de poursuivre Miège en justice.

L'affaire fut appelée au bailliage de Pont-de-l'Arche, le 15 juin 1789, devant « François-Henry duc d'Harcourt, pair de France, garde de l'oriflamme, marquis de Beuvron et de Miremont, comte de Lillebonne, seigneur du duché de Roannois, baron de Beaufour et de Saint-Aubin-le-Bizay, grand bailli de Rouen, lieutenant-général des armées du Roy, gouverneur et son lieutenant-général en la province de Normandie, commandant en chef pour Sa Majesté, gouverneur de Monseigneur le Dauphin », qui débouta les paroissiens de leur prétention et ordonna qu'ils s'assembleraient dans la huitaine pour nommer un trésorier en remplacement de Miège.

Les contestations entre les bouchers d'Elbeuf et ceux des environs n'avaient point cessé. Une nouvelle requête des premiers eut pour résultat une sentence, rendue le 9 mai, confirmant celle du 4 décembre 1784

Un certificat daté du 20 juin 1789, délivré par le greffier du bailliage ducal et haute justice d'Elbeuf, atteste que « les bouchers externes, qui viennent apporter et vendre de la viande en ledit lieu d'Elbeuf, ne se sont point présentés au greffe aux fins d'y faire inscrire leurs noms et l'endroit où ils ont établi leurs tueries ».

Le mois suivant, les marchands bouchers et « chaircuitiers » d'Elbeuf donnèrent assignation au nommé Lacaise, boucher du Thuit-Simer, pour s'entendre condamner à tenir ouvertes les portes de l'endroit où il tuait ses bestiaux, afin que la visite de sa viande put être faite.

Nous ne connaissons point la suite donnée à cette affaire; mais nous trouvons, à la date du 16 octobre suivant, un procès-verbal dressé par Dubos, sergent de la haute justice, constatant que les experts n'avaient pu complètement visiter les viandes massacrées par deux bouchers externes, qui furent assignés devant le juge.

Nous trouvons également un procès verbal qui, nonobstant la sentence du bailli, établissait que les bouchers d'Elbeuf ne venaient pas à tous les marchés d'Elbeuf, et deux autres procès verbaux dressés aussi contre les bouchers du dehors pour inexécution du règlement.

Tous les regards étaient alors tournés vers Paris. A Elbeuf, chacun s'impatientait de la résistance du Clergé et de la Noblesse, quand, le 19 juin, on apprit que l'avant-veille les députés du Tiers s'étaient constitués en Assemblée nationale.

Peu après, ils commencèrent à faire acte de pouvoir législatif, en se saisissant du droit d'impôt et en garantissant la dette de la nation française.

Chacun sait que ces coups de vigueur eurent une grande influence sur les membres du bas clergé faisant partie des Etats généraux, qui, malgré l'opposition de l'abbé Mably, votèrent pour leur réunion avec les députés du Tiers. Par contre, ils indignèrent la cour, les prélats et les nobles, qui, dès lors, ne rêvèrent plus que coups de force et dissolution de l'Assemblée. Afin d'empêcher une nouvelle réunion, Louis XVI annonça une séance royale pour le 22 juin et fit fermer la salle dans laquelle les députés des communes et les curés se réunissaient.

Tout le monde sait aussi que le samedi 20 juin, les Tiers, trouvant les portes de cette salle fermées, se réunirent dans celle dite du Jeu de Paume, où ils jurèrent solennellement de ne pas se séparer avant d'avoir donné une nouvelle Constitution à la France.

Dans la séance royale, qui n'eut lieu que le 23, Louis XVI cassa les arrêtés pris par le Tiers et ordonna aux députés des trois ordres de se séparer pour reprendre, le lendemain, séance dans leurs chambres respectives.

Les représentants de la Noblesse et les évêques se retirèrent en silence ; ceux des communes restèrent immobiles. Alors le marquis de Dreux-Brézé, grand-maître des cérémonies, alla renouveler aux députés du Tiers les ordres du roi. Personne n'ignore la réponse que lui fit Mirabeau : « Allez dire à votre maître que nous sommes ici par la volonté du peuple, et que nous n'en sortirons que par la force des baïonnettes ».

Cette attitude énergique décida la majorité du Clergé et la minorité de la Noblesse, le duc d'Orléans en tête, à venir se joindre aux communes.

Enfin, le 27, en présence de la fermentation publique, le roi, se déjugeant, ordonna la réunion des trois ordres en une chambre unique. La nouvelle de ce dernier événement parvint à Elbeuf le lundi 29 juin.

La faction de la cour n'abandonna pas pour cela ses projets de dissolution violente. Elle enveloppa Paris et Versailles de troupes étrangères, se fiant peu aux troupes nationales pour accomplir un coup de force contre les députés de la France.

Le matin du dimanche 12 juillet, le baron de Besenval, qui commandait les troupes royales sous les ordres du maréchal de Broglie, avait ordonné plusieurs mouvements aux régiments dont Paris était entouré, et l'un d'eux vint occuper la place Louis XV, aujourd'hui place de la Concorde. Un détachement de Suisses campait aux Champs-Elysées avec quatre pièces d'artillerie ; trois régiments de cavalerie vinrent s'y installer également ; mais ces troupes, pendant le trajet, furent assaillies de jets de pierres, et plusieurs fois l'on tira sur elles des coups de pistolet, qui, toutefois, ne firent pas de victimes.

Vers midi, Paris apprit que Necker, le seul ministre ayant la confiance du peuple, venait d'être envoyé en exil, que les autres ministres avaient donné leur démission, et que Foulon, si antipathique à la population parisienne, était devenu tout puissant. Cette nouvelle, jointe à la marche des troupes, créa une très vive effervescence, chacun ne doutant pas qu'une action violente allait se produire.

Parmi les hommes qui, alors, partageaient avec Foulon la haine de Paris, se trouvait le prince de Lambesc, duc d'Elbeuf, colonel et propriétaire du Royal-Allemand dragons, le régiment que les Parisiens détestaient le plus.

Le prince de Lambesc était alors âgé de trente-huit ans. C'était un grand et beau cavalier. Il avait passé une partie de sa vie au haras royal du Pin, dont il était le directeur général, et l'autre à la cour. Grand écuyer de France dès l'âge de dix ans, il avait été nommé colonel à vingt-deux, chevalier de l'ordre du roi à vingt cinq, général de brigade à trente, et, depuis un an, il était maréchal de camp.

Parent de Marie-Antoinette, il l'avait accompagnée à Paris lors de son mariage avec Louis XVI, et il devait plus encore aux faveurs de la reine qu'à son mérite propre l'avancement rapide de sa fortune militaire. Aussi le peuple, qui d'instinct détestait « l'Autrichienne », englobait-il dans son animosité le prince de Lambesc. Celui-ci, du reste, le lui rendait bien, car il avait une opinion très supérieure de sa personne ; cependant sa fierté n'allait pas jusqu'à montrer d'exagération dans son maintien.

Dans l'après-midi de ce dimanche 12 juillet, un cavalier de son régiment le Royal-Allemand, passant devant un soldat du corps des gardes-françaises, tira sur celui-ci un coup de pistolet et le tua.

Ce crime avait eu de nombreux témoins; tous en rendirent le prince de Lambesc responsable, et comme, une demi-heure après, celui-ci se trouvait avec un détachement de son régiment, il fut insulté par la foule.

Rendu furieux, Lambesc pénétra par le pont tournant dans le jardin des Tuileries, et donna cours à sa colère en chargeant les promeneurs, inoffensifs ceux-ci.

La scène fut terrible:

Lambesc, à la tête de ses dragons, se précipita, le sabre levé, sur cette multitude de gens paisibles, endimanchés, venus dans le jardin pour y prendre le frais et respirer un air plus pur que celui des rues.

Une panique générale s'empara des bourgeois, qui, en voulant s'échapper, tombèrent les uns sur les autres et furent foulés aux pieds des chevaux. Des cris lamentables s'élevèrent de toutes parts..., des prières furent formulées par des vieillards, des femmes et des enfants; mais les soldats avançaient toujours et, à chaque pas, faisaient de nouvelles victimes.

Un homme, âgé de soixante-quatre ans, reçut un coup de sabre de la main même du prince de Lambesc. Le malheureux tomba baigné dans son sang. Plusieurs personnes le relevèrent. On sut qu'il se nommait Chauvel, qu'il était maître de pension et demeurait rue Montmartre, passage du Saumon. Quelques instants après, le blessé fut transporté chez lui, mais il rendit le dernier soupir pendant le trajet.

Un autre promeneur, du nom de Tricot, qui avait été renversé, puis broyé sous les pas des chevaux, avait en outre la cuisse cassée.

Cet infortuné mourut également des suites de ses blessures.

Beaucoup d'autres citoyens étaient blessés. Des gens charitables leur donnèrent des soins et les transportèrent à leur domicile, généralement peu éloigné.

Le « massacre des Tuileries » a été raconté par de nombreux historiens. Quelques-uns ont même prétendu que ce n'était pas le prince de Lambesc qui avait tué le malheureux Chauvel, parce qu'au moment où celui-ci était tombé sous les coups de son assassin, le prince avait été vu dans les allées du jardin, le sabre à la main, poursuivant un jeune homme qui l'avait invectivé ; mais l'enquête démontra que l'officier dont il s'agissait dans cette poursuite était le comte de Reinack, capitaine au régiment de dragons Royal-Allemand, et portant, comme le duc d'Elbeuf, la plaque décorative de l'ordre teutonique, ce qui avait causé une confusion. Il n'y eut aucun doute, d'ailleurs, car Reinack déclara lui-même le rôle qu'il avait joué dans cette affaire.

Après ce triste exploit, Lambesc et ses dragons sortirent du jardin, sous les huées et les malédictions du peuple, indigné d'une pareille lâcheté.

Vers neuf heures du soir, Lambesc reconduisit son régiment à la caserne, en passant par la Chaussée-d'Antin.

Des gardes-françaises, ayant aperçu de loin les dragons, coururent prévenir leurs camarades, qui sortirent du poste et firent feu sur le Royal-Allemand. Trois cavaliers tombèrent morts ; plusieurs autres furent blessés. L'un d'eux expira au cabaret du *Tambour-Royal*, tenu par le successeur de Ramponneau, où il avait été transporté. — Ce célèbre cabaret était situé vers l'endroit où se trouve actuellement l'église de la Trinité, près de la gare Saint-Lazare.

Le prince devinant l'horreur que son crime des Tuileries avait soulevée, se hâta de se replier sur Saint-Cloud, avec ses dragons qu'il plaça sous le commandement de son lieutenant, et gagna la province, puis l'étranger.

Le peuple de Paris irrité contre celui qu'il appelait « le sabreur des Tuileries », s'empara de son carosse, le conduisit en place de Grève et le brûla.

Le premier procès déféré au tribunal national créé au mois de décembre 1789, par l'Assemblée des députés et dénoncé par le procureur syndic au nom de la commune de Paris par ordre exprès de l'Assemblée, fut celui du prince de Lambesc.

Quinze témoins oculaires avaient d'abord été entendus ; tous avaient déposé sur les assassinats commis par le duc d'Elbeuf dans les jardins des Tuileries, mais aucun n'avait dit le connaître personnellement, et tous s'étaient bornés à déclarer qu'on leur avait dit « que le particulier, auteur du crime, était le prince de Lambesc. De là, disait le rapport, le premier décret décerné, il y a trois semaines, contre un quidam qu'on dit être le prince de Lambesc ».

Le Comité de recherches, craignant que le public fût privé d'un exemple utile, multiplia ses informations et parvint à découvrir un fort grand nombre de citoyens qui, connaissant antérieurement le prince de Lambesc, lui avaient vu commettre le délit dont il était accusé.

Vingt-cinq de ces nouveaux témoins furent

entendus, et, sur leur dépositions, il avait été rendu un décret de prise de corps décerné nominativement contre le prince de Lambesc, Au 2 décembre 1789, il restait vingt-cinq autres témoins à entendre ; mais déjà on savait que le duc d'Elbeuf était encore plus coupable qu'on ne l'avait supposé d'abord.

Voici ce que le *Moniteur* du 10 décembre publia à ce sujet :

« La voix publique n'avait désigné qu'un particulier assassiné dans les Tuileries par le prince de Lambesc (le sieur Chauvel, maître de pension, âgé de soixante-quatre ans, demeurant rue Montmartre, passage du Saumon). Mais ce citoyen n'est pas le seul qui ait ressenti les effets de la férocité du prince de Lambesc ; il en a sabré également plusieurs autres ; il a déchargé sur d'autres ses pistolets ; ses cavaliers, en sa présence et par ses ordres, se sont livrés à des excès semblables.

« Il y a plus, et nous avons appris que le prince de Lambesc, en fuyant avec sa troupe après la prise de la Bastille, a commis dans une ville voisine un autre acte de barbarie qui suffirait seul pour fonder une plainte en assassinat. Nous avons envoyé sur les lieux pour vérifier le fait... Par cet exposé, vous voyez qu'il est difficile que le coupable échappe à la vengeance des lois ».

Le *Moniteur*, en ce qui concernait ce dernier point, avait été induit en erreur. Le prince de Lambesc n'avait eu qu'un souci : celui de s'éloigner au plus vite de Paris et ensuite de quitter la France.

Nous revenons aux événements de juillet :

Le lundi 13, les électeurs de Paris, encore émus de l'affaire des Tuileries, des discours prononcés la veille au Palais-Royal, par Camille Desmoulins, de la promenade en ville des bustes de Necker et du duc d'Orléans, se réunirent et formèrent une milice bourgeoise « pour veiller à la sûreté publique », compromise par la présence de régiments étrangers. Vers trois heures de l'après-midi, les gardes-françaises abandonnèrent leurs officiers et vinrent se joindre à la milice parisienne.

Le lendemain, mardi 14 juillet 1789, date à jamais mémorable, Paris se réveilla enveloppé de vingt régiments étrangers : Dragons de Lambesc, Royale-Cravate, Diesbasch, Nassau, Bercheny, Roemer, Esterhazy et autres étaient là, prêts à fondre sur le peuple.

Une explosion de fureur éclate de toutes parts. La population et la milice bourgeoise, pillent les armuriers et plusieurs dépôts. Aux Invalides, on trouve 20.000 fusils et 20 pièces de canon, qui sont enlevés. La multitude se dirige vers la Bastille, et cette forteresse tombe bientôt entre les mains du peuple.

Pendant que la disette sévissait cruellement dans toute la province, les accaparements s'accentuèrent afin de faire hausser le prix du blé. Beaucoup de grains furent ainsi perdus. Nous trouvons un document qui vient confirmer l'opinion qu'on avait encore à cette époque sur les accapareurs et qui, malheureusement, n'était que trop justifiée :

« Nous soussignés, brigadier et cavalier de la maréchaussée à la résidence d'Elbeuf, certifions qu'en vertu d'une réquisition de M. le bailly de Brionne, nous nous sommes transportés avec MM. les officiers de ladite justice en la paroisse de Serquigny, le 23 juillet dernier, chez Mme de Boisroussel, aux fins de faire délivrer du bled au public, sur une sentence rendue en ladite haute justice de Brionne ledit jour, pour deffaut de bled à la halle ;

« Qu'étant arrivés chez ladite dame de Boisroussel, nous avons trouvé chez elle un grenier dans lequel il y avoit une grande quantité de bled, lequel a été taxé, par mesdits sieurs les officiers de Brionne, à six livres le sac, et qu'il n'en a été délivré que trois ou quatre boisseaux, vu que ledit bled était entièrement consommé et hors d'état de pouvoir faire du pain. Qu'au sortir de ce grenier, nous sommes passés dans un autre appartement aussy à ladite dame de Boisroussel, où nous y avons trouvé une quantité de bled de qualité différente, qui a été taxé à raison de 30, 24 et 18 livres le sac... ». Signé : « GUILLARD, brigadier ; HERVIEU ».

A cette époque, un jeune homme, originaire du sud-ouest de la France, était venu se fixer à Elbeuf, où il exécutait divers travaux artistiques, notamment des peintures, qui lui firent promptement une réputation. Il se nommait Désiré-Bernard Murizon. Nous aurons souvent l'occasion de parler de cet artiste, qui joua un grand rôle à Elbeuf pendant la Révolution.

En 1789, il représenta sur une toile — devenue la propriété de notre concitoyen M. Léon Murizon, son petit-fils — la famille Capplet, à laquelle il s'unit, le 24 février 1793, par son mariage avec Marie-Louise Capplet, née à Elbeuf le 14 mai 1773, fille de Charles Capplet et de Marie-Louise Flavigny.

M. Léon Murizon nous a autorisé à reproduire ce tableau, qui montre une famille bourgeoise elbeuvienne en cette année 1789.

UNE FAMILLE BOURGEOISE ELBEUVIENNE

La jeune personne de gauche est Sophie Capplet, qui devint épouse et veuve de Mathieu Frontin, maire d'Elbeuf de 1800 à 1802, lequel laissa de grands souvenirs de sa générosité dans notre ville.

A côté, se trouve le père de cette jeune fille, Parfait Capplet, chef de la famille.

La jeune personne du milieu, si coquettement vêtue, est Marie-Louise Capplet ; elle épousa le peintre du tableau, avons-nous dit. Elle est placée entre son père et sa mère.

Le quatrième portrait est donc celui de la dame Capplet, née Marie-Louise Flavigny.

Enfin, le jeune homme de droite est Charles-Amédée Capplet, qui se fit un nom dans l'industrie de notre ville, et qu'un certain nombre de nos contemporains ont pu connaître dans leur jeunesse, car il était fort âgé quand il mourut.

Une des cautions d'Assire, adjudicataire de l'octroi des quatre deniers, était David Dautresme, de Criquebeuf-sur-Seine, grand-père de M. Lucien Dautresme, qui fut député d'Elbeuf, sénateur et ministre du commerce.

L'un des derniers aveux que reçut le duc d'Elbeuf fut celui que lui rendit la confrérie de Charité de Louviers, pour une terre relevant de son duché, à cause de « la seigneurie d'Anneville ».

La famille de M. Victor Quesné conserve un passeport délivré à l'un de ses membres, en 1789, sur lequel se trouve un fac-similé du blason de la ville d'Elbeuf à cette époque. Il représente la croix de Lorraine, au-dessous de laquelle se trouve un bœuf, sans doute pour faire armes parlantes. Cette légende se lit autour : Scel de la ville d'Elbeuf.

Le 26 juillet, un lieutenant et vingt-cinq hommes de Condé-Infanterie vinrent prendre garnison dans notre ville. Le lendemain arrivèrent vingt dragons du régiment de Penthièvre.

Le 31, vingt nouveaux dragons de Penthièvre remplacèrent un détachement du régiment Commissaire-général et s'installèrent à la Cerisaie. Ce même jour, sept voitures de grains, escortées de sept cavaliers du régiment Royal-Champagne, traversèrent Elbeuf, en se rendant de Rouen à Alençon.

CHAPITRE XI
(juillet-août 1789)

Les Patriotes volontaires d'Elbeuf. — Pillage de convois de blé. — Fait d'armes extraordinaire a Poses. — Arrestation dun Patriote elbeuvien a Louviers ; grand émoi a Elbeuf. — Expédition armée contre Louviers ; insuccès. — Elbeuf s'adresse a La Fayette. — Les patriotes Dupont et Quesné députés a l'Hotel de ville de Paris. — Indignation du conseil des Cent-vingt contre Louviers.

Nous arrivons à la formation d'un corps de milice bourgeoise à Elbeuf.

La première proposition d'établissement d'une garde civique avait été faite par Bonneville, dans l'assemblée des électeurs de Paris, alors que la cour préparait un coup d'état contre l'Assemblée nationale et enveloppait Paris de régiments étrangers.

Le 8 juillet, Mirabeau, en soumettant à l'Assemblée un projet d'adresse au roi pour demander l'éloignement des troupes, proposa d'établir une garde bourgeoise dans cette ville

Cette question, ajournée, fut reprise, le 11, par les électeurs siégeant à l'Hôtel de Ville. Le 13, au son du tocsin, l'assemblée des électeurs arrêta d'urgence l'organisation d'une garde bourgeoise, avec quartier général à l'Hôtel de Ville ; ses couleurs distinctives furent rouge et bleu, qui étaient celles de la ville de Paris ; elles se portèrent en cocarde. Les chefs n'eurent, à l'origine, d'autre signe de leur autorité qu'un mouchoir noué autour du bras.

La nouvelle garde ne participa point directement à la prise de la Bastille ; mais ses 48.000 hommes en imposèrent au parti de la cour, qui n'osa pas lancer ses troupes contre Paris. Le lendemain du 14 juillet, La Fayette fut élu, par acclamation, commandant en chef de la milice nouvelle, qui, sur sa proposition, prit le nom de garde nationale.

La province imita Paris. Dans toutes les villes, dans tous les villages, surgirent des gardes nationales. Leur uniforme, quand elles en avaient, était, comme à Paris, l'habit bleu avec la cocarde parisienne.

A Elbeuf, où tout le monde était patriote et partisan des réformes, la population se montra naturellement disposée à organiser une garde nationale. Des jeunes gens, tous fils de bourgeois, n'attendirent même pas que la municipalité prît des dispositions en conséquence : dès le 15 juillet, ils se réunirent et décidèrent de se constituer dans les vingt-quatre heures en une milice à cheval.

Il fallut quelques jours pour que ce corps qui, au début, comptait une trentaine d'hommes, fut à peu près organisé. Il choisit pour commandant un ancien garde du corps du roi, en retraite à Elbeuf depuis peu de temps, nommé Delarue de la Mare-Ybert ou Delamaribert, parent du maire de la ville. La troupe prit la dénomination de « Patriotes volontaires d'Elbeuf ».

Son but fut, d'abord, de maintenir l'ordre dans la ville et d'augmenter l'approvisionnement de la halle aux grains, car la détresse était plus grande encore à Elbeuf que dans les autres cités de Normandie. Ce corps était formé le 20 juillet, mais il manquait encore de cohésion le 25, car ce jour-là il ne se jugea pas en état de répondre à une invitation des « Volontaires de Rouen », également en voie d'organisation, qui l'engageaient à se porter au secours d'un bateau chargé de blé, à destination de Paris, que plusieurs centaine d'individus menaçaient de piller.

Nous copierons maintenant un document sur ce que l'on appela « la grande affaire de Poses », conservé aux archives municipales. Comme on le verra, cet événement, dans lequel les jeunes Patriotes volontaires de notre ville jouèrent un rôle admirable, eut un immense retentissement :

« Le lundi 27 juillet 1789, un courrier arrivant de Poses à Elbeuf, sur les six heures du soir, y répandit l'affligeante nouvelle que trois ou quatre mille personnes pilloient un grand batteau chargé de bled pour Paris, qu'ils avoient arrêté au-dessus de Poses.

« Aussitôt, une partie des Volontaires patriotes d'Elbeuf, rassemblée en corps de cavalerie, depuis huit jours, pour le service de leurs concitoyens, animés par leur zèle, excités surtout par le désir de conserver aux braves défenseurs de la capitale du Royaume un bâtiment qui leur portoit des subsistances, partirent en divers pelotons pour le lieu du désastre distant de quatre lieues.

« Ils rencontrèrent, à un quart de lieue de Poses, un cavalier de maréchaussée qui les avertit du grand nombre de ceux à qui ils alloient avoir affaire, en ajoutant qu'il alloit chercher le détachement de dragons de Penthièvre, en quartier au Pont-de-l'Arche.

« Les Volontaires patriotes d'Elbeuf ne se trouvaient réunis en ce moment qu'au nombre de onze, sous la conduite du commandant et du lieutenant qu'ils avoient choisis ; le reste de la compagnie étant absent d'Elbeuf lors de l'arrivée du courrier. Ils furent cependant rejoints par deux de leurs camarades, qui n'aiant pu partir d'Elbeuf qu'à la nuit, ne purent les accompagner assez tôt pour partager leur danger.

« Leur petit nombre ne pouvoit les arrester dans une circonstance où ils pouvoient témoigner aux concitoyens à jamais illustres de la capitale la reconnoissance qu'ils leur devoient, résolus à tout oser pour se montrer leurs dignes frères, et glorieux de suivre leur exemple en s'exposant à des dangers certains, ils s'avancèrent en silence jusqu'à cent pas du lieu du pillage.

« L'entrée de la nuit les favorisoit et déroboit leur nombre à la multitude, à travers laquelle ils se précipitèrent le sabre à la main, appelant à grands cris autour d'eux des régiments de cavalerie et de dragons qui n'existoient pas, et qui cependant firent l'heureux effet qu'ils s'en étoient promis par la terreur que ce secours imaginaire répandit dans l'esprit de la plus grande partie.

« L'effroi s'en étant emparé, ils prirent la fuite de tous côtés, toujours poursuivis et divisés à coups de plat de sabre par la petite troupe de volontaires, qui ne leur donna pas le temps de la reconnoître et de l'écraser entre eux.

« Leur aveuglement et leur terreur furent si complète qu'il demandoient pardon et grâce aux cavaliers démontés par leurs chevaux et renversés à leurs pieds, et qui les menaçoient encore dans un moment où ils devoient craindre d'en être écrasés.

« Après avoir nettoyé la plaine, ils se retournèrent vers le batteau chargé de plus de huit cents pillards, sur lesquels deux chefs ordonnèrent de faire feu, quoiqu'ils n'eussent que deux ou trois pistolets.

« A cet ordre, qui étoit toujours donné dans l'espoir de causer de la crainte, quarante-cinq soldats d'infanterie postés là pour garder le bâtiment, se montrèrent enfin, et crièrent : « Camarades ne tirez pas de peur de tirer sur nous ! » On leur donna l'ordre de rentrer dans les écoutilles avec les mariniers ; mais les pillards n'attendirent pas une décharge, qu'il eût été impossible d'exécuter, et, se précipitant en foule du batteau qu'ils devastoient, ils s'éloignèrent en faisant rarement résistance.

« Le détachement de dragons de Penthièvre et les cavaliers de maréchaussée arrivèrent au moment où l'heureuse témérité de onze volontaires patriotes d'Elbeuf, couronnée du succès, venoit de dissiper trois ou quatre mille furieux, sous la conduite et l'exemple généreux de ses deux commandants.

« Ils terminèrent leur expédition, qui dura depuis environ neuf heures jusqu'à onze heures du soir, par faire rentrer dans le batteau les sacs remplis de bled qu'ils trouvèrent à terre, et ne laissèrent au rivage, en partant, que le batteau et les soldats qui devoient le défendre.

« C'est avec peine qu'ils ajoutent à leur récit qu'ils ne comprennent pas comment un bâtiment monté de deux pierriers, escorté de quarante-cinq soldats, défendu par la rivière, a pu estre arresté par des gens qui ne pouvoient aborder qu'en petit nombre à la fois quelle que soit leur multitude.

« Si cette réflexion les afflige, ils se consolent par le plaisir d'avoir pu se montrer utiles aux braves Parisiens, à qui ils ont conservé une partie de leur subsistance, et aussi par la satisfaction de n'y avoir réussi que par l'effroy qu'ils ont causé, sans avoir à regretter d'avoir ôté la vie à aucun des malheureux qu'ils ont mis en fuite ».

Cette pièce est signée « Delamaribert, garde du corps du Roy, de la cavalerie bourgeoise d'Elbeuf », et de « Dupont, ancien gendarme du Roy, de la cavalerie bourgeoise d'Elbeuf ».

Une autre pièce, signée des mêmes, nous apprend que le même courrier était venu, deux jours auparavant, implorer le secours des volontaires d'Elbeuf ; que le bateau se nommait *Isabelle ;* que Samson Morel, de Poses, en était le patron ; que les volontaires d'Elbeuf étaient au nombre de douze et qu'ils étaient accompagnés de neuf cavaliers du régiment Commissaire-général, commandés par M. de Siglas.

Les envahisseurs étaient des gens venus de quatre lieues à la ronde et surtout de Louviers. Ils payaient le blé, mais à un prix dérisoire. On eut beaucoup de peine à faire revenir à terre le pilote qui tenait le bateau en rivière ; il fallut le menacer de faire feu pour le décider. Ce ne fut encore qu'après avoir menacé le patron de tirer qu'on le décida à s'éloigner de l'endroit où il vendait le blé ou le laissait piller depuis trois jours.

« On ne peut malheureusement plus douter de l'intelligence des conducteurs du batteau, qui distriboient le bled à tout prix, sans avoir de boisseau ni aucune mesure pour le vendre. La lenteur qu'ils ont mis à leur départ dépose contre eux, et il n'est que trop probable que ce qui restoit de bled dans ce batteau auroit été distribué à Poses, si l'on n'avoit pas usé de menaces pour le faire partir.

« On ne sait pourquoi le détachement des dragons de Penthièvre a été trouvé dans le batteau ; sans doute c'étoit pour y mettre le bon ordre et en chasser les pillards... »

Cette affaire devait avoir un grave épilogue quelques jours après.

Le jeudi 30 juillet, Delarue de la Maribert, capitaine des Volontaires patriotes d'Elbeuf, et Pierre-Mathieu Dupont, son lieutenant, se trouvaient à l'Hôtel de Ville d'Elbeuf pour aviser, avec les officiers municipaux, de la composition définitive de la milice bourgeoise de notre ville, quand un sieur Lefebvre, marchand de Louviers, se présenta et annonça à l'assemblée qu'un Elbeuvien, son neveu, appelé Guilbert, venait d'être arrêté par la garde bourgeoise de Louviers et mis au cachot, soi-disant pour le soustraire à la fureur du peuple qui, à l'uniforme des volontaires d'Elbeuf que portait Guilbert, l'avait jugé être du nombre de ceux qui avaient empêché le pillage du bateau à Poses, et que le peuple de Louviers demandait sa mort à grands cris et avait même préparé les moyens de la lui donner.

Lefebvre ajouta que l'extraction de Guilbert ou son évasion de la prison de Louviers était urgente, car il était impossible « de calculer les excès auxquels la populace se pourroit porter, et que sa fureur étoit telle que, pour obtenir sa victime, elle mettroit peut-être le feu à la prison ou en briseroit les portes ».

A peine Lefebvre avait-il achevé, qu'un autre citoyen de Louviers arrivait à l'Hôtel de Ville, hors d'haleine et dans un état d'émotion qu'il communiqua facilement à l'assemblée, à laquelle il confirma ce que venait de dire Lefebvre.

L'assemblée décida d'envoyer des exprès à Rouen, pour solliciter du marquis d'Harcourt, commandant de la province, et du marquis d'Herbouville, commandant des volontaires patriotes de Rouen, un détachement de troupes suffisant pour enlever le jeune détenu et en imposer aux émeutiers.

En conséquence, le capitaine Delamaribert et Wast-Robert Dupont, l'un des volontaires patriotes d'Elbeuf qui avaient pris part à l'expédition de Poses, partirent immédiatement pour Rouen, où ils arrivèrent un peu avant minuit.

Le marquis d'Herbouville les invita à se rendre chez M. Carbonnier, major des volontaires, afin que celui-ci rassemblât le plus grand nombre possible de ses hommes. Le marquis d'Harcourt, de son côté, donna l'ordre de joindre à l'expédition un détachement du régiment de Penthièvre-dragons, alors en garnison à Rouen, qui fut placé sous le commandement du capitaine de Beaurains, et le déta_ chement du régiment Commissaire-général cavalerie, en garnison à Elbeuf, sous le commandement de M. de Seglas.

Rendez-vous fut donné à Pont-de-l'Arche pour le lendemain matin 31 juillet, à quatre heures. Delamaribert et Dupont revinrent alors à Elbeuf, où ils communiquèrent à M. de Seglas l'ordre du marquis d'Harcourt.

A trois heures et demie du matin, le capitaine Delamaribert, son lieutenant Dupont, dix-neuf Patriotes volontaires d'Elbeuf et un détachement commandé par M. de Seglas partirent de notre ville. En arrivant à Pont-de-l'Arche, ils trouvèrent les dragons de Penthièvre et les Patriotes volontaires de Rouen, avec lesquels ils s'incorporèrent, sous les ordres du major Carbonnier.

Les gardes françaises, les gardes suisses et la milice de Paris, alors en station à Pont-de-l'Arche, proposèrent de se joindre à l'expédition ; mais les commandants de celle-ci, persuadés qu'ils auraient pour auxiliaires les miliciens bourgeois de Louviers et croyant leurs forces suffisantes, refusèrent ces offres.

L'avant-garde, composée de sept hommes, arriva à Louviers à sept heures du matin et s'arrêta sous la porte de la ville, où dix minutes après le gros de la troupe la rejoignit et, avec elle, entra dans Louviers, le sabre à la main, suivant l'usage, mais avec tranquillité.

En entrant, l'expédition trouva un corps-de-garde du régiment de Condé, qui lui rendit les honneurs habituels. Cependant, un individu ayant poussé une brouette dans les jambes des chevaux, un Volontaire lui donna coup de plat d'épée. Cet homme, rendu furieux, se jette sur ce Volontaire et s'efforce de le renverser de son cheval, et ne lâche prise qu'après avoir reçu un coup de sabre d'un dragon.

La troupe continua sa marche vers la milice bourgeoise de Louviers, dans le but, de concert avec elle, de délivrer le prisonnier. Elle la rencontra près de l'église Notre Dame, et fut assez étonnée d'en être accueillie par des coups de fusil tirés par deux miliciens, dont l'un était un nommé Tissandier, maître perruquier dans cette ville. La troupe ne répondit pas.

Au bruit des coups de feu, une foule d'hommes, de femmes et d'enfants, diversement armés, se présenta devant l'expédition, à côté et derrière elle, en indiquant à la milice bourgeoise ceux que, de préférence, elle devait molester.

Une femme montra du doigt un des Volontaires d'Elbeuf et s'écria : « Tuez-moi ce jean-f... là ; c'est lui qui lundi et mercredi nous a fait tant de mal à Poses ».

La fureur du peuple et de la milice bourgeoise s'abattit un peu quand Michel Piéton et Piéton le jeune, tous deux bourgeois de Louviers, crièrent aux deux partis : « Ne tirez pas ! Nous allons arranger tout cela ! » Le major Carbonnier, invité par l'un d'eux à se rendre au corps de garde, descendit de son cheval et traversa la foule furieuse.

Au corps de garde, le commandant exhiba les ordres du marquis d'Harcourt et établit que l'expédition n'avait d'autre objectif que de délivrer Guilbert, avec le concours de la milice de Louviers. Pendant qu'il parlait, deux miliciens appuyèrent le bout de leurs fusils sur la poitrine du commandant, mais ils ne consommèrent pas l'attentat. Un domestique de Piéton, armé d'un fusil chargé, était également présent.

La résultat de la conférence fut arrêté ainsi : l'expédition se retirerait dans le faubourg pour y attendre deux officiers municipaux, afin d'étudier ensemble les moyens de délivrer Guilbert.

La troupe sortit de la ville, en remarquant que les croisées et les lucarnes des maisons étaient garnis de gens armés de fusils, de pistolets, de pierres, de bouteilles, de bûches, etc. Plusieurs de l'expédition furent même frappés à coups de pierres.

La porte de la ville fut fermée après la sortie de la troupe. Une demi-heure après, deux officiers municipaux arrivèrent au faubourg et annoncèrent que, dans l'état d'exaspération où était le peuple, il leur était impossible de rendre le prisonnier. En effet, on sonnait alors le tocsin à toutes les églises de Louviers.

Sur cette réponse, le commandant donna l'ordre aux Volontaires elbeuviens et aux troupes en garnison dans notre ville de rentrer à Elbeuf, où ils arrivèrent à onze heures du matin.

Nous avons puisé ces détails dans une pièce signée du chevalier de Seglas, de Beaurains, de Lamaribert, du lieutenant Dupont et de W.-R. Dupont.

Quand ces nouvelles furent connues de la population elbeuvienne, l'indignation jaillit de tous les cœurs et il n'eût suffi que d'un meneur pour que toute la ville se portât à l'instant sur Louviers. Nos officiers municipaux firent tout ce qu'ils purent pour calmer l'effervescence populaire. Ils se réunirent ensuite et rédigèrent cette lettre à La Fayette, général commandant de la milice parisienne, alors très populaire :

« Monsieur le marquis,

« Vous verrez par le procès-verbal ci-joint qu'un de nos concitoyens est renfermé depuis quatre jours dans le cachot de la prison de Louviers, comme un vil criminel.

« Il n'y a été constitué que pour le soustraire à la colère du peuple, qui voulait l'arracher de la maison de son oncle pour le faire périr du dernier supplice.

« Cette fureur de la populace de Louviers n'a eu pour motif que la persuasion où elle est qu'il étoit un des Volontaires patriotes d'Elbeuf qui l'ont chassée deux fois du village de Poses où elle pilloit un bateau de bled destiné pour Paris...

« Ci-joint les copies de deux lettres de félicitations sur ces deux journées que MM. de l'Hôtel de Ville de Rouen et le comité des Volontaires patriotes de la même ville ont adressées à notre jeunesse. Le même jour que la capitale de notre province accordoit ses suffrages et ses applaudissements à nos Volontaires, la ville de Louviers préparoit la mort à un des nôtres pour la même cause !

« Ce n'est donc que pour avoir sauvé deux fois un bateau chargé de bled pour Paris du pillage des habitants de Louviers, que ses défenseurs sont menacés d'être les victimes de ses déprédateurs, et ce n'est que pour satisfaire une lâche vengeance que ces hommes furieux ont préparé à un malheureux jeune homme un supplice infâme dont l'idée déchire sans cesse tous les cœurs de ses concitoyens, partageant les cruelles angoisses de ses parents et frémissant d'apprendre à chaque instant l'horrible nouvelle de son exécution !

« La mort la plus cruelle est donc la récompense que nous devons attendre d'eux pour avoir protégé les batteaux qui portoient des subsistances à ces braves Parisiens, défenseurs de nos libertés et de nos vies, pour lesquels ils devront partager l'admiration et la reconnoissance de toute la France.

« Non contents de s'être fait délivrer à main armée, au Pont-de-l'Arche, des grains destinés pour la capitale du royaume, ils ont sans cesse exercé de nouveaux pillages, et l'assemblée municipale et électorale de leur ville n'a su protéger l'innocence qu'en l'enfermant dans un affreux cachot !

« Si les Volontaires patriotes d'Elbeuf, qui ne se sont rendus à Louviers que sur l'invitation des officiers municipaux pour délivrer le malheureux prisonnier et qui n'y ont reçu que des coups de fusil et de bayonnettes, sont justement indignés d'un pareil oubli de toutes les lois de la bonne foi, ils n'en sont que plus animés à servir leur patrie contre les déprédations des gens mal intentionnés.

« Ils se souviendront toujours de ce qu'ils doivent aux sauveurs de la France ; ils les protègeront de leur faible pouvoir, heureux encore de succomber, s'il le faut, en remplissant une si noble tâche ! »

Le 3 août, à neuf heures du matin, Henri Hayet, Pierre-Nicolas Bourdon, Bosquier et Védie fils, députés-électeurs de la ville d'Elbeuf avec Parfait Grandin, se rendirent devant le corps municipal à l'Hôtel de Ville. L'un d'eux prit la parole et s'exprima ainsi :

« Messieurs, en notre qualité de députés-électeurs de cette ville, nous nous présentons ici pour réclamer notre droit de séance dans vos assemblées, de prendre part à toutes vos délibérations sur toutes les affaires tant publiques que particulières à cette ville. Nous venons nous associer à vos travaux, partager vos peines et prendre parmi vous l'exemple de la fermeté et du courage qui vous animent, Messieurs, dans vos pénibles fonctions ; et, déposant sur le bureau la présente réclamation à laquelle tous nos députés-électeurs aux Etats généraux sont invités de se joindre le plus tôt possible, nous demandons, quant à nous, en soit accordé et qu'il en soit, sur l'heure délibéré ». — Suivent les signatures de Hayet, Bourdon, Bosquier et Védie.

L'assemblée, d'une voix unanime, arrêta que dès ce moment, les députés-électeurs seraient convoqués aux réunions municipales. A partir de ce jour, l'assemblée du corps de ville prit le nom d'« Assemblée municipale et électorale d'Elbeuf ».

Immédiatement, Pierre-Nicolas Bourdon demanda la parole et s'exprima en ces termes :

« La surprise mêlée de frayeur, le trouble, la douleur qui ont éclaté dans vos précédentes délibérations, marquent bien la tendre sollicitude d'un père qui cherche à retirer son enfant du plus grand danger.

« Un malheureux jeune homme de notre ville, sans autre crime que celui de s'être enrôlé dans la milice bourgeoise que vous avez cru, dans votre sagesse, être nécessaire de former icy pour la sçureté, la deffense de tous les citoyens et de la patrie, se trouve enchaîné dans un cachot, livré à toutes les horreurs d'une solitude affreuse qui ne présente, à son imagination effrayée, que l'image d'une mort infâme dont le bruit seul retentit autour de son horrible asile, dans les rugissements d'une populace effrénée, furieuse et menaçante.

« Dans ces circonstances, déchirantes pour nos cœurs, il faut se conduire avec autant de prudence que de courage. Craignons de nuire, par un excès de zèle, au sort de cet infortuné ; craignons de faire couler le sang innocent ; craignons aussy d'être la cause de la dévastation de la ville de Louviers, qui vient d'exercer une cruauté dont il n'y a point d'exemple, et telle qu'on prendroit cette ville pour un peuple de cannibales.

« Il faut donc, Messieurs, mes chers concitoyens, prendre les mesures les plus sages et les mieux dirigées pour enlever votre enfant des mains de ces hommes cruels qui luy donnent mille morts ; et bien prendre garde surtout de le perdre tout à fait, en voulant le sauver. Vous avez, Messieurs, intéressé toute la ville de Rouen par vos récits douloureux. Elle fait à peu près cause commune avec vous dans cette affaire ; elle a envoyé des députés à cette ville barbare, et ils n'ont rien obtenu.

« Eh bien ! il faut, sur l'heure même, envoyer à Paris une députation pour y peindre notre cruelle situation. C'est pour les Parisiens, c'est pour avoir voulu conserver leur subsistance que ce malheur nous arrive. Ils prendront notre deffense, n'en doutez pas : ces libérateurs de la France, ces vengeurs de la tirannie se montreront les protecteurs de l'innocence opprimée ; ils voleront à notre secours. Mais n'échauffons pas trop leurs cœurs, n'excitons pas trop leur bouillant courage par des images trop attendrissantes. Ménageons, nos ennemis mêmes ; que notre raison, notre humanité, le véritable amour du bien, ce doux lien qui unit aujourd'huy tous les cœurs françois, nous guident et conduisent toutes nos démarches.

« Choisissons donc deux députés et recommandons leur toute la prudence, tous les ménagements que demande cette affaire délicate et si intéressante pour nous. Si nous portons notre choix sur deux jeunes citoyens, pris dans le corps de nos Volontaires patriotes, qui ont été témoins des faits ayant donné lieu à cette tragique histoire, donnons-leur les instructions nécessaires afin qu'ils se conduisent avec sagesse et qu'ils ne fassent rien que la ville ne puisse avouer.

« Mais vous devez encore, Messieurs, pour le bien de cette affaire et le bonheur de cet innocent dans les fers, nommer un commissaire curateur au sort de ce jeune homme, et moy, Messieurs, qui ay l'avantage de vous porter la parole, je vous demande cet honneur. Ma sensibilité doit vous être un sûr garant que je n'épargneroy ny soins, ny démarches, ny courage pour la conduite de cette affaire, et faire rendre à ce malheureux une indemnité authentique et à jamais mémorable ».

Delarue, maire, invita l'assemblée à se prononcer. Il fut arrêté à l'unanimité que P.-N. Bourdon serait, « pour le corps municipal et électoral d'Elbeuf, commissaire-curateur au sort de Guilbert fils, de présent au cachot de Louviers... promettent d'approuver tout ce qu'il aura fait..., etc ».

Aussi à l'unanimité, l'assemblée nomma Waast-Robert-Constant Dupont et Mathieu Quesné-Dumoulin pour porter, en députation, un paquet aux maire, échevins et électeurs de la ville de Paris, et un autre paquet au marquis de La Fayette, général de la Milice parisienne. Ces paquets contenaient une lettre du corps municipal d'Elbeuf, dont lecture fut donnée à l'assemblée, les procès verbaux des événements de Poses et de Louviers, et des lettres de félicitations adressées par la ville de Rouen à celle d'Elbeuf.

Etaient présents à cette séance : Louis-Robert Quesné, échevin ; Lefebvre, ancien maire ; Mathieu Frontin, échevin ; Mathieu Quesné, ancien maire ; Joseph Grandin, ancien échevin ; Pierre-Nicolas Bourdon, Constant Leroy, Pierre-Joseph Duruflé, Join-Lambert aîné, Védie, Robert Bourdon, Joseph Duruflé aîné, Moyse Duruflé, Pierre-Henri Hayet ; Desille, chevalier de Saint-Louis, et Durand, greffier.

Dupont et Quesné se mirent en route immédiatement. Pendant qu'ils couraient sur Paris, le corps de ville se réunit une seconde fois le 3 août, à six heures du soir. Dans cette nouvelle réunion, le procureur syndic exposa qu'il serait convenable de communiquer à la municipalité de Rouen la délibération prise dans la matinée, avec prière de bien vouloir joindre ses réclamations à celles d'Elbeuf ; que cette communication devait surtout être faite par la raison que les Patriotes d'Elbeuf avaient été avertis du pillage du bateau par les Patriotes de Rouen et que c'était sur leur invitation que les Elbeuviens avaient agi.

Le procureur-syndic ajouta que les circonstances exigeaient qu'il fut établi un comité permanent à l'Hôtel de Ville, composé des officiers municipaux et des électeurs, pour recevoir les dépêches et députations qui pourraient être adressées au corps municipal et réclamant des réponses ou des démarches instantes, comme aussi pour prendre, en cas d'événements imprévus, telles déterminations qui se trouveraient nécessaires pour le maintien de l'ordre, la sûreté des citoyens et la protection due aux approvisionnements de la ville de Paris.

Il ajouta qu'il était utile de communiquer à la municipalité de Rouen la délibération prise le matin, avec invitation de donner par elle adjonction à cette délibération.

A l'unanimité, l'assemblée décida de procéder à la formation d'un comité permanent composé de seize personnes, savoir : L.-R. Quesné, J.-N. Lefebvre, Henri Hayet, Védie, Math. Quesné, Parfait Grandin, P.-N. Bourdon, Gamarre, pour la première section, et de Duruflé aîné, N. Patallier, Math. Sevaistre, Frontin, Robert Bourdon, P. Duruflé, Constant Leroy, Join-Lambert, pour la seconde, et que ce comité serait présidé par le maire ou par le premier échevin.

P.-N. Bourdon et Bosquier furent conviés à porter le texte de la délibération du matin, à l'Hôtel de Ville de Rouen, ce qui fut exécuté le jour même.

Dupont et Quesné-Dumoulin arrivèrent à Paris le lendemain 4 août, à neuf heures du matin.

A 11 heures, ils se rendirent à l'Hôtel de Ville, au Conseil des Cent-Vingt, présidé par Bailly et Moreau de Saint Merry. Ce dernier ouvrit un paquet et lut à haute voix des documents qui s'y trouvaient. Cette lecture fut interrompue par des applaudissements, surtout aux passages relatifs aux affaires de Poses.

« Nous avons eu la consolation, écrivirent Dupont et Quesné le jour même à la municipalité d'Elbeuf, de voir cette auguste assemblée partager notre indignation en apprenant le malheureux sort de notre concitoyen ; cet attendrissement général pour l'infortuné a été jusqu'aux larmes, et d'une voix unanime on a voté pour faire venir M. le marquis de La Fayette et lui faire part d'un danger si pressant.

« Nous lui avons remis à son arrivée le paquet qui lui étoit destiné. Toute l'assemblée l'a invité d'en prendre lecture de suite, ce qu'il a fait, et il en a été ému plus que nous ne pouvons vous l'exprimer. Les claquements et les applaudissements ont redoublé, et nous regrettons, dans nos cœurs, de n'avoir pas auprès de nous nos compagnons pour partager notre récompense.

« Il n'en est pas de plus flatteuse et rien ne peut égaler l'émotion que nous avons ressentie en recevant de toutes parts les compliments des pères de la Patrie.

« M. le marquis de La Fayette nous a accablés de ses éloges, et, de concert avec l'Hôtel de Ville, nous a offert à nous et à nos concitoyens un asile, si nous avions quelque chose à redouter.

« Ils ont été longtemps indécis sur le parti à prendre. Il a été d'abord arrêté de faire partir une députation nombreuse pour Louviers, y redemander la délivrance de l'innocent ; mais M. le marquis de La Fayette a dit que cette affaire intéressant toute la nation, il fallait la porter au tribunal des représentants de la nation. Il a demandé que ceux qui étoient de cet avis se levassent, et tout le monde s'est levé. Il a péroré en faveur de notre concitoyen, a peint son danger d'une manière effrayante et a conclu par proposer d'envoyer à l'heure même une députation aux Etats généraux que nous accompagnerions, ce qui a passé par acclamation.

« Nous partons donc à trois heures avec les deux députés, et nous vous ferons part demain du succès de notre démarche. Si nous sommes accueillis à Versailles comme nous venons de l'être à l'Hôtel de Ville, vous nous aurez chargés d'une mission glorieuse, dont nous regretterons toujours de ne vous avoir pas eus tous pour témoins. Nous ne pouvons vous dire tout ce que nous avons entendu de flatteur et combien l'assemblée nous a honorés en nous faisant asseoir près du président et de M. de La Fayette...

« P. S. — Nous attendons par le retour du courrier les instructions que vous trouverez bonnes, et en même temps marquez-nous si nous devons porter à M. Necker les félicitations de notre ville ».

CHAPITRE XII
(AOUT 1789)

Les Patriotes volontaires *(suite)*. — Dupont et Quesné a l'Assemblée nationale. — Leur récit de la célèbre nuit du 4 aout. — Manifestation de l'Assemblée contre Louviers et félicitations aux Elbeuviens. — Délivrance du patriote emprisonné. — Lettre de Bailly et de Moreau de Saint-Merry a la ville d'Elbeuf. — Rapport du prisonnier Guilbert. — Curieuse lettre des autorités municipales d'Elbeuf a celles de Louviers.

On sait que ce fut précisément dans la soirée et la nuit de ce même jour, 4 août 1789, que l'Assemblée nationale s'illustra à jamais. Nos deux concitoyens Dupont et Quesné y assistèrent donc et le récit qu'ils en firent offre ainsi un double intérêt. C'est de Versailles, 5 août, qu'ils datent leur seconde lettre, adressée à Pierre-Nicolas Bourdon, fabricant à Elbeuf. Cette curieuse pièce est conservée, ainsi que celles déjà citées, aux archives municipales.

« Monsieur... Nous nous sommes rendus hier, assistés de deux députés du conseil des Cent-vingt, au comité de rédaction de l'Assemblée nationale.

« Messieurs du comité, composé de MM. le duc de Praslin, comte d'Entragues, chevalier de Boufflers, vicomte de Castellane, évêque de Nancy et autres seigneurs, n'ont pas été moins touchés que MM. de l'Hôtel de Ville de la cruelle position de notre concitoyen.

« Ces Messieurs nous ont également honorés des plus doux éloges en les priant de les comniquer à nos compagnons. Ils se sont occupés ensuite de la lecture de la lettre et des procès-verbaux à la ville de Paris, que les députés de cette ville avoient apportés.

« MM. d'Entragues et de Boufflers ont fait ensuite chacun un arrêté, pour présenter à l'assemblée nationale d'hier soir. Tous deux étoient on ne peut plus favorables à notre cause : celui du comte d'Entragues a été préféré par le comité, et c'est lui qui, doué d'un superbe organe et d'une éloquence foudroyante, devoit porter la parole.

« La soirée d'hier, si heureuse, si glorieuse pour la France, ne lui a pas permis d'élever la voix au milieu de l'enthousiasme qui avoit, en un instant, électrisé tous les cœurs.

« Avant de vous faire part de cette séance éternellement mémorable, je dois vous dire que nous avons rendez-vous ce matin avec M. Chapelier, président de l'Assemblée nationale, pour l'engager à commencer la séance, indiquée pour aujourd'hui midi, par l'exposition de nos justes doléances. Je vous feroi part demain du succès qu'elle a obtenu.

« J'en viens au détail de la séance d'hier,

prolongée jusqu'à deux heures du matin, séance qui aura décidé du bonheur de la monarchie et ramènera enfin le calme et la sérénité, après les jours d'orage qui ont contristé depuis longtemps tous les cœurs.

« M. le vicomte de Noailles a le précieux honneur d'avoir proposé, à la nation assemblée, la suppression de la féodalité et la répartition égale des impôts. Cette motion a été appuyée de M. le duc d'Aiguillon, avec cette modification que les corvées, droits de mainmorte, seroient totalement abrogés, et que les autres droits seigneuriaux, tels que les cens, rentes seigneuriales et redevances quelconques seroient raquitables en argent par les vassaux.

« Ces premiers mouvements de générosité ont entraîné toute l'assemblée à des sacrifices aussi incroyables que multipliés. Les seigneurs ont le mérite, aux yeux de la nation, d'être venus déposer tous leurs privilèges pécuniaires. Ils ont renoncé d'eux mêmes aux droits de chasse, de garenne, de colombier, *et cætera*.

« Le clergé, non moins généreux, a fait aussitôt la même renonciation. Plusieurs d'entre eux, tels que l'archevêque d'Aix, celui de Paris, l'évêque de Nancy, ont voté contre la pluralité des bénéfices, et il s'est présenté (tant étoit puissante l'énergie de ce moment) des ecclésiastiques qui, ayant deux bénéfices, en ont remis un.

« Enfin MM. les curés ont remis leurs dîmes et même leur casuel ; mais l'archevêque de Paris les ayant priés d'observer que c'étoit l'unique subsistance des habitants des paroisses, l'article du casuel n'a pas passé.

« Toutes ces renonciations n'étoient rien en

comparaison de la fièvre d'attendrissement amenée par la renonciation qu'ont faite avec la plus grande générosité les députés de toutes les provinces et villes privilégiées, telles que le Languedoc, l'Artois, le Dauphiné, la Provence, la Bretagne, de la renonciation, dis je, qu'ils ont faite de tous leurs privilèges, qu'ils ont déposés dans le sein de l'Assemblée nationale.

« Cet élan de magnanimité se communiquant généralement, c'étoit à qui parleroit pour offrir un sacrifice. On eut dit, à voir cet empressement, que c'étoit des grâces que l'on demandoit, et ce n'étoit que des sacrifices que l'on vouloit offrir les premiers. Ceux même qui étoient enchaînés par les pouvoirs impératifs de leurs commettants, échauffés par le patriotisme, se sont rendus garants de leur adhésion.

« Ce n'est pas trop dire que de vous assurer qu'il y a eu plus de trois cents députés qui ont parlé, et tous pour faire hommage de quelques privilèges dans cette soirée, qu'on peut appeler celle de sacrifices.

« Enfin, M. le duc de Liancour, exalté par une circonstance aussi faite pour enflammer tous les bons patriotes, a voté une médaille pour en perpétuer le souvenir.

« M. l'archevêque de Paris a demandé un *Te Deum*, qui va être chanté dans la chapelle du Roi, et une grande messe d'action de grâce dans tout le royaume.

« Cette illustre séance, qui paraissoit un consistoire des Dieux, a été noblement et pathétiquement terminée par le dernier vœu de l'éloquent vicomte de Tolendal, qui a demandé avec autant de chaleur que de dignité, pour le

LA NUIT DU 4 AOÛT 1789

Roi, l'auguste surnom de « Restaurateur de la Liberté françoise », ce qui a été approuvé avec une espèce d'emportement au milieu des cris de « Vive le Roi ! »

« Si nous avons pu vous raconter, Monsieur, une partie des vœux de l'Assemblée à laquelle nous avons eu le bonheur d'assister, il nous reste le regret de ne pouvoir vous peindre l'enthousiasme qui a fait éclore tous les sentiments de générosité et d'humanité dans cette brillante soirée.

« Nous vous enverrons demain l'arrêté imprimé où vous verrez beaucoup d'autres articles, tels que la vénalité des charges supprimée, la distribution gratuite de la justice, l'abolition des juridictions seigneuriales, des jurandes et maîtrises, la réduction des pensions militaires, proposée par la noblesse elle-même.

« Voici, Monsieur, un long détail qui cependant nous laisse regretter bien d'autres articles échappés à notre mémoire. Nous sommes levés à six heures du matin pour vous en faire part ; nous craignons que vous ne puissiez nous lire, n'ayant pu trouver qu'une mauvaise plume dans l'auberge où nous sommes logés.

« Nous allons nous rendre chez M. Chapelier, et de là à l'Assemblée nationale, pour y entendre prononcer sur l'affaire qui nous amène et aussi y écouter l'arrêté intéressant des vœux d'hier soir, que vous pouvez regarder comme agréés par une acclamation unanime.

« L'écrivain vous prie de montrer cette lettre à mon père François Dupont ». Signé : Waast-Robert Dupont, M. Quesné-Dumoulin ».

Au-dessous est écrit ; « Monsieur, vous devez bien juger de la joïe du Roi et de M. Necker ».

Nous ne croyons pas abuser de la patience de nos lecteurs en reproduisant la troisième lettre adressée de Paris à leurs concitoyens, par les deux Patriotes volontaires d'Elbeuf Dupont et Quesné :

« Paris, 6 août 1789,

« Nous désirons que vous receviez aujourd'hy la lettre que nous vous avons écrite hier, les yeux presque fermés par le sommeil. Quoique nous eussions passé presque deux nuits, nous n'avons pas voulu vous laisser ignorer des détails si intéressants pour tous les citoyens.

« Nous avons reçu hier, à onze heures du soir, la lettre dont l'assemblée municipale et électorale de notre ville nous a honorés le 4 courant ; nous arrivions alors de Versailles.

« La cause de notre infortuné compatriote y a été plaidée avec toute l'énergie dont est susceptible M. le comte d'Entraigues. L'Assemblée nationale a manifesté unanimement l'intérêt paternel qu'elle prenoit au sort du prisonnier, en approuvant d'un cri général le parti qui a proposé le président d'écrire à la ville et aux habitants de Louviers, pour leur faire part de l'improbation que l'Assemblée nationale donne à leur conduite.

« L'avis du comte d'Entraigues et de beaucoup d'autres étoit de les menacer du pouvoir exécutif ; mais cette motion a été contrariée par la crainte d'exciter une guerre civile entre nos deux villes.

« Nous vous envoyons une copie de la lettre adressée à Louviers par le président de l'Assemblée nationale, et de celle qui va aussi vous parvenir, ainsi que de l'arrêté qui a déterminé ces deux lettres. Ce papier est entre les mains des députés de l'Hôtel de Ville de Paris, pour en faire part à leur comité des Cent vingt. Nous allons nous y rendre, et si nous n'obtenons pas de l'Hôtel de Ville une députation à Louviers, nous tâcherons de faire partir les paquets pour les deux villes par le courrier de ce jour.

« Nous ajouterons au récit de toutes les félicitations que nous avons reçues, celui des applaudissements que divers seigneurs et autres députés ont donnés à notre ville. C'est surtout hier, après que l'Assemblée nationale a été instruite de nos deux actions que nous avons été complimentés. Nous avions séance non pas dans les galeries de la salle, mais dans les rangs des députés, au milieu de tous.

« Nous allons nous rendre à l'Hôtel de Ville, mais nous désespérons d'avoir son adjonction aux fins d'obtenir légalement une indemnité en faveur de notre concitoyen, et nous en doutons d'autant plus que vous verrez par la lettre du président de l'Assemblée nationale, qui vous est adressée, que le désir de l'Assemblée est que nous vivions en bonne intelligence. Cependant, nous allons faire tous nos efforts pour réussir à obtenir cette adjonction.

« Nous vous prions de faire part de cette lettre au conseil permanent de notre ville, et de lui dire, dès que nous aurons fini l'affaire de notre prisonnier, que nous nous rendrons à Versailles, chez M. Necker, pour y remplir ses instructions.

« Nous ne manquerons pas de mettre sous les yeux de l'Hôtel de Ville la lettre que nous avons reçue hier, et de lui faire part de la nécessité de porter un prompt remède aux pillages qui se commettent de tous côtés. Je vous fais passer un arrêté de l'Assemblée nationale, décrété d'hier pour le même sujet.

« Il est bien certain que, sans nous livrer à des déclamations contre les habitants barbares de Louviers, si nous nous permettions seulement de dire quelques mots, tous les Parisiens s'enflammeroient de notre colère et ne tarderoient pas à nous venger cruellement. Mais nous nous contraignons absolument et nous adoucissons même les esprits de bien des gens, indignés d'une telle cruauté.

« MM. de Louviers ne sont pas tranquilles. Nous avons vu hier M. de Crestot qui nous a dit que Louviers craignoit à tous moments de voir arriver le peuple et les soldats qui sont à Rouen. Il n'a pas paru essayer de nous contrarier à l'Assemblée nationale... — Waast-Robert Dupont ; M. Quesné-Dumoulin.

« P. S. — Nous vous envoyons le rapport de ce qui s'est passé à l'Assemblée nationale, et aussi une feuille volante d'un autre imprimé où il est déjà question de nous, en attendant une plus longue mention.

« M. le marquis de La Fayette et les Cent-vingt nous ont engagés à ne pas perdre de vue la constitution de notre milice bourgeoise ; qu'aussitôt la leur seroit parfaitement établie, ils s'empresseroient d'en faire part à toutes les villes pour suivre leur exemple ». Ce dernier paragraphe est de l'écriture de Quesné.

A cette lettre est attaché un fragment imprimé d'un compte-rendu de la séance du 5 août 1789. On y lit :

« On a ensuite lu un trait de bravoure des

Volontaires de la ville d'Elbeuf, qui se sont opposés avec intrépidité au pillage d'un bateau de bled destiné pour Paris. Un des citoyens d'Elbeuf a été emprisonné par la milice de Louviers, à dessein, disoit-elle, de le soustraire à la fureur du peuple, qui s'étoit vu enlever sa proie ».

Dans la liasse où nous avons puisé ces curieux renseignements, nous trouvons encore d'autres pièces intéressantes, que nous allons reproduire. Les deux premières sont des extraits du procès-verbal de l'Assemblée nationale du 5 août 1789, et montrent un sceau ovale, en cire noire, portant ces mots : LA LOI ET LE ROI. En chef sont deux fleurs de lys et une autre est en pointe. Sur les côtés, on lit : ASSEMBLÉE NATIONALE. Le tout est entouré de de deux branches de laurier.

Voici le texte de la première :

« L'Assemblée nationale a autorisé son président à écrire à MM. les officiers municipaux et habitants de la ville de Louviers que l'Assemblée a appris avec peine la conduite qu'avoit tenu la milice envers le sieur Guilbert, citoyen d'Elbeuf, et qu'elle pense qu'il seroit contre toute justice de prolonger sa détention, et qu'elle croit devoir inviter les deux villes d'Elbeuf et de Louviers de faire cesser tout prétexte de division et de voye de fait ». — Signé : « EMMERY, secrétaire de l'Assemblée nationale ».

La seconde est ainsi conçue :

« L'Assemblée nationale, constamment occupée de procurer à la France un bonheur qui ne peut être assuré que par une sage constitution, apprend à chaque instant, avec une nouvelle douleur, les voyes de fait dont on use en différens lieux contre les propriétés et les personnes des divers citoyens, et particulièrement contre des convois de grains et farines destinés à l'approvisionnement de différentes villes du royaume.

« Elle déclare, en conséquence, qu'il est du devoir des municipalités et milices bourgeoises de s'opposer à telles entreprises. Elle invite, en même temps, le gouvernement à prêter à l'autorité municipale l'assistance de la force militaire dans le cas de nécessité et lorsqu'il en aura été requis, pour rétablir la sécurité des citoyens, la liberté du commerce et le bon ordre universel ». — Signé : « EMMERY, secrétaire de l'Assemblée nationale ».

Ce même jour, Le Chapelier, président de l'Assemblée nationale, adressa aux officiers municipaux d'Elbeuf la lettre qui suit :

« J'ai l'honneur, Messieurs, de vous faire passer l'arrêté de l'Assemblée nationale du 5 aoust, avec la copie de la lettre que j'écris à Messieurs de Louviers, en leur envoyant le même arrêté.

« Je ne doute pas qu'ils ne s'empressent de rendre à votre ville et d'élargir le sieur Guilbert, et je suis persuadé, Messieurs, qu'ayant reçu de l'Assemblée nationale la justice qu'elle pouvoit vous rendre, et à laquelle vous aviez les plus justes droits, vous consentirez de votre côté à entretenir avec vos voisins la bonne intelligence à laquelle je les exhorte.

« J'ai l'honneur d'être, Messieurs, avec un parfait et sincère attachement,

« Votre très humble et très obéissant serviteur.

« LE CHAPELIER,
« Président de l'Assemblée nationale ».

Nous avons suivi les deux délégués elbeuviens à Paris et raconté leurs démarches ; mais au moment où l'Assemblée nationale délibérait sur l'affaire qui occupait tous les esprits à Elbeuf, Guilbert était sorti de prison, depuis la veille, à la suite des circonstances que nous allons rapporter.

L'administration municipale, les Volontaires patriotes et toute la population elbeuvienne avaient poussé la ville de Rouen à intervenir pour la délivrance du prisonnier ; aussi, le 4 août, dès le matin, la ville de Rouen, envoya des députés à celle de Louviers, et, peu après leur arrivée, Guilbert était remis en liberté avec force excuses et honneurs. Voici, à ce sujet, une lettre adressée par l'administration municipale de Louviers à celle d'Elbeuf :

« Louviers, le 4 aoust 1789.

« Messieurs, nous nous empressons de vous donner avis que nous faisons délivrer M. Guilbert en plain midy, du consentement et avec l'applaudissement de tout notre peuple, et avec tous les honneurs qu'il nous a été possible de luy rendre.

« C'est à MM. les députés de Rouen, c'est à leur grandeur d'âme, à leur générosité, à l'éloquence du sentiment qu'ils ont employé envers nos habitants de toutes les classes que nous sommes redevables d'un si heureux événement. MM. les députés vous en rendront un compte détaillé. Nous nous bornons à nous féliciter d'y avoir co-opéré de notre mieux, de vous avoir conservé un citoyen précieux qui doit être le gage de la nouvelle alliance que nous devons naturellement contracter ensemble à cette occasion.

« Nous avons l'honneur d'être, bien véritablement, vos très humbles et très obéissants serviteurs.

« Les officiers municipaux et électoraux de Louviers ».

Suivent les signatures de Pollet, Frigard, Papavoine, Henri Lafosse ; Petou, procureur du roi ; Dubuc, échevin ; Maille, conseiller électeur.

Cette lettre combla de joie toute la population de notre ville, qui craignait vraiment pour la vie de Guilbert. Aussitôt, l'administration municipale d'Elbeuf désigna deux de ses membres pour aller s'assurer que le prisonnier avait réellement recouvré sa liberté ; ils arrivèrent à Rouen à dix heures du soir.

Guibert se trouvait chez M. Pavée, l'un des députés qui étaient allés le chercher à Louviers. Les délégués d'Elbeuf ne furent pas peu surpris « de trouver Guilbert dans des dispositions amicales envers les habitants de Louviers, dont le sieur Pavée prit vigoureusement la défense ». Dans leur rapport, les délégués elbeuviens dirent qu'il leur avait paru que « Messieurs de Louviers avoient su gagner le cœur de leur prisonnier et avoient ainsy tourné les esprits de MM. les députés tout à fait à leur avantage ».

Le lendemain 5 août, les délégués elbeuviens assistèrent à une séance à l'Hôtel de Ville de Rouen, où l'un d'eux prononça un discours sur les affaires de Poses et de Louviers. Le président de l'assemblée y répondit par un compliment, après quoi plusieurs membres du comité invitèrent la ville d'Elbeuf à la paix et à l'union.

« Ils ont, dirent les délégués d'Elbeuf à leur retour dans notre ville, excusé la conduite de la municipalité de Louviers, qui n'a trouvé d'autre asile qu'un cachot contre la fureur du peuple ; qu'au surplus la sortie glorieuse de la prison, à la vue d'un peuple immense, au son des instruments et la garde bourgeoise sous les armes, devait dédommager ce malheureux jeune homme de ses traitements. Ils ont beaucoup appuyé sur un homme de Louviers blessé grièvement de huit coups de sabre, etc., ce à quoi nous avons répondu :

« Qu'une exécution si cruelle envers un citoyen n'étoit pas réparée par une sortie de prison au son des fifres et des tambours ; que quant à la paix où on nous invitoit, notre intention n'était nullement de guerroyer, mais d'attendre un temps plus opportun pour obtenir réparation légale ; quant aux bruits de blessures de sabre, il y avoit sûrement exagération, puisqu'il n'en est pas fait mention dans le procès-verbal même de Louviers, où il est dit seulement que cet homme blessé étoit couvert de sang ; qu'il n'est pas étonnant qu'un homme assez imprudent pour venir pousser sa brouette dans les pieds des chevaux d'hommes armés reçoive un coup de sabre qui fasse jaillir le sang... »

On fit ensuite passer les délégués elbeuviens dans une pièce voisine pour leur montrer le procès-verbal de délivrance du prisonnier, dans lequel, dirent-ils, « nous avons remarqué quelque chose qui nous a fait frissonner. MM. de Louviers avoient pu afficher et publier à son de trompe que si quelqu'un avoit à déposer contre le prisonnier, qu'il eût à se présenter. Plusieurs personnes se sont présentées et ont dit qu'il étoit à Poses, mais elles n'osèrent signer cette déclaration ». Et, en effet, quoique faisant partie des volontaires patriotes d'Elbeuf, Guilbert n'avoit pas pris part à l'expédition, car il était absent au moment du départ des volontaires.

« Si donc le sieur Guilbert eût été à Poses, ou si ceux qui l'en imputoient avoient osé signer, il étoit sacrifié et livré à la rage d'un peuple forcené... »

Ce ne fut que dans la journée du 6 août que Dupont et Quesné, députés d'Elbeuf à Paris, apprirent ces événements, qu'ils firent immédiatement connaître au conseil des Cent-vingt et auquel ils demandèrent de se joindre à eux pour obtenir, de la ville de Louviers, une éclatante réparation.

Mais le conseil leur remontra que ce serait perpétuer la division entre deux villes voisines. Après quelques observations présentées par nos concitoyens, Moreau de Saint-Merry invita l'assemblée à délibérer.

Il fut décidé unanimement d'écrire à l'Hôtel de Ville d'Elbeuf une lettre de remercîments, et une autre aux Volontaires patriotes pour les féliciter de leurs bons offices, et que dans cette dernière lettre, il serait fait un mention honorable du sieur Guilbert.

Les délégués d'Elbeuf ajoutent dans leur lettre adressée à « Messieurs de l'Assemblée municipale et électorale d'Elbeuf » et datée du 7 août :

« D'après cette proposition flatteuse, nous n'avons pas cru qu'il fût bon d'insister davantage...

« Nous avons communiqué à M. de La Fayette et à M. Bailly les tristes nouvelles du pillage des bateaux de bled ; ils en sont vraiment consternés, parce que Paris n'a pas de farines pour trois jours. et ils redoutent la fureur du peuple.

« Nous avons craint hier, avec tout Paris, d'être témoins d'une nouvelle scène d'horreur. Tandis que nous étions à l'Hôtel de Ville, on y a conduit MM. Lavoisier et Lefaucheux, tous deux directeurs de l'Arsenal. Ils étoient accusés d'avoir fait sortir de l'Arsenal douze milliers de poudre qu'on avoit trouvés dans un bateau. Nous avons eu la douleur de voir M. Lefaucheux, vieillard septuagénaire, si troublé par les cris du peuple qu'il ne pouvoit se justifier. Heureusement, M. Lavoisier l'a fait avec tant de clarté, en montrant un ordre du marquis de la Salle, second commandant des troupes nationales, qui l'autorisoit à faire transporter ces poudres à Essone, que l'assemblée des Cent-vingt a délibéré de publier leur justification sur la place de Grève, à son de trompe.

« Nous sommes sortis alors, et nous n'avons pas été rassurés sur leur sort, malgré leur innocence. La populace demandoit justice, ne parloit que de trahison et de vengeance. Déjà même le fatal cordeau étoit attaché à la lanterne qui avoit servi au supplice de M. Foulon.

« On a multiplié toutes les gardes autour de l'Hôtel de Ville, et les deux directeurs ont été sauvés cette nuit, à ce que nous venons d'apprendre ce matin.

« Nous comptons nous rendre demain à Versailles pour y voir M. Necker, et dimanche à Elbeuf. — Signé : Waast-Robert Dupont.

« N. B. — M. Quesné étant sorti ne peut signer cette lettre ».

Voici le texte d'une des deux lettres mentionnées dans la précédente :

« Messieurs les Volontaires patriotes de la ville d'Elbeuf,

« Messieurs, recevez les témoignages de reconnoissance que la ville de Paris doit au courage qui vous a fait braver les plus grands dangers pour assurer ses subsistances. Elle sent vivement toute l'étendue des obligations qu'elle vous a, et son seul regret est de ne pas avoir d'expressions assez énergiques pour rendre tous les sentiments dont elle est pénétrée.

« Au récit de vos braves députés, les larmes ont coulé de tous les yeux : l'assemblée frappée tour à tour d'admiration et de terreur, a partagé tous vos dangers et toutes vos sollicitudes. Elle s'est empressée de députer à l'Assemblée nationale pour s'assurer des moyens de procurer à votre brave compagnon, M. Guilbert, la liberté dont vous sçavez tous faire, Messieurs, un si noble usage. Ses vœux sont remplis ; il est rendu à sa famille, à ses amis et à sa patrie. Daignez l'assurer, Messieurs, que l'assemblée des représentans de la commune de Paris a frémi de ses dangers, et qu'elle n'auroit rien négligé pour vous prouver qu'elle ne se borne pas à une admiration stérile, et qu'elle sçait voler au secours de ceux qui veulent bien s'exposer au danger pour elle.

« Recevez, Messieurs, tous en général et chacun en particulier, l'assurance d'une éternelle gratitude, et soyez les interprètes de ses sentiments auprès d'un chef qui sçait joindre la prudence à la bravoure et qui est si digne de vous commander.

« Nous avons l'honneur d'être très parfaitement, Messieurs, vos très humbles et très obéissans serviteurs : BAILLY, maire ; MOREAU

DE SAINT-MERRY, président ; DELAVIGNE ; BROUSSE-DESFAUCHERETS, secrétaire ».

La seconde lettre est rédigée dans ces termes :

« Messieurs les officiers municipaux de la ville d'Elbeuf,

« Messieurs, nous avons l'honneur de vous adresser copie de l'arrêté de l'Assemblée nationale du 5 de ce mois, relatif à la sûreté des convois de subsistances destinés à notre ville.

« Recevez, Messieurs, nos remerciements des mesures que vous avez déjà prises à cet égard, et nos prières de les continuer surtout dans ce moment, où l'arrivée des subsistances sans aucun retard est de la plus grande importance pour nous.

« Nous avons appris avec les plus vives inquiétudes, par Messieurs vos députés, la détention de M. Guilbert, votre brave concitoyen, et le péril auquel ses jours ont été exposés ; et notre intérêt s'est encore accru lorsque nous en avons appris la cause : cause qui mérite toute notre reconnoissance ; nous avons cru devoir d'abord demander l'assistance de l'Assemblée nationale, qui s'est empressée de venir à son secours.

« Ce premier point rempli, nous nous disposions à délibérer sur les moyens qui sont en notre pouvoir pour le même objet, lorsque nous avons été instruits que, par le zèle et la persévérance de Rouen, M. Guilbert avoit recouvré sa liberté.

« Ne doutez pas, Messieurs, de la satisfaction que nous a causé cette nouvelle. Elle eut été complète si ce succès eût été l'ouvrage de nos soins. Il ne nous reste plus qu'un désir à exprimer : c'est que l'union si nécessaire pour assurer le bonheur général ne soit jamais troublée par le souvenir de la détention de votre concitoyen. Les sentiments si nobles et si généreux qui nous ont été développés par Messieurs vos députés, au nom de votre ville, nous persuadent d'avance que vous mettrez votre gloire à l'oublier.

« Nous avons l'honneur, etc. ». — Les signatures sont les mêmes que celles de la lettre précédente.

Le 4 août, le comité permanent d'Elbeuf avait écrit à Dupont et Quesné, descendus à l'hôtel de Rouen, à Paris.

« Le Comité permanent de notre ville vous prie, Messieurs, de demander adjonction à la municipalité de Paris, aux fins d'obtenir légalement une indemnité en faveur de notre malheureux citoyen, martyr du patriotisme et de la valeur avec laquelle nos volontaires patriotes ont volé au secours de Paris pour conserver ses subsistances.

« Nous avons appris qu'une nouvelle députation du corps municipal et électoral de la ville de Rouen étoit partie hier à quatre heures de l'après-disner pour Louviers ; nous ignorons encore, à ce moment de midy passé, ce qu'elle a pu produire.

« Nous savons encore que tout Rouen est indigné des procédés barbares de la ville de Louviers. On a eu de la peine à retenir, hier, le régiment de Navarre, qui vouloit aller délivrer le prisonnier, dont les tourments doivent s'accroistre par la lenteur du temps que l'on met à le sauver du péril.

« Il a été décidé aussy, hier, en l'assemblée générale, que vous vous transporteriez à Versailles pour y féliciter M. Necker sur son glorieux retour, et le remercier en même temps de tout ce qu'il a bien voulu faire pour nous, en nous accordant, en deux fois, 12.000 livres pour faire vivre nos ouvriers. Il sera prudent de luy faire entrevoir que nous craignons bien de luy être importun cet hiver, pour le même objet. On a jugé qu'il n'étoit pas convenable de vous charger d'une lettre pour le ministre, cecy n'étant pas d'usage dans une députation.

« Nous recommandons, Messieurs, toute la prudence, toute la modération que notre affaire comporte. Ne mettons pas la ville de Louviers en danger d'être renversée par les braves Parisiens qui vont sans doute être révoltés au récit de la torture que souffre un infortuné jeune homme sur le simple soupçon d'avoir au péril de sa vie voulu assurer leur subsistance.

« Il y a eu hier, à Oissel, un bateau de bled montant à Paris, de pillé, malgré les soldats qui le convoyaient et qui, après avoir fait feu, tué et blessé plusieurs hommes, ont été forcés de s'enfuir dans la chaloupe, vu l'immense multitude de paysans armés qui sont accourus au pillage.

« Le bruit court qu'un second bateau de bled se trouve encore dans le même cas au même endroit, et qu'on n'osoit risquer l'envoi de deux autres charges au port de Rouen et prest à partir.

« Il est à propos que vous en fassiez le rapport à l'Hôtel de Ville de Paris et à M. le marquis de La Fayette ».

Nous lisons dans une autre lettre, du 5 août, adressée par la municipalité de notre ville à Dupont et Quesné, par laquelle la ville annonce à ses deux députés la sortie de Guilbert de la prison de Louviers :

« Le peuple s'est porté hier, à Rouen, aux plus grands excès à l'égard des bureaux des aides, dont il a brûlé toutes les guérites et déchiré des registres. L'hôtel de M. l'intendant a été entièrement dévasté, et il a été obligé de fuir.

« Nous sommes menacés, à Elbeuf, de la visite de ces gens mal intentionnés. Lorsque vous verrez M. Necker, faites en sorte de luy en parler ».

Enfin, le comité municipal de permanence avait adressé la lettre suivante, le 6 août, aux députés Dupont et Quesné :

« Votre lettre de Versailles a causé icy la plus grande joye, par l'espoir que ces heureuses nouvelles vont remettre le calme et la paix dans les provinces qui étoient en combustion.

« Notre prisonnier nous est rendu. Il a été reçu à Rouen et icy aux applaudissements de toute la ville et du peuple.

« Nous avons été hier en députation remercier le corps de ville de Rouen, qui nous a beaucoup recommandé l'oubli de cette injure et la paix. Nous avons dit que nos intentions n'étoient pas du tout de guerroyer, mais qu'une réparation étoit due à l'opprimé et que nous persisterions à la demander.

« Messieurs de Louviers, avant de délivrer ce jeune homme, ont fait proclamer que tous ceux qui le reconnaîtroient pour avoir, à Poses, contribué à disperser les pillards, vinssent en déposer. Il s'est trouvé des accusateurs, mais qui n'ont pas voulu signer leurs déclarations ; et sur le témoignage de deux, qui ont dit ne l'y avoir pas vu, il a eu son élargissement. Mais quel eût été son sort, si ces accusateurs eussent été plus hardis, ou si l'un de vous, Messieurs, ou de ceux qui ont participé à cette action généreuse et conservatrice de la subsistance de Paris, eût été à la place de ce jeune homme ?... Nous frémissons d'y penser !

« Nous prions donc Messieurs du corps municipal et électoral de Paris de délibérer sur les moyens d'assurer, à nos concitoyens dévoués au service de ses habitans, une sauvegarde qui mette leur vie en sçureté, et la mette en même temps en état de continuer leurs bons offices.

« Trois batteaux portant des bleds pour Paris, en passant par Elbeuf, hier matin, ont été menacés de pillage par une multitude qui venait des campagnes. La conduite de nos concitoyens, armés, les a garantis, et nous prenons sur nous d'en garantir le passage.

« Il est bon de faire observer que tous ces pillards sont tous de très mauvais sujets et ne sont pas dans la nécessité. Il font un trafic de ces pillages et revendent ces bleds à des boulangers de la campagne ».

A la séance municipale et électorale qui se tint à l'Hôtel de Ville, ce même jour 6 août, à six heures du soir, Pierre Guilbert fils fut invité à rendre compte des motifs et des circonstances de son emprisonnement, du traitement qu'il avait reçu pendant sa détention et de la manière dont il avait été rendu à la liberté.

Guilbert raconta que le jeudi 30 juillet, arrivant vers onze heures du matin à Louviers, « vêtu de son habit à l'uniforme des Patriotes volontaires d'Elbeuf, monté à cheval, portant derrière lui la demoiselle Guilbert, sa tante, et traversant le faubourg de la porte de Rouen, il avoit entendu plusieurs personnes dire : « Voilà un des b... qui étoient à Poses ».

« Arrivé à la maison du sieur Lefebvre, son oncle, marchand émouleur de forces à Louviers, il avoit déposé chez lui ladite demoiselle Guilbert, sa tante, et traversant le faubourg de la porte de Rouen, il avoit entendu, derrière luy, les mêmes propos qu'à son arrivée dans le faubourg, ce qui l'avoit déterminé à prendre une autre rue pour retourner chez son oncle.

« Vers trois heures après-midi, neuf ou dix personnes s'assemblèrent devant la porte dudit Lefebvre, tenant contre Guilbert des propos menaçants, relatifs à l'expédition de Poses. A peu près pareil nombre de personnes étoient assemblées devant la porte du sieur Legendre, demeurant dans la même rue à quarante pas du sieur Lefebvre.

« Aussitôt que le cheval du sieur Guilbert fut amené à la porte du sieur Lefebvre, les personnes assemblées se firent signe, avec les bras, à celles qui causoient avec et devant la porte du sieur Legendre, de venir se joindre à elles, en leur criant : « Viens-t-en, viens-t-en ! Nous allons lui faire la conduite !

« Guilbert étoit prest à monter à cheval, lorsque la dame Lefebvre, sa tante, apercevant la garde qui s'approchoit, suivie d'une foule de populace, l'en empêcha, et, le faisant rentrer dans la salle, resta sur la porte de sa maison.

« La garde, composée de cinq fusiliers passa et repassa plusieurs fois, et en peu de minutes, devant la maison du sieur Lefebvre, où elle entroit, en demandant le Monsieur en uniforme. Guilbert se présenta. Les fusiliers lui dirent qu'ils venoient le chercher, parce qu'il avoit été dénoncé comme étant de l'expédition de Poses.

« Le sieur Lefebvre, son oncle, demanda quel étoit le capitaine de garde. Il lui fut répondu que c'étoit M. Piéton de Premalé. Lefebvre dit aux fusilliers : « Prévenez M. Piéton que Guilbert est chez moy, que j'en réponds corps pour corps et le représenteray toutes fois et quantes ». La garde répondit : « Cela suffit » et se retira.

« Mais la populace, qui s'étoit accrue considérablement, resta. Un quart d'heure après, la même garde reparut, entra dans la maison et dit à Guilbert de le suivre par ordre du capitaine. Il fut conduit au corps de garde au milieu d'un peuple nombreux qui luy donna des inquiétudes par ses propos menaçants, ce qui le porta à demander aux fusilliers s'il étoit en sçureté : Vous n'avez rien à craindre, lui fut-il répondu.

« Arrivé au corps de garde, il trouva le sieur Piéton auquel il demanda ce qu'il y avait pour son service. Piéton lui répondit : Vous êtes accusé d'avoir été à Poses et d'avoir causé le malheur qui y est arrivé. Guilbert répliqua : Je n'y étais pas.

« À ce moment, le sieur Legendre accourut précipitamment au corps de garde et dit à Piéton, avec une chaleur haineuse : Plusieurs personnes de ma rue attestent que Guilbert étoit à l'expédition de Poses et l'avoient vu frapper plusieurs personnes de Louviers. Sur cette attestation formelle, le sieur Piéton fit entrer le sieur Guilbert au corps de garde.

« Piéton quitta cette pièce pour entrer dans un appartement où probablement étoient assemblés MM. les officiers municipaux. Un instant après, plusieurs fusilliers dirent à Guilbert de le suivre de la part du capitaine. Ils le conduisirent à la prison ; mais pendant sa marche, Guilbert entendit des voix qui criaient : Il faut le tuer ! Il faut pendre ce b....-là !

« Arrivé à la prison, un homme du peuple, plus furieux que les autres, vouloit forcer la garde pour se saisir de Guilbert et le sacrifier. Les portes de la prison fermées, la garde se retira.

« Une troisième garde arriva un quart-d'heure après, et mit Guilbert, de la part du capitaine, dans un cachot où il n'y avoit que de la paille très ancienne et puante, qui n'a point été renouvelée pendant sa détention, et dans lequel cachot il pouvoit, quoyque d'une taille médiocre, ny se coucher ny se tenir debout. L'horreur de ce cachot étoit telle que le cuir du chapeau de Guilbert fut rongé par les rats et les souris.

« Jusqu'au lendemain matin, la populace le laissa aussi tranquille qu'il pouvait l'être dans une pareille position. Toutefois, il ne reçut ny lors ny depuis, jusqu'à sa sortie du cachot, aucune parole de consolation de qui que ce fût.

« Le matin, le geôlier introduisit plusieurs personnes les unes après les autres et à diverses reprises dans le cachot pour leur faire voir Guilbert, lequel entendit dire par ces personnes : Oh ! c'est bien un de ceux qui étoient à Poses ; nous le reconnaissons. Une fois, le guichet du cachot étant resté ouvert, il fut jeté une pierre au prisonnier ; il ne sait par qui.

« Il resta dans ce cruel état jusqu'au lundy 3 du présent mois, dix ou onze heures du matin, moment auquel les sieurs Lecomte, avocat ; La Hubardière, teinturier, et Lafosse se présentèrent à la première porte du cachot (il y en a trois) et lui témoignèrent la peine qu'ils devoient ressentir de le voir dans cet état, que ledit sieur Lafosse s'exprima en ces termes : « C'est une abomination ! Il faut le faire sortir du cachot et le mettre dans une chambre en particulier », ce qui s'effectua de suite ; après quoy le sieur Lafosse dit au geôlier d'envoyer chercher un lit chez le sieur Lefebvre pour le coucher. Un instant après, on apporta un matelas, une paire de draps et une couverture ; mais une garde, commandée par le sieur Racinne, officier de la Bourgeoisie, fit retirer le matelas, les draps et la couverture, en disant que M. Racinne ne vouloit pas permettre que, pendant son temps de service, on fût aussy à son aise dans la prison. Le sieur Guilbert fut réduit à la paille jusqu'à huit heures et demie du soir, moment où il obtint de la commisération du geôlier deux draps dans lesquels il s'enveloppa.

« Pendant la nuit du lundy au mardy, il fut plusieurs fois visité par la garde, qui prenoit pour prétexte de luy demander s'il n'avoit besoin de rien, quoique, pendant sa détention, il ne luy ait été donné aucune espèce de secours, n'en ayant reçu que du sieur Lefebvre son oncle. Un nommé Bavent, en prison pendant une heure, pour avoir quitté son poste, luy dit que ces visites n'avoient d'autre objet que de s'assurer si Guilbert étoit encore en prison.

« Le mardy 4, à la garde montante, les officiers municipaux, ceux de la milice et quatre Messieurs de Rouen entrèrent dans la cour de la prison. Une voix se fit entendre : Faites descendre les prisonniers à l'exception de celui d'Elbeuf. Ils étoient trois ; ils descendirent et on leur donna la liberté.

« On fit ensuite descendre le sieur Guilbert, auquel on témoigna avoir pris beaucoup de part au malheur de sa situation et auquel on annonça sa délivrance.

« De suite, il fut conduit au corps de garde, entre les quatre Messieurs de Rouen, et au milieu de deux haies de fusiliers rangés depuis les prisons jusqu'au corps de garde, au bruit du tambour et d'instruments.

« Du corps de garde, où l'on a dressé procès-verbal, le sieur Guilbert a été conduit au bruit des instruments chez le sieur Deschamps, où il a disné avec les Messieurs de Rouen, qu'il sait actuellement être les députés de cette dernière ville. Après le disner, il fut conduit par la garde, et toujours au bruit des instruments, jusque hors la porte de Rouen, où il a monté en voiture avec Messieurs les députés de Rouen.

« Arrivé dans cette dernière ville, il a été présenté à l'Hôtel de Ville, où étoit M. le marquis d'Harcourt, de la part duquel et du corps municipal il a reçu des témoignages multipliés d'une satisfaction. De là, il a été conduit, par MM. les députés, chez le marquis d'Herbouville dont il a reçu l'accueil le plus flatteur. Il coucha à Rouen, et le lendemain, sur les quatre heures de l'après midi, il monta dans une voiture pour se rendre à Elbeuf ».

Nous n'avons reproduit, afin de ne point fatiguer nos lecteurs, qu'une partie des pièces concernant cette singulière affaire. Voici, encore la copie d'une lettre adressée par les autorités d'Elbeuf à celles de Louviers, le 7 août:

« Messieurs, vous nous avez appris que nous sommes redevables à MM. les députés de Rouen du salut d'un innocent qui nous est enfin rendu. Qui pourroit croire, si vous ne l'annonciez vous-mêmes, qu'il ait fallu employer l'éloquence et le sentiment envers toutes les classes de vos habitants, pour empêcher de commettre un assassinat?

« L'action généreuse qui a failli coûter la vie à notre jeune concitoyen, sur le simple soupçon d'y avoir participé, nos volontaires en ont reçu par lettres de MM. les Patriotes de Rouen ainsy que de l'Hôtel de Ville, les compliments les plus flatteurs. Le comité permanent de la ville de Paris et l'Assemblée nationale n'ont pas manqué de manifester leur indignation, lorsqu'ils ont appris qu'en protégeant les subsistances des illustres et braves Parisiens, on était menacé, à Louviers, d'y périr du dernier supplice!

« En effet, que seroit-il arrivé si le sieur Guilbert se fut effectivement trouvé à cette courageuse expédition, et si vos barbares habitants en eussent pu acquérir la preuve?...

« Un infâme gibet eut, sans doute, été sa récompense! Ce qui, dans tous les cœurs honnêtes, est considéré comme vertu, devient donc un crime dans vos murs?

« L'alliance dont vous nous faites mention, Messieurs, devroit naturellement exister entre deux villes voisines, et surtout dans des circonstances où le salut de tous les François dépend de leur union; mais il est important qu'ils soient unis d'abord par les mêmes principes.

« D'après ceux que nous nous faisons l'honneur de professer, vos citoyens, malgré leurs étranges mœurs, peuvent être assurés que leur liberté et leur vie seront toujours en sçureté dans notre enceinte, tandis que les nôtres, en s'illustrant, devront toujours trembler de se montrer chez vous ! »

Relevons encore un extrait d'une lettre, adressée par les officiers municipaux de notre ville au corps municipal de Paris, le 9 août :

« Messieurs, nous apprenons que la ville de Louviers vous envoye deux députés, sans doute pour excuser sa conduite inexplicable. L'un de ces députés est M. Legendre, avocat, qui a rudement inculpé notre malheureux jeune homme et qui est revenu à la charge dans le corps de garde où il fut ensuite conduit...

« Il paroît que Louviers a décidé qu'il y avoit crime d'empêcher le pillage. Seroit-ce parce qu'un grand nombre de ses habitants prenait sa part de ce pillage désordonné ? Seroit-ce parce que cette ville de Louviers voulut que Paris manquât de vivres et fut exposé à une famine désastreuse ?

« Une telle horreur ne se peut concevoir ».

Waast-Robert-Constant Dupont et Mathieu Quesné-Dumoulin, assistèrent le 11 août, à la séance municipale d'Elbeuf, dans laquelle il fut décidé que l'on ferait imprimer, au nombre de six cents exemplaires, l'historique et les différentes pièces concernant l'expédition de Poses et la captivité de Guilbert ; mais, malgré nos recherches, nous n'avons pu en découvrir un seul exemplaire.

Un opuscule de huit pages in-8º fut publié à Paris ; il portait pour titre « Intrépidité de onze volontaires patriotes de la ville d'Elbeuf, qui, en se rappelant ce que les braves citoyens de Paris avoient fait pour la Patrie, ont attaqué quatre mille furieux qui pilloient un bateau de bled distiné pour l'approvisionnement de la capitale, avec les détails constatés par les procès-verbaux envoyés à l'Assemblée nationale ; Paris, 10 août 1789 ».

CHAPITRE XIII
(AOUT-SEPTEMBRE 1789)

Création de la milice volontaire. — Contrat d'union de la paroisse de la Londe avec la ville d'Elbeuf. — Le drapeau des Volontaires ; difficultés pour leur armement. — La disette ; les boulangers refusent de cuire. — Mesures pour le maintien de l'ordre. — Réglement pour les Volontaires ; nominations de nouveaux officiers. — Plainte contre le bailli Hervieu du Homme. — Le curé du Bec-Thomas.

Nous allons, aussi brièvement que possible, rapporter l'histoire de l'organisation de la milice bourgeoise, devancée par les Volontaires patriotes, que nous venons de voir surgir tout à coup et attirer sur eux l'attention générale.

C'est au mois de juillet, avons nous dit, que pour la première fois, l'on avait parlé de créer un corps de milice bourgeoise à Elbeuf. Le maire et les échevins nommèrent, pour s'occuper des plans de formation, une commission spéciale, dans laquelle nous trouvons les noms des sieurs de Zens, de Coprez, Jamet, Desilles, Moyse Duruflé et Pierre-Nicolas Bourdon.

Le service dans la « Garde d'Elbeuf » était considéré comme une obligation pour tous les bourgeois domiciliés dans la ville ; tous devaient faire personnellement les services auxquels ils étaient convoqués, ou se faire remplacer à leurs frais, sous peine d'une amende. Les bourgeois âgés de soixante ans et au-dessus étaient dispensés de l'incorporation.

L'objet de cette « Milice bourgeoise » était de maintenir la tranquillité dans Elbeuf même, qu'une « fermentation générale menaçoit de troubler » et ne devait être employée que pour la garde intérieure de la ville.

Les commissaires jugèrent indispensable de donner un drapeau au corps des Volontaires. Ce drapeau devait être « aux armes de la ville, pour servir de ralliement et prêter le serment requis en pareil cas, et dont on feroit la bénédiction au premier jour qui serait indiqué ».

Le marquis d'Harcourt, étant à Rouen le 1er août, écrivit à notre corps municipal :

« La ville d'Elbeuf, Messieurs, et les environs ne sont pas les seuls qui aient été allarmés des bruits qui se sont répandus dans presque toute la province de Normandie. M. le duc d'Harcourt, qui réside actuellement à Caen, m'a fait part des fausses nouvelles qui ont répandu en basse Normandie une inquiétude et une épouvante qui n'étoient pas fondées, et je m'empresse de vous faire part de la non existence de ces troupes de brigands dont on craignoit les incursions. Je vous recommande cependant à prendre des précautions sages contre les malfaiteurs et les vagabonds, qui, dans un moment de désordre et vu la rareté des grains, pourroient inquiéter, et de veiller à la sûreté des habitants et à la conservation des récoltes qui vont incessamment s'ouvrir.

« Si j'avois sous mes ordres suffisamment de troupes pour protéger, défendre et secourir toutes les parties de cette généralité, je m'y prêterois avec empressement ; mais je dois y suppléer en avertissant les municipalités de se tenir sur leurs gardes, et en leur conseillant toutes les précautions sages qui doivent diriger leurs démarches... Le marquis d'Harcourt ».

Il avait été entendu que les inscriptions pour le corps des Volontaires auraient lieu à l'Hôtel de Ville, le lundi 3 août ; mais il s'en fallut de beaucoup que tous les bourgeois se fissent inscrire. On proposa alors de remplacer le service effectif par des dons volontaires devant servir à l'armement, à l'équipement et aux dépenses ordinaires du corps de garde.

Le corps des Volontaires comprenait un état-major et quatre compagnies.

L'état-major se composait de Zens et Desisle, commandants ; J.-N. Lefebvre, major; de Coprez, aide-major ; Jamet, sous-aide-major; Maigret, porte-drapeau ; Ribard, trésorier.

La première compagnie avait pour officiers: P.-J. Duruflé, capitaine ; Henri Hayet, capitaine en second ; Robert-Waast-Constant Dupont, lieutenant. Les sergents étaient Moyset, Rigonneau et Flavigny-Gosset ; les caporaux : Rodier et Deshayes.

Les gradés de la deuxième compagnie étaient : P.-N. Bourdon, capitaine ; B. Miège, capitaine en second ; H. Delacroix, lieutenant ; P. Fromont, L. Maillard et F. Get, sergents ; Lelièvre, A. Chefdrue, et F. Lefebvre, caporaux.

L'ABBAYE DE BONPORT (vers 1850)

Ceux de la troisième compagnie étaient: Henri Delarue, capitaine ; N. Lefebvre, capitaine en second ; N.-F. Lefebvre, lieutenant ; Servant, J. Osmont et J.-B. Petitgrand, sergents ; Ch. Moquet, F. Sentier et P. Guilbert, caporaux.

Enfin, la quatrième compagnie était commandée par Henri Lefebvre ; J. Delacroix, capitaine en second ; Gosse Bosquier, lieutenant. Ses sergents étaient : Charles-Louis Lefebvre, Parfait Dupont et P. Andrieu ; et ses caporaux : J. Delarue, X... Désiré et Louis Lizé.

L'effectif total, d'abord de cent vingt membres, fut bientôt réduit à une centaine. Dubloc était « batteur de tambour » des Volontaires ; il recevait 30 sols par jour.

Le défaut de blé faisait naître des émeutes et des pillages en différents endroits de la région. Des bateaux de grains, on l'a vu, furent envahis à Oissel, par des malheureux venus pour la plupart d'Elbeuf et d'Orival.

A l'abbaye de Bonport, le prieur dom Peronnier eut à faire face à des mouvements populaires et dut appeler au secours du monastère un détachement de la garnison de Pont-de-l'Arche ; mais les moines eurent encore plus à se plaindre des soldats que des émeutiers, car pendant les six mois qu'ils occupèrent Bonport, ils mirent le couvent en coupe réglée.

La municipalité d'Elbeuf écrivit le 7 août aux officiers municipaux de Rouen :

« Messieurs, la fermentation augmente icy, et il est important de vous instruire des menaces que fait le peuple de piller, à leur passage, les batteaux destinés pour Paris. Nous ne sommes pas assez en force pour nous y opposer avec succès, et nous ne pouvons trop vous inviter à mettre sur les batteaux une escorte respectable, commandée par un officier sage et ferme.

« Nous croyons aussi qu'il est nécessaire que vous défendiez au patron d'offrir au peuple de luy délivrer du grain ; tant qu'il nous en sera délivré à Rouen, comme par le passé, nous n'en manquerons point icy ».

Ce même jour, la municipalité de notre ville écrivit au sieur Zens, à Rouen :

« Nous vous prions instamment de faire tous vos efforts de ne pas prendre d'orge, parce que le peuple dit hautement que nulle force humaine ne l'obligera à en acheter ; et dans le temps de trouble où nous sommes, on ne sçauroit éviter avec trop de soin les occasions de révolte ».

Le lendemain 8 août, cinq dragons de Penthièvre furent envoyés de Rouen à Elbeuf, où ils restèrent pendant quelque temps.

Delarue, maire, et Zens, commandant de la milice bourgeoise, demandèrent au corps municipal de Rouen, 50 fusils et baïonnettes pour l'armement des Volontaires d'Elbeuf. Il leur fut répondu, le 10 août, que la ville de Rouen n'en avait pas assez pour assurer la sécurité de ses propres faubourgs, et qu'elle ne pouvait répondre au désir exprimé par la ville d'Elbeuf. Une autre demande, faite à la ville de Paris, reçut une réponse identique.

Le Cordier de Bigars, marquis de la Londe, provoqua un mouvement dans sa paroisse ; et voici la copie d'une pièce, qui en fut le résultat, conservée aux archives municipales :

« Nous soussignés, propriétaires et habitans de la paroisse de N.-D. de la Londe près Elbeuf ; sur la proposition qui nous a été faite par MM. les officiers municipaux et plusieurs députés du corps des Volontaires patriotes de ladite ville d'Elbeuf, de concourir avec eux à entretenir l'union qui doit exister entre tous les bons et honnêtes cytoyens, et à opposer une défense vigoureuse et imposante aux gens séditieux et mal intentionnés qui chercheroient à soulever le peuple et à troubler la paix de laditte ville d'Elbeuf et des environs ;

« Nous, susdits habitans de la Londe, promettons unanimement, par le présent, de nous réunir avec les habitans de laditte ville et de courir à leur deffense, avec des armes à fœu ou autres instruments offensifs qui seront en notre pouvoir, aussitôt que nous en serons requis ; promettons également de dénoncer et d'arrêter nous-mêmes toutes personnes suspectes qui pourroient se répandre dans cette paroisse et y tiendroient des propos séditieux et attentatoires au bien public.

« Nous consentons tous de bonne foy et par notre propre et libre volonté à cet acte d'union, d'après les promesses réciproques qui nous ont été faites par les susdits officiers et volontaires patriotes de laditte ville d'Elbeuf, parlant à Monsieur le marquis de la Londe et à M. le curé de ladite paroisse, de nous prêter main-forte si on venait attaquer nos personnes ou nos propriétés.

« Le présent fait et arrêté à la Londe, à l'issue de la messe paroissiale, le quinzième jour d'aoust 1789 ».

Suivent les signatures de Noyon, curé de la Londe, et de seize autres habitants. Au-dessous de ces signatures, on lit :

« Nous président de la Londe, seigneur de laditte paroisse de la Londe, après avoir pris communication du susdit acte d'union, nous y avons donné ad'hésion et nous sommes engagés personnellement de secourir Messieurs les habitans d'Elbœuf de tous les moyens qui seront en notre pouvoir. — La Londe ».

Cette lettre fut lue à l'assemblée du conseil permanent. On décida que « pour le contrat d'union qu'elle présentait, la ville d'Elbeuf donneroit toute assistance, par tous les moyens en son pouvoir, à M. le marquis de la Londe et à MM. les habitans de la paroisse ». Il fut arrêté, en outre, que copie de cette délibéraration serait donnée à Delarue, maire, Zens et Parfait Grandin, avec invitation de se rendre au château de la Londe pour remettre cette copie aux mains du marquis.

Le lendemain 16, à onze heures et demie du soir, une patrouille de six Volontaires, commandée par Claude Lefebvre, sergent, rencontra rue Saint-Etienne, un cavalier monté auquel il fut crié : Qui vive ? à plusieurs reprises. Le cavalier, au lieu de répondre envoya deux coups de feu sur la patrouille, laquelle riposta par une décharge. Alors le cheval tourna bride et partit au galop, avec l'homme qui le montait, vers la maison ducale. Les Volontaires le suivirent, mais en arrivant à la grille du château, ils le trouvèrent gisant sur le sol, le bras droit fracassé. Deux soldats d'une seconde patrouille aidèrent à transporter le blessé, qui était un dragon du régiment de Penthièvre.

Une lettre datée de Rouen 19 août 1789, et signée Rochet, adressée à Zens, commandan des Volontaires d'Elbeuf, annonce un envoi de trente fusils, promis par M. d'Herbouville. Elle se termine ainsi : « Je m'occupe du drapeau ; mais on me conseille de ne pas mettre les armes du roy ; il faudroit celles d'Elbeuf. Si vous n'en avez pas, il faut en choisir comme un lion couronné ou autre, sans quoy on fera le drapeau tout uni en bleu et en blanc, sur quoy vous voudrez bien me répondre ».

Un reçu signé de Coprez, capitaine aide-major des Volontaires patriotes d'Elbeuf, s'applique à trente fusils envoyés à Elbeuf par les Volontaires de Rouen, mais qui devaient être rendus dans le délai d'un mois, c'est-à dire le 27 septembre.

En novembre, la ville d'Elbeuf acheta treize autres fusils, à raison de 24 livres l'un, chez David, armurier à Rouen.

En même temps, elle en demanda seize à la manufacture de Charleville, au prix de 12 liv. Cette expédition eut lieu, mais les officiers municipaux de Triel s'opposèrent au passage de ces armes. Ceux d'Elbeuf écrivirent au propriétaire de la manufacture de Charleville, lequel leur répondit, le 28 décembre, en ces termes :

« Pour lever l'obstacle qu'apportent les officiers municipaux de Triel à la libre circulation des armes qui vous sont destinées, nous nous sommes adressés à M. le marquis de la Fayette. Nous n'avons pas encore pu obtenir les ordres qu'exigent les officiers de Triel, et nous pensons qu'en écrivant vous-mêmes au général vous les rendrez plus prompts et nous vous engageons à le faire ».

Nos officiers municipaux écrivirent d'autres lettres concernant l'armement, notamment la suivante adressée à la ville de Paris :

« Messieurs ; nous avons une milice bourgeoise composée d'environ 250 volontaires et bien disposés à concourir au rétablissement de l'ordre ; malheureusement, nous ne pouvons en armer que soixante au plus.

« C'est à vous que la Nation entière doit le bonheur d'avoir recouvré les droits à la liberté, et nous espérons que vous voudrez bien seconder notre zèle en nous mettant à même de contribuer, de tout notre pouvoir, aux succès de vos généreux efforts... »

Le 22 août, nos officiers municipaux adressèrent une autre lettre à la municipalité de Rouen :

« Messieurs, nous croyons qu'il est urgent de prendre les mesures convenables pour empêcher l'accaparement, à l'avenir, des bleds que fournit le marché d'Elbeuf. Cette ville, ainsy que celles d'Andely, de Caudebec et de Duclair, est réputée l'un des greniers de la ville de Rouen.

« En conséquence, Messieurs, nous sommes disposés à vous envoyer deux commissaires pour conférer sur cet objet important, au jour qu'il vous conviendra nous indiquer, avec les villes d'Andely, Caudebec et Duclair, auxquelles nous vous prions d'en écrire... »

On voit que le marché d'Elbeuf était — et devait l'être encore pendant un demi-siècle — l'un des quatre centres d'approvisionnement de la ville de Rouen. La municipalité de cette dernière ville adressa des félicitations à celle d'Elbeuf, le 24 août, au sujet des mesures qu'elle avait prises pour faciliter l'apport des grains sur notre marché.

L'assemblée municipale et électorale d'Elbeuf, sur des bruits qui circulaient au sujet de l'accaparement de la nouvelle récolte et de conseils donnés aux cultivateurs pour les détourner d'apporter leurs blés au marché de notre ville, arrêta, le 25 août, qu'il serait « affiché et imprimé un avis au public promettant 25 louis à celui qui dénonceroit, avec preuve suffisante, les autheurs d'accaparements de bleds, ensemble les personnes qui auroient engagé les laboureurs de campagnes voisines à ne pas apporter des grains aux marchés de cette ville d'icy à plusieurs mois, à laquelle fin, la compagnie a nommé la personne de MM. Henry Hayet et Pierre-Nicolas Bourdon pour disposer ledit avis à imprimer ».

Le mercredi 26, il y eut 40 sacs de blé au marché du Neubourg et il n'en fut vendu que 10 ; le juge fit serrer les autres et ne permit pas que les boulangers d'Elbeuf en achetassent.

Un état daté du 27, indique les localités qui fournissaient les marchés d'Elbeuf. Ces paroisses étaient : Malleville-sur-le-Bec, Bonneville, Bosrobert, Berville, Boissey-le-Châtel, Saint-Denis-des-Monts, Saint-Denis-du-Bosguérard, Boscregnoult, Theillement, Thuit-Hébert, Bosbénard, Saint-Pierre du-Bosguerard, Thuit-Signol, Marcouville, Infreville, Amfreville, Boscroger, Surville, Quatremares, Damneville, Crasville, Surtauville, Daubeuf, Ectot, Saint-Aubin-d'Ecrosville, Marbeuf, Cesseville, Criquebeuf-la-Campagne, Vraiville, Tôtes, Montaure, Hectomare, Limbeuf, Fouqueville, Amfreville-sur-Iton, Tourville-la-Campagne, Grostheil, Haye-du-Theil, Saint-Nicolas-du-Bosc, Catelon, Saint-Eloy-de-Fourques, Saint Pierre-des-Cercueils, Saint-Nicolas du-Bosc-Asselin, Harengère, Mandeville, Haye Malherbe, Bec-Thomas, Saint Didier, Caudebec, etc.

La municipalité de Paris ayant pris des dispositions pour faire sortir de cette ville les gens sans aveu « et l'intention du Roy étant que tous mendians, vagabonds... qui se trouveroient sans passeport soient arrêtés et emprisonnés sans delay », le corps elbeuvien prit cette délibération, le 27 août :

« Considérant que la tranquillité dont la ville d'Elbeuf a le bonheur de jouir est l'effet des mesures qui ont été prises contre les gens suspects et mal intentionnés..., et voulant tout à la fois, parvenir à la connoissance exacte des gens suspects qui se trouvent dans cette ville et aux environs, prévenir les désordres qu'ils pourroient y occasionner, obvier aux inconvénients que pourroit entraîner l'arrivée d'un grand nombre de gens sans aveu, renvoyés de la capitale, et enfin, remédier autant que possible aux abus et suites funestes de la mendicité... ».

Suit un arrêté ordonnant aux aubergistes et autres de déclarer les noms et professions des personnes étrangères logées chez eux, et de ne recevoir aucun voyageur non pourvu de passeport ; défendant aux particuliers de donner asile aux inconnus ; obligeant les habitants de dénoncer les suspects, auxquels il était accordé cinq jours pour regagner leur lieu de naissance. Quant aux infirmes pauvres, on leur donnait huit jours pour se déclarer au curé de leur paroisse respective, afin d'en obtenir un certificat d'indigence.

Les « troupes bourgeoises » d'Elbeuf furent chargées de l'exécution de cet arrêté, qui fut adressé aux curés des paroisses voisines, avec invitation de concourir à son exécution et procurer, par une réunion fraternelle de zèle, d'efforts et de moyens le retour de l'ordre et le rétablissement de la tranquillité publique.

A cette même séance, se présenta le sieur de Coprez, capitaine aide-major des Volontaires patriotes d'Elbeuf, qui déclara avoir reçu, la veille, de la ville de Rouen, trente fusils et baïonnettes, et les avoir déposés à l'Hôtel de Ville d'Elbeuf.

La municipalité elbeuvienne se trouva dans un nouvel embarras. Le 29 août, sept boulangers de la ville déclarèrent cesser leur profession, à partir du jour même, et abandonner leurs fours à qui voudrait s'en servir. Ils refusaient de continuer à travailler à cause du prix excessif et de la mauvaise qualité du blé que la municipalité leur faisait distribuer au prix de 30 livres 17 sols 6 deniers le sac, auquel il fallait ajouter 6 sols pour la mouture, ce qui les constituait en perte de 3 livres 3 sols 6 deniers par sac, par rapport au prix du pain.

Le maire remontra à l'assemblée municipale ce qu'une grève de ce genre pouvait avoir de dangereux, car elle mettait la ville sans pain, précisément à la veille de la foire Saint-Gilles. Le corps municipal fit venir les boulangers devant lui, mais ils persistèrent dans leur volonté de ne plus cuire. Cependant, sur les remontrances qui leur furent faites, ils consentirent à continuer leur commerce pendant huit jours encore.

Séance tenante, l'assemblée envoya chercher le bailli du Homme et le procureur fiscal; mais l'un et l'autre étaient absents d'Elbeuf. Alors le corps de ville chargea le maire Delarue, P.-N. Bourdon et Zens de se rendre à Rouen, afin de présenter à l'intendant les griefs des boulangers.

L'approche de la foire Saint-Gilles causa d'autres craintes à notre administration municipale ; de sorte que Louis-Robert Quesné et Frontin, échevins, prièrent, le 31 août, le procureur fiscal de donner des ordres pour que la vente des liquides cessât le lendemain, sur le champ-de-foire, à sept heures.

Nous revenons à la milice elbeuvienne en relevant les principaux passages du « Décret du corps municipal et électoral de la ville d'Elbeuf pour la formation d'un corps de Volontaires patriotes, composé de cent hommes au moins, non compris les officiers » :

Le corps municipal... considérant la nécessité de constituer sa milice bourgeoise et de la tenir toujours en activité pour veiller exactement à la tranquillité des citoyens et à la sécurité publique, a décrété ce qui suit, à l'exemple de la ville de Paris :

Article premier. — Le corps municipal et électoral se charge particulièrement de la poliée et sçureté de la ville d'Elbeuf...

Art. 2. — ... Ordonne qu'il sera incessamment formé une milice bourgeoise désormais connue sous le titre de Volontaires patriotes d'Elbeuf...

Art 3. — Un comité, composé du maire, des quatre échevins et de douze volontaires, nommera les chefs et les officiers, en observant de ne nommer pour sergent et pour caporaux que des personnes qui ont servi...

Art. 4. — Il y aura quatre compagnies d'infanterie et un état-major...

Art. 5. — Il sera désigné dans chaque compagnie quatre volontaires destinés pour monter à cheval quand ils seront requis.

Art. 6. — Tout citoyen sera reçu dans les Volontaires pourvu qu'il soit bon citoyen, de bonne conduite et en se faisant présenter par deux volontaires et agréer par les membres composant le conseil de guerre.

Art. 7. — Il y aura trente volontaires par compagnie.

Art. 8. — Les chefs, officiers et volontaires prêteront serment.

Art. 9. — Serment des officiers : « Je jure et promets de rester fidèle à la Nation, au Roy et à la Loy, et de ne jamais employer ceux qui seront sous mes ordres contre les citoyens, si ce n'est sur la réquisition des officiers municipaux ».

Art. 10. — Serment des volontaires : « Nous jurons et promettons de bien et fidèlement servir pour le maintien de la paix, pour la défense des citoyens et contre les perturbateurs du repos public, sur les ordres de nos officiers ».

Art. 11. — Les officiers prendront l'ordre de l'Hôtel de Ville.

Art. 12. — Le conseil de guerre sera composé d'un membre du corps municipal, d'un du corps électoral et de sept officiers de volontaires.

Art. 13. — Les officiers porteront une épée ou sabre et un hausse-col.

Art. 14. — Les Volontaires seront armés d'un sabre et d'un fusil avec bayonnette, autant qu'il sera possible.

Art. 15. — L'uniforme sera bleu de roi, parement, collet à la jésuite, doublure et passepoil écarlate ; petits boutons sous le parement et grands boutons sur l'habit, tous de métal blanc ; une aigrette et cocarde nationale au chapeau, sans cependant contraindre personne.

Art. 16. — Les épaulettes des officiers seront en argent; celles des capitaines en second avec une barre rouge transversale ; celles des lieutenant losangées en rouge ; les volontaires de la première compagnie losangées en bleu de roi, la seconde en jaune, la troisième en bleu-ciel, la quatrième en noir. Les aigrettes conformes aux épaulettes. Les sergents auront un galon sur le bord du parement, les caporaux sur le bras.

Art. 17. — Le nom des officiers et volontaires sera déposé à l'Hôtel de Ville.

Art. 18. — Une chambre de discipline sera établie à l'Hôtel de Ville pour ceux qui, arrêtés par la garde, n'auraient pas mérité d'être conduits de suite en prison.

Art. 19. — Le service consiste à monter la garde.

Art. 20. — Ce service sera proportionné au nombre des volontaires.

Art. 21. — L'exercice se fera le dimanche ; il consistera à apprendre à porter ses armes, à marcher ensemble, à charger et à tirer. Personne ne sera forcé à faire l'exercice.

Suivent encore dix-neuf autres articles que nous ne croyons pas utile de reproduire. On peut lire le texte complet de ce règlement sur le premier registre des délibérations municipales, conservé aux archives de la ville.

Ce règlement se termine ainsi :

« Reconnaissants, au-delà de l'expression, du zèle et du patriotisme que MM. de Zens et Dezilles, chevaliers de l'ordre royal et militaire de Saint Louis, commandants de la milice actuelle, ont généreusement déployé pour la formation et pour la discipline de cette milice, ainsi que pour ramener l'ordre et la tranquillité que le malheur des circonstances a plusieurs fois troublés, les officiers municipaux et électoraux proclament par acclamation générale, mesdits sieurs de Zens et Dezille chefs du corps patriotique présentement décreté, bien convaincus que MM. les Volontaires patriotes, lorsqu'ils procèderont à l'élection de leurs officiers, s'empresseront de sanctionner cette proclamation.

« Heureux le corps municipal, heureux les Volontaires patriotes, si ces deux militaires distingués veullent bien accepter ce titre que leur deffère la Reconnoissance publique ! » — Suivent les signatures des membres du corps municipal et électoral.

Ce même jour 2 septembre, le corps de ville fit battre la générale dans toutes les rues et carrefours avec invitation à la milice bourgeoise de se rendre immédiatement — il était trois heures et demie — « en la cour basse du château, pour, en présence du corps municipal, y entendre la lecture du décret ci-dessus, en recevoir des copies, en modifier et réfléchir les dispositions, et nommer trois commissaires par compagnie pour procéder à l'élection des officiers ».

A quatre heures, la cour du château ducal de la rue Saint-Etienne était pleine. Les officiers ayant exercé précédemment en cette qualité, avaient eu « la scrupuleuse délicatesse de se dépouiller de leurs marques distinctives » et de se mêler aux autres citoyens.

Après lecture publique du décret et la distribution d'exemplaires qui en fut faite à chacune des quatre compagnies, les cris de : « Vive l'Union ! » se firent entendre de toutes parts. Tous les assistants donnèrent leur adhésion au règlement proposé, et, immédiatement, on désigna les douze commissaires, devant prendre part à l'élection des officiers, qui furent : J.-P. Grandin, P. Andrieu, Fromont, R. Rousselin, le médecin Henry, J.-P. Lebaillif, Ch. Capplet, J.-L. Fouard, A. Lenoble, Aug. Duruflé, A. Corblin et L. Bastin.

Ces délégués, le maire et quatre échevins se rendirent dans les appartements de Zens, qui habitait le château, pour procéder à l'élection des officiers ; mais comme cette opération pouvait se prolonger, on congédia les volontaires, en les priant de revenir le lendemain, à la même heure, pour prendre connaissance du résultat des élections, « les voir placer à leur teste, après la prestation du serment, et aller ensuite implorer la bénédiction du ciel et faire bénir le drapeau ».

Le tableau des chefs et officiers que nous avons publié fut légèrement modifié par l'élection du 2 septembre :

Zens et Dezilles furent nommés chefs ;

Pierre-Nicolas Bourdon, Henry Lefebvre, Henry Delarue père, Pierre-Joseph Duruflé, premiers capitaines ;

Henry Hayet, Moyse Duruflé, Jean-Nicolas Lefebvre fils et Joseph Delacroix, capitaines en second ;

Félix Lefebvre, Henry Delacroix, Miège et Bosquier, lieutenants ;

Maigret, porte-drapeau ;

Jean-Nicolas Lefebvre père, major ; De Coprez, aide-major ; Jamet, sous-aide-major ;

Delarue de la Maribert, capitaine de cavalerie ; Dupont du Mauduit, lieutenant de cavalerie ; Ribart, trésorier.

La générale se fit entendre de nouveau le lendemain dans les rues d'Elbeuf, et à quatre heures, les Volontaires patriotes étaient réunis dans la cour du château.

Le maire donna lecture du procès-verbal des opérations électorales ; les élections de la veille furent ratifiées aux cris de : « Vive la Nation ! Vive le Roy ! » Les officiers furent mis à la tête de leur compagnie respective, et tous, soldats et officiers, musique en tête, au son des cloches et à l'acclamation du peuple, se rendirent à l'église Saint-Jean, où était déjà réuni tout le clergé de la ville.

Il fut procédé à la bénédiction du drapeau par le curé Duhamel, puis on entonna un *Te Deum*. La cérémonie se continua par la prestation du serment des officiers et des Volontaires.

Ensuite, le maire Delarue invita le corps de la milice bourgeoise à se rendre à l'Hôtel de Ville, pour nommer les sergents et caporaux de chaque compagnie.

La municipalité d'Elbeuf fit parvenir, le 4 septembre, aux curés de la ville et des paroisses voisines, un arrêté pris la veille, avec prière de le lire au prône.

Il s'agissait de la répression des fraudes qui se commettaient sur les sels, tabacs, boissons et autres objets de consommation, bien que, dit l'arrêté, « l'Assemblée nationale ait reconnu, le 17 juin précédent, que les impôts et contributions fussent illégalement établis et perçus ». Cependant, et jusqu'à ce que de nouvelles bases fussent établies, tous les citoyens devaient payer comme par le passé.

Le 8 du même mois, dans la soirée, un grand rassemblement de peuple se fit devant l'Hôtel de Ville, place du Coq. La cause était grave. Plusieurs boulangers n'avaient pas allumé leur four et le pain manquait. Le corps de ville s'assembla à dix heures du soir, et immédiatement enjoignit aux boulangers de cuire pendant la nuit, afin que leurs boutiques fussent garnies le lendemain matin, sous peine de prison et de 300 livres d'amende.

A une réunion générale du Comité des subsistances, tenue à Rouen le 10 septembre, et à laquelle étaient présents Ribard, procureur fiscal d'Elbeuf ; Mathieu Frontin, échevin, et des représentants des marchés de Gisors, Caudebec-en-Caux, Montivilliers, Neufchâtel, Louviers, Duclair, Pavilly, Ecouis, etc., on prit un arrêté défendant aux cultivateurs de vendre leurs grains ailleurs que sur les marchés voisins de leur domicile respectif. Plusieurs autres mesures destinées à assurer l'approvisionnement des marchés et à supprimer l'accaparement des grains furent également prises.

Le blé apporté à la halle d'Elbeuf, malgré la nouvelle récolte, n'arrivait qu'en petite quantité. L'assemblée municipale décida, le même jour, d'envoyer des députés choisis dans son sein, accompagnés de plusieurs Volontaires, dans les campagnes voisines pour y publier cet avis :

« MM. les laboureurs sont instamment sollicités par le Comité municipal et électoral de la ville d'Elbeuf d'y envoyer samedi prochain, et jours de marché suivants, la plus grande quantité de bleds qu'il leur sera possible, sans crainte d'être troublés par qui que ce soit.

« Ils sont prévenus, en même temps, qu'aucune loy ni décret particulier d'aucune ville voisine, pour cause de grenier à sel ou autre semblable, ne les force pas d'approvisionner un marché plutôt qu'un autre; ils sont les maîtres de porter leurs grains à tel marché que bon leur semblera, ledit comité leur garantissant à cet égard toute sçureté et leur promettant main-forte dans toutes les circonstances ».

Le lendemain, le corps municipal prit un arrêté par lequel il était spécifié que la petite halle se tiendrait au lieu accoutumé et ouvrirait à dix heures; la grande halle se tiendrait devant l'Hôtel de Ville, où les charrettes et les sacs seraient rangés sans confusion, et ouvrirait à midi précis au son d'une cloche.

L'arrêté stipulait que les boulangers ne pourraient entrer dans la grande halle avant deux heures, afin de laisser au public le temps de se pourvoir.

Il défendait d'étaler sur la place du Coq aucune autre marchandise les mardis, jeudis et samedis, jours de marché.

Le fonctionnement des Patriotes volontaires était cause d'une certaine dépense; le maire pensa qu'il serait utile d'adresser un appel aux citoyens qui n'en faisaient pas partie et de les engager à contribuer au service par une petite souscription. Il en conféra avec les membres du corps de ville, le 12 septembre, et la résolution suivante en fut le résultat.

« L'assemblée déclare qu'en concourant à l'établissement d'un corps de Volontaires patriotes, elle a cherché à favoriser le zèle d'une partie des habitants de cette ville, et qu'elle croit devoir à cette formation généreuse tous les moyens pour lui donner de l'énergie et de la considération.

« En conséquence, elle invite tous les bons citoyens, au nom de l'honneur et de la Patrie, à venir se faire inscrire au nombre de ceux qui se dévouent si noblement à la défense commune ».

A l'instant même, les membres du comité municipal et électoral se soumirent à une amende volontaire de 40 sols chaque fois qu'il leur arriverait de manquer un tour de garde.

A côté des patrouilles organisées par les Patriotes, il en existait d'autres auxquelles prenaient part des gens armés « non avoués par la ville » et ne faisant pas partie des Volontaires. On supposait bien que ces patrouilles n'avaient pas d'autre but que d'empêcher « l'enharrement » des grains ; mais le corps de ville voulut connaître ceux qui les composaient et leurs chefs. A cet effet, le maire, les deux chefs des Volontaires et le sieur Hayet furent chargés de procéder à une information, par délibération du 16 septembre.

Joseph-Gabriel Guenet, maître teinturier, mourut le 22 septembre ; il était âgé de 51 ans.

Houzard de la Potterie, président en l'élection de Pont-de-l'Arche, vint à Elbeuf, le 23, pour « y faire la chevauchée et dresser le procès-verbal des fiefs y resséant ».

Un membre de l'assemblée municipale, dans la séance tenue ce même jour, rappela la rébellion de plusieurs boulangers de la ville, et ajouta que malgré les conclusions du procureur fiscal, demandant une peine bien méritée, le bailli, juge en chef d'Elbeuf, n'avait rendu sa sentence que plus de huit jours après, par laquelle, loin de faire droit aux justes conclusions des demandeurs, il n'avait prononcé aucune amende contre les délinquants, dont les boutiques restaient sans pain :

« Une pareille sentence se jouant en quelque sorte du ministère public, qu'elle tend à frapper de nullité dans des circonstances critiques où sa surveillance devient plus nécessaire que jamais, les boulangers demeurent authorisés à se regarder comme entièrement soustraits à la police, et en, conséquence, il arrive journellement qu'ils vendent leur pain plus cher qu'il n'est fixé et même qu'ils en laissent manquer le public.

« Que, par les absences fréquentes du juge, qui ne se trouve presque jamais en cette ville, les affaires urgentes et provisoires de police se trouvent sans cesse arrêtées, et que de cet abandon presque total d'un intérêt majeur pour le peuple, des réclamations universelles excitent dans les esprits une fermentation dangereuse ; que, conséquemment, il étoit important que l'assemblée prît à ce sujet des mesures aussy promptes qu'efficaces ».

A l'unanimité, le corps de ville arrêta que le sieur Hayet, l'un des délibérants, serait prié « d'écrire à un de MM. les députés de la ville de Rouen aux Etats généraux, pour luy faire part de l'intention dans laquelle est le corps municipal et électoral de s'emparer de la police de la ville, vu les absences continuelles du juge ordinaire et la contrariété de ses vues avec celles du corps municipal, à l'Assemblée nationale, à M. le garde des sceaux... à l'effet d'obtenir une approbation légale de la présente détermination ; ou si ce député ne trouve pas plus à propos que la ville envoye des députés aux mêmes fins...

« Il a été unanimement arrêté qu'en attendant cette réponse, le corps municipal et électoral, pour éviter aux désordres dont la ville est menacée et que fait particulièrement craindre l'absence du juge ordinaire, s'emparera, à compter de ce jour, de la police de la ville.

« Arrête encore que MM. Parfait Grandin, Hayet, Robert et P.-N Bourdon sont priés de déposer le mémoire en question, aux fins d'obtenir tous les moyens qu'ils jugeront convenables pour le maintien de l'ordre dans toutes ses parties.

« Arrête enfin que M. Bernard Delarue, maire, fera moudre neuf à dix sacs de bled du gouvernement qui doivent arriver demain, à l'effet, dans le cas où les boulangers cesseroient de garnir leurs boutiques, ce à quoy la sentence du 12 de ce mois les authorise implicitement, d'avoir les moyens de satisfaire aux besoins du peuple les plus pressants ».

Le 24 septembre, un conseil de guerre fut tenu devant le maire d'Elbeuf. Le major des Patriotes présidait, et Bourdon faisait les fonctions de rapporteur.

Il s'agissait d'un nommé Lebourg, qui avait tiré son sabre et voulu frapper Henri Delarue et Henri Lefebvre, capitaines. Mais ces deux officiers et un grand nombre de Volontaires ayant demandé la grâce de Lebourg, qui était ivre au moment du crime, il ne fut condamné qu'à huit jours de prison et à monter quatre gardes supplémentaires.

Les Patriotes volontaires qui étaient allés en campagne pour inviter les laboureurs à apporter du blé à la halle d'Elbeuf, dirent au maire quelques jours après, qu'il leur avait été répondu, par la majeure partie des cultivateurs, que s'ils ne portaient pas de blé en ville, c'était parce qu'ils ne pouvaient trouver de batteurs.

Sur cette déclaration, le corps municipal, réuni le 28, pria les Volontaires de retourner chez ces laboureurs et de leur annoncer que des ouvriers allaient leur être envoyés.

M⁰ Huault, curé du Bec-Thomas, mérite une mention spéciale pour son zèle à combattre l'accaparement du blé dans sa paroisse et aux environs. Nous avons de lui deux lettres adressées à la municipalité d'Elbeuf. La première est du 28 septembre :

« Messieurs ; En satisfaisant aux ordonnances qui ont été envoïées à toutes les paroisses du canton, entr'autres à la mienne...., j'ai cru devoir suggérer à tous mes paroissiens le devoir qui leur étoit imposé tant pour la tranquillité publique que pour empêcher l'accaparation des bleds, qui, sans en douter d'un instant, se trouve que trop fréquente dans nos environs.

« Il me paroît que MM. les officiers munipaux, tant de ma paroisse que celles circonvoisines, font en quelque sorte mépris des ordonnances qui arrivent de la part des comités des villes, soit qu'ils aient envie de voir le bled aussi cher qu'il a été avant le mois d'aoust.

« Hier dimanche, 27 du mois de septembre, j'ai fait assembler tous mes paroissiens, au nombre desquels il ne s'est trouvé que trois membres qui n'ont voulu consentir et sont partis refusants à ce qu'on monte la garde, non seulement contre mon avis, mais encore contre les idées de différents Volontaires et la majeure partie de la population de cette paroisse, afin d'obvier tant au brigandage qu'aux convois de bleds qui se font presque tous les jours dans nos environs.

« Vous trouverez peut être, Messieurs, extraordinaire que la plus grande partie des membres (de la municipalité de Bec-Thomas) sont refusants à ce que le bon ordre soit tenu dans ma paroisse ; mais c'est parce que ils sont laboureurs, je ne dirai pas accapareurs, mais cependant j'ignore le motif qu'ils ont à se porter refusants à faire patrouille toutes les nuits.

« C'est pourquoi, Messieurs, que je vous prieroi, ainsi que la plus grande partie de mes habitans, d'envoïer à la paroisse dix à douze gardes qui pourroient se joindre avec les volontaires pour établir cette garde bourgeoise si longtemps désirée. Quant aux gardes que vous nous enverriez, ils seroient païés par MM. les membres refusants ; car si je suis venu à bout de l'établissement de cette garde, il n'y a eu jamais que MM. les officiers qui en ont été les auteurs, de manière que tous mes paroissiens, à l'exception de quelques antagonistes, veulent et demandent la suppression de tous les membres de la municipalité, à la réserve d'un, et qu'il en soit nommé d'autres non laboureurs.

« En remplissant toutes les choses ci-dessus, vous rendrez le plus grand service à ma paroisse, qui ne cessera de vous en marquer sa reconnoissance, et, en mon particulier, je vous aurai toute l'obligation qu'un pasteur doit au bon ordre... »

Suit la signature du curé Huault, et celles de Lemercier, greffier de Saint-Ouen-du-Poncheuil ; Dubosc, Lefebvre-Deravines, Louas et Chanoine, tous quatre volontaires, et enfin celle de Beaulieu jeune, descendant ruiné des anciens marquis du Bec-Thomas.

Le curé de Bec Thomas adressa cette seconde lettre, le 30 septembre, à « Messieurs du Comité d'Elbeuf, à la maison de ville d'Elbeuf » :

« Malgré la bonne volonté qu'ont quatre volontaires, avec plusieurs de mes habitans, je ne puis venir à bout de faire une patrouille comme je le désirois, en ce que sitôt que j'ai eu reçu votre réponse et le décret y joint, du 10 septembre, de la lettre que je me suis fait l'honneur de vous écrire, les membres n'ont rien voulu faire tant sur ledit decret que sur la réquisition de votre réponse.

« Ils ne prétendent aucunement suivre ledit decret en aucuns de ses articles, de manière que si on ne destitue les membres des municipalités, attendu du grand abus qu'on a eu de nommer tous gros cultivateurs pour membres, je suis persuadé que si on n'y apporte de nouveaux ordres, que, d'ici à deux mois, nous serons en quelque sorte privés de tous secours allimentaires, puisqu'ils disent en pleine assemblée quand bien même ils verroient passer des voitures de bled nuitamment qu'ils seroient très fâchés de les interrompre dans leurs courses. Et cela parce qu'ils sont tous fermiers, gros laboureurs ; qu'il est de tout interrêt pour eux que le bled soit plustôt porté à 80 et 100 livres le sac qu'à 30 livres.

« Quant à moi, Messieurs, j'ai fait tout mon possible pour établir une sûreté dans ma paroisse, je ne puis en venir à bout. Je remets tout à ce que vous déciderez; j'ai fait là-dessus ce que je devois faire, et alors j'aurois cru passer sur les devoirs de mon état si je ne vous eusse prévenu des sentimens qui sont gravés dans mon cœur. — Huault, curé du Bec-Thomas ».

Dans plusieurs autres communes des environs d'Elbeuf, les populations veillaient pour que les blés ne fussent accaparés et transportés ailleurs que sur les marchés.

CHAPITRE XIV
(OCTOBRE 1789)

LA DISETTE CONTINUE. — OBLIGATION DU SERVICE DANS LA MILICE ELBEUVIENNE. — REFUS OPPOSÉ PAR PLUSIEURS BOURGEOIS NOTABLES. — LES AFFAIRES BALLEROY ET AZE, AVOCATS. — LE TRIBUNAL SE DIVISE EN DEUX CAMPS. — REQUÊTE AU BAILLI PAR UN GROUPE D'ELBEUVIENS. — CONFLIT ENTRE LE BAILLI ET LA MUNICIPALITÉ. — CORRESPONDANCE CURIEUSE.

Un des membres du corps de ville remontra à ses collègues, le 5 octobre, qu'Elbeuf se trouvait dans la circonstance la plus malheureuse, la plus effrayante qu'on put imaginer :

« Les secours du gouvernement sont épuisés... ; notre halle, depuis la dernière récolte, n'a pas reçu la sixième partie des bleds nécessaires à la consommation des habitants... ; les boutiques des boulangers sont dégarnies ; un grand nombre de citoyens n'ont pas de pain ; eux et leurs enfants sont livrés aux horreurs de la famine !

« Plusieurs se sont présentés aujourd'hui au Comité pour demander du pain ; d'autres font la même demande dans les rues. Cette situation peut les porter, les portera sans doute aux derniers excès ; des menaces se sont déjà fait entendre ; la ruine de la ville et des campagnes voisines peut en être le résultat !

« Les causes de cette affreuse disette présentent une espèce de mystère qu'il est impossible de percer. Les marchés d'Elbeuf ont, de tout temps, suffi aux besoins de la ville et pourvu aux approvisionnements de Rouen. On y voyoit fréquemment jusqu'à 150 voitures de bled, et cependant, quoique la récolte dernière ait été abondante, on n'a pas vu de marchés, depuis le mois d'août, où les cultivateurs aient apporté au-delà de 50 à 80 sacs de bled.

« Les laboureurs semblent affecter d'en apporter peu pour en faire augmenter le prix. Ce soupçon devient une certitude, après les instances faites auprès d'eux par les Patriotes volontaires et les prétextes invoqués par les cultivateurs pour ne pas se rendre à ces invitations. Ils ont refusé la proposition de recevoir des ouvriers batteurs... »

Le corps municipal prit cette résolution :

« ... N'ayant pas à choisir sur les moyens à la faveur desquels il est possible d'éviter aux malheurs qui peuvent résulter, arrêtons à l'unanimité que MM. les commandants des Volontaires de cette ville seront invités à envoyer dès demain plusieurs détachements du corps des Volontaires chez les différents laboureurs des environs... pour les engager à apporter sans retard du bled au marché d'Elbeuf, avec promesse de leur donner toute aide et assistance lors de la vente de bled au marché. Lesquels Volontaires nous authorisons d'exiger à cet égard des soumissions de la part des laboureurs...

« Et en cas de refus de ces derniers... autorisons lesdits Volontaires à faire apporter les bleds qu'ils trouveront chez les laboureurs en état d'être apportés et de faire battre chez ceux qui refuseroient de battre, ensuite faire apporter le bled à la halle, le tout aux frais des laboureurs refusants ».

En outre, le procureur fiscal fut invité à forcer les boulangers à avoir leurs boutiques garnies.

Le 7 octobre, l'assemblée municipale et électorale se réunit à l'Hôtel de Ville. Il y fut dit que les Volontaires patriotes de cette ville avaient rempli, depuis leur institution, tous les devoirs qui leur étaient imposés pour le service du corps de garde, celui des corvées, celui des courses dans les campagnes, etc. ; mais que leur zèle ne pouvait suffire à des services aussi répétés, que les circonstances pouvaient encore multiplier. En conséquence le Comité de ville prêt l'arrêté suivant :

« Article premier. — Tous habitans domiciliés, âgés depuis 18 ans jusqu'à 70, payant douze livres d'impositions et au-delà seront tenus de concourir, sous notre inspection, avec les Volontaires patriotes et en proportion relative à leur nombre respectif, au service journalier de la garde.

« Art. 2. — Chacun sera obligé de s'y rendre à son tour, les jours et heures qui luy seront indiqués, par un billet signé de M. le maire ou, en son absence, d'un de MM. les échevins. Ceux qui se refuseroient à ce service indispensable y seront contraints, sur nos ordres, par toutes voyes militaires quelconques.

« Art. 3. — Nul ne pourra se faire remplacer que par ceux qui serviront soit comme volontaires, soit comme bourgeois.

« Art. 4. — Celuy qui, en cas d'absence, aura manqué à se faire remplacer, payera au profit de la caisse militaire, une somme de trois livres par forme d'amende, et en outre sera tenu de monter la garde le lendemain.

« Art. 5. — Ceux auxquels la santé ne permettra pas de faire le service, en seront dispensés en payant pour chaque mois une somme de six livres au moins, qui sera versée dans ladite caisse.

« Art. 6. — Celuy qui ne se sera pas rendu à la garde lorsqu'il y sera appelé, ne sera affranchi de l'amende et de la garde suivante qu'en cas de maladie, ce dont le sergent de garde avec un fusilier auront soin de s'assurer.

« Art. 7. — Les personnes qui désireront se mettre au nombre des Volontaires patriotes se feront inscrire à l'Hôtel de Ville ou chez l'un de MM. les capitaines ; et afin que le présent soit notoire, il a été arrêté, imprimé, publié et affiché dans les carrefours et lieux accoutumés de cette ville ». — Suivent les signatures du maire, des échevins et autres officiers du corps de ville et électoral.

Le premier dimanche qui suivit le 8, on publia à la porte de nos deux églises un mandement fixant à 5.970 livres, quart du principal de la taille, la contribution due par la ville d'Elbeuf pour les travaux relatifs à la confection et à l'entretien des routes.

Pierre de Coprez, capitaine aide-major ; Joseph Delacroix, capitaine en second, Parfait Dupont, sergent ; Désiré, caporal, et Leroy, » tous Volontaires patriotes d'Elbeuf, accompagnés de quatre hommes de la troupe auxiliaire, requis par les officiers municipaux », se présentèrent le 9, chez Ambroise Vitcoq, laboureur au Thuit-Signol, qui prétendait ne pas avoir de blé battu. Vitcoq étant absent, et sa femme ayant refusé d'ouvrir la porte d'un bâtiment, le détachement l'enfonça. Il trouva, à l'intérieur, de cinq à six sacs de blé battu, « et vu l'absence des propriétaires, qui s'étoient enfuis, on laissa quatre hommes de garde pour empêcher l'enlèvement du bled et assurer à son transport à l'Hôtel de Ville d'Elbeuf. »

Les Volontaires elbeuviens paraissent avoir parfois agi avec trop de zèle. Quelques jours après, et malgré que les boulangers d'Elbeuf achetaient tout le blé qu'ils pouvaient désirer à la halle du Neubourg, les Volontaires obligèrent une femme du Troncq, qui se rendait à cette dernière halle, à rétrograder et à porter son blé à Elbeuf.

Cependant, la municipalité d'Elbeuf, surexcitée par la mauvaise volonté de la plupart des cultivateurs, qui persistaient à ne pas vouloir apporter de blé à notre halle, résolut de sévir. Elle choisit pour faire un exemple, la personne d'Ambroise Vitcoq, cultivateur à Thuit-Signol, dont nous venons de parler.

Le 10 octobre donc, le corps de ville prit cette délibération :

« Considérant que des invitations multipliées ont été faites à diverses reprises et notamment dans le courant de cette semaine, à tous les laboureurs du canton d'apporter du bled à la halle de cette ville..., qui depuis quinze jours ne reçoit pas la moitié de ce qui est nécessaire à la consommation ; que l'on ne peut regarder que comme un acte d'inhumanité sans exemple le refus d'un laboureur quel qu'il soit, d'apporter du bled lorsqu'il en a, dans des circonstances aussy alarmantes ;

« L'assemblée a déclaré confisquer, comme de fait elle confisque, la moitié de la valeur du bled arrêté sur ledit Vidcoq... »

Le blé saisi remplissait vingt boisseaux ; il fut immédiatement vendu pour le prix de 114 livres, et deux boisseaux de seigle 6 livres, soit au total une somme de 120 livres, dont moitié fut remise au sieur de Coprez, pour défrayer les Volontaires de leurs expéditions chez Vitcoq et ailleurs.

La troupe bourgeoise saisit encore deux sacs de blé, le 12 du même mois, sur les nommés Laquerrière et Paulmier, de Daubeuf, que même on mit en prison, surtout afin de les soustraire à la fureur de la population ; deux sentinelles furent placées à la porte de la maison d'arrêt.

L'ordre du jour de la séance municipale tenue le 13 fut très chargé ; mais c'était toujours la question des subsistances qui dominait toutes les autres.

On prit des dispositions pour distribuer, le lendemain matin, « du pain aux ouvriers et autres personnes du peuple » ; deux fusiliers seraient placés à la porte de chaque boulanger pendant la distribution, qui se ferait en pains de deux et de quatre livres.

Le fonctionnement du service organisé par les Volontaires patriotes, de concert avec le corps municipal, donna lieu à plusieurs conflits curieux, notamment un entre le bailli de de la haute justice, le maire d'Elbeuf et plusieurs avocats du siège de notre ville ; tous montrent l'état d'esprit dans lequel se trouvait une partie de la population. Nous ne relèverons cependant que l'affaire Balleroy, avocat, dont nous aurons encore à parler par la suite, et, bien que fort longue, nous allons reproduire une lettre qu'il adressa au corps municipal :

« Messieurs ; j'ai reçu hier, 13 octobre, un billet d'ordre de la part du maire de la ville, à l'effet de monter ma garde, y est-il dit, aujourd'huy depuis midy jusqu'à demain pareille heure.

« Je me présente devant vous, non pour déclarer un refus — je n'examine point si, en qualité d'avocat, je n'y serois pas très fondé ; ce qu'il y a de certain, c'est qu'il pourroit arriver que dans des jours le service public m'appelleroit en deux endroits à la fois au même moment : à l'audience et sous les armes, si l'on me fixoit un jour de garde le mardi.

« Mais dans des temps d'une aussi grande fermentation, dans des temps où la patrie est en danger, tout homme ne doit voir en lui que son caractère de citoyen... Je viens donc déclarer formellement que j'obéis de prendre les armes, que je demande même à les prendre, mais dans un ordre politiquement constitué et sur les règles de la raison.

« Je ne connois point, Messieurs, dans cette ville, de corps de milice bourgeoise ; vous demander sous ce titre les chefs aux ordres desquels je dois obéir, mes camarades avec lesquels je dois servir, seroit de ma part une ironie, puisque je sais qu'il n'en existe pas, et mon intention est ici loyale, sérieuse, franche et réfléchie.

« Si cependant je me trompois et qu'il existât un corps de milice bourgeoise, je vous supplie de me le montrer, de me faire voir sa constitution ; et alors je déclare obéir à l'ordre qui m'a été envoyé.

« Il est vrai qu'il existe en cette ville un corps de Volontaires, composé de bourgeois ; je les honore en général et veux les estimer en particulier ; mais, permettez-moi de vous le dire, je crois un tel corps infiniment impolitique et dangereux. « Volontaire » est sinonime d'indépendant.

« On compare l'organisation d'un Etat à une pièce de méchanique, comme une horloge, dans laquelle toutes les roues sont correspondantes entre elles et au moteur qui les met en action. Figurez-vous cependant une roue allant « volontairement » et dont la marche peut ambuler çà et là, vous ne verrez plus qu'un désordre ; tel est l'effet que peut présenter la constitution des Volontaires.

« Ce n'est pas, Messieurs, que je désapprouve la réunion qui s'est opérée dans l'origine de nos troubles civils. Je suis un des plus grands admirateurs de l'action intrépide de Messieurs les Patriotes d'Elbeuf, et je n'ai pas été moins sensible qu'un autre au danger que l'un d'eux, votre concitoyen, a couru par suite d'un aussi beau zèle ; mais cette réunion utile dans la première effervescence, ne devoit pas être constituée et ne doit pas former un corps.

« La crise dans laquelle est la France exige une prudence infinie. Sans doute, il n'est pas difficile de savoir quel parti est le meilleur : celui de la Nation portant les armes pour sa liberté, ayant à sa tête un roi-citoyen qui veut la loi, ou des partisans et fauteurs du pouvoir arbitraire et de l'aristocratie. Il ne faut qu'être honnête homme pour le décider ; mais où il faut beaucoup de prudence, c'est à bien choisir les moyens propres à nous faire triompher de nos ennemis.

« Le moyen sûr, lorsqu'il est question de prendre les armes pour se garder, c'est, en entrant dans le plan de l'ordre de politique et de liberté que l'Assemblée nationale s'efforce d'étendre sur la surface de la France, c'est de les prendre sous le titre de Milice bourgeoise, dont les chefs, élus par les membres de la cité, soient soumis aux ordres et surveillance des chefs civils.

« Messieurs les maire et échevins, de cette sorte, tout se correspond dans la machine de l'Etat politique, et la roue la plus redoutable, celle qui forme le pouvoir terrible des armes, est subordonnée au moteur de toutes sur un plan uniforme.

« Aussi, Messieurs, je déclare ne vouloir servir que dans un corps de Milice bourgeoise, constitué régulièrement.

« Et à quels chefs, Messieurs, exige-t-on, dans ce moment-ci, que je donne ma confiance et que j'obéisse ?

« Aux officiers de MM. les Volontaires ?

« Je me ferois un devoir et un plaisir de servir sous un très grand nombre d'entre eux, s'ils étoient officiers sous le titre de Milice bourgeoise.

« Mais puisqu'ils sont volontaires, je veux être libre de servir, comme eux de commander. Ma conscience me défend de me ranger sous leurs drapeaux, et j'use de l'exercice de liberté en ne m'y rangeant pas.

« Quelle contradiction plus évidente que

ceci : On me forceroit de porter les armes dans un corps ou sous les ordres d'un corps qui est « libre » de les mettre à bas ?

« J'ai d'autres considérations non moins puissantes. Je n'ai pas été appelé à la nomination des chefs de ce corps, et l'on me forceroit de donner ma confiance à des chefs que je n'ai pas élus ? La confiance est le plus libre des sentiments.

« Croyez-vous, Messieurs, que j'eusse donné ma voix, par exemple, à M. de Zens, homme attaché au prince Lambesc *(sic)* par des liaisons de cœur et de fortune ? Si jamais un citoyen a pu et dû faire usage de l'ostracisme contre un homme suspect, c'est sans doute M. de Zens que j'eusse commencé par faire exclure. Et vous voudriez m'obliger à servir sous un homme attaché de cœur et d'esprit et de bourse au prince Lambesc ?

« Que diriez-vous, par exemple, Messieurs, si, volontaire et portant l'uniforme du corps, obligé par là de soutenir de toute ma puissance, dans la chose publique, les décrets de l'Assemblée nationale, j'allois, cependant, comme avocat, porter à l'audience, pour un ex seigneur, une cause contre ses ex-vassaux, à l'effet de les faire condamner sur un procès-verbal de son garde-chasse, parce qu'ils auroient chassé non sur ses terres, mais sur les leurs ?

« Ce que vous me diriez ? L'indignation m'empêche de trouver les termes !

« Hé bien ! Messieurs, maître Bosquier, avocat, procureur du roi de la cité, lieutenant des Volontaires d'Elbeuf, porta hier, à l'audience de la haute justice de la Londe, pareille cause pour M. le marquis de la Londe, du nom duquel ses gens d'affaires abusent, j'aime à le croire.

« Ce n'est pas tout ; ce procès-verbal, en original, est écrit de la main du clerc de Mᵉ Bosquier. Est-ce le garde qui est venu chercher précisément le clerc de l'avocat qui devoit se trouver chargé de poursuivre l'affaire, ou est-ce l'avocat choisi pour cette poursuite qui s'est servi de la main de son clerc, pour la rédaction du procès-verbal ? Je vous laisse à penser. Les faits sont certains, et le procès-verbal peut être représenté.

« Et je servirois, moi, sous un homme qui s'est militairement dévoué à l'exécution des décrets de l'Assemblée nationale et qui contrarie juridiquement leur exécution, un homme qui agit des deux mains en sens contraire !

« Je suis pénétré de douleur et de la plus profonde douleur d'être obligé de révéler ces vérités. Mais dans la commotion où nous sommes, la vérité doit être révélée. Il ne faut pas que l'ennemy s'introduise sous nos ex-seigneurs.

« Nous sommes ici dans une position étrangère à bien des villes, et j'aspire à être membre de la Milice bourgeoise pour dévoiler bien des abus.

« La crainte de tout ce qui touche au prince Lambesc tient les bouches closes, et la première chose à faire, c'est d'exclure les gens de ce prince. Nos affaires et les siennes ne s'accordent point.

« Par toutes ces considérations, je déclare donc formellement que je ne veux servir que dans un corps de Milice bourgeoise constitué légalement. Je me refuse à monter la garde aujourd'hui sous le commandement et l'ordre des officiers de MM. les Volontaires. Je me mets sous la sauvegarde de la loy et sous la protection de l'Assemblée nationale et de l'Hôtel de Ville d'Elbeuf et de tous les citoyens patriotes.

« Je demande expressément que la cité soit assemblée dans tous ses membres, depuis l'âge de vingt ans, le plus tôt possible, demain si ce n'est aujourd'huy, pour délibérer sur la nécessité de constituer un corps de Milice bourgeoise, et d'inviter MM. les Volontaires à se fondre parmi nous, sauf à conserver leur uniforme avec quelques modifications...

« Je requiers enfin qu'il me soit accordé acte du présent et qu'il soit inscrit sur le registre, à l'effet de quoi je le laisse sur le bureau.

« Fait à Elbeuf, ce 14 octobre 1789 ; BALLEROY, avocat. »

Le corps de ville s'assembla le lendemain 15. Il fut donné lecture de l'écrit de Balleroy, dans lequel tous les officiers municipaux présents « virent, avec indignation, un outrage grave fait à M. Zens, commandant, et M. Bosquier, lieutenant de la Milice bourgeoise, sous la dénomination de Volontaires ».

L'assemblée rendit hommage à Zens et à Bosquier, pour leur zèle et leur patriotisme et, d'une voix unanime, arrêta que cet écrit ne serait pas, comme le requérait son auteur, transcrit sur le plumitif des délibérations municipales, comme étant « impertinent, séditieux et méchamment dirigé ».

Elle décida, en outre, « qu'en punition de cet attentat à la réputation de deux personnes qu'elle estime et honore, ledit sieur Balleroy sera demain vendredy renvoyé à la garde montante et déclaré de suite incapable de servir dans la Milice bourgeoise d'Elbeuf ». Cette délibération fut lue et affichée par toute la ville.

Ce même jour, le corps de ville se prononça sur le cas du sieur Asse, avocat, qui, ainsi que d'autres bourgeois, avait refusé de monter la garde. Il fut résolu qu'on emploierait contre Asse « les voyes militaires ».

En effet, le lendemain 16 octobre, au moment de la garde montante, le corps de ville envoya quatre fusiliers chez Asse pour l'amener de force ; mais l'avocat avait quitté son domicile. Les fusiliers, croyant qu'il allait bientôt rentrer, l'attendirent à sa porte. La dame Asse quitta elle-même sa maison avec ses enfants et sa servante, obligeant ainsi les fusiliers à garder l'immeuble. Et de fait, deux sentinelles furent placées de jour et trois la nuit afin d'empêcher qu'on entrât. Pendant ce temps, Asse discourait et tenait même des propos outrageants, dit-on depuis, à Rouen, contre l'administration municipale d'Elbeuf.

Dans cette circonstance, le corps de ville décida d'informer le marquis d'Herbouville de la situation que lui créait l'avocat Asse.

En réponse à une lettre de l'intendant, le corps municipal d'Elbeuf lui écrivit, le 19, qu'il était contredit dans toutes ses opérations, et n'avait pu faire opérer la rentrée des impôts : « Nos receveurs ont passé plusieurs mois sans percevoir un seul droit ; nos exhortations n'ont produit aucun effet ; mais on a tenu une note exacte de tous les débiteurs... Nous ne pouvons employer la force dans un moment où le manque presqu'absolu de bled augmente l'effervescence qui règne depuis plusieurs mois... »

Les embarras pour les administrateurs de notre ville ne faisaient qu'augmenter, par suite de compétitions et de haines particulières qui se faisaient jour à la faveur du trouble général de cette grande mais douloureuse époque. Le 19 de ce même mois d'octobre, la requête suivante fut déposée sur le bureau d'Hervieu du Homme :

« A Monsieur le bailly de la haute justice d'Elbeuf supplient très humblement les habitants d'Elbeuf soussignés et vous remontrent qu'au moment où le despotisme expire, il n'y avoit pas lieu de croire que l'aristocratie prendroit son essor dans Elbeuf.

« Les suppliants se voient dans la nécessité de vous représenter, Monsieur :

« 1º L'irrégularité avec laquelle les maire et échevins de cette ville ont procédé à l'élection des députés choisis pour aller au Pont-de-l'Arche, faire une députation au bailliage principal. Cette irrégularité a prouvé de ce que se peut conserver la majorité des voix. La municipalité a appelé à son secours les notables qui, en droit, en étoient exclus.

« 2º Lesdits sieurs maire et échevins ont fait payer à différents particuliers une somme de dix sols pour chaque passeport qu'ils expédioient, quoyque dans tout le royaume les passeports se délivrent gratuitement.

« 3º Dans la vue de faire exécuter à main armée les lois qu'ils voudroient faire à leurs concitoyens, lesdits sieurs maire et échevins ont formé un corps de Volontaires, dont ils ont nommé eux-mêmes les chefs principaux et peut-être même les officiers en sous-ordre.

« 4º Enfin, dans le temps où l'Assemblée nationale a décrété la liberté des citoyens et déclaré qu'il ne devroit estre fait aucun nouvel impost, les sieurs maire et échevins de cette ville ont, le 7 de ce mois, rendu un décret absolument contraire aux vœux de l'Assemblée nationale et à l'esprit des réglemens concernant la Milice bourgeoise.

« L'article 1er de ce décret porte que les citoyens domiciliés, âgés depuis viron dix-huit ans jusqu'à soixante-dix ans et payant douze livres de capitation et au-delà, seront tenus de faire le service de la garde avec les Volontaires. Cet article est contraire aux réglements sur le fait des Milices, qui exemptent les personnes de quarante ans accomplis de tirer au sort.

« L'addition au titre 2 de ce décret porte que « ceux qui se refuseroient à ce service « indispensable, y seront contraints sous nos « ordres » (des maires et échevins) par toutes voyes militaires quelconques. Il ne faut pas être très clairvoyant pour appercevoir que cet article est attentatoire aux vœux de l'Assemblée nationale, qui s'oppose à ce que tout citoyen domicilié puisse estre emprisonné, s'il n'est pris en flagrant délit, sans un décret du juge ordinaire.

« L'article 4 dudit décret ordonne que celui qui, en cas d'absence, aura manqué de se faire remplacer, payera au proffit de la caisse militaire une somme de trois livres d'amende, et outre, sera tenu de monter la garde le lendemain. La disposition de cet article semble annoncer un corps de milice formé, et pourtant il n'en existe pas dans Elbeuf. Ce ne peut estre celle du corps des Volontaires et dont M. le procureur fiscal est le caissier. MM. les maire et échevins voudroient-ils ajouter le produit de ces amendes à celuy des passeports ? Il nous repugne de le croire et cependant nous sommes forcés de le penser.

« L'article 6 dudit décret semble être favorable à ceux de nos concitoyens qui ont des infirmités ; cependant, il présente encore un signe de vexation, puisqu'il assujettit chaque infirme à verser six livres au moins par mois dans ladite caisse militaire.

« De telles vexations ne peuvent qu'irriter chaque individu de cette cité ; elles tendent même à un bouleversement que votre sagesse seule, Monsieur, peut prévenir, parce qu'à vous seul le pouvoir exécutif est confié. Les suppliants s'empressent donc d'implorer votre justice et, dans l'espoir de l'obtenir, ils ont l'honneur de vous présenter leur requeste :

« A ce qu'il vous plaise, Monsieur, enjoindre à la municipalité de ce lieu de se conformer au vœu de l'Assemblée nationale ; en conséquence, faire deffense aux sieurs maire et échevins d'attenter à la liberté d'aucuns citoyens de cette ville, ny de faire aucune exécution sur les meubles desdits citoyens, à peine d'estre poursuivis comme coupables de lèze-nation, et d'estre comme tels dénoncés à l'Assemblée nationale ; sauf auxdits sieurs maire et échevins à convoquer une assemblée générale dans un lieu convenable pour délibérer sur la nécessité de former une milice bourgeoise, et à donner un état de tous les citoyens qui, suivant le réglement, devront faire partie du corps de la Milice bourgeoise, et aussy pour nommer saize députés qui formeront un comité électoral et veilleront à la conservation des droits de la cité.

« Ce considéré, il vous plaise, Monsieur,

authoriser les suppliants d'approcher devant vous MM. les officiers municipaux de la ville d'Elbeuf, dans la personne de M. Delarue, maire de ladite ville, pour voir dire qu'il seroit condamné à ordonner l'assemblée demandée par les suppliants, et que jusque-là les citoyens de la ville seront sous la sauvegarde de la justice et ne pourront être poursuivis en conséquence du décret de la ville du 7 du présent, et vous ferez justice ». — Suivent les signatures au nombre de trente environ.

Cette supplique fut communiquée au procureur fiscal, qui refusa de donner des conclusions. Acte fut donné aux suppliants par Hervieu du Homme, bailli, avec mandement de venir au premier jour plaidable. La pièce fut ensuite signifiée au maire, à la requête de Robert Leveneur, cafetier, rue Marchande, le 19 octobre.

Ce Robert Leveneur avait fait quelques études, car nous trouvons une lettre, signée de lui, dont partie du texte est en latin. Cette lettre nous apprend que, dès le mois d'avril, il avait réclamé de la municipalité l'organisation d'une milice bourgeoise. Elle se termine par ce singulier *nota* : « Quoique limonadier — le mot n'est pas nouveau comme on le voit — Monseigneur Necker n'ignore pas que Marie-Anne Beuzelin, sœur de Marie-Rose, mère de ma mère, a épousé M. le duc de la Force ».

Le lendemain 20 octobre, le corps de ville se réunit. Le maire lut la signification dont nous venons de donner le texte. On la déclara injurieuse pour le corps municipal. Il fut dit qu'il était temps de mettre fin aux contrariétés suscitées par le bailli et autres, lesquelles faisaient obstacles au bien et à la tranquillité publiques, de proscrire les actes attentatoires à l'autorité du corps municipal, « dirigés par les ennemis du bon ordre qui ne cherchoient qu'à semer la division parmi les citoyens ».

Le maire demanda à l'assemblée de prendre une détermination fixe et invariable qui mît la cité à l'abri des suites fâcheuses de ces sortes d'insurrections suscitées par des hommes mal intentionnés et méchants.

Bernard Delarue parla encore longtemps dans ce sens ; après quoi l'assemblée, à l'unanimité, sans s'arrêter aux « faits calomnieux et absurdes contenus dans la requête, qu'elle regarde comme le résultat d'une effervescence suscitée par quelques esprits turbulents et factieux », déclara persister à se maintenir dans son droit.

Dans cette réunion, le maire donna lecture de la lettre suivante qu'il venait de recevoir du bailli :

Elbeuf, ce 20 octobre 1789.

« Monsieur le maire,

« Je suis véritablement fâché de ne pouvoir me rendre à l'invitation du bureau de Ville. Je serois fondé à croire, dans les circonstances présentes, à la suite des humiliations odieuses que l'on a fait éprouver à mes confrères, que cette invitation est une dérision et peut-être un piège ; mais quand on pense rencontrer dans le cœur de ses concitoyens les mêmes sentiments qui animent le nôtre, on est au-dessus de ces craintes. Ce n'est donc ces terreurs paniques qui m'écartent du bureau de Ville.

« Vous avez pu oublier, Monsieur, la scène

qu'on m'y avoit préparée. En effet, on attendit que les acteurs fussent arrivés. Monsieur votre greffier, les lunettes sur le nez, me comparant modestement à lui, en me reprochant mon savoir, m'assura, avec un rire sardonique, que, pour faire mon métier, il falloit que j'allasse consulter, et qu'il étoit au-dessus de cela, ayant par devers lui un fonds de science et de connoissances. J'en félicite M. le greffier, l'éducation qu'il a reçue, ses premières années de labeur, les heureuses dispositions qu'il a reçues de la nature, sont parvenues à en faire un homme d'un certain poids ; à la bonne heure ! mais il ne faut pas humilier les autres parce que l'on est savant.

« M. de Zens ouvrit et termina la scène en venant m'enlever, par vos ordres, à main armée, un homme détenu dans mes prisons, au moment où j'allois exercer mes fonctions. J'ai été étonné qu'un officier, décoré de la croix de Saint-Louis, se soit prêté à un pareil acte de violence envers un officier de justice qui remplit son devoir; mais les expéditions militaires ont toujours des attraits pour ceux qui ont sucé ce lait meurtrier. J'ai rédigé dans le tems mon procès-verbal de cette vexation, et je vous y ai accolé, Monsieur, pour en avoir donné l'ordre.

« Ces scènes viennent de se renouveler en la personne de M. Balleroy et de M. Asse, l'ancien avocat de ce siège, et par cette raison chargé de nos fonctions (des fonctions de bailli) en cas d'absence.

« Je n'excuse point la diatribe que s'est permis mon confrère et collègue. La démarche de votre comité lui avait monté la teste ; vous êtes les premiers moteurs de l'effervescense de son imagination ; de là les sottises. Mais vous, Monsieur, à la teste de ce comité permanent, avez-vous pu vous permettre que l'on insultât et outrageât d'une manière aussi humiliante, un avocat occupé tous les jours des affaires de ses concitoyens, parce qu'il a cru qu'il leur étoit plus utile dans son cabinet qu'à faire parade sur la place, un fusil sur l'épaule ? Heureusement que « l'idée du réverbère » — allusion au supplice de Foulon — n'est point venue échauffer l'esprit patriotique de vos soldats, car il était perdu !

« Comment M. Bosquier, mon autre confrère et collègue, doué d'esprit et de bon sens, jusqu'ici occupé de fixer toutes les routes des dédales de la Justice, a-t-il pu tout à coup s'élancer du sein des lois dans la carrière des armes ? Le bruit du tambour a-t-il réveillé en lui des talents militaires jusque-là sans doute assoupis ? A-t-il pensé qu'un sabre malthois, encore teint de la rouille du sang des infidèles mahométants, dût être dérouillé, pendant la vacance, dans le sang des infidèles d'Elbeuf ? Vous en avez fait un lieutenant, Monsieur, et j'en suis fâché, et c'est une perte pour mon petit tribunal ; car j'aime beaucoup mieux M. Bosquier m'instruisant des lois, que M. Bosquier, militairement armé, contribuant pour sa part à vexer ceux qui ne le sont pas.

« Il me reste encore à vous parler, Monsieur, d'un de mes confrères, mon représentant M. Asse. Je suis fâché qu'il ne soit pas du goût de M. votre greffier, ni de celui de plusieurs autres Messieurs ; mais il n'est pas à mon pouvoir de me faire remplacer à mon choix. Je me suis fait une loi de remplir mes devoirs : je serai ferme à cette loi. Faites changer celle qui ordonne qu'en cas d'absence le juge sera remplacé par l'ancien avocat du siège et j'y souscrirai ; mais je ne vous dois pas compte de mes absences.

« M. le procureur fiscal auroit dû réclamer et s'opposer aux voyes de fait commises en la propriété de M. Asse ; il n'est pas excusable de ne l'avoir pas fait. Il ne falloit pas que les honneurs militaires fissent taire en lui le sentiment du devoir, et une épée au côté de M. le procureur fiscal en ordonnance n'ajoute rien au respect qui lui est dû comme substitut de M. le procureur général. C'est sûrement pour réaliser le grade de thrésorier, dont il est décoré, que vous avez décrété ou fait décréter, Monsieur, que ceux de vos concitoyens qui manqueroient de monter la garde ou qui ne pourroient le faire, payeroient 3 liv. d'amende et 6 livres de contribution.

« Mais, Monsieur, avez-vous bien réfléchi que c'est là une vraie concussion, comme celle de prendre 10 sols pour la délivrance des passeports ?

« Il a été de mon devoir de dénoncer, tant à M. le procureur général qu'aux représentants de la Nation, ces sortes de concussions illégitimes. Il m'a, de même, été dicté par la prudence, vu les injures particulières et celles faites aux avocats de ce siège, de cesser mes fonctions jusqu'à ce que l'ordre soit rétabli. J'en ai prévenu mes supérieurs et je vais en instruire les représentants de la Nation.

« Voilà, Monsieur, ce que j'avois à vous dire ; mais avant de vous quitter, j'espère que vous ne trouverez pas mauvais que je vous fasse part de mes réflexions sur les circonstances présentes.

« Je vous vois embarassé ; la confiance a déserté votre marché. Vous avez fait prendre les armes ; contre qui ? Contre ceux qui occasionnent du désordre. Après les avoir écartés, il falloit mettre bas les armes et reprendre le fil de vos affaires. L'habitude de vous voir armés y a accoutumé ceux qui avoient intérêt au trouble. Ils ont trouvé le moyen de s'armer ; ils vous ont inquiété, et vous avez cru prendre la pie sur le nid en vous les associant. Hé bien ! moi, je crois que c'est une sottise. Je désire me-tromper ; mais je n'ai plus rien à dire qu'à vous assurer, Monsieur, que personne n'est avec plus de considération que moi, Monsieur le maire,

« Votre très humble et très obéissant serviteur : Hervieu du Homme ».

Le lendemain 21 octobre, le maire et les échevins d'Elbeuf adressèrent une nouvelle supplique à Necker, dans laquelle ils exposèrent la situation causée par l'hiver précédent, le manque de travail, l'absence des grains et enfin toutes les horreurs de la misère qui sévissait dans notre ville.

Ils se félicitaient d'avoir armé la bourgeoisie elbeuvienne, pour maintenir l'ordre, et d'avoir aussi pu préserver du pillage les bateaux de blé qui passaient journellement devant Elbeuf à destination de Paris :

« Nos marchés, presque totalement dépourvus de grains, laissent sans pain nos malheureux habitants, qui se persuadent que les accapareurs s'empressent d'enlever la dernière récolte.

« Les esprits se sont trouvés tellement exaltés, par des rapports de toute espèce, qu'il s'en est suivi parmi le peuple de notre ville et des environs des associations nombreuses pour la recherche et la conservation de ses subsistances.

« Le laboureur, assailli à chaque instant par des troupes de gens armés, ne délivre qu'en tremblant le produit de sa récolte, que les villes circonvoisines s'arrachent impitoyablement, et il nous glace d'effroy en nous assurant que dans quelques mois elle sera épuisée entièrement !... »

Ils portent ensuite des plaintes très vives contre leur bailli, qui, disent-ils, n'a pour but que d'exciter le peuple contre la municipalité, et terminent en exposant que le comble est mis au mal par la disparition du numéraire à Elbeuf, dont la fabrique a cependant à payer 150.000 livres de main-d'œuvre chaque semaine.

CHAPITRE XV

(OCTOBRE 1789 *(suite)*

Le factum de l'avocat Balleroy contre la municipalité d'Elbeuf. — Détails rétrospectifs. — Ce que l'on appelait « noblesse » et « bourgeoisie » a Elbeuf. — Les « triumvirats » elbeuviens. — La municipalité accusée de concussion. — Comment Balleroy avait été déclaré indigne de servir dans le corps des Volontaires. — Il dénonce la municipalité a a l'Assemblée nationale. — Ses griefs contre Zens et Bosquier.

Dans le chapitre précédent, on a sans doute remarqué une allusion faite par le bailli Hervieu à une « diatribe », qu'il excusait jusqu'à un certain point, dont l'auteur était l'avocat Balleroy — qui devint juge de paix à Elbeuf. — Nous possédons un exemplaire de ce document, imprimé chez Brune, rue du Théâtre-Français, à Paris.

Malgré son étendue, nous en reproduisons le texte presque entier. Le lecteur, en tenant compte de l'esprit de parti qui l'anime, se représentera un des côtés de l'état moral où se trouvait notre ville au commencement de la Révolution et la profonde division existant déjà entre deux groupes de notables elbeuviens.

OBSERVATIONS

de François-Pierre Balleroy, avocat ; contre les Municipaux d'Elbeuf-sur-Seine.

Il n'est pas rare d'entendre des oppresseurs qui, contrariés dans leur plan d'oppression, se sont vengés avec tous les excès d'une fureur aveugle, s'excuser ensuite sur ce que leur victime auroit pu s'éviter le malheur de la devenir, en se soumettant à leurs volontés. Les Municipaux d'Elbeuf suivent cette marche ordinaire. Je le confesse, si j'avois envisagé dans des hommes tels qu'ils paroissoient armés pour la liberté, de petits tyrans, qui n'en ont été que les ennemis, j'aurois préféré de leur sacrifier un peu d'argent, à me sacrifier moi-même. Ce n'est pas que si j'avois eu le don de deviner jusqu'à l'invraisemblance, je me fusse réduit au silence de l'égoïsme. Non, le bien public m'auroit tout de même fait parler. Seulement je ne me serois point placé sous leur *protection*, comme je l'ai fait avec confiance, pensant avantageusement de la plus grande partie d'entr'eux. Mais il me semble que ce n'est pas des suites imprévoyables que les méchans ont donné à une action vertueuse qu'ils peuvent partir pour l'incriminer, et rendre défavorable celui qui a eu le courage de la faire. Il me semble, au contraire, que plus ils ont fait de mal, plus ils sont coupables.

Les Municipaux s'écrient que je n'ai porté mes plaintes que par *vindication*, comme si je devois laisser impunies leurs atrocités, et subsister le méprisable chiffon avec lequel ils ont voulu en couvrir le scandale. Je n'ai demandé à l'Assemblée nationale que la *suspension* de ses effets, pour les forcer de m'accorder liberté et sûreté. Je savois qu'elle n'a pas le pouvoir judiciaire, qui seul peut me faire justice d'eux ; et je vais les dénoncer à la vindicte des loix. Qu'ils ne se croyent pas à l'abri de l'impunité, sous prétexte qu'ils ont agi avec le titre de Municipaux. Ils seront responsables personnellement de l'abus affreux qu'ils ont fait de leurs fonctions. Ce n'est pas ici une erreur sur laquelle plusieurs esprits peuvent se trouver partagés, c'est un crime qu'ils ont commis sciemment et avec méchanceté.

La connoissance d'Elbeuf fera toucher au doigt la cause, et l'énormité de ce qu'ils m'ont fait. J'ignorois plusieurs traits de leur conduite lors de mon Mémoire ; et ils en ont pris avantage pour fonder leur défense sur une foule de mensonges. Je vais dire la vérité et la dire toute entière : je me soumets à l'action des loix. Il n'y a de *Libellistes* que les calomniateurs qui ne signent pas.

Elbeuf est composé de 80 maisons de fabricans de drap plus ou moins considérables, de beaucoup de marchands et artisans à boutique ouverte, et d'une infinité d'ouvriers de fabrique. Il n'y a point de Noblesse dans cette ville, ni de gens de robe qui vaille dire ; car la justice n'est composée que d'un juge, d'un procureur-fiscal et trois avocats ; cependant il y règne une distinction de classes bien marquée, non pas seulement entre les riches et les pauvres, mais entre les fabricans, qui font comme un *ordre* à part, et tous les marchands, qu'ils regardent infiniment au-dessous d'eux, et qu'ils appellent les *Bourgeois ;* tandis que ceux-ci, par une sorte de réciprocité plaisante, les appellent *la Noblesse et les gens du grand monde.* Ce n'est pas que mon intention soit de ravaler la profession de fabricant ; j'ai une idée trop belle des relations du *Commerçant* avec les autres hommes pour ne point envisager cet état comme un des plus beaux de la société. Mais il me semble que c'est une chose par trop offensive, parce que dans une petite ville il y a une Manufacture considérable, que ceux qui sont de la manufacture se permettent de dédaigner et d'opprimer les autres citoyens qui n'en sont pas. Non que je prétende encore dire que tous les fabricans d'Elbeuf soient susceptibles de ces défauts : j'y connois beaucoup de maisons qui joignent à la sagesse des prétentions la modestie des actions. Mais enfin les faits sont là sur le général, et je n'en dirai qu'un : c'est qu'il a existé longtemps dans une des deux paroisses un accord entre les fabricans de n'admettre pour trésoriers que des Membres de leur corporation. Ils ont soutenu ce travers pendant plusieurs années ; et on les a vus dans l'auguste banc de l'œuvre se succéder alternativement une année sur trois. Ce n'est que depuis peu que, fatigués de ces honneurs exclusifs, par la bourse, ils ont fait la grâce à quelques *Bourgeois* de leur permettre de s'y asseoir à côté d'eux.

On a l'exemple tous les jours de l'esprit de division, de haines et de querelles qui résulte naturellement de cet état de choses. C'est une guerre ouverte entre MM. de la Fabrique et la *Bourgeoisie ;* et souvent elle devient dangereuse, surtout lors de la rencontre de leurs intérêts, qui se trouvent, par cet abus, continuellement opposés ; entr'autres sur le tarif des droits d'entrée, la capitation, etc. C'est pour tout dire en un mot technique, *l'aristocratie* la plus marquée dans le corps des fabricants de la ville (1). Ajoutez à cela que le régime féodal y règne avec dureté. Le prince Lambesc a une infinité de petits emplois, depuis le château seigneurial, jusqu'au moulin banal, distribués habilement, sans oublier ce qui forme la Verderie, comme garde-marteau, greffier..., etc., très petit tribunal, presqu'imperceptible, dont il est à souhaiter que l'espèce disparoisse.

D'après ces notions, on ne sera pas surpris sans doute de savoir que le maire de la ville n'est jamais qu'un fabricant, que les échevins sont des fabricans. Il faut cependant excepter un de ceux ci chaque année, que l'on a soin de prendre dans les bourgeois, pour avoir lieu

---

(1) Un effet remarquable c'est qu'il y a peu d'ouvriers à Elbeuf imposés à moins de 3 liv. de capitation. Cette imposition va fournir à Elbeuf un nombre de citoyens actifs bien au-delà de la proportion calculée en général par l'Assemblée nationale. On m'assure que les fabricans, frappés de ce prétendu inconvénient dans le nouvel ordre de choses, ont fait décider par les Municipaux actuels qu'il y auroit des cartes distribuées pour l'organisation de la nouvelle municipalité, sans lesquelles on ne pourra entrer aux Assemblées. La ville, non pas l'Hôtel de Ville, a intérêt d'empêcher cette singularité. Il suffit à chaque homme d'avoir en se présentant l'extrait de son imposition. On m'a dit encore que dans le nouveau rôle des privilégiés, les municipaux n'ont imposé les prêtres qu'à de très modiques sommes, 1 liv. 10 s. Ainsi les prêtres qui formoient le premier ordre dans l'Etat, ne seront pas seulement citoyens actifs à Elbeuf... Quelle sotte indécence !

de se défendre de cette affectation abusive. On ne sera pas surpris non plus de savoir que le greffier de l'Hôtel de Ville est en même temps le secrétaire de la Corporation fabricante, et l'homme d'affaires du prince, receveur de ses treizièmes ; enfin que cet être, encore greffier il n'y a pas très longtemps de la haute justice, est un important personnage qui mène les affaires de la ville.

Pour donner vie à ce tableau général, par la connoissance des actions particulières, il faut placer ici la sensibilité que les Municipaux font voir dans leur *réponse* au reproche *d'aristocratie* qu'ils imaginent que je leur ai fait. Il résultera de la réponse que je ferai, un contraste frappant et singulier à l'exposition duquel les municipaux ont donné ouverture, qui produira une plus grande lumière sur l'ensemble de l'affaire et ses détails.

« M. Balleroy n'a-t-il pas voulu, disent-ils,
« prévenir l'accusation bien mieux fondée que
« la ville en pourroit faire (le reproche d'aris-
« tocratie) contre une espèce de *triumvirat*
« s'élevant contre la municipalité ? Nous ne
« pousserons pas plus loin nos réflexions sur
« ce concert, cette sorte de coalition de trois
« personnages qui font notre plus grande
« peine ». Les municipaux ont entendu parler de l'histoire romaine... Ils s'en servent heureusement pour rappeler les idées de tyrans et de proscriptions...

Selon eux, le premier *triumvir* est le bailli de la haute justice, nouvellement pourvu, fils d'un avocat célèbre de Rouen, et qui a été secrétaire de l'ambassadeur en Angleterre. Les municipaux lui ont proposé à signer un acte par lequel ils lui enlevoient ses fonctions ;

il a refusé. Ils l'ont envoyé insulter jusques sur son siège par des gens d'armes ; il a été obligé de suspendre ses audiences et de paroître peu dans la ville.

Le second est l'ancien avocat M⁰ Asse ; les Municipaux l'ont envoyé chercher par cinq fusiliers pour monter la garde ; il étoit absent ; un ancien soldat que son nom feroit assez connoître, *Brave-Lamort*, qui lui en vouloit depuis longtemps, commandoit ces hommes. Arrivés au moment du dîner, la table étant servie, ils ont effrayé et chassé son épouse et ses deux enfans ; Brave-Lamort a tout bravé ; il s'est emparé du logis et y a posé trois factionnaires. Les Municipaux, loin de désapprouver cet attentat, ont fait successivement relever et remplacer la garde pendant six semaines, les portes et croisées ouvertes, et dîné toujours servi. Sa maison a été ainsi à discrétion jour et nuit ; sa famille et lui privés des choses les plus nécessaires, meubles, hardes et linges. Il s'est réfugié au Pont-de-l'Arche, en attendant le retour de l'ordre ; voilà le second triumvir.

Le troisième... c'est moi... En vérité je ne pensais guère à me voir un jour comparé à *Octave*, ou *Marc-Antoine*, ou *Lépide*, ces trois Maîtres du monde. Il y a infiniment d'esprit, il faut en convenir, à faire des rapprochemens de personnes aussi éloignées ; car Locke a dit que, comme le bon sens consiste à distinguer dans les choses leurs différences, l'esprit est l'art de trouver des comparaisons, des ressemblances éloignées et inattendues. Il est vrai qu'il a ajouté que cet art est souvent le délire de la folie, occupée perpétuellement à faire des liaisons extravagantes. Mais en ceci les Municipaux auront été guidés par cette grande vérité, que le caractère seul rapproche les hommes, malgré la différence des rangs, des temps et des lieux qui les tiennent à un intervalle immense. Puisqu'ils en sont si bien persuadés, je m'en rapporte au sentiment de leur propre conscience, pour qu'ils s'assignent leurs véritables places. J'ai la générosité même de ne point exiger qu'ils consultent leur exercice municipal. Ce n'est pas, je le dis très hautement, que j'adopte cette idée fausse qu'ils voudroient donner de moi, parce que j'ai toujours chéri la tranquillité, détesté l'injustice et fait le plus de bien qu'il m'a été possible ; je les défis de m'attaquer.

J'arrivois de mes vacances, que j'avois d'abord passées dans ma famille et ensuite à suivre les séances de l'Assemblée nationale, et j'ose dire que c'étoit un sentiment passionné d'admiration qui m'avoit conduit à ce nouveau spectacle. A peine y avoit-il quelque temps que j'étois de retour, je n'avois pas encore fait mes visites, *je n'avois pas vu le bailli*. J'ignorois les détails de l'inconduite des municipaux. Pour mettre ma vie en sûreté, j'ai été obligé de m'absenter de la ville. Voilà le troisième triumvir.

La différence est grande entre ce *triumvirat* d'Elbeuf et celui de Rome. Ici, il a été proscrit et là il proscrivoit. Il est bien juste que je fasse connoître ceux qui ont proscrit ici. Dans l'Hôtel de Ville tout est confondu, Municipaux et état-major. Les deux commandants des Volontaires sont du comité permanent, et les Municipaux, faisant partie du comité permanent, sont officiers des Volontaires.

C'est là qu'il faut les démêler, et le hasard veut qu'ils fassent le nombre de trois.

Ce n'est pas le maire (1) assurément, quoiqu'il soit nommé par le prince Lambesc, et qu'un de ses fils soit greffier en chef de la Verderie. Je n'en voudrois pas d'autre preuve que sa bonhomie à monter la garde plusieurs fois comme simple fusilier devant l'Hôtel de Ville. Son secrétaire greffier n'en auroit jamais fait autant. Comme tout le monde, il regardoit son Maire depuis la tête jusqu'aux pieds dans l'attitude de sentinelle, se bornant à l'applaudir d'un sourire, lorsque les autres haussoient les épaules. J'en pourrois donner pour preuve encore cependant la scène qui vient de lui arriver avec un factionnaire, qu'il a insulté et frappé, et dans laquelle pris au collet comme perturbateur du repos public, il a été traîné au corps de garde, où il est resté assez longtemps. Ici je dis les faits, et fidèle historien, je laisse à juger si l'idée que ce premier échantillon des Municipaux fait prendre de leur personnel, console moins qu'il ne chagrine, ou chagrine moins qu'il ne console, de voir un avocat jeune et d'espérance devenu victime des gens de cette espèce. Il me seroit facile de les caractériser tout en les faisant passer en revue dans ce cadre assez heureux.

Ce n'est pas non plus le sieur Colin Bourdon... pour satisfaire l'ambition duquel il suffit d'applaudir aux phrases qu'il est continuellement occupé à tourner. Ce n'est pas le sieur Henri Hayet... qui sait si bien distinguer dans l'Hôtel de Ville la puissance législative d'avec la puissance exécutive, mais qui n'est

---

(1) Bernard de la Rue.

que le serviteur soumis de ceux qui font mouvoir l'une et l'autre. Ce n'est pas non plus...
Mais je laisse à faire cette galerie aux amateurs de portraits ; je veux avoir le mérite de la modération.

Qui est-ce donc ? Le sieur Durand, qui a trouvé le secret de se fourer dans tous les greffes, dans tous les secrétariats, et de faire la loi à ceux dont il devoit la recevoir.... C'est le sieur Zens, Allemand, chevalier de Saint-Louis, attaché du prince de Lambesc, son conservateur de chasses, son *subordonné*, demeurant dans le château, et qui affecte dans la ville les tons et les airs d'un gouverneur de place, qui s'est fait commandant des Volontaires... C'est enfin M. Bosquier, avocat, homme de talent, mais souvent mal adroit, procureur-syndic de la ville et des officiers des Volontaires... Voilà les trois personnages qui meuvent les Municipaux dans presque toutes les circonstances.

Ah ! quand je vois Elbeuf, d'un coup d'œil dans son ensemble et ses détails, et que ma pensée se reporte sur tout le royaume, en se promenant d'abord dans Paris et ensuite sur toutes les provinces, où je découvre une infinite de villes comme Elbeuf, c'est alors que j'admire véritablement les travaux et le courage de l'Assemblée nationale, qui d'un seul coup détruit l'arbre du despotisme, depuis sa tête audacieuse jusqu'aux plus basses racines ; et ressuscitant la liberté, rappelle les hommes aux droits de l'égalité, au besoin d'être justes, confond leurs vaines distinctions. depuis le seigneur jusqu'au bûcheron, et les remet à à l'état de fraternité et de bonté dans lequel la nature a eu à dessein de les placer sur la terre.

Non, cet ouvrage ne sera pas méconnu ; déjà les Municipaux d'Elbeuf, qui sentent expirer leur règne de fer, commencent à devenir moins tyranniques ; déjà l'Hôtel de Ville a souffert les bourgeois de faire une assemblée particulière ; il est à remarquer que pas un seul fabricant n'y est entré, mais les Municipaux ont ajouté et joint leur vœu à celui de cette assemblée ; ils ont envoyé une députation au bailly pour l'inviter de se transporter avec les députés communs à l'Assemblée nationale, afin d'y exposer leurs demandes. Je ne parle pas de ceci à dessein de montrer leur inconséquence, de se faire représenter par un homme dont ils ont demandé formellement le déplacement à M. le garde des sceaux, et qu'ils appellent un *triumvir* un *personnage ;* mais de l'avoir ainsi calomnié et injurié à l'excès. Il leur a pardonné, cela fait honneur à son caractère ; j'en parle au contraire pour les féliciter de ce commencement de retour à la vérité, à l'égalité, à l'ordre, et à la paix.

Je désirerois bien n'avoir que des louanges à leur donner, mais je suis obligé en ce moment de tracer les faits de leur inconduite, si injuste, si tyrannique ; elle dérive de la composition d'Elbeuf dans l'ancien régime ; à mon grand regret je suis forcé de n'employer que le blâme.

Au mois de juillet, les Municipaux voulurent monter un armement capable de contenir les mal intentionnés, mais ils suivirent en cette occasion leur plan ordinaire, d'éloigner le plus de bourgeois qu'il seroit possible et surtout de les réduire à la simple fonction de fusilier. Le maire, en conséquence, alla dans quelques maisons prévenir les esprits, et le lendemain à onze heures du matin, le tambour passa dans les rues rapidement, pour avertir de s'assembler à trois heures d'après-midi, dans la cour du château du prince Lambesc, afin de faire l'armement et de nommer les officiers ; il s'y trouva peu de monde, mais il s'y trouva ceux qu'on étoit bien aise d'y voir; la troupe fut formée verbalement, elle ne consistoit qu'en quinze à vingt hommes, presque tous jeunes fabricants, et les officiers furent des fabricants exclusivement. Voilà ce que les municipaux appellent une convocation générale et une Milice de tous les citoyens, dont les grades furent tirés au sort ; moi j'appelle cela un trait *d'aristocratie fabricante*. La première preuve que les Municipaux en imposent et qu'il n'y a jamais eu que des Volontaires, c'est le récit historique de leur mémorable affaire de Poses au même mois de juillet.

Les Municipaux avouent que le militaire, chevalier de Saint-Louis, Allemand subordonné au prince Lambesc, a été élevé au grade de commandant sur leur propre présentation, *acceptée librement* par la troupe ; il est évident que le rendez-vous de l'assemblée, dans la cour du château du prince, n'étoit pas donné là pour faciliter la *liberté* des suffrages : de plus les municipaux ont évidemment associé à ce commandant-général, pour modérer les alarmes qu'il pouvoit faire naître, un autre commandant général aussi militaire, décoré de la croix de Saint Louis, mais François, mais attaché à une famille remarquable par son extrême honnêteté, contre lequel on n'en pouvoit former ; car à quoi bon deux commandans-généraux ?

(Ici, Balleroy rappelle le banquet du 1er septembre, que nous avons déjà rapporté, et arrive à la constitution des Volontaires dont nous avons également publié le texte)

On y consacre ce principe élémentaire d'une troupe de Volontaires : « que personne ne « pourra être contraint de servir ni entrer « dans le corps, que sur la présentation de « deux de ses membres et de l'agrément des « commandants ».

Un article bien curieux entr'autres est celui-ci : « Si quelque particulier *citoyen* ou *autre* « est arrêté par la garde des Volontaires ou par « ordre de ses chefs, il en sera rendu compte « aussitôt à Messieurs de Ville, qui ordonne- « ront de la liberté ou de la continuation de « la détention, ainsi qu'une punition plus sévère si on le juge à propos ».

Voilà donc des fabricants, transformés par eux-mêmes en juges criminels ; quelle métamorphose !

Cet acte à la datte du 2 septembre, que j'ignorois lors de la composition de mon *Mémoire*, et dont les Municipaux se sont bien gardés de parler dans leur *réponse,* croyant que je l'ignorerois toujours, démontre sans réplique qu'il n'y a eu dans Elbeuf, qu'un armement de Volontaires et que leur service étoit libre comme l'air.

Leur décret du 7 octobre en est même une preuve. Son objet est de contraindre « tous « les bourgeois indistinctement, depuis dix- « huit ans jusqu'à soixante-dix, payant douze « livres de capitation, à servir avec les Volon- « taires et sous les ordres de leurs officiers ».

C'est clair, et cet acte est essentiellement contraire au régime populaire et municipal, dont la justice élémentaire réside dans l'égalité des citoyens et le libre choix de leurs chefs; contraire enfin au principe de la constitution des Volontaires.

Mais pourquoi donc les Municipaux se sont-ils portés à *afficher* la tyrannie avec tant d'évidence? Nuls troubles, nulles alarmes dans Elbeuf, ne motivoient un appareil d'arme si extraordinaire, et le corps des Volontaires suffisoit pour continuer à faire conserver le bon ordre et la paix. L'affaire de Versailles sans doute n'étoit pas connue à Elbeuf dès le lendemain, à moins que les municipaux n'en fussent informés à l'avance... sans doute ce soi-disant décret du 7 octobre, a été en délibération sur le tapis, au moins les deux jours précédens... Mais les Municipaux eussent-ils connu l'affaire de Versailles, quels ennemis avoient-ils donc à redouter? Les fabricants tiennent sous leur main tous les ouvriers possibles, et les Municipaux en effet étoient tellement en pleine sécurité sur leurs intentions, qu'ils les avoient armés pour courir les campagnes. Croignoient-ils donc les bourgeois et prétendoient-ils s'assurer d'eux en les armant, sous l'ordre des officiers Volontaires? L'intérêt des bourgeois est l'égalité, la suppression du régime féodal, la suppression de l'aristocratie fabricante. En vérité je n'y conçois rien...

Les Municipaux ont si bien senti cette position mystérieuse et pénible, que sans que je leur en aie parlé dans mon *mémoire,* mais de leur propre mouvement et courant au-devant des doutes, ils vont, pour se tirer de prise, jusqu'à insulter au courage de leurs Volontaire. « Le beau zèle de cette jeunesse pré-
« somptueuse, disent-ils, s'éteignit insensi-

« blement avec les beaux jours des mois d'août
« et de septembre ». Eh quoi ! leur constitution est du 2 septembre : ce n'est pas lorsque des jeunes gens viennent d'arborer les épaulettes, les drapeaux, enfin tout le faste militaire que leur zèle s'éteint. La jeunesse est présompteuse, mais elle n'est pas lâche. L'affaire de Poses parle en faveur de celle d'Elbeuf. Mais voyez où l'injustice conduit ? au mensonge, et le mensonge à l'insulte. Je suis ici le défenseur des Volontaires, moi contre lequel ils ont servi la vengeance des Municipaux, qui pour s'en excuser injurient à leur zèle, à leur activité, à leur courage.

Cependant ils avoient un moyen d'excuse bien plus simple : *auri sacra fames*. C'est peu d'avoir fait payer, à raison de 10 sols, les passe-ports qu'ils étoient obligés de délivrer *gratis*. C'est peu d'avoir porté, dans leur soi-disant *décret*, une amende de 3 liv. par garde contre les bourgeois qui refuseroient de la monter. Comme le service, elle étoit illégitime, puisqu'il ne pouvoit être forcé. Mais le grand coup c'est d'avoir taxé les malades et infirmes à 6 liv. par mois, pour dispense d'un service que la maladie empêche de faire. Cet article seul offroit à la cupidité une mine féconde et et incalculable. Que d'honnêtes gens, mais timides, mais pères de famille, qui ne voulant pas servir sous l'ordre des officiers volontaires, comme c'est arrivé, devoient sacrifier leur écu de 6 liv. et se dire infirmes ? et puis n'ont-ils pas, deux ou trois jours après l'horreur qu'ils m'ont faite, ivres du grand exemple avec lequel ils venoient d'effrayer les esprits, envoyé leur maire chez les *Ursulines*, les sommer de payer 25 louis, sous prétexte d'avoir des fusils. Certes ! la précaution étoit bonne d'établir une *caisse militaire*.

C'est à cette époque, 13 octobre, que je reçois l'ordre du maire pour monter la garde. Les tyrans parlent comme ils agissent. Il n'y a pas : *voudra bien se rendre*, mais *se rendra*. A Paris, on attire par la politesse et la douceur les citoyens qui se sont même enrôlés, car il n'y a que ceux-là qui font le service ; mais à Paris règne la liberté. Depuis trois jours j'étois absorbé dans l'affaire de Versailles, qui occupoit tout le monde diversement, et sur les suites de laquelle on n'étoit ni d'accord ni tranquille. Depuis quelque tems je désespérois du succès de la Révolution, et j'étois plongé dans la douleur, frappé de toutes parts, par une multitude de signes funestes, aussi variables que fugitifs, mais aussi sensibles que l'air, et qu'il n'est pas plus possible de mettre en évidence que cet élément ; et en effet, j'ai remarqué qu'à l'approche de quelques troubles les bons citoyens en ressentent les avant-coureurs sans pouvoir s'en rendre compte l'un à l'autre, quoique tous en conviennent ; alors je flottois entre l'espérance et les inquiétudes, et cependant l'espérance étoit plus forte, et la joie rentroit dans mon cœur. C'est en cet état que je suis appelé aux armes.

Depuis plusieurs jours enfin, mon esprit embrassoit sur Elbeuf une infinité de circonstances. Je vois que la paix règne dans la ville, et que l'ordre public n'est nullement en danger ; je vois dans l'Hôtel de Ville les moteurs de toutes les affaires ; un homme qui est le receveur des treizièmes du prince Lambesc, et dont je connois toute l'influence. Un Allemand, attaché de cœur et de fortune à ce même prince, qui est commandant des volontaires, et sur les intentions duquel je suis vivement alarmé. Un avocat procureur, syndic de la ville, officiers des volontaires, dont je ne peux douter des intentions, puisque le matin je lui ai vu porter une cause à l'audience contre des ci-devant vassaux, quoiqu'ils n'eussent chassé que sur leurs terres ; je sais que le procès-verbal, par une circonstance singulière, est écrit de la main du clerc de cet avocat, et qu'il contient des choses plus ou moins directes contre le décret de l'Assemblé nationale.

A l'idée importune de ces trois hommes se joint naturellement la soumission aveugle du maire à leurs volontés, homme nommé à cette place par le prince et dont le fils est greffier de la verderie ; puis plusieurs fautes des municipaux contraires à la liberté ou au bon ordre, par exemple, le déplacement de la halle aux blés, chose si dangereuse ; la présence des armes du prince sur le tambour des Volontaires ; l'armement qu'ils ont fait des ouvriers de la fabrique, et l'envoi des uns et des autres dans les campagnes, si propre à répandre l'effroi chez les laboureurs et à les écarter, bien qu'on n'en eût pas l'intention (1).

---

(1) Les Municipaux, dans leur réponse, n'ont pas nié que la halle eût été déplacée, ni que les armes du prince eussent été à la tête de leurs Volontaires ; mais ils osent me porter le défi le plus formel de prouver qu'ils ayent armé les ouvriers de la fabrique et envoyé leurs Volontaires dans les campagnes... Et cependant à l'instant même ils en conviennent, en disant qu'en effet ils ont envoyé leurs Volontaires inviter les laboureurs à venir aux halles ; et mis à la tête des ouvriers un des leurs, pour garantir les laboureurs des dangers dont

Enfin, je vois dans l'ordre mêm edonné aux bourgeois de prendre les armes, sous les ordres des officiers volontaires, une violation sans exemple de la liberté, et une exaction cruelle sous des prétextes ridicules ; sur tout cela je ne délibère pas si je servirai ou non ; ma conscience, où règne le sentiment de la liberté, y répugnoit invinciblement ; mais je délibère si je donnerai mon écu de 6 liv. en me disant malade ; ce motif d'excuse étoit bien valable de ma part, moi qui suis continuellement souffrant.

Je consulte mon devoir : si le corps des Volontaires formoit une milice bourgeoise de tous les citoyens qui eussent nommé leurs chefs ; si le sieur Zens étoit élevé au commandement par le vœu général, si enfin j'étois obligé de servir comme membre dépendant de l'armement, je ne balancerois pas à porter en argent l'acquit d'un service que, par délicatesse, je ne puis faire. Mais lorsque c'est une autorité arbitraire et usurpée qui veut commander forcément sur ma personne, ou soustirer ma bourse ; lorsque l'on veut me faire dépendre du caprice et des inquiétudes, révolté de la tyrannie et de l'injustice, mon parti a

---

une pareille Milice les faisoient frémir... Apparemment lorsque les Volontaires se rassembloient à cheval pour partir au nombre de dix à quinze, armés jusqu'aux dents, c'étoit pour mettre plus d'appareil aux invitations qu'ils alloient faire. Apparemment le récit pompeux de l'effroi qu'ils avoient répandu dans les campagnes, étoit un signe de la douceur des invitations... Apparemment la capture et l'emprisonnement que les ouvriers ont fait d'un laboureur dans les prisons d'Elbeuf étoit une invitation. J'ai vu distribuer des fusils aux ouvriers. Qu'ils lisent la sentence du bailly, du 20 octobre, à présent leur député.

été bientôt pris. L'honnête homme doit obéissance au droit et à la justice, mais il ne doit pas une soumission basse et aveugle à l'iniquité et à l'oppression ; je m'y suis d'autant plus fortement confirmé, que j'avois l'espoir de rendre un service à mes concitoyens, car je savois que l'Hôtel de Ville n'est pas composé tout à fait de gens injustes ; il suffisoit de montrer la vérité pour la faire embrasser.

Voilà des faits préliminaires qu'il étoit utile de faire connoître, dont j'avois omis, dans mon mémoire, les plus essentiels, parce que n'étant de retour de mes vacances que depuis quatre jours, je n'avois pas eu le tems d'en être instruit, et sur quelques autres desquels j'ai passé légèrement, étant alors pressé de porter mes plaintes. On connoît ma conduite envers les municipaux, et l'horreur qu'ils m'ont faite ; cependant je crois qu'il est bon d'en retracer ici l'histoire en peu de mots.

Le lendemain 14 octobre, à onze heures, je porte aux municipaux une protestation écrite de ne vouloir prendre les armes que dans un corps de Milice Bourgeoise, et non sous les chefs des Volontaires ; et loin de m'y refuser, je demande à les prendre dans cet ordre de choses ; j'en provoque l'établissement. Je motive cette protestation de la liberté du service parmi les Volontaires, et de ce que je n'ai pas concouru à la nomination de leurs officiers.

Je dis ensuite que je n'aurois pas donné ma voix au sieur Zens, Allemand, attaché de cœur et de fortune au prince de Lambesc : je le répète ici, et le répéterai sans cesse.

Au surplus, j'honore l'Hôtel de Ville par une opinion de justice : *je me mets sous la protection de l'Hôtel de Ville.*

Pour prix de cette noble confiance, les municipaux m'envoyent enlever de ma maison par cinq fusilliers, dans la nuit, à huit heures du soir. Ils m'avoient laissé libre dans le jour.

Je demande aux fusiliers à voir le comité permanent. Ils promettent de m'y laisser monter ; mais, arrivé, ils me jettent dans le corps de garde. Je réitère ma demande à l'officier pour voir le comité ; mais il m'apprend qu'il n'est plus en séance. Je devine pourquoi l'on est venu me prendre si tard, et je me plains de la tromperie ; l'on m'injurie. L'officier laisse abonder une foule d'intrus, qui ne font qu'augmenter les joies insolentes. Je me refuse à monter la garde jusqu'à ce que j'aie vu le comité. On me dispute jusqu'à une chaise, tout malade que j'étois d'un rhume excessif.

Le lendemain je demande à l'officier à voir le comité. On me répond que cela ne se peut pas. On avoit peur que je m'expliquasse et n'en misse la majorité vers moi. N'ayant plus d'espoir, je monte enfin la garde à midi pour avoir ma liberté promise à ce prix.

Tandis que je suis en faction à la parade, entouré de 30 fusils, les sieurs Zens et Bosquier ont la bravoure basse et audacieuse de m'insulter en propos, et de lever la canne sur moi. J'ai la force de leur répondre tranquillement, par la demande à voir le comité. Il est un degré d'injures passé lequel l'offensé n'a que le calme et le sang-froid du mépris et de la pitié.

On me fait rentrer, et l'on me consigne, nonobstant la promesse de ma liberté. Le lendemain enfin, je ne savois pourquoi cinq fusiliers m'entourent et me conduisent sur la place publique, où beaucoup de monde étoit rassemblé. On m'enferme dans un carré, un homme s'avance, et lit un papier, par lequel je vois que les municipaux, conformément sans doute à la constitution du comité permanent, se sont érigés en juges et qu'ils me déclarent incapable de porter les armes dans le corps des Volontaires, dans lequel en effet j'étois *incapable* de vouloir les porter, sous prétexte d'*imputations graves* aux sieurs Zens et Bosquier dans mes protestations, et de discours *impertinens et séditieux* que j'aurois tenus ; et tout cela sans qu'on ait entendu de témoins, sans qu'on ait *désiré* m'entendre, mais ayant *refusé* de m'entendre.

Cependant, *l'honneur étant plus précieux et plus important que la vie, et rien ne la rendant plus à charge que la perte de l'honneur, il n'y a aucun cas possible où il soit permis de cacher à celui qu'on veut punir l'accusation et les preuves.* L'ÉVIDENCE MÊME EST SOUMISE A CETTE INDISPENSABLE LOI. *Il suit de là que cette même évidence est contre les juges lorsqu'ils violent cette loi sacrée ; car cette lâcheté des juges, de quelque prétexte qu'on la couvre, ne peut avoir d'autre motif que la crainte de voir dévoiler l'injustice et justifier l'innocent.*

Rien de plus évident ici que cette vérité ; car rien n'est plus faux que les motifs du soi-disant jugement. On verra même que le propos séditieux est une invention des Municipaux, une calomnie de leur façon.

Etonnées d'un traitement aussi abominable, les personnes qui ne demeurent pas à Elbeuf, je le sais, s'imagineroient peut-être que j'étois tombé en mésestime, et regardé de mauvais œil. Eh bien ! j'étois honoré de l'amitié des honnêtes gens et de la haine des malhonnêtes, et la voix publique ne se faisoit entendre qu'en ma faveur. Depuis lors, une infinité de lettres officieuses m'ont été écrites. Mais est-il rien de surprenant de la part de gens qui ne se respectent pas eux-mêmes ? qui ont osé violer aussy effrontément l'asile d'un père de famille, M⁵ Asse, homme allié aux meilleures maisons de l'endroit, et qu'ils ont chassé de la sienne, lui, sa femme et ses enfans ? qui s'érigent en juges, condamnent sans entendre ? Si je suis surpris de quelque chose actuellement, c'est qu'ils m'ayent laissé la vie.

Aujourd'hui que je les ai dénoncés à l'Assemblée nationale, forcés de se justifier, les Municipaux balbutient des mensonges.

Ils prétendent que l'armement des Volontaires a d'abord été une Milice bourgeoise de tous les citoyens, dont les chefs élus au sort, sont devenus depuis lors les chefs des Volontaires ; il est curieux de rapporter leurs paroles pour les couvrir de l'opprobre d'avoir fait une imposture évidente. « Le Corps municipal jugea à propos de lever en juillet dernier, une Milice bourgeoise pour s'opposer au soulèvement du peuple, que la rareté des grains commençoit à inquiéter, ET PLUS ENCORE *pour l'inviolabilité des membres de l'Assemblée nationale*, (à un éloignement de 30 lieues... C'est la flatterie du coupable qui craint son juge ; par pitié j'excuse ce *plus encore*). Elle fit donc proclamer, au son du tambour, une assemblée générale, pour la formation de cette milice de tous les citoyens, rassemblés au lieu *indiqué*, (dans la cour du prince Lambesc étoit-ce le lieu convenable ?) Ils formèrent des compagnies, s'y incorporèrent par la voie du sort, nommèrent leurs officiers ; *et comme il étoit naturel* (pour en convaincre il falloit qu'ils ajoutassent : *dans nos vues*), le commandement fut donné par le libre consentement de tous, à deux militaires, retirés depuis quelques années, tous deux décorés de la croix de Saint-Louis, tous deux recommandables par leur mérite personnel et leur patriotisme connu, (l'un est Allemand attaché au prince de Lambesc, demeurant en son château) ; mais les nouvelles institutions présentent toujours des difficultés, des hommes sédentaires, attachés à leurs affaires avoient de la peine à se rendre à leur service. Le Corps municipal ne pouvant se résoudre à prononcer des peines (alors il étoit bien doux...) contre ceux qui manqueroient à la garde, il arriva que l'impunité causa une telle négligence, que sur les reproches de refroidissement des chefs, le désir vint chez les jeunes, de se former en corps de Volontaires, à l'instar de Messieurs de la ville de Rouen. Ils promirent de faire à un petit nombre tout le service que la ville exigeroit, et furent formés sous la dénomination de Volontaires patriotes : trop beau zèle d'une jeunesse présomptueuse, qui *s'éteignit insensiblement* avec les jours des mois d'août et de septembre.

Il fallut donc, sur des représentations que la charge devenait trop pesante, RAPPELER les habitans, *que ce service des Volontaires avoit dispensé pendant deux mois environ*, (ils écrivent comme ils parlent) et comme on se croyoit toujours à la veille de recevoir de l'Assemblée Nationale une forme d'organisation pour les Milices bourgeoises, le Corps municipal ne jugea pas à propos de rien changer jusqu'à ce nouvel ordre de choses, qu'il avoit toujours attendu avec impatience, et il décida que chacun seroit rappelé à tour de rôle, au service de la garde journalière, pour monter indistinctement avec les Volontaires. On sentit alors la nécessité, et on prit la résolution d'apporter de la fermeté pour l'exécution des ordres concernant cette Milice.

Est-ce assez d'impostures ? Que devient le récit historique de l'affaire de Poses au mois de juillet, qui prouve que dès l'origine il n'y eut que des Volontaires, dans quoi la liberté du service est exprimée ? les Municipaux ont passé sous silence ces deux pièces... Que devient enfin le soi-disant décret du 7 octobre, où loin de lire le mot *rappeler*, on lit la preuve qu'il n'y a jamais eu de Milice bourgeoise, mais une troupe de Volontaires ? et c'est devant l'Assemblée nationale que les municipaux osent mentir avec tant d'impudence ! Entre eux passe encore, l'habitude peut en être excusable.

Les Municipaux prétendent ensuite se justifier sur ce qu'ils appellent : 1° *la diffamation* que je me serois permise contre les sieurs Zens et Bosquier, et il seroit nécessaire de faire justice à ces deux honnêtes personnes de pareilles inculpations ; 2° *les propos séditieux* que je me serois permis au corps de garde, et il étoit urgent de sévir dans les circonstances pour rendre au commandant le respect et l'obéissance qui lui étoient dûs. Ils auroient bien voulu insinuer, mais ils n'ont osé dire que j'aurois troublé l'ordre public, et mis leur vie en danger.

D'abord au sieur Zens. Les municipaux nient ses relations avec M. le prince de Lambesc, et ils font son éloge.

Moi je dis qu'au lieu que M. le prince de Lambesc ait connu le sieur Zens, parce que le ministre l'a employé à la remonte de la cavalerie, c'est au contraire le ministre qui s'est servi du sieur Zens, à la connoissance du prince Lambesc. Je dis avec l'évidence de la vérité connue de tout Elbeuf sur ce point-là, et sans avoir calculé la fortune du sieur Zens, qu'il doit être pénétré de reconnoissance envers le prince qui est son bienfaiteur : j'ajoute précisément parce que j'ai eu bonne opinion du cœur du sieur Zens, que j'ai hautement déclaré et que je déclare encore hautement, que je ne lui aurois pas donné ma voix, pour la place de commandant des Volontaires, dans la révolution françoise.

Il n'est pas donné à tous les hommes, surtout lorsque l'intérêt, les préjugés, et ce qui est plus fort, les bons sentiments que la nature a placés dans notre cœur nous en empêchent, de voir d'un œil fixe et serein une révolution dont jamais le monde n'a donné l'exemple, et qui donnera l'exemple au monde entier. Je pardonne volontiers à celui qui ne l'approuve pas, mais qui reste neutre et se soumet en paix aux destinées. La douleur et les chagrins dans la situation pénible (1) où se trouve M. le prince de Lambesc convenoient seuls au sieur Zens.

Je dirai mieux que les Municipaux quant à *l'éloge* du sieur Zens, non qu'il soit *à peu près* connu de l'armée comme un brave et loyal militaire, mais qu'il peut se faire qu'il le soit *tout à fait*, et point d'une manière

---

(1) Lettre de Madame la princesse de Vaudemont au Journal de Paris.

équivoque ; j'oublie un instant la faute, très grave pour un militaire, de m'avoir injurié et menacé lorsque j'étois entouré de trente fusils, pour dire que j'aime à croire que quand la passion ne l'égare pas, ce peut être un homme capable de remplir exactement ses devoirs.

Je conviendrai, par exemple, que loin d'avoir été l'*instituteur* du prince de Lambesc, *il ne l'a même été de qui que ce soit,* si les Municipaux veulent faire entendre une autre idée, comme il le paroît, que celle que j'avois donnée à ce mot, en en réduisant le sens à l'art de monter à cheval ; car je me rappelle un propos qu'il tint sous l'allée de l'Hôtel de Ville, pendant que j'étois à la garde : *Ah! il ne veut pas servir, faudra bien qui sert* ». On peut aisément douter, d'après cela, qu'il ait jamais enseigné la langue à personne, et qu'il en connoisse bien les finesses ; c'est un Allemand.

Mais je n'en persiste pas moins à dire que le sieur Zens devoit rester tranquillement dans le château à jouir de la bienveillance du prince, et du respect de quelques fabricans. Je suis infiniment persuadé qu'en se plaçant à la tête des Volontaires, et en leur ouvrant le château pour le splendide festin du jour de la foire, il a manqué essentiellement au prince de Lambesc, ou il y auroit mensonge aux citoyens d'Elbeuf, lorsqu'il se donne pour un patriote, un zélé amateur de la Révolution. Il y a des convenances en ce monde, et j'y tiens.

Au surplus, où est *la diffamation ?* Le sieur Zens dit lui-même, qu'*il se fait gloire d'avoir mérité l'estime du prince ;* et en effet, je ne sache pas que ce soit une honte de lui avoir été attaché. Seroit-ce une diffamation de dire que celui qui l'est encore et qui demeure en son château ne peut commander un corps de Patriotes-Volontaires ? c'est une opinion aussi vraie, que l'idée de diffamation qu'on y attache est ridicule ; et j'avois droit de la mettre au jour.

Je le répète : si ma voix eût été consultée pour placer le sieur Zens à la tête des Volontaires, croyant jouir de ma liberté, non seulement je ne la lui aurois pas donnée, mais j'aurois empêché mes camarades de la lui donner ; je l'aurois lui-même empêché d'accepter la place si le vœu général l'y eût porté. Je lui aurois mis devant les yeux son propre intérêt, ses devoirs envers son bienfaiteur, les convenances, enfin, auxquelles l'honneur est obligé de se rendre.

Au tour de Me Bosquier. J'ai dit que la veille il avoit porté une cause à l'audience d'Orival, au nom de M. le président de la Londe, contre ses ex-vassaux pour fait de chasses privilégiées. J'ai ajouté que le procès-verbal est écrit de la main du clerc de l'avocat patriote.

Si le fait étoit faux, j'aurois fait, j'en conviens, une *imputation* plus que désagréable à M. Bosquier, mon confrère, et je serois bien coupable à son égard. Ma vie entière ne suffiroit pas à mon cœur pour la réparer.

Les Municipaux annoncent qu'il a écrit à l'Assemblée nationale pour s'en justifier et ils ajoutent que le fait articulé par moi est un mensonge.

Quoi ! de mes deux oreilles j'ai entendu à l'audience, comme tout le public, lecture du procès-verbal, le plumitif est chargé de la cause ; et de mes deux yeux j'ai vu et lu le procès verbal, j'ai reconnu l'écriture du clerc, laquelle je connois comme la mienne... C'est intolérable.

Ah ! si le fait eût été faux, M⁰ Bosquier qui sait jouir pleinement de ses avantages, quand il en obtient quelques-uns, m'auroit fait mander au Comité, et là il eût pris plaisir à me confondre à son aise ; puis, s'élevant aux grands sentimens de générosité, il eût été bien loin de m'insulter et menacer lâchement de sa canne, lorsque entouré de 30 fusils je ne pouvois le punir de son audacieux emportement.

A l'égard de sa prétendue justification, on m'a dit qu'elle consistoit à observer que les décrets du 4 août n'ont pas été formellement sanctionnés, comme si la publication que Sa Majesté en a ordonnée n'étoit pas la sanction même remise à la fin des opérations.

Les Municipaux disent que c'est un avocat estimé... Je n'empêche qu'ils l'estiment, et surtout leur maire. Eh bien moi, j'ai son certificat d'estime. L'ordre des avocats de Rouen vient de m'admettre dans son sein. M⁰ Bosquier m'eût vainement demandé le mien pour y être admis... Je ne répéterai pas les faits que j'ai exposés dans mon mémoire, mais je déclare que mon intention est de soumettre au collège du Pont-de-l'Arche la conduite de M⁰ Bosquier et la mienne : je verrai lequel il jugera digne d'estime.

Un mot sans plus sur ces deux MM. Zens et Bosquier. S'ils eussent été officiers d'une Milice bourgeoise, ayant droit de commander à tous les citoyens, j'en conviens, je n'aurois pas manifesté, sur leur compte, mon opinion avec tant d'énergie. Mais lorsqu'ils se sont permis d'exercer sur moi une autorité arbitraire qu'ils n'avoient pas, et contraire à la liberté, j'ai parlé avec le ton de la fermeté et de l'indignation. Car en un mot, il est inouï, il est révoltant, il est absurde de forcer de servir sous des officiers de Volontaires, des citoyens qui ne sont pas de ce corps. C'est une oppression digne seulement des Municipaux d'Elbeuf, indignes de tous autres.

La conduite de M⁰ Bosquier me soulevoit surtout, malgré mon caractère. En effet, il a bien des reproches à se faire. Je ne dis rien de ce qu'il s'est intronisé parmi les Volontaires pour prendre le grade d'officier, auquel la nature, souvent marâtre, semble l'avoir si peu destiné; mais je parle du manque d'égards et de l'outrage qu'il a fait aux relations de la confraternité. Ayant une influence illimitée dans la municipalité, devoit-il souffrir que son doyen, son jeune confrère fussent forcés, contre toute justice, de servir sous des chefs auxquels ils étoient étrangers ? Devoit-il ambitionner, *sans en avoir acquis le droit*, le plaisir de les commander *à droite, à gauche, en avant, marche* ? Devoit-il souffrir, par exemple, que le premier devînt exposé aux inimitiés de Brave-Lamort, sergent des Volonlontaires ? L'habit d'officier et le sabre maltois ont tourné la tête à Mᵉ Bosquier, et l'esprit militaire l'a conduit à se dédire plus que jamais de la loi, qu'on voit bien quelquefois qu'il s'est imposée, de respecter les égards, les convenances, et toutes les délicatesses de la société, sans lesquelles l'homme n'est pas digne d'y figurer.

. . . .

CHAPITRE XVI
(OCTOBRE-DÉCEMBRE 1789)

Plaintes de la municipalité au ministre contre le bailli, complice des boulangers. — Les premiers drapeaux d'Elbeuf. — Proclamation de la loi martiale ; le drapeau rouge. — Lettre de Necker au corps municipal. — Contribution patriotique. — La justice régulière est suspendue ; la municipalité s'en saisit. — La disette augmente. — Toujours l'affaire Balleroy.

Le 25 octobre, les officiers municipaux et électoraux écrivirent au ministre garde des sceaux :

« Monseigneur,

« Les officiers municipaux de la ville d'Elbeuf ne peuvent plus longtemps garder le silence sur les plaintes qu'ils ont à coter contre le sieur Hervieu du Homme, bailli de la haute justice d'Elbeuf, et, à ce titre, chargé dans leur enceinte de l'administration de la police.

« Nous avions espéré d'abord que l'envie de faire et d'opérer le bien réuniroit ce juge au corps municipal, dont au titre de bailli il est le premier notable ; mais nos espérances ont été trompées, et les choses en sont au point que nous nous croirions coupables si nous ne dénoncions pas sa conduite à Votre Grandeur.

« Le sieur Hervieu du Homme a été pourvu, il y a huit ou neuf mois, de la place de bailli de la haute justice d'Elbeuf par M. le prince de Lambesc, propriétaire de cette haute justice : nous ignorons à quel titre il a pu mériter cette faveur.

« Il est vrai qu'il est le fils et le gendre de deux avocats très distingués au Parlement de Rouen, mais nous ne craignons pas d'affirmer que, personnellement, il n'a aucune des connoissances nécessaires à son état, et son inaptitude est telle que, depuis qu'il tient le siège, il n'a pas prononcé et fait écrire sous sa dictée un seul des jugements qu'il a néanmoins rendus : il les balbutie, et, au lever de l'audience, les greffier les rédige à son gré.

« Comment, d'ailleurs, le sieur Hervieu du Homme auroit-il eu les connoissances qu'exigent les importantes fonctions que lui a confiées M. le prince de Lambesc ? Jamais il n'a exercé la profession d'avocat ; jamais il n'a fréquenté les tribunaux. Il a passé les premières années de sa jeunesse au service, puis à la suite d'un ambassadeur dans une cour étrangère, et n'a pris enfin le titre d'avocat que pour ne pas avoir l'air d'un homme oisif et ne tenant aucun rang dans la société.

« Pourvu de l'office de bailli, il n'en a pas moins continué de demeurer en la ville de Rouen, sa résidence ordinaire, et à peine a-t-il paru à Elbeuf les jours d'audience.

« Cependant la ville présente une population de près de 6.000 habitants ; cependant elle reçoit, presque tous les jours, un nombre égal des habitants des paroisses voisines que son commerce y appelle, et sous ce rapport, il est très important que le bailli y soit habituellement domicilié.

« Depuis près de six mois, cette ville ainsi que toutes les autres villes du royaume, est livrée à des agitations et à des troubles intestins dont la rareté des bleds est la principale cause. Ces agitations, ces troubles devoient être, auprès du bailli, autant de raisons pour le fixer à Elbeuf ; mais ils ont produit un effet absolument contraire : depuis deux mois il n'y a pas séjourné deux jours entiers.

« Plusieurs fois la ville, pendant cette Révolution, s'est trouvé sans subsistances, malgré les soins des officiers municipaux pour les approvisionner. Tout autre que le sieur Hervieu n'auroit pas désemparé ; tout autre se seroit concerté avec le corps municipal, pour éviter aux désordres que ces circonstances pouvoient entraîner. Le sieur Hervieu en a autrement pensé. Ses absences ont toujours été les mêmes, et le corps municipal, obligé de pourvoir aux subsistances de la ville, s'est vu forcé de surveiller en même temps les boulangers, chargés en partie de la distribution de ces subsistances.

« Bientôt, cette surveillance, à laquelle ils n'étoient pas accoutumés, a déplu aux boulangers ; bientôt ils ont refusé d'employer les bleds que leur fournissait le corps municipal qui les tenoit du gouvernement; bientôt, enfin, ils ont affecté de ne plus garnir leurs boutiques d'aucune espèce de pain ; en sorte que les bourgeois, n'ayant à la plupart aucunes provisions chez eux, la ville s'est vue, pendant un instant, exposée aux plus grands malheurs et à la famine la plus affreuse.

« En vain le corps municipal a-t-il employé les prières, les menaces et quelquefois la force auprès des boulangers pour les obliger à tenir leurs boutiques garnies ; il n'en a reçu d'autres réponse si ce n'est « qu'ils ne dépendoient pas « du corps municipal et qu'ils n'avoient d'or- « dres à recevoir que de la part du bailli, ou, « en son absence, de la part de l'ancien avo- « cat », homme imbu des mêmes principes et qui comme lui leur accordoit une protection illimitée.

« Enfin, effrayé des conséquences funestes que pouvoit avoir cette coalition de boulangers, le procureur fiscal qu'il faut bien distinguer du bailli, les traduisit en police, à l'effet de les faire condamner aux peines et amendes prononcées par les arrêts et règlements, pour n'avoir pas tenu leurs boutiques garnies de pain.

« Sur les poursuites, les boulangers présentèrent une requête dans laquelle, pour s'excuser, ils prétendirent :

« 1° Que le corps municipal leur délivroit du bled du gouvernement à un prix excessif pour comparaison au prix du pain livré ; comme s'il n'eût pas été public et notoire que le corps municipal le donnoit au-dessous du prix qu'il le payoit au gouvernement ; comme si, en supposant le prix du pain disproportionné avec celui du bled, les boulangers ne pouvoient pas demander une augmentation que le bailli étoit tenu de leur accorder ;

« 2° Que le bled qu'on leur délivroit étoit

de mauvaise qualité et ne pouvoit procurer que de mauvais pain ; comme s'il eût été à la liberté du corps municipal, qui n'avoit du bled que du gouvernement, d'en distribuer d'une autre espèce ;

« 3º Et enfin, que le corps municipal avoit deux qualités de bled différentes, l'une bonne, l'autre mauvaise ; que la bonne qualité servoit à l'approvisionnement du bourgeois et la mauvaise à celle des boulangers ; comme si le corps municipal a jamais eu, depuis que la disette s'est fait sentir, les moyens de faire provision sur l'autre. L'état de ses distributions prouve, au contraire, que chaque envoi de la ville de Rouen suffisoit à peine à la consommation de deux à trois jours et qu'on étoit obligé de répéter les envois, tantôt de bonne qualité, tantôt de qualité inférieure, deux à trois fois la semaine.

« Comment croire, d'ailleurs, que le corps municipal eut affecté de donner aux boulangers, pour la consommation de la classe indigente, du bled de qualité inférieure, lui qui venoit de faire au peuple une distribution sur laquelle, en un seul jour, il avoit perdu une somme de 2.400 livres ?

« Vous apercevez, Monseigneur, combien dans la circonstance, les moyens des boulangers étoient séditieux. Ils furent cependant accueillis par le représentant du bailli, qui, par la sentence du 5 septembre dernier, ordonna que le procureur fiscal prendroit les connoissances nécessaires pour répondre aux représentations des boulangers, et qu'il feroit dresser, s'il avisoit que bien fût, procès-verbal des différentes qualités de bled que les maire et échevins font distribuer au public et aux boulangers, à l'effet de constater la bonne ou mauvaise qualité desdits bleds, et de vérifier la quantité de farine que chaque sac peut produire, et la quantité de pain qui en peut résulter.

« Si les moyens des boulangers étoient séditieux, cette sentence ne l'étoit pas moins, puisqu'elle tendoit à mettre en évidence la mauvaise qualité du bled, en supposant qu'elle fut vraiment mauvaise et que cependant le maire et les échevins ne pouvoient en donner d'autre...

« Le procureur fiscal, qui connoissoit la conduite des officiers municipaux, leur désintéressement dans la distribution du bled et leur attention à fournir aux boulangers par préférence à tous autres, ne fit point dresser le procès-verbal que le représentant du bailli l'avoit authorisé à faire dresser, parce que, prenant en considération l'impossibilité de se procurer d'autre bled, il aperçut sans doute que ce procès-verbal ne pouvoit produire, dans l'esprit du peuple, qu'un effet absolument dangereux, en supposant qu'il en résultât que le bled étoit de mauvaise qualité.

« A son retour, le bailli prit droit du défaut de procès-verbal pour accueillir, dans toute son étendue, la séditieuse inaction des boulangers, et, le 12 septembre, il rendit une sentence définitive par laquelle, ayant égards aux représentations des boulangers, et faute par le procureur fiscal d'avoir fait procéder à la vérification et au recensement ordonnés par la sentence du 5, il délie les boulangers des fins de l'approchement.

« Ne dissimulons pas que cette sentence, en déliant les boulangers des fins de l'approchement, leur enjoint de se munir le plus tôt possible de bleds capables de faire pain bon, loyal et marchand, pour l'usage et la consommation du public.

« Quoi de plus dérisoire que cette vaine injonction ? Il est Je fait qu'à l'époque du 12 septembre, la récolte n'étoit pas encore finie et qu'alors il étoit en quelque sorte impossible de se procurer d'autre bled que celui du gouvernement. Comment donc les boulangers auroient-ils pu se munir de bled capable de faire pain bon, loyal et marchand, puisqu'il étoit jugé qu'avec le bled du gouvernement on ne pouvoit pas atteindre ce but?

« Ne dissimulons pas enfin qu'encore bien que l'exportation des grains soit permise dans l'intérieur du royaume, cependant la sentence du 12 septembre dernier porte inhibition et défenses à tous les laboureurs d'exporter, soit de jour soit de nuit aucuns bleds, à peine de confiscation et de 500 livres d'amende, desquelles confiscations et amendes un tiers est accordé à ceux ou à celles qui mettront à portée de les prononcer.

« Cette sentence évidemment séditieuse, contraire aux intérêts de la ville, aux vues de ses représentants et aux décrets de l'Assemblée nationale, a été imprimée, lue, publiée et affichée dans toute l'étendue de la juridiction ; et l'on a eu la punissable affectation d'y insérer tout au long les plaintes des boulangers contre le corps municipal, pour ameuter le peuple et le porter à des excès, dont la Providence nous a préservés jusqu'à ce jour.

« Tout autre que le bailli d'Elbeuf recevant les plaintes des boulangers, auroit commencé par leur enjoindre d'employer sans discontinuation le bled du gouvernement, puisqu'il n'étoit pas possible de s'en procurer d'autre. Tout autre que lui auroit secrètement vérifié par la voie des expériences si le prix du pain étoit en proportion avec celui du bled, et de ses résultats, s'il ne se fût trouvé dans une juste proportion, il auroit augmenté le prix du pain et, en agissant ainsi, il auroit mis à l'abri l'intérêt du boulanger, assuré la subsistance de la ville et concilié le corps municipal avec les citoyens dont il est le représentant.

« Mais ce plan de conduite ne devoit pas être celui d'un homme qui n'a cherché jusqu'à présent qu'à semer le trouble et la division dans notre enceinte, et qui s'est perpétuellement attaché à contrarier les vues et les projets du corps municipal. Les autres faits que nous allons mettre sous les yeux de Votre Grandeur démontreront de plus en plus cette malheureuse vérité.

« Jusqu'à présent, le bailli a paru prendre et a pris, en effet, le parti des boulangers, parce que cela favorisoit les projets de division et de contrariété qu'il a conçus et qu'il cherche à exécuter aujourd'hui, et néanmoins, par les mêmes raisons, il agit en sens contraire et met les boulangers dans l'impossibilité de garnir leurs boutiques, sans une perte très considérable qu'ils ne sont pas en état de supporter.

« Le prix du bled, dans tous les marchés voisins, est de 12 à 13 livres le quintal, ce qui porte le prix du pain à 3 sols la livre ; cependant, depuis longtemps, le prix du pain est taxé, par le bailly, à 2 sols 6 deniers.

« De là l'opiniâtreté du peuple à ne vouloir païer le quintal dans nos marchés qu'au prix de 10 à 11 livres, ce qui établit entre notre marchés et les marchés circonvoisins une différence sensible, en sorte que les laboureurs n'apportent plus de bled chez nous, préférant les porter aux autres marchés, la plupart moins éloignés que celuy d'Elbeuf du domicile des laboureurs.

« L'abandon de nos marchés, résultat du refus que fait le bailly de donner la police au pain, est tel que, depuis la récolte, il n'y a pas été apporté plus de 120 sacs de bled chaque semaine, tandis que précédemment, même l'année dernière, on y apportoit régulièrement jusqu'à 1.400 et 1.500 sacs.

« La position du corps municipal est telle que, quelque justes que soient ces réflexions, il ne peut pas les communiquer au peuple, sans courir les plus grands dangers, parce que le peuple ne voit que l'avantage du moment, ne calcule pas ses conséquences pour l'avenir, et, en tout, se livrant à un fanatisme que le bailly ne cherche qu'à développer.

« Qui croiroit que, rebutés par les refus du bailly, les boulangers s'adressent aujourd'hui au corps municipal, pour avoir une augmentation sur le prix du pain ? Mais il connoît l'étendue comme les limites de ses pouvoirs, et, malheureusement, il ne sait que trop qu'il ne peut figurer dans la circonstance actuelle qu'aux dépens de sa bourse.

« Quelque frappants que soient ces griefs, il en est d'autres, cependant, dignes de fixer l'attention de Votre Grandeur :

« 1º Un vagabond, qui avoit tenu les propos les plus incendiaires en la ville d'Elbeuf et qui, en adressant la parole à la populace, dans un moment où la ville de Rouen étoit en proie

aux plus grands désordres, lui avoit dit :
« Quoi ! les mécaniques d'Elbeuf ne sont pas
« encore brûlées ? » fut arrêté sur le champ
et mis en prison, par ordre des chefs de la
Milice bourgeoise. On en instruisit le procureur fiscal, en l'absence du bailly ; mais ce
dernier, arrivant à Elbeuf, le fit sortir, sans
aucune instruction, des prisons, au grand
mécontentement de la ville. On assure que ce
particulier est présentement dans les prisons
de Rouen.

« 2º Un jour, la garde bourgeoise arrêta et
mit en prison un homme ivre qui avoit menacé et levé son bâton sur un citoyen. Le
bailly étoit alors absent ; à son retour, il défendit au géolier de le mettre en liberté sans
ses ordres ; en sorte qu'il fallut employer la
force pour le faire sortir : le bailly s'étant présenté lui-même à la prison pour s'opposer à
son élargissement. C'est ainsi qu'on le voit,
voulant et ne voulant pas, mais toujours opiniâtrement attaché à son système de contrariété avec les vues patriotiques du corps municipal... »

Le 26 octobre, en présence du maire et des
échevins d'Elbeuf « fut mis sur le bureau en
l'Hôtel de Ville, une ordonnance concernant
l'imposition en rachat de la corvée, par laquelle cette ville est imposée à une somme de
5.970 livres, plus 6 deniers pour livre ». Ce
rôle porte la signature de Bernard De la Rue,
maire ; Louis-Robert Quesné, Join-Lambert
l'aîné et Frontin, échevins.

Le même jour, Balleroy déclara, par le ministère de Dubos, sergent de la sergenterie de
notre ville, aux maire et échevins d'Elbeuf,
qu'il se portait appelant « d'un prétendu ju-

gement, décret ou sentence, contre lui rendu le 15 de ce mois, par lesdits sieurs maire et échevins séants au soi-disant comité permanent qu'ils ont de leur authorité privée érigé en l'Hôtel de Ville d'Elbeuf ».

Une autre signification fut faite le même jour à Durand, secrétaire-greffier des officiers municipaux et de l'Hôtel de Ville, d'avoir à fournir à Balleroy une copie « du prétendu jugement, décret ou sentence » rendu contre lui.

Le lendemain 27, à la requête des officiers municipaux et électoraux d'Elbeuf, élisant domicile chez Radier, leur receveur-syndic, demeurant rue de la Barrière, et à la requête également de J.-J Durand, secrétaire-greffier de la ville, l'huissier Andrieu signifia à Balleroy la copie d'une délibération des requérants du jour même.

Une lettre adressée le 31 octobre, par la municipalité d'Elbeuf au comité général national à Caen, porte que, depuis la dernière récolte, notre halle n'avait pas fourni le quart des grains nécessaires à la consommation locale ; mais malgré cette disette, le prix du plus beau blé n'avait point dépassé 36 livres le sac de 310 livres ; prix encore beaucoup trop élevé « vu la misère du peuple ». Cette lettre se termine ainsi : « Il faut pardessus tout que tous accaparements et agiotages sur cette précieuse denrée soient absolument anéantis ; ces affreux abus étant vraisemblablement la principale cause des malheurs du peuple ».

En réponse à une question faite par le maire concernant la proclamation de la loi martiale, une autorité supérieure lui répondit le 7 novembre :

« Le drapeau rouge doit être porté précédé et suivi à cheval du cortège des milices, à la tête du corps municipal, dont le greffier, après trois sons de trompette, pour annoncer la proclamation, fera la lecture de la loy aux divers carrefours de la ville ; après quoy ce drapeau doit être déposé à l'Hôtel de Ville, pour n'en être sorti que lors d'émeute conséquente, et être en ce cas exposé, après les formalités indiquées par la loy, à la principale fenestre de l'Hôtel de Ville ».

Une facture de Jacques Dupont, délivrée à Delarue, maire, à la date du 9 novembre, s'applique à la fourniture de l'étoffe pour deux drapeaux, un rouge et un blanc, en tissu d'Aumale ; elle s'élève à 18 livres 4 sols 6 deniers, y compris un étui en étoffe verte pour les enveloppes et le fil. Une autre facture de 36 sols concerne la peinture des bâtons, l'un en rouge et l'autre en blanc, pour ces deux drapeaux. Un troisième fournisseur facture « les bâtons avec leur pomme au bout », au prix de 4 liv. Une quatrième facture s'applique à la façon, qui s'éleva à 6 livres. Au total, les deux premiers drapeaux que posséda la municipalité d'Elbeuf coûtèrent 30 livres 6 deniers.

Une des plus anciennes lettres de change que possèdent les archives municipales fut tirée, en 1789, par Bachelet, de Rouen, sur Delarue, maire d'Elbeuf, pour fourniture d'une « planche », c'est-à-dire d'un pont, pour traverser le ruisseau, place du Coq, quand ce ruisseau était grossi par des eaux d'orage. La dépense s'éleva à 37 livres 19 sols, plus les roues.

Eudel, commissaire des poudres et salpêtres du roi, écrivit, le 10 novembre, au corps municipal d'Elbeuf, pour l'inviter à faire délivrer de la poudre à toutes les personnes, non suspectes, qui en demanderaient.

Cependant, il ne paraît pas que notre administration se rendit facilement à cette invitation, car nous trouvons, à la date du 16 du même mois, un certificat de Guersent, curé de Caudebec, ainsi conçu : « Nous... Certifions que le sieur Levavasseur, laboureur de notre paroisse, nous a représenté que chargé de bestiaux dont plusieurs sont malades, il auroit besoin de poudre à canon pour leur composer des breuvages ; que sa propre sûreté exigeoit aussi qu'il ait chez lui des armes à feu chargées... » etc.

Le 12 novembre, à deux heures, les maire et officiers municipaux et électoraux, assistés de la Milice bourgeoise, se rendirent à tous les carrefours d'Elbeuf, où il fut fait lecture d'un décret de l'Assemblé nationale, du 21 octobre précédent, créant une « loi martiale ». Pendant que cette proclamation se faisait en ville, le drapeau rouge resta déployé à la principale fenêtre de l'Hôtel de Ville.

On sait que la loi martiale, contre les attroupements, avait été votée à la suite du meurtre d'un boulanger parisien, faussement accusé d'accaparements de blés.

L'Assemblée des fabricants qui eut lieu le 14 du même mois fut présidée, en l'absence du bailli du Homme, par « Michel-Guillaume Bosquier, avocat, postulant au siège de la haute justice d'Elbeuf », en la présence de deux gardes en exercice, mais en l'absence du sieur de Coprez, inspecteur, et des deux autres gardes. — Ce jour-là, Bruno Anquetil, fabricant à Orival, fut reçu apprenti à Elbeuf.

Les archives municipales conservent ce procès-verbal :

« Nous soussignés habitans d'Elbeuf, contribuans aux impositions de la ville, assemblés au désir de l'avertissement donné au prône des messes paroissiales de ce lieu ce jourd'hui, et aux fins de nommer trois adjoins, suivant et conformément à l'article 5 de la proclamation du roi du 14 octobre dernier, et aux articles 10 et 11 d'autre proclamation du roi du 16 dudit mois ; desquelles proclamations lecture a été faite ce jourd'hui aux prônes desdites paroisses et présentement répétées, avons procédé, par la voie du scrutin, à ladite nomination.

« Les billets déposés sur le bureau, et ouverture faite d'iceux, il s'est trouvé que le plus grand nombre des voix s'est réuni en faveur de MM. Lingois, notaire ; Rousselin, marchand, et Le Veneur, cafetier-limonadier.

« Lesquels, présens, ont déclaré accepter leur nomination et consentir se rendre à l'Hôtel de Ville aussitôt qu'invitation leur sera faite à cet égard ; à laquelle fin le présent procès-verbal sera déposé à l'Hôtel de Ville.

« A Elbeuf, en l'église paroissiale de Saint-Jean, ce jourd'hui 15 novembre 1789 ». — Suivent trente-six signatures, y compris celles des trois élus.

Le jeudi 19 novembre, on publia à son de tambour dans les rues de la ville, et le dimanche suivant au prône des messes paroissiales, que tous les redevables sur les rôles de capitation des années précédentes devraient immédiatement s'acquitter, conformément aux ordres du roi.

Il s'était produit en ville de nouvelles difficultés pour se procurer du pain, par suite de l'insuffisance des apports de blé à notre halle. Depuis douze jours, on avait dû faire venir de Rouen 1.341 pains de six livres. Au marché du 19, la culture n'apporta que dix-huit sacs de blé. Il fallut donc continuer à demander du pain à Rouen, où l'on acheta encore 615 pains pendant les jours qui suivirent.

Notre municipalité prit le parti d'informer de cette situation le ministre Necker, qui répondit au corps de la ville d'Elbeuf, le 27 de ce même mois :

« J'ai appris, Messieurs, que vous éprouvez des besoins, pour vos subsistances, qui ne proviennent que de gêne apportée dans votre canton à la libre vente et à la circulation des grains.

« Il est très vraisemblable que vous avez peut-être contribué vous-mêmes à faire abandonner votre marché en voulant y faire venir par la force les laboureurs et décimateurs de votre canton.

« D'autres villes plus avantageusement placés que vous pour la fertilité des territoires, ont, de leur côté, suivi votre exemple, et en se formant des arrondissements arbitraires, qui vous ont circonscrit, elles ont achevé de détourner de votre marché les cultivateurs qui le fréquentoient précédemment.

« L'administration s'occupe efficacement de faire tomber ces entraves, et je vous invite, Messieurs, à donner les premiers l'exemple de l'obéissance et de la soumission aux décrets de l'Assemblée nationale, sanctionnés par le roi, pour l'entière liberté de la vente et de la circulation des grains.

« Dès que vous aurez fait succéder l'invitation à la contrainte, l'encouragement à la menace, vous verrez renaître l'abondance dans votre marché ; je l'apprendroi avec d'autant plus de plaisir que j'y verrai un moyen de plus de subvenir à la ville de Rouen, qui a des besoins considérables.

« Dans tous les temps, votre marché a fourni à une grande partie de ses besoins. Comment se pourroit-il que, dans une année où votre récolte a été généralement bonne, vous ne puissiez rien faire pour son secours ? Beaucoup de villes de la Beauce, de la Brie et le Soissonnais viennent de s'obliger, par des traités, à subvenir à l'approvisionnement de Paris, dans la proportion de leurs récoltes, et vous vous empresserez sûrement, Messieurs, d'imiter un si bel exemple, en venant au secours de la capitale de votre province.

« Je suis parfaitement, Messieurs, votre très humble et très obéissant serviteur ». — Signé : « Necker ».

Un membre de la municipalité vota qu'il serait à propos de faire des représentations à l'Assemblée nationale sur son décret qui permettait la libre circulation des blés de province à province ; que cela provoquait les accaparements et que c'était donner aux laboureurs un moyen pour ne pas apporter de blé aux halles.

Le 30 novembre, Frontin, Hayet, Lejeune, Joseph Grandin, délégués nommés par la municipalité pour recevoir les déclarations concernant la contribution patriotique décrétée par l'Assemblée nationale le 6 octobre précédent, se réunirent au bureau de la manufacture, où ils firent l'ouverture du premier registre destiné aux inscriptions.

Les premières déclarations furent faites par les membres de la municipalité pour les sommes suivantes :

Bernard Delarue, maire, 375 livres ; Louis-Robert Quesné, premier échevin, 825 l. ; Bernard Join-Lambert aîné, échevin, 2.000 ; T.-M. Frontin, échevin, 2,700 ; Louis Gamare, notable, 100 ; Pierre-Nicolas Bourdon, 1.500 ; Mathieu Sevaistre, 2.500 ; P.-H. Hayet, 3.800 ; Pierre-Joseph Duruflé, 1.200 ; J.-B.-Pierre Grandin, 4.000 ; J.-B. Parfait Grandin, 3.000 ; Mathieu Quesné, 600 ; Marie-Anne Flavigny, veuve de Nicolas Godet, 850 ; Pierre-Louis-Constant Godet, 4.000 ; Nicolas Bourdon père, 2.075 ; Jacques Quesné, 930 livres ; Louis-Robert Flavigny, 4.000 ; François Flavigny-Gosset, 800 livres ; Nicolas-Constant Leroy, 1.200 ; Louis Sevaistre, 2.800 ; J.-B. Delarue, chevalier de Saint-Louis, 72 ; Nicolas Patallier, 750 : Louis Delarue, 3.000 ; Henri Delarue, 800 ; Robert Bourdon, 2.000 ; René César-Auguste Grandin, 6.250 livres ; Nicolas Zens, lieutenant-colonel de cavalerie, 360 ; etc. Ces déclarations étaient faites au-delà de la proportion réclamée par les citoyens sus-nommés.

Parmi ceux qui, dispensés de contribuer, ne voulurent point profiter de cette exemption, se trouvaient : Duhamel, curé de St-Etienne, qui souscrivit pour 24 livres ; Pierre Osmont, vicaire, 18 ; Guenet, prêtre, 18 ; J.-B. Tienterre, officier municipal, 24 ; Pierre Devé, prêtre, 12 ; François-Pierre Balleroy, officier municipal, 24 ; Jacques Touzé, notable, 9 ; G. Viard, officier municipal, 24 ; Rousselin, officier municipal, 72 ; Fautelin, fabricant, 100 ; Antoine Gauthier, chirurgien, 48 ; etc.

Un certificat du 20 mai de l'année qui suivit

signé de Lingois, alors maire, et des officiers municipaux, atteste que la souscription patriotique, dans la ville d'Elbeuf, s'était élevée à 84.524 livres 18 sols 5 deniers.

Le maire représenta au corps de ville, le 10 décembre, que l'absence du juge et le défaut d'audience mettaient la ville sans police ; que pendant toutes les nuits les cabarets étaient pleins de buveurs, et qu'il en résultait de grands abus pour la sûreté publique ; que les patrouilles faites par la garde nationale étaient insuffisantes pour les prévenir ou les arrêter : les délinquants étant assurés de l'impunité à cause de la cessation des audiences.

L'assemblée arrêta que, à l'avenir, la garde nationale serait autorisée à dresser des procès-verbaux contre les personnes donnant à boire après les heures fixées par les règlements ; que ces procès verbaux seraient signifiés à la requête du corps municipal, et les délinquants traduits devant le juge royal à Pont-de-l'Arche.

Une pièce conservée aux Archives départementales est la « Liste des notables nommés par délibération générale du corps municipal et électoral de la ville d'Elbeuf, en date du 10 décembre 1789, parmy lesquels doivent être pris les adjoints qui assisteront à l'instruction des procès criminels, suivant et au désir du décret sur la réformation de quelques points de la jurisprudence criminelle.

« Jacques Quesné fils, négociant, paroisse Saint-Jean ; Laurent Patallier, marchand, paroisse Saint-Jean ; Moyse Duruflé, négociant, paroisse Saint-Etienne ; Chérel fils, marchand cardier, paroisse Saint-Etienne ; Constant Bourdon, négociant, paroisse Saint-Jean ; Joseph Duruflé aîné, paroisse Saint-

Etienne ; Pierre Nicolas Bourdon, négociant, paroisse Saint-Etienne ; Thomas Védie fils, boulanger, paroisse Saint-Etienne ». Ces huit notables prêtèrent serment le surlendemain.

Le 12, à la requête du corps municipal et électoral de la ville d'Elbeuf, l'huissier Andrieu signifia aux doyen, prêtres chanoines, chantre et chapitre de l'eglise collégiale de la Saussaye, en parlant à la personne de Mᵉ Ricatte, doyen, un procès-verbal dressé contre eux pour raison de dévastation commise aux biens de leur bénéfice ou prébende, avec défense expresse de faire aucun autre abatis de bois, soit baliveaux ou arbres fruitiers dépendant des fonds de leur bénéfice, à peine d'être réputés rebellionnaires aux décrets de l'Assemblée nationale et comme tels poursuivis et condamnés. Ils furent en même temps assignés pour assister, le jour même, dans le bois taillis se trouvant devant la Pelouse, au procès-verbal qui serait dressé du nombre de baliveaux qu'ils avaient fait abattre.

Ce même jour 12 décembre, le corps municipal d'Elbeuf transcrivit sur le registre de ses délibérations le texte complet de la Déclaration des Droits de l'homme et du citoyen, et les articles de la Constitution, votés par l'Assemblée nationale le 4 août et les jours suivants, ainsi que des extraits de procès-verbaux de cette même assemblée.

Ce même jour encore, on n'apporta à la halle que 40 ou 45 sacs de blé. La municipalité dut aviser pour soustraire notre ville « à l'horrible famine » qui se préparait. L'assemblée décida d'envoyer deux députés, Zens et P.-J. Duruflé, à la municipalité de Rouen, afin d'en obtenir du grain. Il fut répondu aux députés que la ville de Rouen était dans l'impossibilité de secourir celle d'Elbeuf.

En présence de ce refus, le corps municipal de notre ville prit la résolution de s'adresser au ministre, vers lequel Zens et P.-N. Bourdon furent délégués.

Les sieurs Zens et P.-N. Bourdon se présentèrent donc au ministère, où ils furent reçus par le contrôleur général Amabert, auquel ils représentèrent les souffrances de la population d'Elbeuf. Il leur fut répondu que le gouvernement n'y pouvait rien, et que c'était aux villes à veiller sur leurs approvisionnements ; que d'ailleurs il était facile d'avoir des grains à Rouen. Il ajouta que si la ville offrait une prime de 20 sols par quintal, les cultivateurs ne manqueraient pas d'apporter du blé à sa halle ; les personnes aisées pourraient établir un fond pour payer cette prime, et peut-être, alors, le gouvernement ferait quelque chose de son côté.

Le 17 décembre, Bernard Delarue, maire, reçut la lettre suivante :

« Paris, ce 15 décembre 1789.

« Le comité des rapports de l'Assemblée nationale, Monsieur, sur l'examen d'un mémoire à lui adressé contre vous, par le sieur Balleroy, avocat plaidant à Elbœuf, me charge de vous faire passer ce mémoire en vous invitant d'y répondre sans délai.

« J'ai l'honneur, etc.

« † G. M., évêque de St-Flour,
« président ».

Ce même jour, Henri Grandin, demeurant à Paris, fut chargé de se joindre au nom de la ville et de la manufacture, au « Comité des députés extraordinaires des Manufactures et du Commerce de France ».

Dulong, procureur fiscal du Neubourg, informa par lettre, datée du 17, l'administration municipale que les boulangers elbeuviens la trompaient sur le nombre des sacs de blé qu'ils disaient acheter au Neubourg. En outre, au dernier marché de ce bourg, deux douzaines d'individus paraissant être dans la misère avaient acheté chacun un sac de blé, en disant que c'était pour leur consommation personnelle. Dulong conseilla à Delarue, maire, de faire acheter lui-même le blé nécessaire aux boulangers de notre ville et à ceux de Caudebec et d'Orival, et de le leur distribuer ensuite comme le faisaient déjà les villes de Laigle et de Lisieux pour leurs boulangers.

Un état de cette époque, mais sans date, nous donne les noms des boulangers d'Elbeuf et la quantité de blé qui leur était nécessaire chaque semaine : François Potteau, 120 boisseaux ; J.-B. Luce, 54 ; Jean Martin, 120 ; Jean Hébert, 102 ; veuve Delamare, 30 ; Nicolas Groult, 24 ; Pierre Dugrenier, 27 ; Louis Loidet (?), 18 ; Roch Potteau, 12 ; Pierre Gouget, 12 ; Pierre Lefebvre, 18. Au total 537 boisseaux.

L'hiver rigoureux de 1788-89, avait, nous l'avons déjà dit, interrompu pendant trois mois consécutifs les travaux des fabriques d'Elbeuf. Une note officielle que nous avons sous les yeux, porte que « les ouvriers, après avoir vendu tous leurs meubles, seraient péris de faim et de misère, si la bienfaisance du petit nombre de citoyens aisés de la ville ne leur eût procuré les moyens de subsister, par des cotisations extraordinaires.

« A ces temps malheureux, en ont succédé de plus terribles encore : la disette et la cherté des grains pendant l'année entière de 1789 jusqu'à la récolte de 1790, ont achevé de réduire à la plus effroyable misère les ouvriers de la fabrique qui, dépourvus de tout, seront encore longtemps à réparer le désastre de leur affligeante situation ».

Au fur et à mesure que la mauvaise saison s'avançait, le zèle des Patriotes volontaires se refroidissait. Il arrivait même que la garde commandée ne faisait plus de service de nuit et que les patrouilles ne fonctionnaient que très rarement.

Au commencement de l'année suivante, des habitants d'Elbeuf remontrèrent à la municipalité la nécessité qu'il y avait de rétablir le service de la garde, et déclarèrent responsables des événements fâcheux qui pourraient surgir, les officiers municipaux et les commandants de la milice bourgeoise. Cette déclaration fut signée de plusieurs officiers des Volontaires et par d'autres citoyens, parmi lesquels nous relevons les noms de Duruflé, Grandin, Flavigny, Lefebvre, Patallier, Valdampierre, Le Lieur, Fouard, Lefebvre, etc.

Le 17 décembre, on publia le rôle des impositions « sur les ci-devant privilégiés, pour les six derniers mois de 1789, en exécution du décret de l'Assemblée nationale du 26 septembre et la déclaration du roi du 27 septembre et mandement du département d'Andely et Pont-de-l'Arche ».

Voici la liste des privilégiés sur lesquels fut établie cette imposition :

Paroisse Saint Jean : Bachelet oncle et neveu, prêtres ; Lecerf, maître de poste ; Pierre

Darcy, milicien ; Flavigny, prêtre ; Pascal et Louis Dupont, miliciens ; Jean Benoist, milicien ; Noël Dupont, milicien ; Jean Radier, receveur de la ville ; Lenoble, vicaire ; Duparc, prêtre ; Patallier, prêtre, Dévé, prêtre.

Paroisse Saint-Etienne : Desgenetez, prêtre ; les Dames Ursulines ; Desilles, chevalier de Saint-Louis ; Lebourgeois, prêtre ; Louis Dantan, jardinier du château ; Chevalier dit Beaufort, concierge du château ; Adrien Voranger, milicien ; J.-P. Stable, milicien ; Osmont, vicaire ; Guenet, prêtre.

Ce rôle est signé des membres de la municipalité, de Bernard de la Rue, maire ; Duhamel, curé de Saint-Etienne ; Robert Quesné et Join-Lambert, échevins ; Lingois, notaire ; Auguste Grandin et de plusieurs autres.

Le 24, Nicolas Bourdon, ancien fabricant, mourut subitement ; il était âgé de 72 ans.

Ce même jour, la lettre qui suit fut adressée aux officiers municipaux de notre ville :

« Paris, le 24 novembre 1789.

« Le comité des rapports de l'Assemblée nationale, Messieurs, après avoir pris connoissance des pièces relatives à la réponse au mémoire du sieur Balleroy, est d'avis, à la réquisition même du député de votre municipalité, de différer sa décision jusqu'à la remise du jugement du comité permanent de votre ville et de la délibération qui enjoint à tous les citoyens de monter la garde ; que cependant votre mémoire sera communiqué à M. de Balleroy pour y répondre, s'il le juge à propos.

« J'ai l'honneur, etc.

« † A. A., évêque comte de Châlons,
« président ».

Les députés Zens et Bourdon avaient aussi été chargés lors de leur voyage à Paris, de représenter les intérêts de la municipalité dans l'affaire Balleroy. Ces députés rendirent compte de leur mission, devant le corps de ville, le 31 décembre. Nous allons reproduire une partie du compte-rendn de ce voyage :

« S'étant fait présenter par M. de Crétot, député de leur bailliage à l'Assemblée natio nale, ils y ont dit en substance qu'ils étoient envoyés par la ville d'Elbeuf pour la disculper des insinuations contenues dans le mémoire du sieur Balleroy ; qu'ils apportoient une réponse dont ils prioient le comité de prendre communication, puis ils se retirèrent.

« Le lendemain. M. Bourdon cherchant le rapporteur, l'avoit heurcusement rencontré, luy avoit expliqué l'affaire et en avoit su qu'il alloit la rapporter tout à l'heure. Revenu promptement et s'étant posté dans l'antichambre de la chambre où se tiennent les séances, il avoit entendu faire le rapport, qui n'étoit pas satisfaisant, parce qu'au vray le rapporteur n'avoit guère eu le temps, du soir au matin, de s'être bien pénétré des moyens de la défense.

« Ayant ensuite entendu les discussions, les opinions qui ne luy paroissoient pas favorables, il avoit pris le parti d'entrer et de demander qu'il fut sursis à la décision jusqu'à ce que la Ville ait pu les mieux instruire et les éclairer par le mémoire qu'elle feroit imprimer. Sur quoy luy ayant été fait plusieurs interpellations auxquelles il répondit, il luy fut enjoint de se retirer pour qu'on put délibérer ; mais en se retirant, Bourdon insista pour que la décision fut suspendue jusqu'à plus amples instructions, et il y a lieu de croire que sa demande a été octroyée, mais avec de nouvelles injonctions qu'il est étonné n'avoir pas encore été intimées à la Ville... »

Le maire répondit qu'il venait de recevoir une lettre datée du 24 décembre, signée du président du Comité des rapports de l'Assemblée nationale, portant injonction à la municipalité d'envoyer le jugement du Comité permanent de cette ville du 16 octobre dernier, ensemble la délibération enjoignant à tous les citoyens de monter la garde.

On écrivit immédiatement au président que sa lettre n'était arrivée que le jour même, et que l'on allait apporter toutes diligences pour expédier les pièces demandées. En outre, on fit imprimer le mémoire pour la Ville, afin d'en remettre un exemplaire à chacun des députés à l'Assemblée nationale.

Ainsi se termina cette année 1789, pendant laquelle tant et de si différents événements occupèrent l'attention publique, mais dont la principale était, pour l'heure présente, la misère causée par le froid, le manque de travail dans les fabriques et la cherté du pain.

CHAPITRE XVII
(JANVIER-MARS 1790)

Création du département de la Seine-Inférieure, du district de Rouen et du canton d'Elbeuf. — Tentatives pour obtenir un tribunal. — Premières élections municipales. — Pierre Lingois, notaire, 9ᵉ maire d'Elbeuf. — Déclaration des bénéfices ecclésiastiques. — Réunions publiques dans l'église Saint-Jean. — Pomier, commissaire du roi, envoyé a Elbeuf. — Suppression des octrois.

La nouvelle année débuta par une assignation adressée à Delarue, en sa qualité de maire d'Elbeuf, à la requête du sieur Asse, avocat, pour comparaître devant le bailli.

Il était dit dans l'exploit que Delarue avait, sans droit ni qualité, envoyé à Asse, le 15 octobre précédent, « des hommes armés qui s'étoient emparés de son domicile, de sorte que Mᵐᵉ Asse, ses enfants et domestiques avoient été obligés d'abandonner la maison et de la laisser à la discrétion de ces hommes armés qui, eux et leurs successeurs, l'avoient occupée pendant quinze jours... » etc Bref, Asse demandait la modique somme de 100.000 livres de dommages-intérêts, l'affichage du jugement à mille exemplaires dans tout le bailliage de Pont-de-l'Arche, etc.

Le maire assembla le corps de ville, le 7 janvier 1790. L'assemblée autorisa Delarue à défendre, non pas en son nom personnel, mais au nom du Comité municipal et de la ville tout entière.

Par décret du 22 décembre précédent, sanctionné par lettres patentes du roi datées de janvier 1790, l'Assemblée nationale avait aboli l'ancien régime administratif et décidé que la division de la France en provinces serait remplacée par des départements, ceux-ci divisés en districts ou arrondissements, et les districts divisés en cantons formés d'une réunion de paroisses qui, à l'avenir prendraient le nom de communes.

C'est ainsi que fut créé le département de la Seine-Inférieure, comprenant sept districts: Rouen, Caudebec-en-Caux, Cany, Dieppe, Montivilliers, Neufchâtel et Gournay. Comme on le voit, Le Havre et Yvetot ne furent pas, au début, chefs-lieux de district. Rouen était le chef-lieu du département.

Par arrêté du 9 janvier 1790, le canton d'Elbeuf fut créé, avec notre ville pour chef-lieu. Les communes suivantes y furent incorporées : Tourville, Cléon, Saint-Aubin-Jouxte-Boulleng, Freneuse, Sotteville-sous-le-Val, Caudebec, Orival, Grand-Couronne, Petit-Couronne, Oissel, Moulineaux, la Bouille, la Londe et Saint-Etienne-du-Rouvray.

Le système électoral fut établi à trois degrés : 1º Assemblées primaires par cantons;

2º Assemblées d'électeurs élus par les assemblées primaires ; 3º Assemblée nationale.

Tout citoyen actif était électeur.

Pour être citoyen actif, il fallait être Français, avoir au moins vingt-cinq ans d'âge, être domicilié dans le canton depuis un an au moins, payer une contribution directe de la valeur de trois journées de travail — le prix de la journée était généralement d'une livre — et enfin n'être ni domestique, ni failli.

Des compétitions naquirent entre Louviers et Pont-de-l'Arche ; elles commencèrent par une demande faite auprès de la municipalité d'Elbeuf, le 12 janvier, par deux députés de Pont-de-l'Arche, afin d'engager le corps de ville elbeuvien à voter pour l'établissement de la nouvelle juridiction dans leur cité, de préférence à celle de Louviers, qui la lui disputait.

Cette demande fut assez froidement reçue, car, à Elbeuf, on pensait aussi à obtenir un tribunal de district. Le lendemain, précisément, l'administration municipale reçut une délégation de citoyens en tête desquels était le notaire Lingois, qui pria le corps de ville de faire tous ses efforts auprès de l'Assemblée nationale pour qu'un siège de justice fut créé à Elbeuf.

Le corps municipal accueillit plus favorablement cette demande, bien qu'elle fut pro-produite par des adversaires, notamment par Leveneur et ses amis. Lingois et N. Lefebvre furent députés à l'Assemblée nationale, afin d'agir dans un sens favorable. Sur le désir de la délégation, on adjoignit le bailli du Homme à la députation.

Le corps municipal, désireux de faire la paix avec ceux qui le harcelaient depuis plusieurs mois, poussa même le condescendance jusqu'à arrêter qu'en attendant l'organisation des municipalités, alors à l'étude à l'Assemblée nationale, quatre membres de la délégation seraient invités à prendre séance dans toutes les réunions municipales. Miège, Viard, Frémont et Galeran furent désignés à cet effet, séance tenante :

En ce même temps, on fit circuler cette pièce dans les campagnes voisines :

« Nous soussignés sindic et habitants de la paroisse de   distante de   lieues de la ville d'Elbeuf, notre voisine, que nous regardons comme notre petite métropole par les grands rapports que nous avons avec elle, rétractons et annulons par le présent les signatures que nous aurions pu donner par erreur ou trompés par de fausses indications ; attestons et certifions que notre avantage le plus grand possible et notre commodité et l'intérêt général de tous nos habitants est qu'il soit étably en la ville d'Elbeuf un tribunal de district... etc. »

Le 18 janvier, la municipalité d'Elbeuf chargea le sieur Valdampierre de se mettre en rapports avec Lizot, avocat à Rouen, à l'effet de rédiger une requête à l'Assemblée nationale pour obtenir le tribunal désiré.

Quelques jours après, se présentèrent devant le corps de ville d'Elbeuf, réuni en assemblée générale :

Louis Lesage, député de Thuit-Anger ; Ch. Ricatte, curé de la paroisse Saint-Louis de la Saussaye ; Jean Bon-Pierre Noyon, curé de la Londe ; François Roussel, député de Saint-Didier ; Pierre Delamare, député de Saint-Amand-des-Hautes-Terres ; Nicolas Cirette, député de Saint-Germain-de-Pasquier ; Pierre Lefrançois, député de Cléon ; Louis-Charles Le Bienvenu, député de Bosbénard-Commin ; Alexandre Bailly, député de Berville ; Thomas Quesney, député de Basville ; P.-J. Osmont, député de Saint Denis-du-Bosguérard ; Laurent Deshayes, député de Thuit-Hébert ; Pierre Lavoisey, député d'Angoville ; Michel Cauchois, député de Saint-Martin-la-Corneille ; Jacques Noyon, curé de Saint Aubin Jouxte-Boulleng ; Alexandre Dehais, syndic d'Infreville ; Salomon Lesage, syndic de la Haye-du-Theil ; Jacques Legay, député du Bec Thomas ; Jean Védie, député de Mandeville ; Pierre Lecerf, syndic du Thuit-Signol ; Pierre Lerat, député du Houlbec ; Amable Pétel, curé de Saint-Nicolas-du-Bosc-Asselin, et plusieurs autres.

Ces députés avaient pour mission de donner adjonction à la ville d'Elbeuf afin d'obtenir l'érection en cette ville d'un tribunal de district, préférablement à Louviers ou à Pont-de-l'Arche. Les signatures de ces députés figurent sur le registre des délibérations municipales de notre ville.

Le bailli Hervieu du Homme et le notaire Lingois, envoyés auprès de l'Assemblée nationale, pour réclamer ce tribunal, furent autorisés à dire qu'Elbeuf le voulait quand même « il devroit en résulter la perte de l'avantage pour la ville d'être comprise dans le département de Rouen, et entrer dans le département d'Evreux ».

Le maire et les échevins d'Elbeuf avaient, cette année encore, et comme ils le faisaient depuis douze ans, à l'occasion du 1er janvier, exprimé leur attachement au prince de Lambesc, car nous trouvons une lettre de ce dernier, datée de Trèves, 15 janvier 1790, dans laquelle il les remercie de la marque d'attention qu'ils lui avaient donnée. Cette lettre se termine ainsi : « Je suis très convaincu de la sincérité de vos sentiments pour moi, et je seroi enchanté de pouvoir vous en procurer ma reconnoissance ».

Pour obéir au décret de l'Assemblée nationale, M⁰ Duhamel, curé de Saint-Etienne, se présenta, le 15 janvier. devant le corps de ville pour déclarer les biens de sa cure. Ils consistaient :

En une dîme affermée 500 livres, avec réserve d'une corbeille de pommes, par an ; une rente de 20 livres ; une autre rente de 5 livres ; une demi-acre de terre sise à Caudebec ; et enfin en une redevance de 5 livres et un cierge que lui servaient les dames Ursulines.

Dans cette même séance, à laquelle Delarue n'assistait pas, un membre déposa sur le bureau une gazette intitulée *Moniteur n° 13*, imprimée à Rouen, dans laquelle le maire et autres honnêtes citoyens de cette ville étaient accusés de faire des « enharrements » de blés.

A l'unanimité, il fut arrêté que l'imprimeur serait engagé à contredire ce qu'il avait avancé et à insérer une lettre qui lui serait adressée. En outre, un double de la délibération serait remis au maire, que tout le monde reconnaissait pour un citoyen intègre, dévoué au bien public et très désintéressé.

Ce même jour, on décida qu'il serait fait un dénombrement des habitants de la ville, en vue de la constitution de la nouvelle municipalité.

Le lendemain, M⁰ Pinel, curé de Saint-Jean,

vint à son tour, déclarer les revenus de sa cure. Ils consistaient en une portion congrue de 700 livres, sur laquelle il payait 39 livres de décimes.

Il déclara ce même jour les revenus du prieuré de Bondeville près Pacy-sur-Eure, duquel il était également titulaire depuis quelques années et valant environ 800 livres de revenu moins les charges.

Un des membres de la municipalité représenta à ses collègues, le 26 du même mois, que « dans ce moment de trouble et d'agitation générale, il importait à la sûreté publique de défendre l'usage du masque, et, en conséquence, d'empêcher qui que ce soit d'en vendre et débiter dans cette ville.

Une pareille mesure avait été déjà prise à Rouen ; aussi l'assemblée ne fit-elle aucune difficulté pour accueillir favorablement la proposition qui lui était faite. Il fut donc interdit, à Elbeuf, de se couvrir la figure d'un masque, sous peine de 50 livres d'amende. Il fut également défendu de tirer des pétards dans les rues.

Le bureau pour l'enregistrement des dons patriotiques continuait à fonctionner ; mais Joseph Grandin, Parfait Grandin, Hayet, Lejeune, Mathieu Frontin et Robert Flavigny, qui en faisaient partie, donnèrent leur démission le 3 février. Bernard de la Rue, maire, Join-Lambert aîné, Louis-Robert Quesné et Frontin, échevins, déclarèrent continuer leurs fonctions à ce bureau jusqu'au jour de la proclamation de la nouvelle administration.

Ce même jour, il fut donné connaissance du résultat du dénombrement de la population elbeuvienne. La ville comptait 5.789 habitants.

Voici quelle était la population des diverses communes du canton : Oissel, 2.326 hab. ; St-Etienne-du-Rouvray, 1.380 : Tourville-la-Rivière, 825 ; Cléon, 600 ; St-Aubin-Jouxte-Boulleng, 1.163 ; Freneuse, 483 ; Sotteville-sous-le-Val, 400 ; Caudebec, 2.411 ; Orival, 1.046 ; Grand-Couronne, 1.149 ; Petit-Couronne, 1.510, dont 510 aux Essarts ; Moulineaux, 309 ; la Bouille, 929 ; la Londe, 1.600.

Il fut décidé que l'on établirait deux sections pour l'élection de la nouvelle municipalité, devant avoir lieu le dimanche suivant, et qu'on se réunirait dans les églises Saint-Jean et Saint-Etienne pour procéder à cette opération.

L'élection devait comprendre la nomination d'un maire, huit officiers municipaux, dix-huit notables et un procureur de la commune.

L'animosité entre Balleroy et le maire n'avait fait que croître ; aussi, le 3 février, le premier, qui demeurait derrière les petites halles, déclara au maire Benoist Delarue, dont le domicile était sur le quai, que, par suite des irrégularités dont son administration s'était rendue coupable, il y avait lieu de craindre que son nom fût omis de la liste des citoyens actifs devant prendre part à l'élection de la nouvelle municipalité, et que, dans cette idée, il le sommait de l'y inscrire.

Jacques-François Routier-Duparc, prêtre habitué de Saint-Jean d'Elbeuf, déclara devant le corps de ville, le 6 du même mois, qu'il était possesseur de la chapelle Ste Marie, au Bec-Thomas, donnée par M. de Frondeville, seigneur et patron de cette chapelle, dont les biens consistaient en quatre acres et demie de terre labourable et en un trait de dîme à

Fouqueville, affermé au prix de 800 livres par an, sur laquelle somme il payait au prêtre qui disait la messe dans cette chapelle 250 liv. par an.

Dans cette même séance, Hervieu du Homme et Lingois présentèrent un mémoire s'élevant à 813 livres 10 sols, pour frais de leur voyage à Paris, demeuré infructueux. Un autre mémoire de 135 livres fut présenté pour le « vin de ville » offert l'année précédente à l'intendant et au marquis d'Harcourt, à l'occasion d'un voyage à Elbeuf.

L'élection du maire eut lieu le 8 février. Il se trouva, pour les deux paroisses, 633 votants ; 404 se prononcèrent en faveur de Pierre Lingois, notaire.

Il paraît que cette élection ne se fit pas paisiblement, car nous trouvons, dans une facture délivrée à la municipalité quelque temps après, les articles suivants :

« Pour les chaize de lasanblée du 8 février 1790, loyer............ 6 l.
« Pour débris, 50 barreaux de cassés de plus 3 bar de dosier................ 2 l. 14 s. 6 d.

Les élections municipales se continuèrent le surlendemain 10. La ville, nous l'avons dit, avait été divisée en deux sections : Saint-Etienne et Saint-Jean. Les opérations se firent régulièrement dans la première, mais dans la section de Saint-Jean, après le vote, la caisse qui contenait les bulletins fut portée à la mairie, sans être ficelée ni cachetée, et remportée dans le même état par Fouard, commissaire du scrutin. Il s'en suivit que les président, scrutateurs et secrétaire du scrutin de la section de Saint-Etienne protestèrent. Bernard

Delarue, maire encore en exercice, déclara que ce scrutin était entaché de nullité.

Le lendemain, Bernard Delarue, Louis-Robert Quesné, Mathieu Frontin et Join-Lambert, échevins ; Robert Bourdon, Nicolas Patallier, Louis Gamare et Pierre Joseph Duruflé, notables, se réunirent à la mairie pour dresser procès-verbal de ces faits, et l'envoyer à l'Assemblée nationale.

Au moment où ils allaient se retirer, arriva Mᵉ Pinel, curé de Saint-Jean, qui, en sa qualité de scrutateur, déclara qu'après avoir retiré les bulletins de la boîte, il avait vu et fait voir ces bulletins dans le même état où ils se trouvaient encore le matin du 11. Cette déclaration fut jointe au procès-verbal de la séance.

Le 13, la section de Saint-Etienne demanda que le scrutin fut proclamé, malgré la contestation survenue dans celle de Saint-Jean.

Le même jour, qui était un dimanche, les électeurs furent convoqués, par Delarue, maire, dans l'église Saint-Jean, à deux heures de l'après-midi, afin de recevoir communication d'une délibération prise le matin par les officiers municipaux.

Le maire ajouta : « Nous avions oublié de faire prêter serment, lundi matin, aux citoyens actifs qui, la veille, ne l'avaient pas prêté : mais l'après-midi, lorsqu'il a été question de procéder à l'élection de MM. les officiers municipaux, nous avons déclaré plusieurs fois que, si quelques citoyens n'avaient pas prêté serment, ils devaient se faire connoître. En conséquence, il s'est présenté devant nous ledit jour, lundi après-midi, plus de trente citoyens pour prêter ce serment ».

Aucune objection ne fut opposée. Alors le maire dit à l'assemblée : « Que ceux qui sont d'avis que la municipalité doive proclamer les noms de nos concitoyens qui ont réuni assez de suffrages pour être élus, encore bien que le travail n'ait pas été le même dans les deux sections de cette ville, veuillent bien se lever ». Plus des quinze seizièmes des électeurs se levèrent, et à la contre-épreuve, deux citoyens seulement se prononcèrent contre.

Le 12, la municipalité reçut cette lettre.

« Messieurs les officiers municipaux et représentants de la commune d'Elbeuf.

« Paris, le 10 février 1790.

« Le comité des Rapports, Messieurs, après avoir examiné les différentes pièces qui lui ont [été] adressées, tant par les officiers municipaux de votre ville que par le sieur Balleroy, a été d'avis de les renvoyer au comité de Constitution.

« J'ai l'honneur, etc...

« Grégoire, président du Comité ».

Le signataire de cette lettre n'était autre que le célèbre abbé Grégoire, évêque de Blois, qui, après avoir été membre de l'Assemblée nationale, fit aussi partie de la Convention.

Les élections pour la nomination des huit officiers municipaux commencèrent le 14 février. Ce jour-là furent élus Rousselin, Tienterre et Viard, tous trois marchands. Le 27, furent élus Fouard père, Marin Duruflé, Galleran, Constant Leroy et Balleroy. Les bulletins furent enveloppés dans un papier, ficelé, sur lequel on apposa « les armes de la Ville ». Ce même jour, Asse, avocat, fut élu procureur de la ville.

Sur la proposition de la municipalité, qui allait cesser ses fonctions, il fut décidé que pour célébrer l'alliance du roi avec l'Assemblée nationale, il serait, le jeudi 18 février, fait lecture, en l'église Saint-Etienne, du discours prononcé par Louis XVI devant les représentants de la Nation et qu'elle serait suivie d'un *Te Deum*. Le clergé de Saint-Jean et toutes les autorités furent invitées à cette cérémonie. On décida également que la ville serait illuminée le soir de ce même jour : tout citoyen ayant boutique ou chambre sur la rue fut obligé de placer sur la devanture au moins une lumière.

L'élection des notables eut lieu le 20 février. Furent élus : Georges Dumontier, Chérel, Leveneur, Placide Leroy, Lefebvre, collier ; Simon Touzé, Lebailly, émouleur-fabricant ; Laurent Patallier, Bouic père, Hayet, écrivain ; Lenoble, Cavé, sellier ; Séjourné, frippier ; François Lefebvre, Simon Eloy, Robert Folie, Duhamel, Prosper Gueroult, cordonnier.

Ces élections firent donc entrer à l'administration municipale les adversaires du corps de ville dont les pouvoirs allaient expirer.

Ce même jour, Zens donna sa démission, sous prétexte que ses forces ne pouvaient plus suffire au maintien de la tranquillité publique. Il fut chaleureusement remercié par le maire Delarue et le corps municipal pour les services dévoués qu'il avait rendus en contribuant à l'ordre et à la sécurité.

Alexandre-Nicolas Patallier, fabricant, âgé de 81 ans, mourut le 21.

Ce même jour, qui était un dimanche, en présence de Bernard Delarue, maire, et du corps de ville, Pierre Lingois fut proclamé maire d'Elbeuf. Il en fut de même des officiers municipaux, du procureur de la ville et des notables.

Le lendemain 22, eut lieu la première séance de la nouvelle municipalité. Bernard Delarue fit la remise des registres et des archives de la ville, « de trois drapeaux, savoir : celuy de paix en blanc, celuy de la proclamation de la loy martiale en rouge, et celuy appartenant à MM. les Volontaires ». Il remit également deux cachets aux armes de l'ancienne municipalité, le tableau des anciens maires et échevins, et le mobilier municipal composé de quatre rideaux, un bureau, quatre flambeaux argentés, dix-huit chaises, deux chenets avec pelles et pincettes, vingt livres de bougie, deux lits de camp, un poêle en fonte, une boîte fumigatoire et les fusils confiés par la ville de Rouen.

Ce même jour, Collet Valdampierre fut élu secrétaire-greffier de la municipalité. Il dut donner sa démission d'officier des Volontaires.

Les registres des délibérations municipales de cette époque portent de nombreuses déclarations de bénéfices faites par des ecclésiastiques des paroisses voisines. Nous relèverons celle de Guersent, titulaire de la cure de Caudebec, dont les revenus annuels consistaient dans le produit de quatre pièces de terre, de la cour et du jardin du presbytère, plus 2.900 livres de dîme, 100 livres de dîme des laines et une partie de dîme sur trois îles de la rivière de Seine affermée 40 livres par an. Cette déclaration fut passée à Elbeuf, le 23 février.

Notons également la déclaration faite le 26, par Pierre Faupoint, curé de Saint-Pierre-de-Lierroult. Sa cure, indépendamment du manoir presbytéral, de la cour et du jardin y attenant, percevait le produit de quatre acres de terre et une portion de dîme affermées 180 livres par an, une autre portion de dîme et un acre de bois taillis valant 200 livres, mais chargées de 14 livres de rente seigneuriale.

Vers ce temps, Asse, procureur de la commune, demanda la convocation d'une assemblée générale de tous les citoyens actifs pour procéder à la formation d'un corps de milice nationale, la Milice bourgeoise n'étant pas constituée légalement, suivant lui.

Le maire combattit l'avocat Asse, en faisant ressortir les inconvénients qu'il y aurait à agiter de nouveau la population.

La municipalité décida que, le dimanche suivant, à l'issue des vêpres, les officiers municipaux s'assembleraient dans l'église Saint-Jean, pour recevoir le serment des citoyens qui voudraient bien continuer leur service dans la Milice bourgeoise comme précédemment.

Le 26 février, Nicolas Osmont, aubergiste à l'enseigne du « Chapeau-Rouge », sur le port, déposa à l'Hôtel de Ville une requête signée par un très grand nombre de citoyens, tendant à obtenir l'abolition du tarif d'octroi. Galleran et Balleroy furent chargés d'examiner cette requête et de faire un rapport dans le plus bref délai.

Ainsi qu'il avait été convenu, le dimanche 28 février, le maire et les officiers municipaux se rendirent dans l'église Saint-Jean, où ils prirent place dans le chœur. Les officiers et gardes nationaux « connus sous le nom de Volontaires et un très petit nombre d'autres citoyens pénétrèrent dans l'église ayant leur drapeau et leur tambour battant ». Ils prêtèrent le serment prescrit par l'Assemblée nationale le 7 janvier précédent.

Un très grand nombre de bourgeois ne prêtèrent pas serment, parce qu'ils n'avaient pas participé à la nomination des officiers de la Milice bourgeoise, et, par suite, refusèrent de monter la garde. Le maire Lingois en informa le Comité de constitution de l'Assemblée nationale et lui demanda s'il devait provoquer une nouvelle réorganisation de la garde nationale, pour ensuite faire procéder à la prestation de serment prescrite.

Parmi les déclarations du clergé, nous citerons encore celle faite le 2 mars, par Berment, chanoine de l'église collégiale de la Saussaye, concernant les revenus communs au chapitre qui s'élevaient à 13.209 livres par an, susceptibles de 4.333 livres de charges. Le canonicat personnel de Berment lui valait en outre, 700 livres de rentes.

Ce même jour, sur une invitation adressée par Lingois, maire, se réunirent à la maison de ville d'Elbeuf, le maire de Caudebec, le maire de Thuit-Anger, le maire de Saint-Cyr et le syndic de Saint Martin-la-Corneille, à l'effet de convenir provisoirement et pour l'année seulement, de la distribution de la forêt d'Elbeuf entre ces paroisses et notre ville, pour l'assiette de la contribution du prince de Lambesc, de l'année 1790. Il fut arrêté que notre ville imposerait à raison de 3/9, Caudebec de 2/9, Thuit-Anger de 1/9 et demi, Saint-Martin de 1/9 et demi et Saint-Cyr de 1/9 seulement, et le tout à raison des impositions de chaque localité.

Balleroy, officier municipal, prit la parole dans la réunion tenue ce même jour, pour dire « que, pénétré de l'autorité dont le chef de la municipalité a besoin pour l'ordre et la police de cette assemblée, que cette autorité qui n'appartient qu'à l'opinion ne peut provenir que du respect qu'il saura imprimer à ses collègues et qu'il aura pour eux... »

En conséquence, il demanda « que M. le maire s'interdît la discussion des propositions, qu'il se contente de recueillir les voix et à prononcer le résultat des délibérations, les discussions amenant une sorte de vivacité et quelquefois de l'aigreur. Il ne faut pas que M. le maire soit en butte à ces faiblesses de l'humanité de la part de ses collègues ni qu'il y soit sujet lui-même envers eux. Une autre considération est qu'en discutant, le chef de la municipalité, eu égard au respect et à la vénération que chacun doit lui porter, acquerrait une trop grande influence dans l'assemblée. L'usage et la raison sont les motifs de cette opinion : le président, à cause de sa dignité, ne doit jamais discuter ».

On mit aux voix cette motion. A la majorité, grâce à la voix de Lingois, il fut décidé que le maire pourrait discuter. Balleroy vota lui-même dans ce sens.

Le corps des Volontaires patriotes remit sa démission collective le même jour. Le lendemain 3 mars, Touzé, l'un des notables, proposa de l'accepter et d'ordonner une assemblée générale des bourgeois pour, de nouveau, enrôler tous les citoyens payant une certaine somme de contribution, et en même temps nommer les officiers du nouveau corps.

La discussion s'engagea entre Asse, procureur de la commune, et le maire ; elle prit même une certaine acuité.

L'assemblé déclara par dix-huit voix contre deux que la proposition de Touzé était sage ; mais en attendant la constitution des milices nationales, le service serait continué comme précédemment.

Le 5, en la maison commune, place du Coq, se réunirent les membres de la municipalité, devant lesquels se présentèrent, entre une haie de troupes en armes de la milice bourgeoise, le sieur Pomier, commissaire des guerres, commissaire de la commune de Paris et commissaire du roi pour le rétablissement de la tranquillité publique dans le royaume, et le sieur de Guilbert, lieutenant-colonel du régiment Dragons-Dauphin et commandant du roi pour la ville de Rouen.

Pomier représenta qu'il était nécessaire de convoquer une assemblée générale de la commune. Le commissaire du roi et le commandant, accompagnés de la municipalité, se transportèrent en l'église Saint-Jean, lieu de la convocation des habitants, où Pomier fit un discours « propre à exciter les citoyens à la tranquillité et à payer les impôts et droits. « Le commissaire, lisons-nous dans le procès-verbal de cette séance, apporta dans sa harangue cette dignité, cette douceur, cette fermeté qui inspirent la confiance, préparent et assurent le succès. Le peuple, touché, marqua sa satisfaction par de nombreux applaudissements et des cris de : Vive le Roy ! Vive la Reine ! Vive M. le commissaire ! Vive la Nation ! répétés avec transport. MM. les Volontaires étoient sous les armes et se sont unis aux citoyens. La municipalité a marqué sa reconnoissance à M. le commissaire du roy et l'a prié de faire part du zèle qu'elle a mis et qu'elle mettra à faire conserver le bon ordre et garder les intérêts communs ».

C'est dans une procuration, datée du 12 mars, que nous voyons pour la première fois la qualification de « citoyen ». Elle fut appliquée, par le notaire Lingois, probablement sur la demande de l'intéressé, au « citoyen » Nicolas-Charles-François Dubois-Duval, de la Londe. Les noms des autres personnages dénommés dans cet acte sont précédés des mots « le sieur », comme précédemment.

A cette époque, la justice d'Elbeuf s'occupait d'un procès intenté à deux habitants de Tourville-la-Campagne par « messire Charles-Daniel-Godefroy Chevalier, seigneur de Daubeuf, Vertot, la Poterie, Cressanville, Vannecroq, le Framboisier, demeurant à Rouen ».

Le 14 du même mois de mars, à la suite d'une publication au prône de deux messes paroissiales et appelés par le son de cloche, 800 citoyens se réunirent dans l'église Saint-Jean, en présence du maire et des officiers municipaux, pour entendre la lecture d'un rapport fait par des commissaires spéciaux sur le Tarif d'octroi, et pour dire si ce Tarif était onéreux ou profitable.

Le maire demanda à l'assemblée si elle était d'avis de demander la suppression du Tarif. Par acclamation, et sans aucune protestation, les citoyens invitèrent le corps municipal à solliciter et à demander expressément et sans délai, la suppression des droits du tarif, afin de l'obtenir le plus tôt possible.

En outre, il fut décidé que l'on enverrait deux députés, Hervieu du Homme, bailli, et

Balleroy, officier municipal, à l'Assemblée nationale et vers le contrôleur général des finances, aux fins de réclamer l'abolition de l'octroi d'Elbeuf. Les deux députés furent également priés de renouveler leurs démarches afin d'obtenir un tribunal. On leur accorda 12 liv. pour chacun et par jour pendant la durée de leur voyage, plus leurs frais de poste.

Le 20, l'administration municipale reçut du gouvernement une somme de 4.000 livres destinée à fournir du travail aux ouvriers qui en manquaient.

Conformément au décret de l'Assemblée nationale du 5 février, plusieurs prêtres des environs et de la ville d'Elbeuf vinrent encore faire leur déclaration, à la mairie de notre ville, des bénéfices ecclésiastiques dont ils jouissaient. Nous citerons les suivants :

Charles-Jacquin Dumarais, « docteur de la maison et société de Sorbonne », curé d'Iville ; trois bénéfices ;

Gabriel-Charles Bedgé, curé de Pasquier ;

J.-B. Lepeinteur, curé de Saint-Pierre-de-Bosguérard, deux bénéfices ;

Jean-Robert Lehure, chanoine de l'église collégiale de Saint-Louis de la Saussaye ;

Pierre-Alexandre Delacroix (frère de Henri Delacroix, fabricant), curé de la Haye-du-Theil ;

Charles-Valery-Portien Pinel, curé de Saint-Jean d'Elbeuf, deux bénéfices : sa cure et le prieuré de Saint-Antonin de Bondeville ;

Louis-Charles-Alexandre Flavigny, titulaire du prieuré d'Angoville.

Henri Duhamel, curé de Saint-Etienne d'Elbeuf.

Hervieu du Homme et Balleroy rendirent

compte de leurs démarches à Paris, dans une séance tenue à l'Hôtel de Ville, le 31 mars.

La ville était autorisée à supprimer son tarif d'octroi si elle le désirait ; mais les autres impôts continueraient à être perçus. Une commission fut nommée pour examiner les registres et les états du Tarif.

Le maire demanda si la ville continuerait à être fermée par des portes aux issues donnant sur les champs. Le procureur de la commune proposa « que les portes autres que celles ouvrant sur les grandes routes restent fermées et quant aux autres qu'elles ouvrent et ferment comme par le passé ».

L'assemblée décida que les portes donnant sur les champs resteraient closes, mais que celles placées sur les grandes routes resteraient ouvertes de jour et de nuit.

Les habitants de la ville avaient été convoqués, au son du tambour, à se réunir le 1er avril en l'église Saint-Jean, mais comme il y avait une cérémonie religieuse ce jour-là, l'assemblée se fit dans la cour du sieur Dupont, place du Coq, en présence de la municipalité.

Le bailli Hervieu du Homme prit la parole. Il exposa les idées que la commune devait avoir sur la suppression du Tarif et essaya de donner « un nouvel essor au patriotisme et au zèle avec lesquels tout bon citoyen doit se porter à payer les impôts ».

« Sur quoi, dit le procès-verbal, l'assemblée de la Commune, considérant qu'il s'agit de se délivrer d'un mode d'imposition très à charge dans son ensemble et désastreux particulièrement dans ses détails, et de venir au secours de l'Etat autant qu'il est possible, dans la détresse où sont les finances, a arrêté par acclamation d'accepter la suppression du Tarif à compter de ce jour, quoique celle des 10 sols pour livre n'ait pas lieu, au moyen de quoi elle renonce, par le présent, à jamais percevoir les droits du Tarif, et préfère l'assiette sur les contribuables de l'imposition qu'ils remplaçoient ; et consent, en conséquence, à la confection d'un rôle, avec la déclaration formelle et solennelle qu'en ne se refusant pas à payer les 10 sols pour livre, elle consulte infiniment moins les facultés des citoyens que le désir d'être délivré du Tarif, et de faire preuve de patriotisme et de zèle à une époque si difficile, mais de si grande espérance.

« Elle fait cet effort extraordinaire par amour de la Révolution françoise et pour marquer au Roy comme aux représentants de la Nation les sentiments dont elle est vivement pénétrée, et elle invite la municipalité à exposer dans son procès-verbal, qui sera incessamment dressé, comment Elbeuf, avec un sol très borné et ingrat, n'ayant d'autres ressources que celles de son industrie, se trouve payer l'énorme somme de 65.472 livres sans les vingtièmes, savoir : 23.880 livres de taille, 14.239 livres d'accessoires, 15.333 livres de capitation, 6.050 livres d'industrie et 6.970 livres de corvées !

« Il n'est pas de ville qui soit autant surchargée, et il suffit, pour connoître cette surcharge, de considérer les impositions des villes voisines. L'assemblée n'est soutenue dans ses efforts et son zèle que par l'espérance d'obtenir une diminution si juste, si nécessaire ».

La séance n'était pas encore levée lorsqu'un notable annonça que des gens venaient de briser une des portes de la ville, celle donnant sur les champs des Trois-Cornets. L'assemblée autorisa le bureau à faire rétablir la porte et à poursuivre les auteurs de cette violence qui, certainement, n'avaient point connaissance de la délibération prise la veille.

C'est ainsi que les droits d'octroi disparurent une première fois d'Elbeuf, en 1790. Rétablis et considérablement augmentés au siècle suivant, ils furent de nouveau supprimés, ainsi que chacun le sait, il y a quelques années.

CHAPITRE XVIII
(AVRIL-AOUT 1790)

ABANDON DES DROITS DANS LA FORÊT. — ADRESSE DES MUNICIPAUX A L'ASSEMBLÉE NATIONALE. — ORGANISATION D'UNE NOUVELLE GARDE NATIONALE. — UNE ÉMEUTE. — NOUVEAU CONFLIT ENTRE LE BAILLI ET LA MUNICIPALITÉ. — LES FÊTES DE LA FÉDÉRATION ; LE 14 JUILLET. — DÉLITS DANS LES BOIS D'ELBEUF. — FÉLICITATIONS DU CORPS MUNICIPAL AU DIRECTOIRE DU DISTRICT. — RÈGLEMENTS DE POLICE.

Au moment de l'abolition des droits féodaux, les habitants d'Elbeuf voulurent revendiquer leurs franchises dans la forêt des Monts-le-Comte, que René II leur avait accordées au xve siècle ; ils invitèrent ceux de Caudebec et de la Saussaye à se joindre à eux.

Nous ignorons ce que répondirent les Caudebécais, mais les habitants de la Saussaye, après avoir assuré la commune d'Elbeuf qu'ils s'intéressaient, comme elle, à la conservation de la forêt et des propriétés en proie aux pillards, ajoutèrent que, à propos des franchises, ils n'entendaient adhérer ni participer en rien aux poursuites qui pourraient être faites à ce sujet : « Attendu qu'aucun d'eux, ni de leurs ancêtres ou prédécesseurs, n'avait joui des dites franchises ; attendu, que dans le temps où ces franchises pouvaient subsister, elles n'avaient lieu que sous certaines conditions qu'il faudrait connaître et dont on ignore la portée, et en échange de certaines rentes et redevances dont la valeur est inconnue ; attendu qu'on ne saurait prouver si les conditions ont été remplies, les rentes et redevances acquittées, s'il n'est pas dû d'indemnités et d'arrérages ; attendu qu'à l'époque où ces conditions, rentes et redevances ont été consenties, elles étaient possibles, qu'aujourd'hui elles pourraient être impraticables ou onéreuses ; attendu qu'il est probable que les franchises réclamées ont été insensiblement abrogées, que, d'ailleurs, moins que jamais on en obtiendra l'exercice maintenant, et que c'est perdre ses peines que de s'y employer ».

La municipalité ne donna pas suite à ses projets, et ainsi prirent fin les concessions faites autrefois aux habitants de notre localité dans la forêt des Monts-le Comte.

L'un des soucis des fabricants de notre ville était d'avoir toujours à leur disposition des repasseurs de forces à tondre les draps. Nous avons sous les yeux une quittance du 3 avril 1790, ainsi conçue : « J'ay reçu de MM. les fabricants de cette ville, par les mains de M. Durand — greffier de la Manufacture et receveur du duché d'Elbeuf — la somme de de 200 livres dans le métier d'émouleur de grandes forces, le surplus desdits frais étant à mon compte personnel, suivant et au désir de la délibération arrestée au Bureau de la

Communauté, le 29 septembre dernier... »
Signé : « Jean-Louis Fosse ».

L'adresse suivante fut envoyée, par le maire Lingois, à l'Assemblée nationale, en conséquence d'une délibération prise le 9 avril :

« A Nos Seigneurs, Nos Seigneurs de l'Assemblée na'ionale,

« La Nation qui voit s'élever sous vos auspices l'aurore de bonheur ; les nouvelles municipalités organisées par vos soins et associées à vos sollicitudes pour concourir avec vous à la félicité publique ; tous les François devenus libres par votre dévouement et votre inébranlable patriotisme, doivent à vos travaux l'hommage de leurs respects, à vos bienfaits celui de leur éternelle reconnoissance.

« C'est un devoir, Nos Seigneurs, que la municipalité d'Elbeuf se fait gloire de remplir avec empressement. C'est au nom de toute la cité qu'elle vous porte ces sentiments d'admiration, juste tribut que la raison éclairée paye aux travaux utiles et aux sublimes vertus.

« Chacun des membres de la municipalité, en jurant un attachement inviolable à vos décrets, en prononçant le serment patriotique qui unit par les liens les plus sacrés la nation à son monarque et le monarque à la nation, exprimait le vœu le plus cher à son cœur.

« Tous nos concitoyens, en recevant nos serments, unis avec nous de sentiments et d'affection, sembloient nous dire par leurs regards et par cet enthousiasme de satisfaction dont leurs âmes étoient pénétrées :

« Jurez aussi pour nous ! Vos serments
« sont aussi les nôtres. Nous sommes tous
« amis, tous frères, tous François. Nous at-
« tendons tous les mêmes avantages de cette

« nouvelle Constitution qui va régénérer la
« France, et nous promettons tous d'en être
« les défenseurs. Quel autre prix qu'une adhé-
« sion invariable à la sagesse de leurs déci-
« sions pourroit flatter ces augustes législa-
« teurs, dont le courage a triomphé de tant
« d'obstacles pour opérer cette immortelle
« Révolution qui fait leur gloire, dont les lu-
« mières ont dissipé tant de ténèbres, qui ont
« restitué à l'homme ces droits imprescrip-
« tibles que lui avoit donné la nature, et rendu
« à tous les citoyens cette liberté précieuse
« qui avoit disparu sous les entraves du des-
« potisme ? »

« Ces avantages, Nos Seigneurs, nous n'ou-
blierons jamais qu'ils sont également dus et
au zèle patriotique de l'Assemblée nationale
et à la modération d'un roy juste, le premier
citoyen de son royaume, le père de son peuple
et le digne objet de l'amour de tous les François ».

La municipalité, ce même jour, délibéra
sur « l'extrême urgence d'avoir la police municipale, vu que le tribunal de la haute justice
d'Elbeuf n'avoit fait aucun acte de police depuis longtemps ». A l'unanimité, moins deux
voix, il fut décidé que le corps de ville exer-
cerait les droits de la police, en vertu d'un
décret de l'Assemblée nationale.

Son premier acte fut d'arrêter, séance tenante, le prix du pain, que l'on fixa : le bourgeois à 2 sols 9 deniers la livre et le blanc à
3 sols 3 deniers.

Ce même jour encore, Flavigny-Desiles,
commandant de la garde bourgeoise d'Elbeuf,
donna sa démission, sous prétexte de défaut
de santé.

Les habitans d'Elbeuf se réunirent de nouveau, le dimanche 11 avril, dans l'église Saint-Jean, afin de nommer deux adjoints pour concourir, avec les officiers municipaux, à la répartition des impôts. Hervieu du Homme, bailli de la haute justice, mais n'exerçant plus, Simon Touzé, notable, et Chefdrue, obtinrent la majorité des suffrages et furent déclarés élus. Cependant des protestations signées de P. Hayet, J. Flavigny, J.-B. Grandin, P.-N. Bourdon et J. Lefebvre, s'élevèrent contre l'élection du bailli, attendu que, ne payant aucune contribution à Elbeuf, il ne pouvait être valablement élu.

Le 17 du même mois, Louis Bachelet, fabricant à Orival, fut reçu maître à Elbeuf « à la charge par lui de se conformer aux statuts et règlements concernant la fabriquation des draps, auxquels il n'a point été dérogé par l'Assemblée nationale, ainsi qu'à ceux qui par la suite pourroient être maintenus et établis par elle, avec la sanction de Sa Majesté ».

Le même jour, Louis Delaunay, fabricant à Orival, se présenta également pour être reçu maître à Elbeuf. Le bailli du Homme fit rédiger le procès-verbal de la discussion en ces termes :

« Ouï MM. les gardes en exercice et pris avis de M. de Coprez, sous-inspecteur, qui a dit qu'étant l'homme du Conseil et n'ayant point reçu d'ordres contraires à ceux qui ont existé jusqu'à présent, il seroit point d'aucun avis, quoyqu'il reconnoisse les talents nécessaires dudit sieur Delaunay pour être reçu maître d'après l'examen des draps qu'il a fabriqués et qu'il fabrique encore à Orival.

« Ouï aussi le procureur fiscal, qui a requis

que le sieur Delaunay soit requis de faire chef-d'œuvre si MM. les gardes l'exigent.

« Il est dit que sans avoir égard à la réquisition de M. le procureur fiscal, en ce qu'elle tend à déterminer les gardes à exiger l'apprentissage dudit sieur Delaunay, malgré les décrets de l'Assemblée nationale, qui a supprimé les entraves mises à l'industrie, et vu la capacité reconnue dudit sieur Delaunay, iceluy est et nous l'avons reçu au nombre des maîtres fabriquants de draps de cette ville, en se conformant aux Règlements... Au surplus, ordonné que ledit sieur Delaunay prestera serment de bien et fidèlement exécuter les arrêts et règlements concernant ladite communauté ».

Depuis une quinzaine de jours le bruit circulait à Elbeuf et aux environs qu'il se faisait au château du Champ-de-Bataille, près le Neubourg, des dispositions hostiles contre la Révolution. Ce bruit s'était propagé jusqu'à Lisieux, dont la municipalité écrivit à celle d'Elbeuf pour savoir ce qu'il en était. Renseignements pris, nos administrateurs municipaux conclurent qu'aucune crainte n'était à concevoir ; néanmoins, ils informèrent de ce bruit, le 23 avril, le Comité de recherches de la commune de Paris.

Le 20, le corps municipal décida de diminuer les appointements du tambour de ville, fixés jusque là à 30 sols par jour. On ne lui donna plus que trois livres par semaine.

Le 27, le corps de ville arrêta qu'on payerait deux mois, à titre d'indemnité, aux employés de l'octroi, dont l'emploi avait cessé depuis le 1er avril, et qu'ils seraient logés gratuitement jusqu'à la Saint-Jean.

En ce même temps, on employait en travaux de voirie une somme de 4.000 livres envoyée à la ville pour procurer de l'ouvrage aux ouvriers sans travail, très nombreux alors.

Le 27 avril, à Elbeuf, fut signé le contrat de mariage de « messire Nicolas-René-Louis de Saint-Ouen, chevalier, seigneur du Chevalier et de la Salle, maître à la Cour des comptes, fils et unique héritier de feu Nicolas-Charles de Saint-Ouen, écuyer, aussi maître à la Cour des comptes, et de feue demoiselle Agathe-Louise-Henriette du Chevalier; avec noble demoiselle Marie-Adélaïde-Victoire de Saint-Ouen, dame pour moitié indivise de la terre et seigneurie de la Saussaye et dame patronne pour moitié de Saint Martin-la-Corneille, fille de feu Nicolas-Charles de Saint-Ouen, chevalier, seigneur patron de Saint-Martin-la-Corneille et de la Saussaye, et de noble dame Marie-Madeleine Despaigne de Boistenay ». — Cette dernière déposa chez le notaire d'Elbeuf, le 28 mai de l'année suivante, le contrat dont il s'agit.

Le 27, mourut Nicolas Zens, chevalier de Saint-Louis, « ancien lieutenant-colonel et mestre de camp », décédé à l'âge de 67 ans. Il était né à Hagueneau en Alsace, de parents allemands, disait-on. Ancien instructeur du prince du Lambesc, il touchait une somme annuelle de 2.000 livres des haras nationaux et possédait un revenu personnel de 1.440 livres.

Le jour même, Pierre-Amable Petel, curé de Saint-Nicolas du Bosc-Asselin, exécuteur testamentaire du décédé, déposa son testament chez le notaire Lingois. Celui-ci fut requis, par le représentant du prince de Lambesc, de se rendre au château ducal, rue Saint-Etienne, à l'effet d'apposer des scellés sur les appartements occupés par Zens.

En arrivant, Jean-Charles-Prosper Durand, ancien greffier et receveur des parties casuelles du duché, demeurant également dans l'enclave du château, remit au notaire une bourse de soie contenant 720 livres qui lui avait été confiée quelques jours auparavant par le défunt.

Parmi les objets inventoriés, se trouvaient un tableau représentant le roi de Prusse; l'épée du décédé; une commission de lieutenant-colonel de cavalerie délivrée à Zens, le 6 novembre 1679, par le roi; un brevet de pension de 1.800 livres accordé au même par le roi, le 14 juin 1789; une nombreuse vaisselle en porcelaine de Strasbourg, etc.

Quand le prince de Lambesc apprit la mort de Zens, il chargea le sieur Delahaye, visiteur des haras à Bacqueville, de réclamer les papiers concernant les haras que l'on pourrait trouver dans ceux du défunt.

A défaut d'instructions, les bourgeois, réunis, avaient organisé eux-mêmes la garde nationale, sans le concours de la municipalité. Néanmoins, désirant faire bénir un nouveau drapeau — qui avait coûté 32 livres — et prêter le serment civique ordonné par l'Assemblée nationale le 7 janvier précédent, ils invitèrent le corps de ville à assister, le 2 mai, en l'église Saint-Etienne, à une messe qu'ils devaient faire célébrer à l'issue de celle paroissiale. La municipalité accepta, et reçut le serment des officiers, bas-officiers et gardes nationaux.

Henri Delarue était colonel et Mathieu Dupont lieutenant-colonel de la garde nationale.

Nommés le 30 du mois précédent, la municipalité les avait reconnus comme tels deux jours après.

Le 4 mai, il fut question pour la première fois, de la création d'un commissaire de police à Elbeuf. Un incident se produisit même à ce sujet.

Le corps municipal était représenté ce jour-là par sept membres seulement, dont le maire Lingois. Quatre officiers municipaux se prononcèrent pour un seul commissaire de police, et trois, y compris Lingois, pour qu'il y en eût deux. Le maire prétendit que sa voix, étant prépondérante, équivalait à deux, ce qui lui fut contesté par Balleroy. Piqué au vif, Lingois quitta la séance. Cependant, après son départ, le corps de ville décida qu'il serait nommé deux commissaires.

Le 14 mai, mourut Jean Delarue, « ancien capitaine de cavalerie et d'invalides, chevalier de Saint-Louis, pensionné du roy ». Il était âgé de 73 ans.

Un acte passé à Elbeuf, le 16 mai, concerne « Mᵉ Charles-François Ricatte, prestre, chanoine, doyen, curé et maire de Saint-Louis-de-la-Saussaye ».

Une assemblée primaire fut tenue le même jour, dans l'église Saint-Etienne, pour désigner six électeurs devant composer l'administration du département de la Seine Inférieure et du district de Rouen.

La paroisse Saint-Etienne désigna Pierre Lejeune, César-Auguste Grandin, Pierre-Henri Hayet, Join-Lambert et Pierre Grandin. Les citoyens de Saint-Jean ne se réunirent, pour le même objet, que le 24 ; nous ne connaissons point le nom des élus.

La municipalité reçut, le 20, un projet de constitution pour la garde nationale, contenant quarante-cinq articles. Une commission municipale fut désignée pour examiner ce projet, de concert avec les officiers de la garde.

Ce même jour, Balleroy, qui avait souvent des discussions avec le maire, donna sa démission ; il la motiva sur ce que Lingois se chargeait seul de la comptabilité municipale, contrairement aux décrets. Une nouvelle scène, provoquée par cette démission, eut lieu entre le maire et Balleroy.

Ce même jour également, il fut donné connaissance à la municipalité que la contribution patriotique, demandée par le roi et l'Assemblée nationale, avait produit à Elbeuf 84.524 livres 18 sols 5 deniers et 5 paires de boucles d'argent.

Le 24 de ce même mois de mai, plusieurs personnes se présentèrent chez le maire pour qu'il mît le pain à 2 sols 6 deniers la livre. Le lendemain matin, il en vint un bien plus grand nombre ; Lingois les calma en leur disant qu'un délégué de la ville était à Rouen pour faire venir du blé à Elbeuf.

Tout-à-coup, le tocsin sonna à Saint-Jean, pendant l'assemblée primaire qui s'y tenait.

La maison de Lingois fut investie par plus de deux cents personnes qui frappèrent sur ses portes. Lingois fit fermer ses volets et les jalousies de ses croisées. Quelques instants après, il se montra à une fenêtre du premier étage et harangua la foule, en répétant ce qu'il avait dit quelques heures auparavant.

Les murmures allaient croissant pendant que la masse de population augmentait. Alors, il donna une réquisition au sieur Gaillard de monter à cheval, avec sa brigade, pour écarter ceux qui l'assiégeaient et lui procurer le moyen de sortir de chez lui, afin de se rendre à la maison commune, ce qui eut lieu. Arrivé à l'Hôtel de Ville, il fit assembler le corps municipal. On manda Rivette, directeur des flottes d'Elbeuf à Rouen ; on reçut de lui la promesse de rapporter le lendemain 50 sacs de blé. Lingois se rendit lui-même à Rouen pour faire hâter l'expédition. Quelques heures après, le tambour de ville annonça que le prix du pain serait fixé, à partir du lendemain, à 2 sous 6 deniers la livre.

Le 8 juin, un ouvrier de la fabrique ayant fait assigner son patron devant la haute justice, le procureur de la commune réclama, devant la municipalité, le droit de police, comme appartenant à l'administration communale. Quatre membres, contre trois, appuyèrent les conclusions du procureur. En conséquence, il fut signifié au bailli et au procureur fiscal de la haute justice du duché de s'abstenir désormais de connaître des affaires de police et de celles concernant la fabrique.

Hervieu du Homme, sur le refus des gardes de la Manufacture de se présenter au Bureau et de lui en faire l'ouverture, fit ouvrir la porte par un serrurier, en l'absence des gardes et sans intimation préalable, « pour le seul plaisir de faire une action d'éclat », écrivit le maire à l'Assemblée nationale.

Le bailli, en l'absence des parties, renvoya l'affaire au samedi suivant, et assigna les gardes, par voie du haro, devant le président de la chambre des vacations du Parlement de Rouen, lequel se prononça en faveur du bailli, contrairement aux dispositions du décret du

30 décembre précédent, et surtout de celui du 20 avril, conférant la connaissance de la police aux municipalités.

Le notaire Lingois eut à enregistrer, ce même jour, la protestation suivante :

« François-Michel Fleury, concierge du bureau de MM. les fabricants de draps d'Elbeuf, déclare qu'étant dans un des appartements du bureau où l'on visite les draps et où ils reçoivent plombs, il auroit vu entrer, sur les quatre heures d'après-midi, M. le bailly d'Elbeuf, accompagné de M. le procureur fiscal et du greffier au même siège, du sieur Dubois, commissaire, et d'un ouvrier serrurier ; que ces Messieurs ont monté l'escalier qui conduit à un appartement, dans lequel M. le bailly et sa suite sont entrés et sont restés pendant quelque temps ; qu'enfin M. le bailly lui a proposé de signer un acte, qu'il a souscrit par respect pour M. le bailly.

« Comme cet acte ne lui a esté lu, qu'il l'a signé aveuglément et qu'il pourroit le compromettre vis à vis de MM. ses supérieurs, il déclare par le présent protester contre ladite signature, voulant et entendant qu'elle demeure nulle et non avenue... »

Ce même jour, 8 juin, sur la représentation d'une lettre adressée au commandant de la milice nationale de Rouen, « nommée pour la formation du pacte fédératif représentant tout le régiment de la garde nationale de Rouen, par laquelle la garde nationale d'Elbeuf était invitée à se trouver à Rouen le 27 du présent mois pour se confédérer », il fut arrêté, par le corps de ville, que les commandants assembleraient la milice nationale à l'effet de désigner les officiers et gardes qui se rendraient à Rouen. Il y eut soixante-huit délégués de la garde nationale d'Elbeuf. Le corps municipal nomma lui-même le sieur Balleroy pour le représenter à cette cérémonie.

Aux siècles derniers, il se faisait tous les ans une grande procession dite du Roumois. Le 10 juin, un membre de la municipalité représenta à ses collègues que « la procession générale devait descendre le mardi suivant en cette ville » ; que cette circonstance amenait ordinairement « dans l'endroit où reposoit le Saint-Sacrement » une affluence de monde considérable ; qu'il étoit prudent de prévenir les boulangers d'avoir pour ce jour une quantité suffisante de pain. L'assemblée, après avoir délibéré, autorisa deux de ses membres à prendre au bureau des subsistances cent poches de blé, et intima l'ordre aux boulangers de garnir leurs boutiques de pain en quantité relative à la circonstance.

Une lettre écrite le 11, par le maire, à la municipalité de Lyons-la-Forêt, nous apprend que notre administration municipale avait réclamé pour entrer dans le département dont Evreux serait le chef-lieu ; mais elle laisse supposer que nos administrateurs municipaux ne se donnèrent point beaucoup de mal pour arriver à cette fin, car, au fond, ils préféraient appartenir au département de Rouen.

Hervieu du Homme présida l'assemblée du bureau de la Manufacture le 22 juin, en présence du procureur fiscal, du sous-inspecteur et des gardes en charge.

Louis-Isidore Petitgrand s'y présenta pour être reçu maître drapier. Les gardes déclarèrent que, l'Assemblée nationale ayant supprimé les jurandes, « qu'ils n'avoient pas besoin de déduire aucune raison pour ou contre la réception dudit Petitgrand ». Le juge Hervieu du Homme déclara que le brevet d'apprentissage du postulant étant en forme, et vu le certificat de Louis Flavigny, chez lequel Petitgrand avait été apprenti, celui-ci était admis au nombre des manufacturiers de notre ville.

La municipalité prit un arrêté, le 25 du même mois, défendant à tous marchands drapiers, toiliers, quincailliers et autres de tenir leurs boutiques ouvertes les jours de fête et les dimanches, sous peine de 3 livres d'amende pour la première fois, et de plus forte en cas de récidive.

Les communes du canton d'Elbeuf : Caudebec, Saint Aubin, Cléon, Orival, la Bouille, Moulineaux, Freneuse, Sotteville-sous-le-Val, Tourville, Oissel, Grand-Couronne, Petit-Couronne et Saint-Etienne-du-Rouvray, envoyèrent chacune un député dans notre ville, le 25 juin, pour désigner le délégué du canton au Pacte fédératif qui devait avoir lieu à Rouen le 29 du même mois. Ce fut Marguerin, maire d'Orival, que l'assemblée désigna et auquel elle donna ses pouvoirs pour le représenter à la cérémonie.

De son côté, la municipalité d'Elbeuf invita les délégués de la garde nationale à s'entendre afin de se rendre en corps à la Fédération.

Le 28, des députations des gardes nationales de Bernay, d'Orbec, de Montreuil-l'Argillé, de Beaumont-le-Roger et du Neubourg passèrent par notre ville, pour se rendre aussi à Rouen, à la grande fête du lendemain. Plusieurs de ces députations se plaignirent du mauvais accueil qui leur avait été fait à Bourgtheroulde, ce dont quelques-uns rendirent responsable le marquis Le Cordier de Bigars, seigneur du lieu et de la Londe, adversaire de la Révolution, qui alors oubliait qu'un des premiers il avait provoqué la fédération en demandant l'union d'Elbeuf et de la Londe, pour leur défense mutuelle, disait-il, mais plutôt parce qu'il avait en cela un intérêt particulier.

C'était de fédérations locales du même genre qu'étaient nées les fédérations provinciales ou départementales, qui précédèrent la grande Fédération française. En effet, de nombreuses communes avaient fraternisé et s'étaient unies pour se défendre contre les malveillants d'abord, et ensuite pour célébrer la fin des divisions auxquelles avaient entraîné, jusque-là, les péages sur routes, les rivalités de paroisses et autres institutions du régime féodal.

Il faut lire le récit, les procès-verbaux des fêtes fédératives pour se rendre compte de l'enthousiasme, de l'union des cœurs et de l'amour de l'humanité qui régnait dans les anciennes provinces françaises, récemment divisées en départements, et ce fut aussi pour consacrer les nouvelles circonscriptions administratives que les cantons, les arrondissements et les départements fraternisèrent par des fêtes magnifiques.

Les fêtes de Rouen, en particulier, furent si captivantes, que la garde nationale d'Elbeuf ne revint que quatre jours après son départ.

Le corps de ville arrêta, le 7 juillet, que les personnes étrangères à la municipalité ne seraient admises dans la salle des délibérations qu'après l'avis des officiers municipaux siégeant, et que dans ce cas même, elles devraient avant rien, déposer dans l'antichambre ou au corps de garde les armes ou bâtons qu'elles pourraient porter.

La garde nationale, formée en un jour d'enthousiasme, fatigua bientôt une partie de ses membres, de sorte que le poste était plus ou moins régulièrement desservi. Il y eut même un tel relâchement que Pierre Patallier, fabricant de draps, demanda au corps municipal s'il était vraiment utile de continuer le service de garde. Dans le cas même où l'on se prononcerait pour l'affirmative, il réclamerait, dit-il, l'exception pour les ouvriers, qui ne seraient point contraints à faire ce service.

Le procureur fiscal répondit que le service était obligatoire pour les citoyens qui avaient participé à la formation de la garde nationale et dont la liste était déposée à l'Hôtel de ville.

La municipalité décida, à l'unanimité, que le service de garde était utile, qu'il se continuerait, et que tous les bourgeois et citoyens d'Elbeuf seraient obligés de monter la garde, jusqu'à ce que le nouveau décret de l'Assemblée nationale fût parvenu à la connaissance du corps de ville. Le Conseil excepta les ouvriers du service obligatoire, mais dit que les bourgeois qui s'abstiendraient de se présenter sur les convocations à eux adressées seraient punis de 40 sols d'amende, recouvrables, au besoin, par voie de saisie.

Dans sa séance du 10, le corps de ville, reconnaissant que la Fédération annoncée pour le 14 du même mois, à Paris, intéressait tous les citoyens et patriotes du royaume, et que chaque ville devant donner une marque de satisfaction particulière pour ce grand acte de régénération arrêta :

1° Qu'il serait élevé sur la place du Coq, le

mercredi 14 juillet, un autel où serait célébrée une messe à onze heures du matin et à laquelle les membres de la municipalité et les notables assisteraient en corps, et qu'il serait donné des ordres pour que la garde nationale prît les armes et renouvelât, après la messe, le serment civique.

2º Que tous les citoyens seraient invités à prêter le même serment.

3º Qu'à l'issue de cette cérémonie, les notables et la garde nationale se transporteraient en corps en l'église St-Jean, où serait chanté un *Te Deum,* le pseaume *Exaudiat* et le *Domine salvam*.

4º Que les prêtres des deux paroisses seraient invités à cette cérémonie et que le doyen des curés ou autre prêtre qu'il lui plairait de désigner officierait.

5º Que le matin et jusqu'après la cérémonie, les boutiques seraient fermées, et que le soir, à neuf heures, les maisons seraient illuminées.

6º Que les « amateurs de musique » de cette ville seraient invités à cette solennité.

7º Enfin, que ce jour mémorable serait annoncé la veille « par le son au vol des cloches des deux paroisses ».

Le lendemain, sur la proposition du maire, le conseil décida qu'une délégation de la garde nationale elbeuvienne se rendrait à Paris, « pour se joindre à leurs frères d'armes à l'occasion de la Fédération du royaume ». Les délégués furent Delarue, commandant de la garde nationale ; Dupont, lieutenant-colonel ; J.-B. Delaunay, Math. Frontin et D. Murizon, fusiliers.

Chacun sait ce que cette immortelle solennité, commémoration de la prise de la Bas-

FÊTE DE LA FÉDÉRATION AU CHAMP-DE-MARS (14 Juillet 1790)

tille, suivant les fédérations particulières des communes, villes, cantons et départements, était en quelque sorte « la pâque nationale, la grande communion de la liberté, le plus beau jour de l'histoire de la France ».

La ville d'Elbeuf, comme toutes les autres, avait voulu s'unir de cœur et de pensée avec les Parisiens et les délégués des départements pour la célébration de cette Fédération inoubliable, d'où sortit la force qui, bientôt, devait vaincre l'Europe coalisée contre nous. La municipalité et la population elbeuvienne furent donc en liesse le même jour, et voici le procès-verbal que l'on dressa de cette première célébration de la fête nationale, pendant laquelle il se produisit un incident provenant du défaut d'instruction d'un trop grand nombre d'ouvriers, qui voyaient dans la libre circulation des grains en France une cause de disette:

« Aujourd'hui, 14 juillet 1790, onze heures du matin, le Grand Conseil s'est formé à la maison commune, de là il s'est rendu sur la place du Coq, où, par l'ordre de la municipalité, il avoit été élevé trois autels surmontés d'un obélisque aux trois couleurs de la Nation, accompagné de devises relatives aux circonstances.

« La garde nationale étoit rangée sur la place et formoit un cercle autour des autels; la brigade de maréchaussée, qui avoit été commandée, étoit à cheval et distribuée de manière à concourir au maintien du bon ordre.

« Le clergé des deux paroisses s'est rendu sur la place, processionnellement, accompagné chacun d'un détachement de la garde nationale, où il a été célébré trois messes, pendant lesquelles MM. les amateurs de musique ont exécuté plusieurs morceaux à la satisfaction des auditeurs.

« Après les messes célébrées, le maire a prononcé un discours relatif à la cérémonie, à la fin duquel on a crié : « Vive la Nation ! Vive la Loi ! Vive le Roy ! »

« Le Grand Conseil s'est formé en cercle, au milieu duquel le maire a prononcé le serment et ensuite tous les membres l'ont répété. L'état-major l'a prononcé de même, en corps. M. le commandant de la garde nationale a ensuite fait avancer la troupe par sections devant l'autel donnant vers la maison commune. Le maire a prononcé le serment à chaque section qui défiloit qui l'a répété en disant : Nous jurons, etc. ». Il en a été de même pour la brigade de maréchaussée.

« Le maire s'est ensuite tourné vers l'autel où étoient MM. du clergé ; il leur a prononcé le serment, ils ont répété : « Nous jurons... »

« Ensuite le maire, s'adressant à l'assemblée a dit à haute voix : « Citoyens, ne jurez-vous pas, etc. » ; aussitôt, il a été interrompu par le peuple, qui a confondu probablement l'exportation des grains avec la circulation libre dans le royaume. Cette interruption a empêché le plus grand nombre des citoyens de prêter le serment.

« Enfin, les représentations et les observations relatives au vray sens du décret qui concerne la circulation des grains ne produisant aucun effet sur l'esprit des mécontents, la municipalité, les notables, le clergé et la garde nationale se sont rendus à l'église de Saint-Jean où il a été chanté, un *Te Deum* en action de grâce qui a été suivi du pseaume *Exaudiat*.

« Le maire, pour satisfaire au désir du peuple, a monté à la chaire à prêcher, où il a prononcé de nouveau le discours qu'il avoit adressé à l'assemblée, à la place du Coq. Il a proposé ensuite à ceux des citoyens qui n'avoient pas prêté le serment, de le prêter ; mais les mêmes qui s'étoient fait entendre sur la place du Coq ont de nouveau réclamé contre la partie du serment qui concerne la circulation des grains, au moyen de quoy il n'a pas été répété.

« La garde nationale, la municipalité et les notables se sont rendus devant la maison commune. Les cris de « Vive la Nation ! » se sont fait entendre, et la cérémonie a pris fin ». Signé : « Lingois, maire ».

Les comptes de J.-B. Flavigny, garde de la Communauté des fabricants, nous apprennent qu'il avait dépensé pour l'illumination du Bureau de la fabrique, à l'occasion des fêtes du 14 juillet, en lampions, pots de feu, etc., une somme de 41 livres 5 sols.

D'autres mémoires sont relatifs à diverses fêtes qui suivirent et auxquelles le Bureau des fabricants participa également.

Le numéraire de billon devenait de plus en plus rare à Elbeuf. Le corps de ville décida d'envoyer une requête au ministre à l'effet de réclamer que la fabrication des gros sous se continuât, les assignats ne pouvant servir pour payer les ouvriers.

Vers ce même temps, le sieur Touzé fut reçu comme collecteur des deniers de la commune. Il était obligé de justifier de sa recette tous les huit jours, et avait dû, au préalable, déposer un cautionnement de 30.000 livres.

Le 26, Lingois, maire, et Galleran, officier

municipal, adressèrent une requête à « Monseigneur le premier ministre des finances », tendant à obtenir ses ordres pour qu'il fût frappé de nouveau 20,000 marcs de monnaie de cuivre, en pièces de 12, 6 et 3 deniers, les pièces en circulation à Elbeuf et aux environs ayant leurs empreintes effacées ou étant de fabrique étrangère, et occasionnant de nombreuses difficultés.

Il résulte d'une lettre, datée du 27 juillet, adressée par le maire de notre ville à Balleroy, électeur du département de la Seine-Inférieure, qu'à la formation du département de l'Eure, il avait été fait quelques réclamations en faveur d'Elbeuf, mais qui n'avaient point été prises en considération.

Henri Grosselin, garde général du duché, s'était plaint, le 24, à la mairie d'Elbeuf, des vols qui se commettaient dans la forêt du prince de Lambesc. Le jour même, un garde avait dû s'éloigner de deux individus, dans la crainte de voies de fait de leur part et peut-être d'autres qui pouvaient être cachés.

Sur la réquisition du procureur de la commune, la municipalité donna ordre aux commandants de la garde nationale de faire prendre les armes à un détachement de 24 hommes pour se rendre sous la conduite d'un officier, dans les bois du prince. En outre, la brigade de maréchaussée monta à cheval et fut mise à la disposition de cet officier.

La colonne partit le jour même. Aux Ecameaux, elle aperçut un nommé Masselin fils qui, armé d'un fusil, était aux prises avec Grosselin et un garde. Masselin fut arrêté, désarmé et son fusil déchargé en l'air. Une perquisition faite chez Masselin père amena la découverte d'un lot de bois, provenant de la forêt d'Elbeuf.

En rentrant en ville, la colonne de garde nationale fut insultée par plusieurs individus, contre lesquels on dressa procès-verbal.

La maréchaussée et les gardes de la forêt furent aussi « grièvement injuriés et insultés par le peuple et même par des ateliers d'ouvriers ».

En présence de ces faits, la municipalité prit un arrêté, le 28, faisant défense de prendre du bois dans les forêts et enjoignant à tous citoyens de prêter main-forte aux gardes forestiers. Les municipalités de quinze paroisses, voisines de la forêt de la ville, furent invitées à donner aide à celle d'Elbeuf pour la répression des délits. L'arrêt fit défense, en outre, à toutes personnes, d'insulter et injurier la garde nationale ou les gardes des forêts, sous peine de 100 livres d'amende pour la première fois ».

Le dimanche 8 août, au prône des messes paroissiales, les deux curés d'Elbeuf, sur l'invitation de la municipalité, lurent à leurs paroissiens une proclamation du roi concernant la garde nationale, et leur annoncèrent qu'un registre était ouvert à la maison de ville, sur lequel tous les citoyens désireux de conserver leur titre de « citoyens actifs » étaient tenus de se faire inscrire.

Ce même jour et au prône également, il fut donné lecture du décret abolissant la noblesse héréditaire et portant que les titres de prince, de duc, de marquis, de comte et autres semblables ne seraient pris par qui que ce fût, ni donnés à personne.

Nous remarquons que la municipalité fut

la première à enfreindre le décret, car dans une délibération postérieure, elle donna le titre de marquis au sieur de Poutrincourt, seigneur de Martot.

Une pétition signée de nombreux habitants fut présentée au corps de ville, le 14. Elle demandait la démolition « des maisons connues sous le nom de petites halles ». La municipalité décida de consulter, sur cette question, la commune tout entière.

Le procureur de la commune représenta, ce même jour, à l'assemblée municipale, que le lendemain, après les vêpres, aurait lieu la « procession ordonnée par le roy Louis XIII », à laquelle il convenait que la municipalité assistât en corps, escortée d'un détachement de la garde nationale. A l'unanimité, l'assemblée décida qu'elle se rendrait au désir exprimé.

Les communes d'Elbeuf et d'Orival furent au nombre de celles qui crurent devoir envoyer des délégués à Rouen, afin de féliciter les membres du Directoire du district, nouvellement en fonctions.

Quand, le 16 août, cette députation fut annoncée, deux membres du Directoire, Lefebvre et Bounet, furent priés d'aller au devant de la délégation, composée de Lingois, maire ; Durufley aîné ; Asse, procureur de la commune, et Marguerin, maire d'Orival, « tous en écharpe ». Quand les délégués eurent pénétré dans la salle où le Directoire tenait ses séances, Lingois prit la parole et s'exprima en ces termes :

« Messieurs ; en paroissant devant vous, nous apercevons avec joye que la France est libre et qu'un ange de lumières, en parcourant ces heureuses contrées, en a chassé l'esprit des ténèbres qui sembloit présider à toutes les administrations publiques.

« Au lieu d'hommes intrigants et pervers que l'ambition et, bien plus encore, la bassesse ou une protection achetée plaçoient à la tête des affaires, mes yeux contemplent, avec autant de plaisir que de confiance, des citoyens vertueux chargés par un choix éclairé du soin de la chose publique.

« La tâche que vous avez à remplir, Messieurs, est grande, sans doute : les abus à détruire, les injustices à réparer sont innombrables ; mais que ne devons-nous pas attendre du patriotisme de nos propres citoyens, soutenus dans leurs pénibles travaux par l'amour de la vraie gloire, par le désir de faire le bien ? Qui pourroit calculer la somme des bienfaits que votre zèle va répandre sur la partie du gouvernement confié à vos soins ?

« La municipalité d'Orival, Messieurs, voisines de celle d'Elbeuf et dont j'ai l'honneur de vous présenter le maire, partage bien sincèrement nos sentiments. Elle a bien voulu se servir de mon faible organe pour vous exprimer la vive reconnoissance avec laquelle elle applaudit au choix qu'ont fait les électeurs du district ».

Le président répondit, au nom du Directoire, par ces paroles :

« Messieurs ; le Directoire de l'assemblée administrative du district de Rouen voit, avec autant de satisfaction que de reconnoissance, l'empressement de la municipalité d'Elbeuf et de celle d'Orival à lui donner des témoignages de sa confiance et de son attachement.

« Nous n'avons pas pu voir avec indifférence, Messieurs, votre ville fixée dans l'étendue de notre ressort. Elbeuf, recommandable par son site heureux, sa nombreuse population, l'industrie de ses habitants et l'importance de ses manufactures, doit l'être encore, et l'est sans doute, par les qualités de ses officiers municipaux.

« Assurez Messieurs vos collègues et vos concitoyens qu'ils trouveront toujours dans les administrateurs du district l'appuy qu'ils ont droit d'en attendre. Dites-leur aussi combien nous comptons sur leur dévouement à la patrie, leur amour pour le roy, leur soumission aux décrets de l'Assemblée nationale et leur zèle à maintenir la Constitution ».

Après ce discours, la députation fut reconduite avec les mêmes honneurs qui lui avaient été rendus en arrivant.

Des réglements de police municipale furent établis le 24 août. En voici les principales dispositions :

Art. Ier. — Les dimanches et fêtes sont, par la loi de Dieu et de l'Eglise, des jours de repos ; en conséquence, il est enjoint à tous marchands de respecter les jours consacrés à Dieu, sous les peines portées par les lois civiles.

II. — Défense aux cabaretiers de donner à boire et à tous maîtres de billard de donner à jouer les jours de fête et les dimanches pendant le service divin, et les autres jours après dix heures du soir, sous peine de 20 livres d'amende pour la première fois.

III. — Concernait la police des cafés, cabarets et guinguettes.

IV. — Défense de construire des maisons sans latrines. Ordre aux propriétaires des maisons qui en étaient dépourvues d'en faire creuser, sous peine de 1.000 livres d'amende.

V. — Ordre de nettoyer, chaque semaine, les rues et les ruelles.

VI. — Défense de jeter des eaux et immondices par les croisées.

VII. — Ordre aux propriétaires de faire balayer les rues deux fois par semaine.

VIII. — Ordre aux marchands herbiers de nettoyer la place occupée par eux dans les rues.

IX. — Ordre aux propriétaires de faire enlever, dans un délai de douze jours, les sables et graviers apportés devant leurs maisons par la ravine.

X. — Injonction d'éclairer les matériaux déposés dans les rues pendant la construction des maisons et de placer une croix de lattes devant les portes quand des ouvriers travaillent sur les toits.

XI. — Défense aux bouchers et « chaircuitiers » de faire le massacre et l'abbatis d'aucune bête devant leur porte, dans les rues ou sous les halles, de jeter dans les ruisseaux aucun sang, tripes et boudins. Ordre de tenir leur chiens à l'attache.

XII. — Défense de couvrir ou de réparer en paille les maisons et murs situés dans l'enceinte d'Elbeuf.

XIII. — Défense d'encombrer les voies publiques et d'y laisser stationner des voitures de marchandises.

XIV. — Défense d'envoyer à l'abreuvoir ou de faire conduire dans les rues plus de quatre chevaux attachés à la suite l'un de l'autre et de les confier à des jeunes gens de moins de seize ans.

XV. — Défense de placer des caisses ou pôts sur les fenêtres.

XVI. — Défense de tenir des assemblées tumultueuses, de tirer des armes à feu, des pétards, et « de faire aucun charivari soit de jour soit de nuit » dans les rues de la ville.

XVII. — Défense de laisser divaguer des animaux, des volailles dans les rues.

XVIII. — Ordre de fermer les cours et allées à dix heures du soir.

XIX. — Défense aux regrattiers d'acheter aux marchés avant neuf heures du matin, en hiver, afin que les habitants puissent auparavant faire leurs provisions.

XX. — Injonction aux fermiers, marchands poulaillers, coquetiers et autres de conduire directement leurs denrées au marché ; défense de vendre ou entreposer chez les hôteliers.

XXI. — Ordre « au maître des moulins de lâcher l'eau deux fois tous les jours... pendant un quart d'heure ».

XXII. — Ordre aux meuniers d'avoir des brancards et poids dans ses moulins.

XXIII. — Ordre aux marchands d'avoir des poids et mesures « pour la fidélité des livraisons ».

XXIV. — Ordre aux riverains de la fontaine du Sud et de la Rigole de faire curer et enlever les vidanges au moins une fois par an.

XXV. — Défense de faire galoper des chevaux dans les rues ou de les attacher aux voitures.

Le 28, le maire représenta à l'assemblée du corps de ville que « MM. de la municipalité de Rouen, depuis un temps immémorial, faisaient l'ouverture de la foire le jour de Saint-Romain et se transportaient au champ nommé le Pardon ; que cette ouverture consistait à lire l'ordonnance rendue portant exemption de droits pendant un temps déterminé, et que la municipalité mettait le plus grand appareil à cette cérémonie, qui excitoit la curiosité et produisait au champ de foire un concours de monde nombreux ».

Il ajouta qu'il croyait utile de faire de même à Elbeuf, pour porter à la connaissance des marchands et des particuliers que c'était la municipalité qui recevrait maintenant leurs observations et rendrait la justice. L'ordonnance serait lue en présence du corps municipal, place du Coq ; ensuite les autorités se rendraient au champ-de-foire, escortées de deux compagnies de garde nationale et ayant à leur tête la musique et les tambours.

Le procureur de la commune combattit cette proposition, en disant que la municipalité de Rouen annonçait au public une franchise que celle d'Elbeuf ne pouvait promettre.

L'assemblée ayant trouvé qu'il y avait quelque chose à faire, le procureur Asse dit que, pour le maintien du bon ordre, on demanderait un piquet de garde nationale auquel il serait fourni un corps de garde sur le champ-de-foire, où des patrouilles circuleraient de jour et de nuit pour veiller à la sûreté publique, et qu'en outre la maréchaussée serait invitée à donner son concours la veille, le jour et le lendemain de la Saint Gilles. Cette proposition fut acceptée.

CHAPITRE XIX

(SEPTEMBRE-OCTOBRE 1790)

Une nouvelle émeute ; l'hotel de ville arbore le drapeau rouge. — Les embarras de l'administration municipale. — La question des subsistances. — L'affaire du prieur-curé de Mandeville ; autre émeute. — Troubles a la halle au blé. — La question des desservants de paroisses et des communes. — Décès de Constant Le Roy ; deuil municipal. — Les barguettes d'Elbeuf et d'Oissel.

La veille de la foire Saint-Gilles, sur la demande de Delarue, commandant de la garde nationale, on avait décidé, à l'Hôtel de Ville, que deux officiers municipaux se tiendraient en permanence, pendant la durée de la foire, à la mairie. Il avait été également convenu que les personnes que l'on serait obligé d'arrêter pendant le jour seraient conduites à la maison commune, et qu'après sept heures du soir, elles seraient menées à la prison.

Les troubles que l'on semblait redouter eurent lieu, mais pas sur le champ-de-foire.

Nous allons transcrire le rapport qui fut dressé par Lingois, maire, le 2 septembre, sur l'origine de l'émeute :

« Ce matin, vers six heures et demie, il s'est présenté chez moi le nommé Forgeron, ouvrier, et la femme Mérimée, demeurant hors la porte du Neubourg, qui m'ont averti qu'on avoit arrêté, à la porte de Rouen, une voiture chargée de grains ; que le peuple, par une fausse interprétation des décrets, trouvoit le voiturier en contravention, vu qu'il est persuadé qu'il lui faut un permis pour le transport du bled.

« Le peuple paroissant dans les rues en mouvement, je me suis transporté en la maison commune et j'ai donné l'ordre d'assembler les officiers municipaux.

« Un moment après, s'est présenté le sieur Billard fils, menuisier, demeurant proche le moulin de Saint Etienne, accompagné du sieur Bauvoisin, laboureur et marchand, à Saint-Aubin-d'Ecrosville, propriétaire de la voiture arrêtée. Ce laboureur m'a déclaré qu'il portoit à Rouen quatre poches de lentilles, trois poches de... et deux sacs de bled... et que c'étoit Billard qui l'avoit arrêté le premier ».

Le corps municipal, réuni, dit qu'il n'y avait qu'à donner au peuple communication des différents décrets relatifs à la libre circulation des grains.

Beaucoup de personnes étant entrées dans la salle des délibérations, on leur donna lec-de ces décrets « ce qui produisit un bon effet sur le plus grand nombre, mais comme le calme n'étoit pas rétabli dans les rues et qu'au contraire le peuple paroissoit se porter en foule à la porte de Rouen, où étoit la charette du sieur Bauvoisin, resté à la maison commune pour sa propre sûreté », le maire donna ordre d'envoyer un piquet de douze gardes nationaux sur le lieu du rassemblement et fit monter à cheval la maréchaussée, afin d'aller soutenir le piquet ; ce qui fut fait.

Un instant après, un cavalier de la maréchaussée accourait à la mairie et annonçait au corps de ville que la force déployée n'était pas suffisante pour contenir le peuple et exécuter l'ordre donné de ramener la voiture à l'Hôtel de Ville.

Le corps municipal délibéra. Il ordonna au commandant de la garde nationale de faire battre la générale, ce qui fut aussitôt exécuté ; quelques minutes après, la garde était rangée en bataille sur la place du Coq.

Le commandant s'entretint avec la municipalité : on décida « de déployer le drapeau rouge, vu le danger qui alloit toujours en augmentant. En conséquence, il a été arboré à une des croisées de la maison commune. M. Tienterre, second officier municipal, se mit à la tête de la garde nationale, en habit de cérémonie, suivi du drapeau rouge porté par le valet de ville ».

Tienterre, arrivé à la porte de Rouen, donna lecture de l'article 5 du décret concernant la loi martiale et les attroupements. Plusieurs voix se firent entendre : « Nous nous f... de de mourir ! » criaient des hommes. D'autres citoyens dirent que le voiturier arrêté n'ayant pas de certificat et étant en contravention, il fallait saisir ses grains.

Tienterre leur expliqua qu'ils avaient tort ; que la formalité qu'ils réclamaient ne devait être suivie que pour le transport des grains par mer, d'une province à l'autre et à trois lieues des frontières du royaume.

La foule prétendit que le blé arrêté devait lui être délivré à un prix au-dessous du cours.

Tienterre, voulant abréger la durée du tumulte, requit le commandant de faire avancer un détachement « pour écarter le peuple, ce qui fut exécuté assez heureusement, et vu que le voiturier qui étoit à la maison commune ne demandoit que sûreté et protection pour sa voiture et ses grains, que le peuple avoit dé-déchargés, malgré le détachement et la brigade de maréchaussée, M. Tienterre engagea plusieurs bons citoyens à recharger les grains dans la voiture, ce qui fut exécuté; et comme un des chevaux du voiturier étoit auprès de la porte, on s'en servit pour ramener la voiture à la maison commune, tranquillement, d'après les ordres de M. le commandant et la bonne contenance de la garde nationale, soutenue de la maréchaussée ».

Tienterre, convaincu que la douceur était la meilleure mesure à prendre pour apaiser la foule, l'invita à nommer une délégation pour s'expliquer avec les autorités.

Sept femmes se présentèrent, dont une se nommait Baillemont, femme Rivette, et demeurait rue Meleuse. Les officiers municipaux leur donnèrent lecture et leur firent l'explication des décrets; mais le plus grand nombre d'elles, la femme Rivette notamment, ne les entendirent pas « avec la docilité et l'honnêteté qu'elles devoient au corps municipal ».

La municipalité ne pouvant donner aucun ordre relativement au blé conduit à l'Hôtel de Ville, le propriétaire eut la liberté d'en disposer à son gré.

L'ordre se rétablit peu à peu. Le commandant congédia les gardes nationaux sous les armes, et la municipalité « substitua au drapeau rouge le drapeau blanc ».

Immédiatement, Asse, avocat, qui avait jusque là rempli les fonctions de procureur de la commune, donna sa démission, en disant que, dans les circonstances actuelles, il lui était impossible de continuer à remplir les fonctions dont il était chargé.

Les auteurs des troubles furent condamnés : Billard, à huit jours de prison ; Dupont et Forgeron à trois jours, et la femme Rivette à vingt-quatre heures de la même peiné. Ce jugement fut affiché à cent exemplaires, imprimés chez la veuve Dumesnil, à Rouen.

Asse, procureur de la commune, ayant maintenu sa démission, il fallut songer à lui donner un successeur. Mais sur les 800 citoyens actifs de la ville, 250 seulement étaient inscrits sur les registres de la garde nationale ouvert le 9 août et qui devait être clos le 7 septembre. Le maire annonça au département qu'il avait prorogé de quelques jours le délai d'inscription, afin de permettre aux retardataires de prendre part à l'élection du procureur de la commune.

Ce même jour, on afficha l'ordonnance du roi concernant la circulation des grains et la défense d'en exporter.

Le 12, on lut au prône des deux paroisses le décret de l'Assemblée nationale du 8 août précédent, prescrivant les moyens à employer pour assurer le recouvrement de la contribution patriotique, et un avis aux citoyens de s'inscrire aux rôles de la garde nationale, sans quoi ils ne pourraient prendre part à l'élection.

Le corps des fabricants avait émis l'opinion, le 9 septembre, que l'émission de deux milliards d'assignats-monnaie que le gouvernement projetait, serait contraire aux intérêts du commerce.

Le 13, le corps de ville délibéra sur le même sujet. A l'unanimité, il déclara cette émission « infiniment dangereuse à l'Etat et la subdivision des assignats encore plus funeste pour les manufactures et les campagnes, puisqu'ils seroient donnés en paiement à des ouvriers qui ne pourroient les échanger sans un grand sacrifice, contre les denrées de première nécessité qui doubleroient infailliblement de prix ».

La municipalité pensait, au contraire, qu'une nouvelle émission d'assignats domaniaux ne devait regarder que ceux qui avaient traité et réalisé des bénéfices avec l'Etat ; qu'en les remboursant avec ces effets, ne portant aucun intérêt, ne pouvant être négociés que de gré à gré et qui seuls seraient admis dans l'achat des biens nationaux, ce serait un moyen assuré d'en accélérer la vente et de faire reparaître le numéraire.

A la halle du samedi 17, il se présenta un nombre considérable de boulangers et marchands grainetiers de Rouen. Le public prétendit qu'ils achetaient le blé au prix que les laboureurs en demandaient ; d'où naquit un mécontentement dont la municipalité s'inquiéta.

Le 24, le corps de ville décida de rendre une ordonnance fixant l'ouverture de la halle à midi précis pour les bourgeois, et obligeant les cultivateurs à délier leurs sacs à cette heure. La même ordonnance défendit aux boulangers d'Elbeuf d'entrer à la halle avant une heure. Quant aux boulangers de Rouen et aux grainetiers, l'entrée ne leur fut permise qu'à partir de deux heures. Il était, en outre, interdit de vendre et d'acheter des grains sur échantillons et ailleurs qu'à la halle.

Ce même jour, les autorités municipales décidèrent de rédiger un mémoire pour être présenté au Directoire du département, dans lequel on devait exposer les inquiétudes du peuple d'Elbeuf relativement à l'augmentation subite du prix des grains qui venait de se produire.

Dans une lettre adressée, le 25, par le maire d'Elbeuf au District de Rouen, il expose les embarras de l'administration municipale, en dehors des réclamations qui lui étaient faites à propos des impôts :

« L'examen des anciens comptes de la ville; la police trois jours la semaine ; l'appréhension sérieuse d'un mouvement du peuple relativement aux opérations inconsidérées des boulangers et grainetiers de Rouen, achetant à tout prix le blé apporté à la halle d'Elbeuf ; l'absence de deux de nos collègues ; celle d'un troisième, M. Constant Grandin, qui étant électeur doit passer plusieurs jours à Rouen pour la nomination des juges du district ; le remplacement momentané par l'un de nous pour remplir les fonctions de procureur de la commune », sans compter un grand nombre de réclamations pressantes qui lui étaient adressées par les créanciers de la ville, auxquelles il répondait par une demande de prolongation des délais de payement.

Le 27, une pétition signée par un très grand

nombre d'habitants d'Elbeuf, fut déposée entre les mains du maire. Elle demandait de nouveau la suppression « des maisons nommées les petites halles, appartenantes à M. Eugène de l'Oraine *(sic)* ».

Avant de prendre une délibération, le corps de ville décida d'écrire au ci-devant prince de Lambesc, en lui exposant le vœu général des Elbeuviens concernant les petites halles.

La question des subsistances fut pendant une grande partie de la Révolution celle qui causa le plus de tracas aux administrations, car le peuple voyait toujours avec déplaisir le grain s'éloigner des lieux de production ou des marchés, et il soupçonnait — non sans quelque raison — beaucoup d'individus d'accaparement.

C'est ainsi que les ouvriers de nos fabriques se rendirent à plusieurs reprises à la halle aux grains, alors très importante, qui se tenait le samedi, et empêchèrent des marchands de Rouen d'y faire des achats. Mais les boulangers et grainetiers de cette ville portèrent une plainte à l'administration du district, qui délibéra sur cette affaire dans sa séance du 4 octobre et prit la résolution suivante :

« Le Directoire, considérant qu'il est urgent de réprimer les infractions à la loi qui se produisent et d'accorder aux grainetiers et aux boulangers de Rouen qui fréquentent le marché d'Elbeuf, une protection sans laquelle l'approvisionnement de Rouen serait compromis, a arrêté d'écrire : 1° au Département, pour l'engager à prendre les mesures convenables à l'effet de remédier aux insurrections qui depuis quelque temps se manifestent aux marchés d'Elbeuf, et 2° à la municipalité de cette ville, pour lui donner avis de cette plainte et lui rappeler qu'elle ne doit négliger aucun des moyens qui sont en son pouvoir pour faire exécuter les décrets de l'Assemblée nationale sur la libre circulation des grains ».

Le mercredi 6 octobre, Alexandre Bouic et Nicolas Louvet père se rendirent aux églises Saint-Etienne et Saint-Jean pour ouvrir les assemblées électorales de section, convoquées à l'effet de procéder à la nomination d'un procureur de la commune, en remplacement du sieur Asse ; mais il ne se trouva qu'un très petit nombre d'électeurs, et l'élection fut renvoyée à un dimanche.

Nous avons parlé, dans notre Notice sur Caudebec-lès-Elbeuf, d'une émeute qui eut lieu dans cette commune et faillit devenir fatale au sieur Bruno-Barnabé Anquetin, curé prieur de Mandeville. Nous trouvons d'autres détails sur cette affaire dans le registre des délibérations municipales d'Elbeuf, à la date du 8 octobre :

« Ce jourd'hui s'est présenté le sieur Pierre-Louis Langlois, maire de la paroisse de Caudebec, lequel nous a représenté que M. le prieur de la paroisse de Mandeville, ayant fait conduire par son domestique une charette attelée de trois chevaux chargée de cinq sacs de bled et d'un demi-cent de gerbées, pour être débarqués au quai à Tuiles, paroisse de Martot, et de là être transportés en la paroisse de Belbeuf... pour faire de la semence, suivant un certificat que ledit sieur Langlois déclare avoir vu et qui avoit été délivré par le sieur Lefort, maire de Belbeuf.

« Et comme le peuple, qui a eu connoissance de laditte voiture, s'est persuadé que ce bled avoit une destination secrète, il a pris de là droit pour arrêter la charrette, qui étoit alors au quai à Tuiles, et ensuite s'est porté à des excès contre ledit sieur prieur, en le ramenant dans le carrefour de la Haline ditte paroisse de Caudebec.

« Ledit sieur Langlois n'ayant pu obtenir du peuple la relaxation dudit sieur prieur, et même que ses jours paroissoient être dans le plus grand danger au moment où il l'a quitté, il nous requiert de lui donner main-forte pour aller au secours dudit sieur prieur ».

Le corps de ville délibéra, et à l'instant requit le commandant de la garde nationale « pour faire battre la générale et aller avec le plus de monde possible, s'il en étoit encore temps, sauver les jours dudit sieur prieur ».

Le tambour parcourut les rues d'Elbeuf aussitôt, et, dit le maire Lingois, « nous avons vu, avec satisfaction, la garde nationale s'empresser à courir aux armes et à suivre ses chefs ».

Ce même jour, vers sept heures du soir, la garde nationale rentrait à Elbeuf avec le prieur-curé de Mandeville.

Ce prêtre, introduit dans la salle des délibérations de la municipalité, répéta ce que Langlois avait déjà dit quant à la destination et à l'usage du blé qu'il faisait transporter.

Le maire lui demanda s'il connaissait quelques-uns de ses agresseurs ; il répondit qu'il ne connaissait que de vue « tant ceux qui l'avoient maltraité, que ceux qui lui avoient mis la corde au cou à plusieurs reprises ».

Langlois, maire de Caudebec, interrogé ensuite, déclara qu'il avait été prévenu de ce qui se passait, par des particuliers, et que s'étant trouvé au carrefour de la Haline, il y avait trouvé le curé au milieu du peuple. Il avait engagé la foule à ne pas maltraiter le prêtre, à le faire entrer dans une maison sûre et à sequestrer les chevaux et le blé ; ce qu'il ne put obtenir, quoiqu'il eut donné lecture du certificat du maire de Belbeuf.

Langlois ajouta que, de retour d'Elbeuf à Caudebec, il retrouva le prieur lié par un bras à la charrette, et que, voulant l'emmener chez lui, il avait lui-même essuyé des maltraitements de différentes personnes, notamment des nommés Rouvin frères, Michel Cauchoix et François Leloup, tous de Caudebec.

La fureur de ces quatre hommes avait été telle qu'ils avaient jeté le maire et le prêtre dans une mare, ainsi que le sieur Robert Corblin, cabaretier à Caudebec, qui défendait le prêtre contre eux.

S'étant débarrassés, Corblin et Langlois amenèrent le prieur dans la masure de ce dernier où ils l'enfermèrent dans une écurie avec l'aide de plusieurs citoyens accourus à leur secours. A ce moment, le prêtre était tout nu : sa chemise même lui ayant été arrachée. Leloup, qui les avait poursuivis, fit promettre au maire Langlois d'être la caution de l'ecclésiastique et de le représenter.

Le maire d'Elbeuf interrogea également le commandant de la garde nationale. Celui-ci déclara qu'arrivé avec sa troupe chez Langlois il s'était mis en devoir d'enlever le prieur de Mandeville, à quoi il n'était parvenu qu'après bien des sollicitations et s'être déclaré lui-même caution du prisonnier.

En se mettant en marche pour revenir, dans la cour même du maire de Caudebec, le nommé Jean Poré, journalier à la Haline, s'était présenté avec un gros bâton pour s'opposer à l'enlèvement du prêtre. Le commandant arracha ce bâton à Poré et le remit à Guillard, brigadier de la maréchaussée, qui avait été également requis par le maire d'Elbeuf d'aller au secours du prieur.

Le commandant ajouta que plusieurs gardes nationaux avaient reçu de la boue et des coups de pierre, dont une avait atteint, au bras, le lieutenant-colonel Dupont, qui, au moment où il parlait, était à se faire panser.

Pierre-Nicolas Bourdon, capitaine de grenadiers, déclara avoir interpellé plusieurs particuliers les uns après les autres, et que tous avaient dit n'avoir aucun motif de haine contre le curé de Mandeville.

Le commandant termina sa déposition en disant que la nuit étant arrivée, que les jets de pierre sur sa troupe ayant commencé et que plusieurs gardes ayant cru voir brûler une amorce derrière une haie, il avait jugé prudent d'abandonner la charrette, les chevaux et le blé, attendu que la troupe se trouvait dans une rue étroite et que l'obscurité empêchait ses hommes de se mettre en état de défense.

Un procès-verbal de ces événements fut adressé au Directoire du district de Rouen. Le corps de ville d'Elbeuf arrêta qu'il serait donné à la première occasion, à Langlois, maire de Caudebec, les éloges que méritait sa conduite prudente et courageuse.

Le soir on amena à la mairie d'Elbeuf un garçon de quinze ans, nommé Larcher, qui déclara que, au lieu d'avoir jeté des pierres au curé, il avait aidé, à plusieurs reprises, à lui retirer la corde du cou ; ce qui était en contradiction avec la déposition du sieur Lesceux, grenadier, et du sieur Mathieu Delarue, chasseur, tous deux membres de la garde nationale. Larcher fut condamné par le corps de ville à quarante-huit heures de prison, bien qu'aucune preuve évidente n'existât contre lui.

Le 12 octobre, la municipalité apprit que la commune d'Orival s'était assemblée et avait arrêté de dresser un mémoire ayant pour but de faire connaître combien une route tracée de Rouen à Elbeuf par Oissel et le long des roches occasionnerait de frais et combien elle serait préjudiciable aux propriétaires d'Orival et aux voyageurs, dont elle augmenterait le trajet, et que cette commune désirait que la ville d'Elbeuf se joignît à elle pour élaborer le mémoire en commun.

Le District reçut, le 9 de ce même mois, la lettre suivante du maire d'Elbeuf, en réponse à des reproches que l'administration lui avait adressés au sujet des affaires de la halle :

« Le 28 septembre dernier, il se trouva dans notre halle un nombre extraordinaire de boulangers et grainetiers de Rouen. La halle, quoique très considérable en bled, fut liée en un instant, et l'empressement des acheteurs étoit telle que le bled augmenta de 10 sols jusqu'à 6 livres par sac. Plusieurs personnes ne purent même s'en procurer. De ce moment, le peuple conçut des inquiétudes, ou plutôt celles qu'il avoit déjà augmentèrent.

« Le samedi suivant, la halle commença d'être tumultueuse. Le peuple arrêta plusieurs particuliers qui avoient cherché à faire monter le prix du bled, et comme ils étoient entrés dans la halle avant l'heure fixée par les règlements, ils furent condamnés à garder prison fermée pendant quatre jours et placardés. Ce jugement parut satisfaire le peuple. Un grand nombre d'ouvriers se transportèrent chez le maire et à la maison commune. On les exhorta à se soumettre aux décrets, et les représentations qu'on leur fit parurent les persuader. Ils promirent de faire part à leurs camarades de ce qu'on leur disoit et que tout seroit tranquille à la halle suivante.

« L'événement a prouvé le contraire, comme vous l'avez vu, Messieurs, par notre procès-verbal. Mais en commandant la garde nationale tout-à-coup, ne pouvoit-il pas en résulter des malheurs ? N'avoit-on pas à craindre que dans le nombre des gardes nationaux, il y eut des mécontents ? Car le nombre de ceux qui se plaignent de la manière dont les achats se font à la halle est considérable. La municipalité avoit donc été trompée dans son attente, et le plus grand nombre, qui avoit été d'avis de commander un détachement de la garde nationale, pouvoit avoir raison. Le maire convient ici qu'il a été d'opinion contraire, comme les autres membres conviennent que, quelques jours avant, leur opinion ne fut pas qu'ils dussent aller à la halle, n'y étant pas obligés.

« Le maire convient encore qu'il s'est présenté chez lui, sur les une heure, deux laboureurs qu'il ne connoit point. Ils lui demandèrent un détachement de la garde nationale pour contenir le peuple. Voici quelle fut sa réponse : « Il ne m'est pas possible, Messieurs, « de vous donner à présent un détachement. « Il faudrait, pour le commander, battre la « générale. Les boutiques vuideroient et je

« vous rendrois un mauvais service en vou-
« lant vous obliger. D'ailleurs, j'ai commandé
« les cavaliers de maréchaussée et donné des
« ordres au commissaire, et j'espère que le
« peuple sera tranquille... »

Ces laboureurs avaient porté plainte contre le maire d'Elbeuf ; c'est ce qui avait motivé l'explication que l'on vient de lire.

En octobre, Jacques Bérenger, drapier de la paroisse Saint-Etienne, administrateur de l'hospice de 1768 à 1770, mourut à Rouen.

Par un décret du 12 juillet et une instruction du 12 août suivant, sanctionnée par le roi le 20 du même mois, l'Assemblée nationale avait manifesté le désir de voir plusieurs communes se réunir en une seule municipalité.

Une circulaire du directoire du département, du 27 septembre, invitait l'assemblée générale de chaque commune à nommer un commissaire, chargé de la représenter dans l'assemblée cantonale et d'y délibérer sur les suppressions et réunions les plus avantageuses à faire entre les municipalités, soit du canton, soit des communes limitrophes, même avec celles d'un district ou d'un département étranger, de faire ses observations sur la position du chef-lieu de canton et même sur tout ce qu'il croirait propre à perfectionner la division actuelle du département.

« Ce n'est qu'en rassemblant un plus grand nombre de citoyens sous un même régime, disait le Directoire dans sa circulaire, que les municipalités atteindront le degré de force et d'autorité nécessaire au maintien de l'ordre et de la sûreté publique.

« Ces réunions auront le double avantage

de la simplicité et de l'économie, puisque les frais indispensables à l'administration municipale deviendront moindres pour chacun, lorsque de plus grandes masses seront divisées entre un plus grand nombre de contribuables. Par la même raison, le nombre des curés se trouvant diminué, il pourra être pourvu suffisamment et avec beaucoup moins de frais à l'exercice du culte par des vicaires résidant dans les paroisses réunies.

« Un grand concours de citoyens, liés par le même intérêt, peut seul offrir les ressources nécessaires aux établissements publics destinés au soulagement et à l'entretien de la classe souffrante du peuple.

« Plusieurs paroisses de ce département ont à peine trouvé un nombre de hauts cotisés suffisant pour composer leur municipalité, et elles ne pourront remplacer les officiers municipaux, maintenant en exercice, sans s'écarter des règles constitutionnelles. Les mêmes difficultés se rencontrant dans le choix des collecteurs, mettraient les deniers publics en danger. Une trop grande multitude des rôles rendrait la répartition lente et onéreuse.

« Enfin, la réunion d'un grand nombre de délibérants peut, seule, balancer l'influence des grands propriétaires sur une administration, à laquelle tous les citoyens ont droit de concourir également ».

Cette proclamation du Directoire du département, dit M. Duchemin, fut mal interprêtée par les populations intéressées, qui se voyaient déjà privées de vicaire et de curé. Elles confondaient la réunion des municipalités avec celle des paroisses, ou n'avaient même pas remarqué que, dans le cas de réunion, on leur laissait encore un vicaire pour l'exercice du culte.

Le 15 octobre, à la mairie d'Elbeuf, s'assemblèrent Jacques Noyon, curé de St-Aubin ; Robert Saxus, curé de Cléon ; Jean Cantelou, d'Orival ; J. Baculier, maire de la Bouille ; J.-B. Démarais, maire de Moulineaux ; Toussaint Fréret, maire de Freneuse ; J. Fleury, procureur de la commune de Sotteville-sous-le-Val ; J. Lenormand, officier municipal de Tourville-la-Rivière ; J. Cribellier, procureur de la commune d'Oissel ; G. Gosselin, maire de Petit-Couronne ; Thomas Delassaux, notable de Saint-Etienne-du-Rouvray, tous députés de leur commune respective. Ceux de Caudebec, Grand-Couronne et de la Londe étaient absents.

L'objet de cette réunion était de délibérer sur la proclamation de l'Assemblée administrative du Directoire du département de la Seine-Inférieure relative à la réunion de diverses communautés, s'il y avait lieu.

Il fut arrêté que la paroisse de Caudebec devait rester dans l'état où elle était, avec un curé et un vicaire, attendu que sa population était de 2.411 habitants, dont 520 citoyens actifs et 220 éligibles.

Arrêté également que les communes de Saint Aubin, Cléon, Tourville, Oissel et Orival devaient rester aussi telles qu'elles étaient, avec un curé et un vicaire.

Que la Bouille étant un bourg avec marché, port et voitures d'eau, devait non seulement conserver son état, mais qu'on pourrait encore y réunir Caumont et Saint-Ouen de-Thouberville. L'église de cette dernière paroisse aurait un vicaire perpétuel, où iraient les paroissiens de Caumont. On pourroit aussi y réunir Moulineaux, mais en lui donnant un vicaire perpétuel.

Rien à changer dans l'état de Grand-Couronne.

Quant à Petit-Couronne, il ne devrait consister qu'au gros de la paroisse peuplé de 1.000 habitants et au hameau des Essarts peuplé de 510 habitants en 130 feux. Cette commune aurait un curé, plus un vicaire pour les Essarts, en rétablissant l'ancienne chapelle située près du calvaire des frères Saint-Yon.

Freneuse resterait en l'état, mais en y annexant Sotteville-sous-le-Val, qui recevrait un vicaire perpétuel.

Cette dernière proposition fut combattue par Fleury qui demanda, au contraire, de conserver sa commune en l'état, en y annexant Ygoville.

Aucun changement ne fut proposé pour Saint-Etienne-du-Rouvray, sauf l'annexion à cette paroisse du hameau de Quatremares.

Enfin, il fut jugé que la Londe pourrait s'annexer Saint-Ouen-du-Thuit-Heudebert (du Tilleul).

Le 15 octobre, mourut Charles-Michel-Jean-Baptiste-Loüis Grandin, à l'âge de 43 ans. — Cinq jours après, mourut également Louis-Robert Flavigny, aussi fabricant, âgé de 65 ans.

Des opérations de vote eurent lieu le 17 octobre, dans les deux églises, pour donner un successeur au ci-devant procureur Asse. Il fallut procéder à plusieurs tours de scrutin. Ribart réunit 19 voix et fut déclaré élu ; Louvet, son compétiteur, n'en obtint que 15. Il y eut quelques troubles à Saint-Jean pendant l'élection, par suite de la prétention de voter qu'avait un individu qui ne s'était pas fait inscrire au rôle de la garde nationale.

Ce même jour, mourut Mathieu-Nicolas-Constant Le Roy, fabricant, membre du corps municipal. Une délibération inscrite sur le registre communal rend hommage à sa mémoire, et, pour témoigner du regret que la ville prenait à sa perte, il fut arrêté que « le corps municipal porteroit le deuil pendant huit jours et que toutes les lettres et dépêches, pendant ce temps, seroient cachetées en noir ». Leroy n'était âgé que de 41 ans ; il était qualifié de premier officier municipal.

Les fabricants décidèrent, le 19, d'adresser une circulaire à leurs clients pour les prévenir de l'obligation dans laquelle la fabrique était d'augmenter le prix de ses draps. La délibération est suivie des noms de 47 manufacturiers. La circulaire fut tirée à 4.000 exemplaires dont le prix d'impression s'éleva à 120 livres.

Le 23, notre municipalité adressa à Rouen « deux rapports contre les particuliers qui avoient troublé l'assemblée de la section de Saint-Jean, pour la nomination d'un procureur de la commune, et qui s'étoient répandues en invectives et en fausses déclarations contre la municipalité ». Le Directoire pria le Département de faire une proclamation rappelant à tous les citoyens qu'ils devaient apporter le plus grand calme dans ces assemblées.

Le 24, notre municipalité écrivit au District, à propos d'un « service dispendieux que les trésoriers de la paroisse Saint Jean se disposoient à faire célébrer pour le feu curé, décédé depuis deux ans, lequel service elle avoit cru devoir faire suspendre attendu que les fonds de la fabrique sont actuellement à la Nation ». Le Directoire approuva cette mesure. — Nous trouvons un détail dans le débat qui s'éleva à ce sujet : la sœur du curé décédé avait donné une somme assez considérable pour aider à payer la chaire à prêcher.

Le 26, on examina les déclarations patriotiques. J.-B. Delarue fut augmenté et l'on porta sa contribution à 200 livres. — Nicolas Louvet, propriétaire du clos nommé « le Morpas », loué 600 livres, etc., fut taxé à 150 liv. J.-Ch.-P. Durand, « agent des affaires de M. de Loraine pour la ci-devant duchée et secrétaire de l'ancienne corporation des fabriquants », fut porté à 275 livres. J.-B. Huault, fermier général du duché d'Elbeuf, à 300 livr.

Il partait tous les lundis, mercredis, vendredis et dimanches au matin une voiture d'eau pour Rouen, d'où elle revenait les mêmes jours le soir. Ce bateau, appartenant au duc d'Elbeuf, était exploité par un fermier. Le 28 octobre, le maire écrivit au District pour lui demander d'obliger l'entrepreneur à faire éclairer le débarcadère, afin d'éviter les accidents.

Nous placerons ici quelques notes de M. Turgis concernant les bateaux ou voitures d'eau que le peuple appelait « les Mal-menées », circulant entre Rouen, Elbeuf et Oissel :

« La voie de terre n'était heureusement pas la seule à la disposition des habitants d'Oissel pour communiquer avec Elbeuf et Rouen ; la voie fluviale leur en fournissait encore le moyen ; il existait, entre ces deux dernières villes, un service de bateaux halés régulièrement organisé, et Oissel avait en outre le sien propre, comme Orival, Tourville et le Port-Saint-Ouen ; mais les bateaux, qui y étaient employés, étaient un diminutif de ceux d'Elbeuf et portaient le nom de barquettes ou barguettes ; ceux qui vivaient à cette époque peuvent se rappeler les *bateaux* d'Elbeuf et de La Bouille, les *coches* d'Auxerre et de Corbeil, les *galiotes* de Saint-Cloud et de Rolleboise, les *barguettes* d'Oissel, d'Orival, de Tourville et de Port-Saint-Ouen. Ces dernières mesuraient de 13 à 15 mètres dans leur plus grande longueur.

« Tous ces bateaux étaient pontés et leur intérieur, qu'on appelait *la chambre*, offrait aux voyageurs et aux voyageuses surtout, un abri, sinon confortable, du moins très apprécié suivant la saison. Leur marche s'effectuait très lentement ; ils ne mettaient pas moins de quatre heures pour faire le trajet d'Elbeuf à Rouen et, par conséquent, deux heures d'Oissel à l'une de ces deux villes ; il est vrai qu'on ne payait pas bien cher le plaisir d'être aussi longtemps en route ; le prix des places, dans le bateau d'Elbeuf, était de dix sols dans la chambre et de trois sols sur le bateau ; dans la *barguette* d'Oissel il n'y avait qu'un seul prix : quatre sols, quelle que fut la place qu'on occupât.

« Le bateau d'Elbeuf, le *Saint-Pierre*, était un vrai citadin : on le reconnaissait de loin à sa forme presque élégante, à son mât élancé, à sa flamme de couleur rouge, aux nombreux sabords qui éclairaient sa chambre et enfin aux quatre fiers chevaux qui le halaient.

« Le barguette d'Oissel, comme ses sœurs d'Orival, de Tourville et de Port-Saint-Ouen

UNE ANCIENNE BARGUETTE. DEVANT SAINT-ADRIEN

était beaucoup plus modeste : d'une forme assez primitive, elle n'avait aucune décoration extérieure ; son mât n'avait rien de prétentieux et sa seule ouverture était celle qui donnait entrée dans la chambre ; deux chevaux suffisaient pour la haler.

« A l'extrémité d'Oissel, vers Rouen, on voit encore aujourd'hui une maison blanche sur la façade de laquelle figure une statuette de la Vierge avec cette inscription :

> Passant devant ce lieu
> Recommandez-vous à Dieu.

« Cette maison, actuellement entourée de constructions, était, à l'époque dont nous parlons, d'autant plus remarquée qu'elle se trouvait tout à fait isolée sur le bord d'un champ et assez loin des habitations.

« En passant devant cette maison, le patron de la barguette, comme d'ailleurs ceux de tous les autres bateaux sans exception, ne manquait jamais de se découvrir et de s'écrier d'une voix aussi lugubre que solennelle : *Recommandez-vous à Dieu !* Les conversations cessaient à l'instant : les habituées du bateau tombaient à genoux et adressaient mentalement leur prière à la Vierge ; les hommes se découvraient et se signaient, et le voyageur étranger, qui faisait le trajet pour la première fois, se croyant à sa dernière heure, ne savait à quel saint se vouer. Son inquiétude toutefois n'était pas de longue durée ; la maison blanche dépassée, chacun reprenait sa place, confiant dans la protection de la Vierge qu'il venait d'invoquer, et les conversations, un moment interrompues, reprenaient leur train.

« Le voyage s'accomplissait d'ordinaire assez

paisiblement : on savait qu'on devait rester deux heures en route (d'Oissel à Rouen), et on en prenait son parti sans avoir la pensée de s'en plaindre (les voyageurs d'aujourd'hui qui font le même trajet en quinze minutes et qui se plaignent sont assurément moins patients que leurs aïeux). Les hommes s'entretenaient de leurs affaires et pas le moins du monde de politique ; on s'occupait fort peu des journaux, qui étaient d'ailleurs assez rares à cette époque, et les cerveaux ne s'en trouvaient pas plus mal ; les femmes pour la plupart, tricotaient ; celles qui ne s'étaient pas munies de leur ouvrage se déchaussaient sans plus de cérémonie et, en bonnes ménagères, raccommodaient leurs bas sans qu'assurément personne y trouvât à redire ; tout se passait en famille et si les aiguilles glissaient rapidement entre les doigts des travailleuses, les langues ne marchaient pas moins vite et les conversations étaient très animées. Les sujets ne manquaient d'ailleurs pas : c'est dans le bateau que se débitaient les nouvelles du jour ; c'est là qu'on apprenait que Marie Bergeron, la septième femme de François Coquet, venait d'accoucher d'un garçon qui, en danger de mort, avait été ondoyé par Marie-Anne Brocq, la sage-femme ; qu'en l'absence de M. le curé, le père Albert Millaud, prêtre récollet du couvent de Rouen, avait fait l'inhumation de Joseph Perière, et le père Augustin, carme déchaussé, celle de Marguerite Pigerre ; que le conducteur de la barguette d'Orival, François Deshayes, élève de l'hospice des enfants de la patrie, s'était noyé dans les prairies de Saint-Etienne-du-Rouvray pendant les grosses eaux ; que la fille à *Baigne-au-Beurre* en était à son deuxième gigot et *la celle à Goûte-au-Pot* à son quatrième ; qu'on avait promené et chanté au carnaval le *fieu à Ramboitieu*, qui ne l'avait assurément pas volé : on n'en disait pas tout haut le motif, mais quelques malins en faisaient la confidence à leurs voisines, ce qui paraissait fort les égayer ; que les jeunes gens qui avaient *quêté la poule,* le lendemain de la noce au garçon à *Demy-Seigle,* étaient revenus avec une telle charge de lapins, de poules et de gigots que leur gaulette en ployait ; que la fille à *Corde-à-Sonneur* n'avait pas encore trouvé d'amoureux, quoiqu'elle eût été plusieurs fois en pélerinage aux Authieux pour invoquer saint *Atourni* (saint Saturnin) ; que le village de Saint-Etienne-du-Rouvray avait été en partie brûlé et qu'on faisait, à Oissel, des quêtes en faveur des victimes ; que Louis Lesueur, lieutenant d'infanterie, avait été décoré sur le champ de bataille ; que les abeilles de *Corps-Creux* avaient déserté ses ruches parce qu'il n'avait pas eu soin de les faire couvrir d'un voile noir le jour de la mort de sa femme. Nous n'en finirions pas si nous voulions raconter tout ce qui se disait dans la barguette, en y ajoutant surtout les commentaires, dont on abusait le plus souvent : qu'il nous suffise de dire que les conversations charmaient l'ennui du voyage, et qu'on arrivait, presque sans s'en apercevoir, après deux heures de marche, au Cours la Reine, où la barguette déposait ses voyageurs pour les y reprendre, vers la fin de la journée, et les ramener à Oissel dans les mêmes conditions.

« Les barguettes marchaient à peu près par tous les temps ; elles affrontaient les brouillards et les inondations au risque quelquefois d'y perdre hommes et bêtes, car les chemins de halage étaient loin d'être ce qu'ils sont aujourd'hui. Aussi mauvais que les chemins de traverse, aussi mal entretenus, ils étaient effondrés par places et, dans les débordements du fleuve, offraient un très sérieux danger pour les conducteurs de chevaux. On vit plus d'une fois, dans les mauvais passages, les malheureux charretiers obligés de se cramponner au collier de leurs bêtes, pour se tenir en équilibre sur le dos du pauvre animal qui disparaissait à moitié sous l'eau ; ils avaient du reste la précaution d'avoir, toujours suspendue au côté monteur de leur porteur, une dague dans sa gaîne de cuir, pour couper le châbliau (châbleau) en cas d'absolue nécessité ».

La première délimitation du canton d'Elbeuf ne fut pas sans susciter de vives réclamations de la part de quelques municipalités, dit M. Duchemin.

« On se plaignait surtout des déplacements qui seraient obligés de faire les justiciables pour se rendre aux tribunaux de paix. D'après la loi, il ne devait y avoir qu'un juge de paix par canton. Les villes toutefois avaient, pour elles-mêmes et pour elles seules, un juge spécial. Il en fut ainsi pour Elbeuf.

« Mais les communes d'Orival et de Caudebec, avoisinant Elbeuf, se trouvaient dans la nécessité d'aller chercher le juge de paix soit dans la plaine de Cléon, soit dans celle de Couronne, où il lui plairait d'établir sa résidence. De sorte que si le juge de paix choisissait la plaine de Couronne, les habitants de celle de Cléon se verraient obligés de traverser la Seine pour y aller chercher justice. Le contraire aurait lieu si le juge résidait à Couronne. Il y avait là un sérieux inconvénient, et tout le monde était mécontent.

« Une supplique signée de Guillaume Gosselin, maire de Petit-Couronne ; Béranger, maire de la Londe ; Marguerin, maire d'Orival ; Pierre Marc, officier municipal de la Bouille ; Cribelier, procureur de la commune d'Oissel ; Philippe, procureur de la commune de Caudebec, etc., fut adressée à ce sujet, le 26 octobre, aux administrateurs du département. Après avoir énuméré tous les désavantages, les embarras, les inconvénients de cette organisation, ils la déclaraient impossible dans la pratique, et ils concluaient :

« L'établissement de quatre juges de paix
« aplaniroit toute difficulté ; il y en auroit un
« à Elbeuf pour la ville, Orival et Caudebec ;
« un dans la plaine de Cléon pour Saint-Aubin,
« Cléon, Freneuse, Sotteville-sous-le-Val et
« Tourville, qui n'auroient pas besoin de sor-
« tir de leur presqu'île ; les deux autres juges
« de paix seroient pour la Londe, la Bouille,
« Moulineaux, Grand-Couronne, Petit-Cou-
« ronne, Saint-Etienne et Oissel, qui n'au-
« roient également pas besoin de sortir de
« leur île ».

Les délibérations municipales, dès cette époque, étaient parfois tumultueuses. Nous citerons, particulièrement, celle du 28 octobre, dans laquelle le maire Lingois eut une altercation assez vive avec Balleroy, Duruflé et Galeran, officiers municipaux, qui lui reprochèrent « de traiter les opinions de ses collègues et leurs personnes d'indécentes, de malhonnêtes » et d'avoir dans un accès de colère, cassé un couteau d'ivoire.

Le lendemain, Lingois écrivit au corps de ville pour lui annoncer que, pendant quelque temps, il ne pourrait assister aux assemblées de la municipalité, et remettait à Rousselin, officier municipal, la charge de le remplacer à la présidence. Le corps de ville jugea à propos de faire connaître au district la division qui existait entre le maire et une partie de ses membres.

Malgré leur serment, de nombreux gardes nationaux s'abstenaient de faire leur service et se refusaient avec une « indifférence dangereuse » d'obéir aux ordres de leurs officiers, notamment pour le piquet des halles. Le corps de ville autorisa le commandant à frapper de 40 sols d'amende tous ceux qui à l'avenir ne se rendraient pas aux convocations

Ce même jour, Jacques-Robert Heullant, marchand à Elbeuf, se présenta devant le bureau de la manufacture et le juge de la haute justice pour être reçu en qualité d'apprenti fabricant pendant trois ans, chez Jacques Delaleau fils. Sur les conclusions du procureur fiscal, Heullant fut admis.

La fabrique, nous l'avons dit bien des fois, occupait des ouvriers dans un rayon très étendu, jusqu'au dessus de Gaillon, d'Evreux, de Bernay. Les pièces d'un procès de cette époque mentionnent que Joseph Flavigny faisait travailler des cardeurs jusqu'à la paroisse du « Fille de l'air » (Le Fidelaire).

CHAPITRE XX

(NOVEMBRE-DÉCEMBRE 1790)

Nationalisation des biens du clergé. — Fin de la maitrise des fabricants de draps, de la haute justice et de la verderie d'Elbeuf. — Les batiments de la halle. — Demandes en réductions d'impots. — La fortune des Elbeuviens. — Nouvelles élections municipales. — Balleroy est élu juge de paix. — Les prêtres et la garde nationale. — Les registres de police. — Vote au moyen de haricots.

L'année précédente, l'évêque Talleyrand avait proposé à l'Assemblée nationale de chercher dans l'aliénation des biens ecclésiastiques un remède aux maux du royaume, à la charge d'assurer un traitement suffisant aux prêtres et de pourvoir à l'entretien des hôpitaux, églises, etc.

A cette motion se rattachait un plan financier dont les principaux résultats devaient être les suivants : une dotation au clergé ; extinction de plus de cent millions de rente ; le déficit comblé ; suppression de la vénalité des charges et des restes de l'odieux impôt de la gabelle ; enfin, la création d'une caisse d'amortissement.

Ainsi compliquée et chargée de chiffres, la motion de l'évêque d'Autun avait l'inconvénient d'ouvrir carrière à une foule de débats accessoires. Mais le sens pratique de Mirabeau l'avait réduite à ces termes : 1º Les biens ecclésiastiques sont les biens de la Nation, à la charge de pourvoir au service des autels et à l'entretien des ministres ; 2º La dotation des curés ne pourra être moindre de 1.200 francs par an, le logement non compris.

Pour la masse du clergé, c'était passer de la misère à l'aisance.

Soutenue par Thouret, Garat, Dupont de Nemours, Barnave, les abbés Dillon et Gouttes, la motion de Mirabeau avait été combattue par les abbés d'Eymar et Maury, l'archevêque Boisgelin et autres.

L'abbé Gouttes, qui devait précisément, l'année suivante, succéder à Talleyrand sur le siège d'Autun, avait tenu pendant la discussion ce langage fort applaudi :

« Les richesses sont plus nuisibles qu'avantageuses à l'Eglise. Elles excitent l'ambition de plusieurs ecclésiastiques, dont les mœurs déshonorent la religion plus que de saints personnages l'ont servie. La Nation a droit de supprimer tous les bénéfices sans fonctions, d'en employer les fonds aux besoins publics, et d'appliquer à cet usage commun tout ce qui n'est pas nécessaire à la dignité du culte ou au soulagement des pauvres ».

La proposition Talleyrand, simplifiée par Mirabeau, avait donc été votée, et l'on remarqua que ce décret célèbre avait été rendu le jour des Morts, sur la motion d'un évêque, sous la présidence de Camus, ancien avocat du clergé, et dans le palais de l'archevêque de Paris.

Le haut clergé fit des résistances contre l'application de la loi, et dans bien des contrées elle fut retardée.

Par lettres datées du 1er novembre, un an après le vote de cette loi, le maire déclara aux trésoriers de Saint-Jean et de Saint-Etienne, aux administrateurs de l'hôpital, aux religieuses Ursulines, à Hamoi, roi de la confrérie de Notre-Dame-de-Liesse ; à Fouquet, tisseur, roi de la confrérie de Saint-Roch ; à Henri Delacroix et Louis-Pierre Dévé, aussi maîtres de confréries, et au doyen de la confrérie des porteurs de grains, qu'ils ne pouvaient disposer des biens de leurs associations, devenus propriétés de l'Etat.

Le lendemain, la municipalité reprit ses travaux d'examen des déclarations patriotiques. Le premier dont on augmenta la souscription fut Lingois, maire, qui de 200 fut taxé à 250 livres. On surchargea Alexandre Flavigny, prêtre, de 50 livres, parce qu'il n'avait offert que 60 livres de souscription, malgré le bénéfice du prieuré dont il jouissait et ses autres rentes.

Ces opérations furent continuées le 3 novembre. Avant l'ouverture, Duruflé, officier municipal, représenta que, malgré la lecture réitérée des décrets, qui assujettissaient les citoyens à une déclaration du quart de leurs revenus ceux dont les profits industriels s'élevaient à plus de 400 livres net, plusieurs des membres de l'assemblée réunie pour la vérification des déclarations patriotiques n'entendaient pas ou feignaient de ne pas entendre l'esprit des décrets de l'Assemblée nationale.

Cette observation souleva une protestation des membres qu'elle visait. — Louvet fut augmenté de 150 livres; Capplet, de 125; Coprez, inspecteur des manufactures, de 75.

Une dame Petitgrand, qui avait dit à un officier municipal que la contribution patriotique était un vol, fut dénoncée au district.

Jean-Charles-Prosper Durand, « receveur de la terre d'Elbeuf », porteur de la procuration du prince de Lambesc et agissant en son nom, déclara, le 3 novembre, se soumettre au décret de l'Assemblée nationale du 15 mars précédent, sanctionné par le roi le 9 mai suivant, relativement au rachat des droits féodaux, et accepter l'offre que lui avait faite Laurent-Denis de la Bunaudière de Bourville, chevalier, ancien président aux requêtes du Parlement, propriétaire de la terre de la Mésangère, relevant de la terre d'Elbeuf, d'affranchir pour toujours des droits féodaux, cette terre, qu'il avait acquise du sieur Flavigny, le 26 août 1783, pour le prix de 326.596 liv. L'affranchissement se fit moyennant le paiement de la somme de 13.363 livres 3 sols 4 deniers en assignats.

Malgré les profondes modifications opérées par l'Assemblée nationale, les manufacturiers d'Elbeuf continuaient à se réunir sous la présidence du juge local, à recevoir des apprentis et des maîtres, tout comme avant la Révolution. Il en fut ainsi jusqu'au 4 novembre 1790, qui vit la dernière assemblée du bureau de la Manufacture elbeuvienne.

Cette réunion fut présidée par « Pierre Asse, avocat à la cour et ancien avocat postulant au siège et haute justice d'Elbeuf, faisant en cette partie fonctions de juge pour l'absence de M. le bailly, juge en chef dudit duché et des Manufactures, en la présence du procureur fiscal, en la présence aussy des sieurs Flavigny, Félix Lefebvre et Jean-Pierre Lefort, tous trois gardes en exercice du bureau, assisté du greffier ordinaire ».

Dans cette séance, « Grégoire Anquetin, bourgeois d'Elbeuf, fut présenté pour être reçu en qualité d'apprentif chez Jacques Quesné fils, maistre fabricant de draps ». Anquetin fut admis à condition qu'il passerait trois années chez son patron, suivant les conditions portées au contrat reçu par Me Lingois. Puis on leva la séance. Le bureau et la communauté de la Manufacture de draperies d'Elbeuf avait vécu !

Le lendemain 5, fut le dernier jour de la justice ducale. A dix heures du matin, plusieurs officiers municipaux se présentèrent « en l'auditoire de la haute justice du cy devant duché et pairie d'Elbeuf, situé dans la rue dite la Geôle », dont le concierge Dumort ouvrit l'entrée et où se présenta Jacques-Pierre Fosse, greffier de ce tribunal. Lecture fut donnée d'une proclamation du roi, après quoi des scellés furent apposés aux fenêtres ouvrant sur la cour et sur la porte. Un procès verbal des opérations fut rédigé.

Les officiers se transportèrent ensuite chez Prosper Delarue, « greffier de la verderie et gruerie du cy devant duché d'Elbeuf ». Delarue déclara avoir remis tous les papiers de la verderie à Martin, « féodiste de M. de Loraine ». Les officiers municipaux firent défense à Delarue de se prêter à de nouvelles tenues d'audience.

Ce jour-là, on continua l'examen des déclarations patriotiques. Plusieurs déclarants furent frappés d'une augmentation, notamment les chirurgiens Henry et Gautier, Hervieu du Homme, L -J. Godet, propriétaire de plusieurs maisons dans la « cour La Biffe », et Joseph Chefdrue.

Le 8, on augmenta la contribution patriotique de Louis Martin, « feudiste et fermier des rentes seigneuriales de M. de Loraine », de Fontaine, huissier ; de Rivette, fermier des voitures d'eau, et autres.

Une élection de nouveaux officiers municipaux, notables et procureur de la commune, devant avoir lieu, Pierre Grandin reçut mission, le 9, d'ouvrir l'assemblée des électeurs dans l'église Saint-Jean, et Join-Lambert aîné d'ouvrir pareille séance en l'église Saint-Etienne.

Ce même jour, le maire écrivit au curé de Saint-Jean qu'il était surpris que, malgré les lois sur la suppression des droits, privilèges et honneurs féodaux, il continuât à recommander les ci-devant seigneurs d'Elbeuf par des prières nominales ; il lui rappela, à ce sujet, les lettres patentes du roi du 23 juin précédent, et l'invita à s'y conformer.

Une nouvelle pétition présentée aux officiers municipaux, le 11 novembre, avait encore pour objet « la destruction du massif de maisons étant au milieu de la rue Saint-Jean, qu'on appelle les petites halles ».

Le corps de ville décida « d'acheter les grandes halles appartenantes à M. de Loraine et de lui demander la suppression volontaire des petites ».

Dans une lettre écrite ce même jour à « Belin, agent d'affaires de M. de Loraine », le maire exposa que ces baraques obstruaient la rue, qu'elles étaient exposées à être emportées par des ravines ; que déjà le duc d'Elbeuf avait accordé la suppression de quatre, et que c'était sans doute aller au-devant de sa volonté de demander l'aliénation des autres.

Ce même jour encore, l'assemblée demanda au District l'établissement de deux nouvelles foires.

Le lendemain, on procéda au tirage au sort des membres de l'administration municipale qui devaient sortir pour être remplacés par voie d'élection. Les officiers municipaux restant en fonctions furent: Rousselin, Tienterre, Galeran et Balleroy ; les notables : Placide Le Roy, cardier ; Le Bailly, émouleur ; R. Folie; Dévé, sellier ; Séjourné, François Lefebvre, Simon Eloy, J.-P. Groult et Duhamel, perruquier. On fixa les élections municipales aux 14, 15 et 16 du mois courant.

Un mémoire établi par la municipalité, le 12 novembre, relatif à une demande de réduction d'impôts, qui s'élevaient alors pour Elbeuf à 71.279 livres par an, nous fournit les notes suivantes :

« Il est entré dans Elbeuf, depuis dix ans, 46.340 balles de laine, soit une moyenne de 4.634 balles par an.

« Il n'est pas possible de donner avec précision un état des bénéfices annuels des fabricants. Il est reçu que le profit sur une pièce de drap est communément de 30 livres. On retire trois pièces de drap d'une balle de laine.

« Mais « n'est pas marchand qui toujours « gagne ». Il y a des non ventes. Plus de temps le drap reste en magasin, plus le fabricant est en perte. Il est des fabricants qui ont été ruinés par les non ventes, en bien peu de temps. Il y a des draps qui se trouvent mangés ou gâtés. Il y a les infidélités des ouvriers sur les matières de fabrication. Mais le fléau du fabricant, ce sont les faillites qu'il éprouve, et Elbeuf y est sujet à un degré et un effet incalculables.

« Le commerce de la Manufacture, il est vrai, est considérable. Il y amène beaucoup d'argent, mais il en fait sortir aussi beaucoup. C'est un comptoir seulement qu'Elbeuf, où le commis retire peu de ses travaux. L'existence de la ville, aussi, est-elle extrêmement précaire et sujette aux variations...

« La première classe de fabricants, qui peuvent être comparés aux premières maisons de détail Grande Rue à Rouen, est de 16 à 20.

« Peut-être aurez-vous de la peine à voir de la justesse à cette comparaison. Nous le savons, la Manufacture jette un sorte d'éclat hors d'Elbeuf. On n'envisage les premiers fabricants qu'avec l'auréole des richesses et de l'abondance ; cela n'est pas sans cause. L'étranger qui vient ici aperçoit l'habitation de ces premiers fabricants ; il voit de vastes et belles bâtisses et mesure sur cela ses facultés. Le fabricant lui-même a une sorte d'ostentation contractée par l'étendue de ses entreprises. Mais, dans tous les cas, il y a moins de réalité que le besoin indispensable d'entretenir un grand nombre d'ouvriers et l'habitude de leur commander.

« Mais dans le fait que l'on considère M. de Bonne, M. Maille, M. d'Etancourt, faisant, dans leurs maisons peu vastes et sans extrêmement de frais, un commerce de cinq à six cent mille francs, les premiers fabricants n'en ont pas un aussi étendu, à beaucoup près, et ils ont plus de charges.

« La seconde classe de fabricants, et qui peut être comparée à la seconde classe des détaillants de la même rue à Rouen, est de 24 à 30 La troisième classe... est aussi de 24 à 36.

« Vous concevez que tous les fabricants ne peuvent être imposés à la même somme, et que la proportion dans les classes doit être d'autant plus grande qu'elle est plus descendue. Certes, il y a des fabricants qui n'en soutiennent pas le nom ».

Ce rapport mentionne qu'il y avait quatre bourgeois vivant de leur revenu, dont les rentes étaient d'environ 5.000 livres par an ; une vingtaine d'autres ayant approximativement 2.500 livres de revenu, et environ 70 autres ayant ensemble, tant par leur revenu que par leur profession, un revenu annuel et total de 73.000 livres.

Il existait quatre marchands en détail pouvant être assimilés à la seconde classe de fabricants, et quinze de seconde classe, que l'on pouvait rapprocher des fabricants de la troisième classe. Enfin, cinquante-et-un petits marchands ou artisans étaient contribuables. Quant aux journaliers et aux ouvriers, ils étaient dans une misère extrême.

La ville devait à divers 24.633 livres, et il s'en fallait de 7.000 livres par an pour que ses revenus couvrissent ses dépenses. Le maire concluait par une demande en réduction d'impôts de 12.000 livres par an.

Le 12 novembre, le procureur-syndic du district mit sur le bureau différentes pièces concernant la mésintelligence qui s'était élevée entre le maire et les officiers municipaux. Cette affaire paraissant de nature à être conciliée, le Directoire manda Lingois, les officiers municipaux et en particulier Balleroy, l'un d'eux, contre lequel le maire dirigeait plus particulièrement ses observations.

Le 14, commencèrent des élections municipales ; elle se firent, comme il avait été dit, dans les deux églises. Des piquets de gardes nationaux avaient été convoqués pour le maintien de l'ordre.

Le 16, en l'assemblée du conseil général de la commune d'Elbeuf, tenue à la maison de ville, se présentèrent Pierre Lejeune père, Joseph Duruflé aîné, Fouard père et H. Hayet, nommés officiers municipaux ; Jacques-Pierre Grandin, élu procureur de la commune ; Nicolas Osmont, Jacques Fosse, Georges Dumontier, J.-L. Fosse, N.-F. Lefebvre, P. Quesnot, P.-L. Fromont, P. Combacal et Louis Gamare, nommés notables. Ils prêtèrent serment et furent déclarés installés.

Duruflé aîné, réélu, prononça un discours dans lequel il fit allusion « aux jaloux et aux envieux » auxquels la nouvelle administration imposerait silence, félicita les nouveaux élus et particulièrement Grandin, procureur de la commune.

Le 17, le district apprit que les dames Ursulines d'Elbeuf avaient la prétention de célébrer avec éclat la cérémonie de rénovation des vœux. Le Directoire écrivit à notre municipalité et l'invita à nommer des commissaires pour se rendre dans cette communauté, y lire l'article 1er du décret du 13 février 1790, sanctionné par le roi le 19, en poursuivre l'exécution et du tout dresser procès-verbal.

François Balleroy, fut élu juge de paix, par les citoyens actifs réunis dans les églises Saint-Jean et Saint-Etienne, le 18 du même mois. Pierre-Joseph Duruflé, Denis Séjourné, Parfait Grandin et Pierre Combacal furent nommés « ses prud'hommes assesseurs ».

L'élection de Balleroy fut très mal vue de la plupart des fabricants.

Le 19, sur la réquisition de Grandin, le nouveau procureur de la commune, le corps de ville avait désigné Lingois, maire, Duruflé, Balleroy et Lejeune pour se transporter le le lendemain au monastère des dames Ursulines d'Elbeuf, et leur faire défense de procéder à aucun renouvellement de vœux, prémédité pour le 21 dans les abbayes et communautés religieuses, et de dresser procès-verbal de cette défense, conformément aux indications données par le Directoire.

Le même jour, on décida que les prêtres, ayant pris part à l'élection, seraient inscrits sur les rôles de la garde nationale et feraient un service actif en cas de danger pour la Patrie. Cette décision, prise par l'autorité municipale, provoqua une fermentation parmi les gardes nationaux, qui n'entendaient pas que les ecclésiastiques fussent exempts du service de la garde. Le maire donna au district les motifs qui l'avaient engagé à prendre cette détermination : « Si les prêtres ne sont sujets au service personnel qu'en cas de danger imminent de la Patrie, c'est par respect pour leur caractère, pour sauver le contraste entre leur habit et le mousquet, c'est en conformité de la parole de Jésus ».

En réponse à une lettre de l'administration municipale d'Elbeuf, F.-N. Anquetin, procureur syndic du district de Rouen, écrivit le 21 novembre :

« Le Directoire examinera demain votre question sur le remplacement des prêtres pour le service de la garde nationale...

« La garde nationale d'Elbeuf a déjà donné trop de preuves de civisme et d'amour de l'ordre, pour craindre qu'elle voulût se porter à aucune fermentation, lorsqu'elle est sure d'obtenir une décision par les voyes légales... L'Assemblée nationale va d'ailleurs s'occuper très incessamment de l'organisation définitive des gardes nationales... toutes les difficultés seront levées... Il ne faut jamais qu'aucuns troubles préviennent la loi, sans quoi notre belle Constitution seroit perdue. Elle doit être trop chère à tous les cœurs françois pour qu'ils ne soient pas animés du désir de l'ordre qui peut seule la consolider ».

Une note d'un registre ayant apartenu à notre hospice, duquel nous avons plusieurs fois parlé, est ainsi conçue :

« Louis-Robert Flavigny, drapier de la paroisse Saint-Etienne, administrateur et receveur de l'hospice du 1er novembre 1775 au 31 octobre 1776, défunt le 20 novembre 1790, à deux heures après midy ; mis en terre le jeudi 21, à onze heures du matin ».

Nous avons sous les yeux un registre des audiences de police en 1790. Le siège présidentiel est occupé par Pierre Lingois, maire ; les assesseurs sont Rousselin, Tientorre, Galleran jeune, Duruflé et Fouard, officiers municipaux. Jacques-Pierre Grandin est procureur de la commune. Touzé est secrétaire-greffier. Voici quelques extraits de ce registre :

« M. Deloraine, propriétaire de la terre

d'Elbeuf, demandeur en affirmative de plusieurs procès-verbaux dressés par Grosselin et Viger et autres, gardes de ladite terre ».
Plusieurs amendes sont prononcées contre des délinquants.

Un cafetier est condamné à démonter un billard qu'il avait installé au second étage de sa maison.

Beauregard, « maître en fait d'armes », demande à être payé de 35 livres que Lebailli lui doit pour leçons données et fleurets cassés.

Rivette, entrepreneur du bateau d'Elbeuf à Rouen, est obligé d'éclairer le lieu d'embarquement au départ, qui se faisait à cinq heures et demie du matin, et au retour qui avait lieu de huit à neuf heures du soir.

Les boulangers sont obligés de marquer leurs pains à leurs initiales, y compris le « pain mollet, régence ou à sabot », sous peine de 20 livres d'amende.

Henri Grosselin, Remy Hervieux, Pierre Dantan, Jean Martin, Nicolas Préaux et P. Viger sont nommés gardes messiers pour toute l'étendue d'Elbeuf.

Jean-Prosper Durand annonce que la communauté des fabricants a nommé garde pour l'exercice 1791 les sieurs Glin et Flavigny-Gosset. Cette nomination est homologuée, et les deux nouveaux gardes sont invités à venir prêter serment.

Parmi les aubergistes, cafetiers et cabaretiers qui exerçaient leur profession à la fin de 1790, nous citerons : Nicolas Osmont, au *Chapeau Rouge;* Michel Osmont, au *Cheval Blanc,* et Charles Hurey, cafetier auprès des petites halles ; Pierre Osmont, au *Rendez-vous du bateau;* Pierre Bonnet, à *l'Etoile;* Charles

Osmont, au *Bras d'Or* ; Bérenger, au *Grand Dauphin*.

Bourdon, fabricant, est condamné à 12 liv. d'amende pour avoir chauffé des bains de teinture avec du bois. Une semblable condamnation est prononcée contre Boufard, teinturier, pour la même cause.

Antoine Girault dit Cardy est reçu ramoneur pour la ville.

Le 26 novembre, la municipalité demanda au District si elle était obligée de fournir au juge de paix un auditoire, ainsi que le tribunal, les bancs, tables, chaises, le chauffage et la lumière. Il lui fut répondu que « un décret rendu depuis peu porte que le juge de paix doit tenir ses audiences dans sa maison, ses portes ouvertes, d'où il résulte que la municipalité ne doit pas être grevée de dépenses réclamées ».

Balleroy n'était juge de paix que pour la ville d'Elbeuf. Gosselin, maire de Petit-Couronne, fut nommé juge de paix pour les autres paroisses du canton, le 28 du même mois.

Un différend s'était élevé entre la ville d'Elbeuf et le sous-fermier des deux moulins à blé, qui prétendait s'approprier la totalité des eaux du Puchot. La municipalité l'obligea à laisser couler un filet d'eau pour le nettoyage des rues.

Le 11 décembre, on décida que les appointements de Revel, « valet de la municipalité », seraient de 330 livres par an, plus un logement.

Le 14, Grandin, procureur de la commune, demanda de réduire à douze hommes le piquet de garde nationale chargé de surveiller la halle, où la tranquillité régnait depuis quelque temps ; ce qui lui fut accordé.

Le 22, Bigot, ancien procureur à la Chambre des Comptes, à Rouen, fut nommé secrétaire-greffier de la ville d'Elbeuf, aux appointements de 700 liv., sur laquelle somme il tiendrait compte de son logement estimé 300 livres par an, et ne recevrait que 400 livres.

Le même jour, Mauger, demeurant derrière la grande halle, fut nommé peseur public, et Viger père, mesureur. Le mesureur avait droit à 1 sol par somme de blé de six boisseaux, 6 deniers pour une demi-somme, et trois deniers pour un boisseau. Le peseur touchait 2 sols par chaque cent livres pesant, 1 sol pour cinquante livres et 6 deniers pour 25 livres.

A l'assemblée municipale du 27 décembre, il fut dit que, le 7 juillet 1749, la commune avait acquis un terrain à l'effet de pratiquer un chemin « à partir du Calvaire et passant le long des murs d'un héritage appartenant alors à MM. Pollet, pour tendre au grand chemin qui conduisoit à la Saussaye et qui se trouvait supprimé par l'établissement qu'avait fait le gouvernement d'une nouvelle grande route tendante d'Orléans en cette ville et de là à Rouen :

« En 1779, M.-J. Delacroix, qui possédoit un terrain quarré, auprès du Calvaire, et que la nouvelle route coupoit en deux triangles, demanda une indemnité à l'intendance...

« En 1749, les régisseurs du Tarif, s'apercevant qu'il se faisait des fraudes par la ruelle des Trois Cornets, firent fermer cette ruelle qui conduisoit à la Saussaye ».

Il s'agissait de savoir si l'on poursuivrait pour rentrer en possession d'un terrain appartenant à la commune, par suite de la création de la grande route d'Orléans à Elbeuf. Pour cela on procéda au vote au moyen de haricots rouges et blancs, « manière jusqu'ici usitée ; la fève rouge pour poursuivre la réclamation, la fève blanche pour abandonner le terrain ». Les haricots étaient recueillis dans une boîte. Dans cette circonstance, il se trouva une majorité de dix haricots rouges contre quatre blancs, plusieurs membres ayant voulu donner leur opinion écrite s'abstinrent de voter par haricot secret.

Vers la fin de l'année, J.-B. Flavigny, garde en charge du Bureau de la fabrique, rendit compte des plombs employés pour marquer les draps. Depuis le 1er juillet 1790 jusqu'au 14 août, il avait fourni 5.760 plombs, et depuis le 14 août jusqu'au 28 octobre suivant, 6.080, soit un total de 11.840 plombs, représentant une fabrication de 5.920 pièces de drap en quatre mois. Le prix de chaque plomb était de 18 deniers.

Le 30 décembre, Mathieu Dupont, un des commandants, et Joseph Flavigny, officier de l'état-major de la garde nationale, commissaires nommés par délibération des officiers du corps, remontrèrent à la municipalité que depuis l'établissement de la garde nationale, celle ci n'avait encore pu obtenir un appartetement pour tenir ses assemblées de bureau, et demandèrent qu'on leur en désignât un, et, en outre, un autre local, près la halle au blé, pour en faire un corps de garde, dût-on pour cela percevoir un sol par sac de blé apporté à la halle : le piquet de douze hommes fourni chaque jour de marché ayant pour objet de protéger les cultivateurs.

Voici les prix, comparés, du quintal de céréales, poids de marc, des grains de première qualité, établis sur les mercuriales des marchés de Rouen et d'Elbeuf, pendant l'année 1790 :

Froment : à Rouen, 11 livres 14 sols, 2 deniers ; à Elbeuf, 10 livres 10 sols ;

Seigle : à Rouen, 7 l. 19 s. 3 d. ; à Elbeuf, 4 l. 10 d.

Orge : à Rouen, 7 l. 7 d. ; à Elbeuf, 4 l. 10 d.

Avoine : à Rouen, 7 l. 18 s. 8 d. ; à Elbeuf, 7 l. 10 s.

Ces quelques chiffres font comprendre l'importance que les Rouennais attachaient au marché d'Elbeuf, où ils trouvaient à plus bas prix les céréales dont ils avaient besoin pour leur consommation.

Mais, à cette époque, Elbeuf ne fournissait plus de viandes à Rouen, ainsi qu'il l'avait fait au moyen âge et depuis, car les viandes abattues étaient devenues plus chères dans notre ville qu'au chef lieu, à la fin du siècle dernier.

Un tableau publié par M. Ch. de Beaurepaire indique le prix de 30 livres pour le quintal de bœuf, vache, veau ou mouton, à Rouen, et celui de 35 livres à Elbeuf. Quant à la viande de porc, on la payait 45 livres le quintal à Rouen, et 50 livres à Elbeuf.

Un état mentionne que la paroisse Saint-Jean payait, en 1790, pour :

Imposition principale..	15.619 l.	17 s.	3 d.
Accessoires et capitation	27.067	14	»
Prestation de chemins..	5.561	15	»
Total.......	48.249	6	3

CHAPITRE XXI
(JANVIER-MARS 1791)

Différend entre la municipalité et la garde nationale. — Dispersion des chanoines de la Saussaye ; leurs adieux au prince de Lambesc. — Aux Ursulines. — Elbeuf est divisé en neuf sections. — Suppression d'une fête religieuse. — Le clergé des deux paroisses prête serment ; sept ecclésiastiques s'y refusent. — Séparation, entre les communes riveraines, de la forêt d'Elbeuf. — Une nouvelle émeute ; le sang coule.

Le 2 janvier 1791, la municipalité dénonça au directoire du district de Rouen une voie de fait exercée par Dupont, lieutenant-colonel, et Joseph Flavigny, officier d'état-major de la garde nationale, qui s'étaient mis en possession d'un local de rez-de-chaussée faisant partie du logement de l'ancien receveur du tarif.

Le même jour, Dupont et Flavigny écrivirent également au District qu'ils n'avaient commis aucune violence ; qu'ils avaient trouvé la clef à la porte de l'appartement et qu'ils y étaient entrés.

Le lendemain 3, le District invita la garde nationale à remettre l'appartement à la Ville, et, par une autre lettre, invita la ville à fournir un corps de garde à la milice bourgeoise. Les deux parties furent engagées à vivre en bonne intelligence.

Les chanoines de la Saussaye avaient d'abord résisté aux nouveaux décrets sur les ordres religieux ; mais le 7 janvier 1791, la compagnie s'étant fait représenter de nouveau la sommation signifiée le mercredi précédent, et voyant qu'il était instant de se décider à exécuter les décrets de l'Assemblée nationale qui y étaient compris, en les acceptant ou les refusant, prit la délibération suivante :

« Le chapitre, après avoir mûrement délibéré, a arrêté de voix unanime que l'empire des circonstances exigeant de lui le sacrifice de sa soumission, il déclare qu'il la passera lors du procès-verbal qui sera dressé par MM. les commissaires, ainsi qu'il est annoncé dans la sommation cy-dessus transcrite, quoique pénétré du plus vif regret de ne pouvoir plus en corps remplir les intentions de ses pieux fondateurs, ainsi qu'il l'a exprimé par sa délibération du 24 décembre dernier... »

Avant de se séparer, les chanoines adressèrent au prince de Lambesc, alors à l'étranger, ainsi qu'on le sait, la lettre d'adieux suivante :

« Monseigneur, quoique nous soyons à la veille d'être privés de l'honorable satisfaction d'appartenir en corps à Votre Altesse, nous osons pourtant l'assurer que nulle puissance ne pourra jamais éteindre en nous l'éternelle reconnoissance que nous aurons toujours des bienfaits dont elle a daigné nous honorer, et que, fidèlement attachés à Votre Altesse, nous ne cesserons, en quelque lieu que nous soyions forcés de nous retirer, de demander à la divine providence de veiller à la conservation de vos jours précieux et de vous protéger en toute rencontre...

« Plaise à Dieu nous rappeler, dans des circonstances plus heureuses, aux fonctions où votre bienfaisance nous avoit destinés !

« L'empressement que nous apporterions à les reprendre ne seroit qu'une bien faible preuve de notre attachement aussi inviolable que respectueux pour notre illustre patron...

« Tels sont, Monseigneur, les vœux que nous vous prions d'agréer au commencement de cette nouvelle année ; ils seront à jamais gravés dans nos cœurs, toujours sincères et dévoués... » — Suivent les signatures.

Cette lettre déplut au dictrict de Louviers, et les chanoines furent obligés de s'en excuser et de se rétracter.

Un état de cette époque mentionne que l'hospice d'Harcourt possédait trois pièces de terre à Elbeuf ; la première d'une demi-acre 39 perches, en labour, vers la Cerisaie ; la deuxième d'une vergée 35 perches, en labour, vers le Tapis-Vert ; la troisième de deux acres et demie, vers la Brigaudière.

Lingois et Galeran, délégués de la municipalité, se présentèrent le 11 janvier au couvent des Ursulines pour recevoir les déclarations de celles des religieuses qui voudraient profiter de la liberté que leur accordait les décrets de l'Assemblée nationale.

Les religieuses du chœur étaient au nombre de trente ; il y avait en outre dix sœurs converses et une novice nommée Victoire Védie.

Geneviève Montfreuil (ou Montfrevil) de la Présentation, âgée de 38 ans, supérieure, et ayant dix-sept ans de profession, était malade et dans le plus grand danger. La communauté désirait nommer une supérieure et une économe, parce que le décès que l'on craignait arrivant, cette nomination serait nécessairement retardée, ce qui serait contraire à l'esprit des décrets. Les délégués consentirent à l'éleclection. Le soir, la sœur de la Présentation mourut.

Le lendemain, pour se conformer aux décrets, on divisa le territoire d'Elbeuf en neuf sections : des Champs, de l'église Saint-Jean, de la Maison commune, des Ursulines, de l'église Saint-Etienne, du Mont-Rôti, de la Rigole, des Hameaux et de la Forêt.

La section des Champs était bornée « au levant entre la ruelle du Port dite l'Epinette et les confins du village de Caudebec, au nord par la rivière de Seine, au couchant par les murs de la ville d'une part et de l'autre la sente Paquet gagnant la forêt d'Elbeuf dite des Monts-le-Comte, et au midy ladite forêt ».

La section de l'église Saint-Jean était limitée « au levant par partie de la précédente, au nord par la rivière de Seine, au couchant par la rue Saint-Jean et au midy par la rue de la Barrière ».

La troisième section dite de la Maison-Commune était bornée « au levant par partie de la première section, au nord par la rue de la Barrière, au couchant par la rue Poulain et celle de la Justice gagnant la forêt et au midy par la forêt et une petite partie de la première section ».

La section des Ursulines était limitée au

levant « par les rues Poulain et de la Justice gagnant la forêt, au nord par la grande rue, au couchant par la rue Meleuse et le chemin gagnant le Thuit-Anger et au midy [par la forêt] ».

La cinquième section dite de l'église Saint-Etienne était limitée « au levant par la rue Meleuse et le chemin gagnant le Thuit-Anger, au nord par la rue Saint-Etienne, au couchant par le chemin et la forêt de la Londe ».

La section du Mont-Roti était bornée « au levant par un [cours] d'eau tendant à la Rigole par la gauche, l'héritage du sieur Lainé et le courant d'eau tendant à la rivière de Seine, au nord par un bout du Pré-Basile et la rivière de Seine, au couchant par les confins de la paroisse d'Orival et au midy par le chemin et la forêt de la Londe et la rue de Saint-Etienne ».

La septième section dite de la Rigole était limitée « au levant par la rue Saint-Jean, au nord par la rivière de Seine, au couchant par le courant d'eau et au midy par la grande rue ».

La section des Hameaux comprenait les Ecameaux, le Buquet et la Chouque ; elle était bornée « au levant par les confins des villages de Saint-Ouen et de la Londe et au midy par les confins des villages de Boscroger et de Bosnormand ».

Enfin la neuvième section dite de la Forêt d'Elbeuf était limitée « au levant par les vallées de Saint-Pierre-de-Lierroult et de Saint-Cyr, au nord par les confins du village de Caudebec et ceux de la commune d'Elbeuf ; au couchant par les confins des villages de Saint-Ouen et de la Londe et au midy par les confins des villages de Saint-Cyr, de Saint-Martin et du Thuit-Anger ».

Cette dernière section fut modifiée par délibération du 12 février suivant.

Le 14 janvier, les administrateurs du district de Rouen firent fermer la collégiale de Saint-Georges, à Rouen, dont étaient chanoines Pierre Osmont, prêtre de Saint-Etienne d'Elbeuf, et trois autres ecclésiastiques.

Le 15, le procureur de la commune représenta à la municipalité que le logement occupé par la brigade de maréchaussée était pris sur la propriété de la ville, et que, dans tout le royaume, il n'y avait pas d'autre brigade qui ne fut point logée aux frais de la Nation, pour le service de laquelle elle était établie. « Pourquoi, demanda-t-il, la ville d'Elbeuf, réduite à la plus grande détresse, serait-elle la seule tenue de fournir le logement à sa brigade de maréchaussée ? »

Le « Conseil municipal » décida de présenter une requête pour décharger la ville de ce logement. Hayet et Tienterre furent invités à la rédiger.

Ce même jour, François Fautelin, trésorier de Saint-Etienne, se trouvant en présence et ayant le consentement de Jacques Grandin, procureur de la ville, reçut le remboursement d'une rente qui lui était due par René-Nicolas-Charles-Auguste de Maupeou, chevalier de France, demeurant au château de la paroisse du Thuit, représenté par André-Robert Bourdon, fabricant à Elbeuf.

Les eaux de la Seine étaient sorties de leur lit depuis quelques jours. Le 17 janvier, il était devenu impossible d'embarquer ni de débarquer au quai, sur n'importe quel point.

Jacques Marié, fermier du passage Saint-Gilles, demanda à Lingois, maire, de faire ouvrir une porte appartenant à la ville et attenant à la maison de Jacques Floquet, aubergiste, par où le public pourrait embarquer.

Ce même jour, Jacques Grandin, procureur de la commune, informa le corps municipal que le curé de Saint Jean, en désobéissance aux décrets, avait fait annoncer la veille au prône de la grande messe, la fête de saint Sébastien, comme « fête d'obligation sur le diocèse d'Evreux ». Il représenta que cette injonction aux paroissiens était un attentat à l'autorité des décrets ; que les limites des diocèses étaient absolument les mêmes que celles des départements ; que la ville étant attribuée entièrement au département de la Seine-Inférieure, ses habitants ne pouvaient être tenus à chômer que pendant les fêtes ordonnées dans la Seine-Inférieure ; que le curé n'avait donc pu agir comme dépendant du diocèse d'Evreux.

En conséquence, Grandin invita les officiers municipaux à opposer leur autorité à l'action du curé de Saint-Jean, et à faire connaître aux Elbeuviens que nul d'entre eux ne devait accepter l'autorité de l'évêque d'Evreux, et qu'ils étaient déliés de l'obligation de chômer le jeudi suivant, jour de la Saint-Sébastien, dont la fête n'était pas obligatoire dans le diocèse de Rouen.

Faisant droit au réquisitoire du procureur communal, le Conseil arrêta à l'unanimité : 1° Que le curé de Saint-Jean serait invité à faire annoncer à la première messe ou à la prière du soir du lendemain que la fête Saint-Sébastien était supprimée à Elbeuf ;

2º Que l'on ferait annoncer par le tambour de ville que la fête en question n'aurait pas lieu et que les paroissiens de Saint-Jean pourraient se livrer à leurs travaux ordinaires.

La situation de la ville d'Elbeuf sur deux diocèses avait eu jusque là le grave inconvénient de faire chômer une paroisse pendant que l'autre travaillait, et comme les ouvriers des deux paroisses étaient répartis dans les manufactures de la ville, il arrivait que la population entière chômait pour les fêtes du diocèse de Rouen et pour celles du diocèse d'Evreux, de sorte qu'il n'y avait que fort peu de localités où les jours de travail fussent moins nombreux qu'à Elbeuf, ce qui était très nuisible à l'industrie et qui serait devenu intolérable au siècle suivant, quand l'emploi des moteurs et outils mécaniques fut généralisé dans notre ville.

Le 17 janvier également, il fut écrit aux officiers municipaux d'Elbeuf pour les prévenir qu'ils devaient se réunir aux municipalités de Caudebec, Thuit-Anger, Saint-Cyr et Saint-Martin-la-Corneille, afin de diviser entre eux la forêt d'Elbeuf.

En réponse à une demande qui lui avait été adressée par la municipalité d'Elbeuf, l'administration du district lui écrivit, le 22 du même mois, qu'elle pouvait contraindre les propriétaires de notre ville à faire paver les rues, chacun devant sa maison ; mais que cela n'était pas pressant, attendu qu'il était possible que l'Assemblée nationale rendît quelque décret à cet effet, et que la municipalité ferait bien de différer à mettre son projet en exécution.

Le 27, « M. de Lorraine » fut invité à donner communication au District des titres en vertu desquels il jouissait du privilège de la voiture par eau d'Elbeuf à Rouen.

Grandin, procureur de la commune, informa l'administration municipale, le 20 du même mois, que la veille, à la prière des demoiselles Julienne des Bosquets et Louise la Houge des Bosquets, âgées, la première de 17 ans, la seconde de 15, sœurs, toutes deux pensionnaires au couvent des Ursulines, il s'était transporté au parloir.

Les deux sœurs des Bosquets, accompagnées de la supérieure du couvent, se présentèrent. Il fut remis à Grandin un paquet cacheté contenant diverses pièces, notamment un procès-verbal des déclarations faites, le 15 octobre précédent, par les demoiselles des Bosquets, devant les officiers municipaux, d'où il résultait que ces jeunes filles avaient à se plaindre du sieur V..., leur beau-frère, relativement au choix d'un époux. V... les avait fait venir chez son beau-père, avait déclaré à l'aînée, avec menaces, qu'il voulait qu'elle épousât le sieur Constant V..., son frère cadet. La conduite de ce dernier avait été, paraît il, contraire « à l'honnêteté et à la bienséance qu'impose une bonne éducation ».

La supérieure du couvent avait ensuite donné communication à Grandin d'une assignation délivrée à sa communauté, à la requête de V..., en tête de laquelle était copie d'un acte le nommant tuteur des deux jeunes filles, demandant, en cette qualité, que les pupilles lui fussent remises, avec sommation aux religieuses de se trouver au bureau de paix pour être conciliées sur la demande du sieur V...

Les religieuses, ne pouvant comparaître en personne, avaient prié Grandin de les représenter. Les deux jeunes filles l'avaient aussi chargé de leurs intérêts, comme procureur de la commune, et demandaient de ne point être remises aux mains de V...

Grandin était allé devant le juge de paix ; il avait proposé de donner connaissance à la famille des jeunes filles des faits articulés par elles, et demandé que, provisoirement, il leur fut défendu d'avoir une entrevue au parloir avec qui que ce fût. La conciliation ne put avoir lieu.

Le procureur réclamait, en conséquence, que la municipalité se montrât protectrice des deux sœurs. Le corps de ville l'autorisa à écrire à la famille des Bosquets en faveur des deux jeunes filles.

Le maire demanda à Henri Delarue, commandant de la garde nationale, qui avait déjà dispensé du service actif Séjourné, Cambacal et Dumontier, prud'hommes assesseurs du juge de paix, d'accorder la même faveur à Louvet père et Pierre Fromont, qui venaient d'être élus aux mêmes fonctions.

Le 30 janvier, à l'issue de la grand'messe paroissiale de Saint-Jean, les maire, officiers municipaux et notables, se transportèrent dans cette église, à l'effet de recevoir « de MM. du clergé le serment ordonné par le décret de l'Assemblée nationale du 27 novembre précédent et sanctionné par le roy le 26 décembre suivant ». Voici le texte du procès-verbal dressé à cette occasion :

« Parvenus en ladite église, en présence de M. le procureur de la commune, MM. Charles-Valery Portien Pinel, curé ; Jean-Pierre Lenoble, vicaire ; Alexandre Flavigny, Jacques-François Routier-Duparc, habitués de la paroisse de Saint-Jean, et Nicolas Flambard, originaire de cette ville et cy devant chanoine de l'église collégiale de Saint-Louis de la Saussaye, tournés vers la nef, ont individuellement, en la présence du Conseil général de la commune, de MM. les trésoriers et des habitants de la paroisse, prononcé à haute et intelligible voix le serment prescrit par le décret de l'Assemblée nationale.

« Cet acte de civisme a été entendu avec les marques de la joye la plus vive et aux applaudissements de tous. Duquel serment il a été accordé acte aux sieurs Pinel, Lenoble, Flavigny, Routier et Flambard, pour valloir et servir ce qu'il appartiendra ».

Immédiatement, les autorités civiles se di dirigèrent vers l'église Saint-Etienne, où étant arrivés à l'issue de la grand'messe, ils reçurent, dans les mêmes formes, le serment de Henry Duhamel, curé ; de Charles Le Bourgeois, sous-vicaire, et de Noël-Jean-Baptiste Desgenétez, habitué de la paroisse et chapelain de l'hôpital d'Elbeuf. Les mêmes démonstrations de joie qu'à Saint-Jean se renouvelèrent à Saint-Etienne, ainsi que les applaudissements du public.

On lira avec intérêt le discours qu'adressa au clergé de Saint-Etienne, avant la prestation du serment, le citoyen Grandin, procureur de la commune :

« Vertueux ministres des autels, vous acquérez en ce jour de nouveaux droits à notre estime, à notre attachement et à nos respects.

« Prêtres et citoyens, vous savez concilier les préceptes religieux avec les préceptes patriotiques. Amis d'une réforme salutaire, vous possédez l'esprit de vos véritables devoirs. Nous aimons à voir l'amour de la Constitution gravé dans vos cœurs à côté de la morale évangélique. Ces deux affections sont inséparables, et, nous ne balançons pas de le dire, les vertus chrétiennes qui brillent en vous, toutes sublimes qu'elles sont, cesseroient de mériter nos hommages, si elles pouvoient jamais cesser d'avoir pour base le plus inviolable attachement aux lois constitutionnelles de l'empire.

« La religion et la législation sont deux colonnes qui soutiennent l'édifice social et ont pour objet de concourir harmonieusement à la félicité des peuples. Il est donc de l'esprit sacerdotal, pour ne pas s'écarter de l'ordre, de seconder les vues bienfaisantes des législateurs. Le salut du peuple est la loi suprême, devant laquelle toute autre loi doit se taire.

« Telles sont les maximes que vous pratiquez et dont en ce moment vous vous montrez pénétrés. Vous vous présentez ici, Messieurs, pour donner à la France entière un témoignage enthousiaste de votre civisme : c'est avec la plus vive satisfaction que nous venons à vous pour le recevoir, plus que convaincus que cet acte, tout à la fois civil et religieux, sera l'expression sincère de vos véritables sentiments; qu'unis d'esprit et de cœur avec tous les bons François, vous ferez tous vos efforts pour coopérer au grand ouvrage du bonheur national; et que si la Religion divine, que nous professons tous, ne peut avoir de plus dignes ministres que vous, l'Etat, de même, ne peut avoir de meilleurs citoyens ».

En envoyant le procès-verbal de la prestation du serment au District, le maire nota que quatre prêtres de Saint-Jean ne l'avaient point prêté, savoir : Patallier, sacristain ; Dévé, Le Noble et Bachelet, prêtres habitués. A Saint Etienne, Osmont, vicaire ; Guenet, sacristain, et Grandin, prêtre habitué, s'y étaient également refusés. La note ajoute que Bachelet avait des élèves pour le latin, et que Dévé était chapelain des Ursulines.

Le 3 février, le Conseil municipal délibéra sur l'utilité de conserver ou non les deux paroisses. 13 voix se prononcèrent en faveur du maintien des deux paroisses et 5 pour qu'elles fussent réunies en une seule. L'ancien état de choses fut donc maintenu.

Les délégués des paroisses bornant la forêt d'Elbeuf se réunirent dans notre ville le 7 février, et réclamèrent, chacun pour sa commune respective, une portion de la forêt. On arrêta que, provisoirement, la forêt serait partagée ainsi : 3/9 à Elbeuf, 2/9 à Caudebec, Thuit-Anger 1/9 et demi, Saint Martin-la-Corneille 1/9 et demi et Saint-Cyr 1/9.

On convint également que la municipalité d'Elbeuf ferait surveiller les ventes des Ecameaux ou Trois-Carreaux, n° 2 ; du Mont-Duve, n° 5 ; de la Justice dite du Vallot, n° 9 ; du Fourneau, n° 11 ; du Buquet, n° 13 et de la Barette, n° 14.

Caudebec ferait surveiller les ventes de la Carte, n° 6 ; du Val-Omont, n° 12 ; de la Carrière Petitot, n° 15, et de la Mare Gros-Chêne, n° 16 ;

Saint-Cyr ferait surveiller les ventes nommées Mare-Gros Hêtre, n° 17, et du Clos-Thibaux, n° 18 ;

Saint-Martin aurait la surveillance des

ventes du Nerval, n° 1 ; du Hêtre-Saint-Nicolas, n° 7, et du Canouel, n° 10 ;

Enfin Thuit-Anger ferait surveiller les ventes de Maredanne, n° 3, de Mare-Anger, n° 4, et de la Croix, n° 8.

Le différend entre la municipalité et la garde nationale n'était pas encore terminé, et reprit même une nouvelle intensité.

Le 8 février, le commandant Delarue, le lieutenant-colonel Dupont, les officiers d'état-major Flavigny, Jamay, Moyset, Duruflé, Fromont et Lefebvre écrivirent une longue lettre au District, dans laquelle ils exposèrent les services rendus par la garde nationale depuis sa création et la mauvaise volonté de la municipalité à lui faire délivrer un local pour tenir les séances de son conseil.

Le corps de garde avait été établi à l'entrée de la mairie, à droite, là où se trouve actuellement le bureau de poste. La garde nationale réclamait un appartement contigu donnant également sur la place du Coq. La ville proposait une chambre située au fond de la cour, près le dépôt de discipline. Chacune de de ces propositions était soutenue avec vigueur par les deux parties.

Le District invita la ville à faire droit aux réclamations de la garde nationale.

Une nouvelle émeute éclata dans notre ville, dans les circonstances suivantes :

Le mardi 8 février, vers trois heures du soir, Pierre-Louis Langlois, maire de Caudebec, se présenta à la mairie d'Elbeuf devant le maire et les officiers municipaux, et leur déclara que, passant sur le Cours en venant avertir la municipalité que l'on sonnait le tocsin à l'effet de rassembler le peuple pour venir s'opposer à ce que les nommés Luce père et François Rouvin, alors détenus dans la prison d'Elbeuf, soient embarqués et tranférés à Rouen, il avait été attaqué par le fils dudit Luce surnommé Barais, qui l'avait saisi au collet en lui disant : « Il faut b... que tu viennes dans l'instant chez le père Dumort, à la maison commune, et donner des ordres pour retirer de force ou autrement lesdits Luce père et Rouvin de la prison d'Elbeuf ». Après nombre de menaces, Langlois avait trouvé le moyen de s'échapper des mains de Luce fils.

Langlois ajouta que Cirette, brigadier de maréchaussée à Rouen, lui avait dit avoir entendu Luce père et Rouvin dire qu'ils déposeraient contre lui, Langlois, et le feraient décréter.

La municipalité délibéra, et comme on ne voyait aucun attroupement, elle arrêta de faire embarquer les deux prisonniers. Guillard, brigadier de la maréchaussée, fut mandé ; il reçut l'ordre de rechercher l'huissier et les cavaliers de maréchaussée de Rouen, pour conduire le prisonnier au bateau, « si le moment leur paroissoit favorable ».

Pour plus de sécurité, le maire requit le commandant Delarue de faire battre la générale, afin de réunir la garde nationale.

L'huissier et les gendarmes, obéissant aux ordres du commandant, se rendirent à la prison, prirent les deux prisonniers et les menèrent sur le bateau. Ceci fait, le maire jugea qu'il était inutile de continuer à battre la générale et donna ordre au tambour de cesser. Mais à peine cet ordre était-il donné qu'une multitude armée de pierres se saisit des amarres et monta sur le bateau au moment où le batelier allait démarrer et délivra les prisonniers, malgré la résistance de sept cavaliers de la maréchaussée, qui furent assaillis d'une grêle de pierres. Ils firent feu sur la foule ; trois personnes furent grièvement blessées.

La municipalité d'Elbeuf et le commandant de la garde nationale avertirent le Directoire du département de ces événements, afin que des mesures fussent prises pour que la force demeurât à la justice.

Un détachement de la garde nationale de Rouen, sous le commandement d'un sieur Berry, officier, arriva dans notre ville le matin du 10 février. Dans l'après-midi, pendant que ce détachement était en patrouille rue de la Barrière, un ouvrier du nom du Mauclair, qui était entré au milieu de la patrouille avec un fusil chargé, fut arrêté et conduit à la prison.

La troupe envoyée de Rouen, à l'occasion des troubles d'Elbeuf, se composait de 200 hommes de garde nationale, de 75 hommes de Salis-Samade, de 75 cavaliers montés du régiment le Royal-Bourgogne, de 12 cavaliers montés de la garde nationale rouennaise, de 12 cavaliers montés de la maréchaussée et de 17 officiers montés.

M. Aillaud rapporte, dans ses *Ephémérides*, que « l'impression causée par l'arrivée de cette troupe, dans le village de Caudebec, fut telle que plus de quarante familles déménagèrent pendant la nuit, et que plus de quatre-vingts personnes se réfugièrent dans un bois voisin. Le village fut enveloppé, et les perquisitions amenèrent l'arrestation de cinq individus, qui furent déférés à la justice ».

Le 11, les officiers municipaux et le maire

se rendirent auprès du commandant Salis, qui leur proposa de laisser dans la ville une partie de ses hommes. La municipalité le remercia, mais « comme il ne régnoit plus aucun trouble et que le calme avoit succédé à l'émeute », elle lui dit que la garde nationale suffirait à assurer la tranquillité.

Le 14, le Conseil municipal repoussa une demande tendant à faire déboucher la cour à Padel, qui depuis de longues années était fermée par un mur, du côté des champs, pour empêcher les fraudes d'octroi.

Quelques jours après, un garde national fut frappé d'interdiction de servir pendant un an, pour avoir chauffé le corps de garde avec du bois appartenant à un tiers ; on suspendit l'exécution de cette sentence, sur une demande des officiers de l'état-major ; mais un peu plus tard, ce garde ayant injurié deux officiers, le jugement fut rendu exécutoire.

A une lettre de la municipalité, réclamant des secours pour établir un atelier de charité, le District répondit, le 22 février :

« Le Directoire sait que la fabrique d'Elbeuf est en pleine vigueur et que les fabriquants ne peuvent trouver assez d'ouvriers. Considérant, en outre, que la saison approche où la terre appelle des bras pour sa culture et va présenter de nouvelles ressources aux ouvriers qui seroient sans ouvrage, et que, d'un autre côté, les ateliers de charité ont de grands dangers dans une ville de commerce, parce que les ouvriers après s'être livrés à ce genre de travail qui leur paroît moins assujettissant que celui de la fabrique, retournent difficilement à leurs premières occupations ».

Le Directoire décida qu'il n'y avait pas lieu,

Année 1791

pour le moment du moins, d'accueillir la demande de la municipalité de notre ville « sauf à faire droit sur icelle lorsque l'hyver ou quelque calamité imprévue rendront indispensables les secours demandés ».

Le 24, le Directoire accorda 1.200 livres aux religieuses Ursulines d'Elbeuf, pour leur alimentation.

Une lettre déposée sur le bureau de l'administration du district de Rouen, le 10 mars, exprimait le désir de « M. de Lorraine » demandant que la forêt d'Elbeuf, divisée en 1790, quant aux impositions, entre les municipalités d'Elbeuf, Caudebec, Saint-Cyr, Saint-Martin-la-Corneille et Thuit Anger, ne fut imposée qu'au rôle d'Elbeuf en 1791. Il fut fait droit à cette demande par délibération du 1er juin suivant.

Une des premières ventes de biens déclarés nationaux fut celle d'une masure sise à la Londe, ayant appartenu au bénéfice-cure de cette paroisse ; elle fut adjugée, le 12, à Antoine Dulong, moyennant la somme de 250 livres. La modicité de ce prix semble indiquer peu de compétiteurs, car beaucoup de ceux qui auraient eu le désir d'acheter des biens du clergé craignaient de perdre leur argent par la reprise des propriétés par leurs anciens possesseurs.

Le citoyen Massé, procureur général syndic de la Seine Inférieure, fit connaître aux officiers municipaux de notre ville, le 13 mars, que le Directoire du département, après avoir délibéré sur la requête des municipalités d'Oissel, d'Elbeuf et d'Orival, avait arrêté que la route de Rouen à Elbeuf serait continuée par Grand-Couronne.

Le 24, la garde nationale demanda au District que la municipalité fut tenue de lui donner dans la maison commune un appartement au rez-de-chaussée, pour servir de corps de garde et tenir les assemblées nécessaires au bon ordre et à la police qu'exigeait journellement le service. Cette demande fut renvoyée à notre municipalité pour qu'elle y fît réponse.

Le 26, Charles Capplet, maître teinturier, se rendit adjudicataire des boues et fumiers de la ville, moyennant 93 livres par an.

Le 27, les juges du tribunal du district ordonnèrent que l'instruction pastorale du cardinal de Larochefoucault fut brûlée, comme portant atteinte aux nouvelles institutions.

Vers ce même temps, les aubergistes demandèrent à être dispensés de payer les droits d'aide qui se percevaient encore dans la ville.

Le roi, dont l'état de santé donnait des inquiétudes depuis quelque temps, se trouva beaucoup mieux vers la fin du mois de mars. Le 31, le procureur de la commune d'Elbeuf demanda au Conseil municipal de faire chanter un *Te Deum* d'action de grâce, la convalescence du monarque étant alors certaine.

Cette réquisition fut accueillie par la municipalité. En conséquence, elle invita les curés des deux paroisses à déférer au vœu de Grandin et au sien propre, le dimanche suivant, à l'issue des vêpres. Les autorités civiles et la garde nationale, sous les armes, assistèrent à la cérémonie.

CHAPITRE XXII
(AVRIL-JUIN 1791)

LE PRINCE DE LAMBESC ET LES HALLES DE LA RUE SAINT-JEAN. — RÉCLAMATIONS DES ELBEUVIENS. — NOUVEAU CONFLIT ENTRE LE JUGE DE PAIX BALLEROY ET LA MUNICIPALITÉ. — L'HUISSIER FONTAINE. — LA FUITE DU ROI LOUIS XVI ; SON ARRESTATION ; *Te Deum* ET RÉJOUISSANCES A ELBEUF. — NOTES DE POLICE. — FAITS DIVERS.

Le 2 avril 1791, on mit en adjudication trois acres de terre en une seule pièce située sur les paroisses Saint-Etienne et de la Londe et dont jouissait, précédemment, le titulaire de la chapelle Saint-Félix et Saint-Auct. Un cultivateur nommé Mariquier s'en rendit acquéreur pour le prix de 2.850 livres.

Le 4 avril, les employés de l'administration prirent pour huit jours le deuil de Mirabeau, « car ce grand patriote avoit pris une large part à l'établissement de la belle Constitution qui a brisé pour jamais les fers sous lesquels la France gémissoit ». Mirabeau était décédé l'avant-veille.

En ce temps-là, le couvent des Ursulines possédait une prophétesse, la sœur Scolastique. Elle était considérée par les religieuses comme ayant l'esprit un peu dérangé, parce que depuis longtemps elle avait manifesté la crainte que les événements politiques vinssent troubler sa retraite dans le couvent où elle s'était retirée. Son désir était d'aller à Rome, et, à cet effet, elle avait fait une demande au District, qui la renvoya au maire d'Elbeuf pour informations. Lingois alla la trouver, le 7 avril, et la persuada, pour un moment, qu'elle ne courait aucun risque en France, et elle parut renoncer à son départ pour l'étranger.

La municipalité de notre ville avait adressé une requête à l'administration supérieure à l'effet d'obtenir le remboursement d'une somme que, suivant elle, l'Etat devait à la ville pour le logement de la brigade de maréchaussée depuis 22 ans. En compensation, elle offrait la somme de 10.132 livres dont notre commune était redevable envers l'Etat pour solde de l'imposition de la taille et des 10 sols pour livre. Cette requête fut renvoyée, le 11 avril, au sieur de Villemont, commandant de la maréchaussée, pour savoir de lui sur quel pied était établie la brigade d'Elbeuf et si elle devait être logée aux frais du gouvernement ou à ceux de la commune d'Elbeuf.

Le procureur de la commune remit ce même jour, sur le bureau du Conseil municipal, un procès-verbal daté de la veille, signé de Claude Lefebvre, officier de la garde nationale ; Le Lièvre, sergent ; Cauchois, caporal, et de cinq fusiliers, duquel il résultait que Le Roux, adjudant, était accusé d'avoir dit à la femme

Métais, en présence de plusieurs autres personnes, « que tous ceux qui iroient se présenter à la confession et communion étant absous par les prêtres ayant prêté le serment feroient un sacrilège ».

Le corps municipal dit que, si le fait était constant, il constituerait un délit « tendant à jeter le trouble dans les consciences des gens faibles et ignorants » et porterait atteinte aux décrets de l'Assemblée nationale, et arrêta que Le Roux serait mandé pour s'expliquer.

Le Roux déclara que la femme Métais lui avait dit que le directeur de sa conscience n'ayant pas prêté serment, elle se trouvait fort embarrassée pour la confession, et qu'il lui avait répondu que, dans le moment, il n'y avait aucun embarras, tous les prêtres ayant encore les mêmes pouvoirs ; mais que lors du renouvellement des pouvoirs, il ne savait ce qui arriverait, mais il pensait que les prêtres qui les recevraient de l'évêque auraient seuls le droit d'absoudre. Il apposa une énergique dénégation quant au surplus du discours qu'on lui prêtait, et fut déchargé de l'accusation quatre jours après.

Le 12, on déposa sur le bureau du corps de ville un projet de constitution pour la garde nationale. Les dix articles en furent discutés et approuvés. On les transcrivit sur le registre des délibérations municipales le 17 mai suivant. Un tableau des citoyens composant la milice bourgeoise fut placé à la mairie et un autre au corps de garde.

Le jeudi 14 avril, Pierre Lingois, notaire, sur la réquisition des religieuses de Sainte-Ursule, autorisées à cet effet par une ordonnance de Boulanger, président du tribunal du district de Rouen, rendue sur requête des intéressées, se rendit au couvent pour être présent à l'ouverture d'une porte.

« Parvenus dans un corridor, dit le notaire, étant en présence de Mme Cousin, supérieure, et de Mme Vignon, dépositaire, le sieur Bonaventure, serrurier, a fait l'ouverture forcément de cette porte, communiquant à une chambre où logeoit la demoiselle Laquerrière lors qu'elle était pensionnaire chez lesdites dames Ursulines... » Suit l'inventaire du mobilier et l'état des lieux.

Cette demoiselle Laquerrière, originaire de Rouen, avait été reçue au monastère par suite d'un jugement, et il y avait près de deux ans qu'elle l'avait abandonné, pour suivre un procès, sans vouloir rendre la clé de cette chambre, bien qu'elle n'y eût laissé que des effets de peu de valeur.

Le 16, le Conseil municipal reçut avis que les sieurs Ducastel et Dutronchet, avocats à Rouen, étaient d'avis que la municipalité pouvait légalement poursuivre « Charles-Eugène de Lorraine, pour le faire condamner à ouvrir et convertir en halle libre les maisons dites les petites halles ». L'assemblée décida d'assigner le sieur de Lambesc.

Voici une extrait d'une lettre datée du 17 avril, adressée à « Foucher, secrétaire de M. Lorraine, par le procureur de la commune d'Elbeuf :

« Il me répugne infiniment de faire usage du mandement dont mon réquisitoire a été souscrit. Si nous avons cessé d'être unis à M. de Lorraine par les liens de la féodalité, la commune ne cessera jamais de lui être attachée par le sentiment de la reconnoissance ;

elle sçait que ce qui fait l'objet de ses réclamations n'est point l'ouvrage de M. de Lorraine.

« Il me serait agréable de connaître un moyen de conciliation ; je le saisirais avec le plus vif empressement.

« Si M. de Lorraine conservoit quelqu'intérêt pour ses anciens vassaux, se portoit par un mouvement de la générosité qui luy est propre à leur promettre la satisfaction qu'ils retireroient de la suppression demandée et à combler par là leurs désirs, je suis plus que convaincu qu'il n'y a point de délay que la commune ne fût prête de consentir pour la facilité de cette suppression.

« Je vous prie de faire tous vos efforts auprès de M. de Lorraine ou de son conseil pour nous procurer des voyes de conciliation... »

Nous avons trouvé la délibération suivante, datée du 23 avril 1791, sur l'un des registres du District :

« Vu la requête de M. Charles-Eugène de Lorraine du 15 mai dernier, tendante à faire annuler la sentence contre lui rendue par la municipalité d'Elbeuf le 12 du même mois ; la consultation de MM. Collet et Courtin, ensemble ladite sentence et les extraits des registres des délibérations de ladite municipalité des 13 et 16 avril précédent ;

« Vu aussi la réponse de MM. les officiers municipaux d'Elbeuf du 30 dudit mois de may, la réplique de Lorraine du 1er de ce mois, et le procureur sindic entendu.

« Considérant qu'il ne s'agit pas d'un fait d'administration mais d'un fait de police, sommes d'avis que la municipalité d'Elbeuf a eu le droit de rendre la sentence dont il s'agit, et que M. de Lorraine n'a d'autre voie à prendre que celle de l'appel, s'il le juge à propos ».

Le 29, il fut enjoint aux deux curés des paroisses et aux Ursulines de ne recevoir de prédicateurs autres que des prêtres assermentés.

Le 30 de ce même mois d'avril, le commandant Delarue porta plainte à la municipalité contre Balleroy, l'un de ses membres, qui avait manqué, disait-il, de circonspection et d'honnêteté envers la garde nationale.

Une pétition signée d'un grand nombre d'Elbeuviens réclamait :

« 1° L'ouverture de la ruelle de l'Eclette, qui prend du bas de la côte du Thuit-Anger et vient rendre derrière l'hôpital et de là à la ruelle des Bœufs.

« 2° L'ouverture de la rue Notre-Dame, à l'effet de communiquer à la Rigole.

« Et 3° l'ouverture d'une communication qui donne de la rue Notre-Dame à la rivière de Seine ».

Le Conseil fit droit à cette triple demande, dans sa séance du 2 mai.

Le même jour, il décida que les portes de la ville seraient vendues à l'encan.

Le 5, le bruit courut à Elbeuf que, la veille, le pape Pie VI avait été brûlé à Paris, ce qui causa une certaine émotion. Le lendemain, on sut que ce n'était qu'une exécution par effigie, ayant pour cause un bref papal contre la Constitution, jurée par Louis XVI, et surtout contre la nouvelle organisation du clergé français.

Le 9, il fut enjoint aux administrateurs de l'hôpital de clore les propriétés de cette maison donnant sur la sente de l'Eclette, c'est-à-dire de la rue Bertaud actuelle.

Le 12 mai, le District écrivit au département pour le prier d'accorder provisoirement un secours à la ville d'Elbeuf, dont les besoins « étaient tellement pressans que le fieffataire de la maison commune alloit évincer les officiers municipaux de ladite maison ».

Le lendemain, les dames Ursulines demandèrent au District l'autorisation de faire célébrer leurs messes de fondation par un ecclésiastique de leur choix — c'est à-dire par un prêtre n'ayant pas prêté serment de fidélité à la Constitution, ce qui ne leur fut point accordé.

Le 19, Grandin, administrateur de l'hôpital, reçut avis que les registres existant dans les hôpitaux, soit pour recevoir les délibérations, soit pour y inscrire les recettes et dépenses, devaient être timbrés.

Charles-Eugène de Lorraine dénonça à l'administration du district la sentence de la municipalité de notre ville, qui avait été rendue le 12 mai, le condamnant à ouvrir les halles, à démolir les cheminées qui avaient été bâties par ordre du duc, et à rétablir l'immeuble dans son premier état. Le District renvoya cette lettre à la municipalité pour obtenir d'elle une réponse, qui fut communiquée au régisseur des biens du duc d'Elbeuf le 18 juin, afin qu'il y fît une réplique, s'il le jugeait à propos.

Pierre François-Louis Lemercier, d'Elbeuf, fut l'un des principaux acquéreurs de biens nationaux dans notre région. Le 21 mai, il débuta par quatre pièces de terre sises à Saint-Aubin, ayant appartenu au pricuré de Saint-Gilles, qu'il paya 2.150 livres.

Le mois suivant, on mit en vente neuf lots de labours et prairies situés dans la même commune et ayant fait partie des biens de l'abbaye de Saint-Ouen ; ils trouvèrent preneurs pour une somme totale de 7.125 livres. Quelque temps après, un autre labour de la même commune, confisqué sur le prieuré de Saint-Gilles, fut adjugé aux frères Brismontier, moyennant 2.500 livres.

Les fermiers et laboureurs d'Elbeuf demandèrent par pétition, le 22 mai, la destitution des gardes-messiers nouvellement nommés, qui n'étaient autres que les anciens gardes-chasses du « cy-devant seigneur de la terre d'Elbeuf, ce qui étoit conserver les abus de l'aristocratye féodale en changeant seulement le nom des choses ». La conséquence était que le gibier, les lapins surtout, « mais aussy les bêtes fauves étoient en plus grande abondance » et ravageaient les récoltes. Cette pétition, qui ne fut pas favorablement accueillie, est signée de Nicolas Oursel, S.-Nicolas Oursel, Nicolas Drouet, Nicolas Védie, Thomas Oursel, Martin, Mariquier, Dumor, Dugard, Lemarié, Talbot, Lainé, F. Ferrant, Nicolas Ferrant, etc.

Après leur échec à Elbeuf, les signataires s'adressèrent au District et lui remontrèrent qu'il « étoit de la plus haute importance d'élever le cœur et l'esprit du peuple françois aux nobles idées d'égalité et de fraternité, et de lui faire perdre l'habitude de sa honteuse sujétion envers les cy-devant seigneurs... Qu'il y avoit une grande inconvenance de placer pour agens et fonctionnaires de la commune les domestiques du cy-devant seigneur... » Leur mémoire ne comporte pas moins de douze pages d'écriture.

Beaufort, concierge du château de la rue Saint-Etienne, au service du prince de Lambesc, se plaignit à la municipalité de ce que, depuis l'alignement donné pour communiquer de la rue Notre Dame à la Rigole, une troupe de particuliers, armée de piques, démolissait la partie du mur qui devait donner l'entrée au rétablissement du passage dont il s'agit.

Le corps de ville décida, le 24 mai, de donner ordre à la brigade de gendarmerie nationale de se transporter sur le lieu du délit et de donner lecture de la proclamation de la municipalité défendant à tous citoyens de se procurer des ouvertures sans en avoir obtenu la permission.

Ce même jour, après avoir entendu le rapport des gendarmes, duquel il résultait que « le peuple, de son autorité, s'étoit procuré une ouverture pour communiquer de la rue Notre-Dame à la Rigole, sans attendre que M. Lorraine aye fait les clôtures nécessaires pour garantir sa propriété »; le Conseil municipal donna l'ordre de boucher avec des planches les ouvertures pratiquées.

Le lendemain 25, le Conseil municipal fit à nouveau proclamer, à son de tambour, la défense déjà faite de déboucher les anciennes ruelles sans autorisation.

Le 26, le procureur de la commune déposa entre les mains du maire une pétition signée d'un grand nombre d'habitants, tendant à faire révoquer l'ordre de tenir close la rue dont ils avaient demandé l'ouverture par une première requête et par laquelle même « ces particuliers s'obligeoient de prendre sous leur sauvegarde les propriétés de M. de Lorraine ».

Le corps municipal décida, à l'unanimité, que les ouvertures pratiquées dans le mur du prince et bouchées la veille par ordre de la municipalité seraient rendues au public dans le jour, à condition que les pétitionnaires se rendraient garants et responsables des dégâts qui pourraient être faits à la propriété ducale jusqu'à fin juillet suivant.

Une affaire d'abornement d'une propriété Delarue, située à la sente des Traites et à « la sente Quarrée », rouvrit la lutte entre le juge de paix Balleroy et la municipalité.

Le 31 mai, le procureur de la commune déposa, sur le bureau municipal, la signification du jugement prononcé en faveur de Prosper Delarue, par Balleroy, condamnant la municipalité en 36 livres de dommages-intérêts et aux dépens.

Cette sentence, dit Jacques Grandin, procureur, « insulte la municipalité, qui d'ailleurs, dans ses fonctions, ne relève en rien du juge de paix ».

Le Conseil municipal délibéra.

« Considérant, dit il, que le juge de paix excède les pouvoirs qui lui sont délégués par l'Assemblée nationale et que les motifs de son jugement sont offensants pour le corps municipal, il a été arrêté, par cinq voix contre trois, que le procureur de la commune fera les démarches nécessaires pour faire annuler ledit jugement... »

Le lendemain 1er mai, le sieur Fontaine, huissier, se présenta devant Grandin, procureur de la commune, et lui signifia de se transporter sur le champ devant Boulanger, président du tribunal du district de Rouen. Le procureur ne déféra pas à cette injonction.

Une demi heure après, Fontaine reparut escorté de quatre gendarmes, et lui réitéra l'ordre donné, en portant en même temps sa main au collet de Grandin. Celui-ci cria : « Force à la loi ! » Sept gardes nationaux qui se trouvaient là saisirent Fontaine et le menèrent à la maison d'arrêt.

Quelques instants après l'incarcération de l'huissier, le juge de paix se présenta à la prison où « en abusant de la faiblesse de Dumont, géôlier », il fit mettre Fontaine en liberté. Grandin porta cette affaire devant l'assemblée municipale le jour même.

A la majorité de six voix contre deux, le Conseil arrêta que le procureur de la commune poursuivrait « tant le sieur Fontaine, pour lui avoir manqué de respect dans l'exercice de ses fonctions, que le juge de paix, pour avoir, de son autorité privée, fait sortir Fontaine de la maison d'arrêt, où il étoit sur l'ordre du procureur de la commune ».

Ce même jour, le maire invita le curé de Saint-Jean à ne pas célébrer la fête de l'Adoration perpétuelle, parce que cette fête n'était pas de la liturgie du diocèse de Rouen, dont faisait partie sa paroisse depuis la nouvelle division territoriale.

Fontaine, exposa au District, dans la séance du 6 juin, que le procureur de la commune l'avait fait constituer prisonnier pour l'avoir cité, à la requête du sieur Delarue, propriétaire d'un terrain sur lequel le procureur de la commune faisait une entreprise, devant le juge de paix, et pour lequel fait le sieur Fontaine « seroit dénonciateur contre ledit sieur procureur de la commune, aux termes de l'art. 61 du décret du 18 décembre 1789, et demande à être authorisé à poursuivre l'effet de ladite dénonciation et des réparations qui peuvent lui être dues devant tel tribunal auquel la connoissance en appartient ». Cette dénonciation fut communiquée au procureur de la commune pour y répondre. Finalement, l'huissier Fontaine ne fut pas admis dans sa dénonciation.

A partir du 10 juin, les autorités communales, les employés de l'administration, les prêtres assermentés et beaucoup de citoyens portèrent la cocarde tricolore.

Les gens de mer de l'arrondissement du syndicat de la Bouille, dont Elbeuf était le chef-lieu, se réunirent dans notre ville, le dimanche 19, pour procéder à l'élection d'un syndic. L'arrondissement comprenait, outre Elbeuf et la Bouille, les paroisses de Petit et Grand-Couronne, et de Moulineaux.

Le 22, Marie-Anne Cassel dite de Sainte-Colombe, religieuse au couvent des Ursulines, présenta une requête à la municipalité pour obtenir les moyens de quitter le monastère. Lingois, maire, et Galeran, officier municipal, furent invités à prêter assistance à la requérante.

Deux jours après, le District fit savoir à Marie Tassel qu'elle pourrait quitter le couvent quand bon lui semblerait.

Chacun sait que le roi et la reine avaient quitté furtivement Paris, pendant la nuit du 20 au 21, et qu'ils se dirigeaient vers l'Allemagne.

Le 22, la municipalité d'Elbeuf, en recevant la nouvelle de « l'enlèvement du roy et de sa famille », fut avisée de surveiller la poste aux chevaux et de faire arrêter par la garde nationale tous les étrangers non munis de passeports.

Le tambour de ville parcourut les voies publiques, avertit la population de la fuite du roi, et lut l'ordre de la municipalité enjoignant aux aubergistes et logeurs de porter à la maison de ville deux fois par jour jusqu'à nouvel ordre, une note signée indiquant les noms, âge et qualités des inconnus qui se présenteraient chez eux.

Louis XVI et Marie-Antoinette avaient réussi à gagner Châlons sans être poursuivis ; mais le hasard voulut, dit le comte de Choiseul, dans ses *Mémoires,* que les paysans d'une terre appartenant à une dame d'Elbeuf, ayant refusé le payement des droits non rachetables, avaient été menacés d'exécution militaire, ce qui avait causé un grand émoi parmi eux.

Quand ces villageois virent les hussards que Bouillé avait envoyés pour protéger la fuite du roi, ils crurent que c'était pour agir contre eux ; alors, ils sonnèrent le tocsin. La foule s'amassa, et les soldats, craignant une émeute, se replièrent.

La berline portant Louis XVI et sa femme se présenta bientôt à Sainte-Menehoulde ; là, ne trouvant point le détachement de hussards sur lequel il comptait, le roi gagna Varennes par des chemins de traverse. Mais le fils du maître de poste de cette localité, Drouet, ancien soldat, dont l'attention avait été éveillée par le son du tocsin, et la présence de soldats filant la berline, reconnut le roi et le dénonça.

Le fils de Bouillé, ayant appris la fuite des hussards, courut prévenir son père, lequel, après une hésitation qui lui fit perdre du temps, se mit à la tête du régiment de dragons Royal-Allemand, appartenant, comme on le sait, au prince de Lambesc, et se dirigea vers Varennes, où il arriva trop tard, car le roi et la reine, arrêtés, par la garde nationale, étaient déjà en route pour Paris, où ils arrivèrent le 25.

La nouvelle de l'arrestation de Louis XVI était parvenue à Elbeuf le 24 juin. Elle avait causé un grand plaisir à la municipalité. Voici ce que nous lisons, à ce sujet, sur les registres des délibérations :

« Aujourd'huy jeudi 24 juin, sur les neuf heures du matin, à l'assemblée du corps électoral convoquée extraordinairement à l'occasion de l'arrestation du roy fugitif.

« Par le procureur de la commune a été dit : « Messieurs, vous venez apprendre par
« un avis certain que le Roy et la famille
« royale ont été arrêtés dans leur fuite.

« Sur cette heureuse nouvelle qui, aux in-
« quiétudes fait succéder le calme et la sécu-
« rité, je m'empresse de vous demander des
« marques publiques de la joye qui anime en
« particulier tous les cœurs amis de la Cons-
« titution et de la Patrie.

« En conséquence, je requiers qu'il soit fait
« pour ce soir un feu de joye, lequel sera
« allumé par M. le maire en présence de la
« municipalité ; qu'il soit, en outre, enjoint
« aux citoyens d'illuminer leurs maisons à
« l'entrée de la nuit, et que de plus, il soit
« donné ordre au commandant que la garde
« bourgeoise se trouve sous les armes présents
« à l'allumage du feu de joye.

« Je requiers encore qu'il soit adressé une
« lettre de félicitations et de remerciements
« au maître de poste de Sainte-Menehould,
« dont la vigilance excite la reconnoissance
« de tous les François ».

Le Conseil municipal délibéra et, prenant

ARRESTATION DE LOUIS XVI, A VARENNES

en considération les conclusions du procureur, arrêta d'une voix unanime :

« 1º Il sera chanté, par le clergé des deux paroisses, un *Te Deum* à l'issue des vêpres, sur la place du Coq, auquel assistera la municipalité. — Notons qu'il y avait vêpres ce jour-là parce que c'était la Saint-Jean, fête obligatoire à cette époque.

« 2º Il sera allumé un feu de joie qui brûlera pendant tout le temps du *Te Deum,* pendant lequel toutes les cloches de la ville sonneront.

« 3º Il sera donné des ordres pour que le *Te Deum* et le feu soient annoncés par une volée qui durera un quart d'heure.

« 4º On fera battre la caisse pour annoncer aux citoyens d'illuminer ce soir à neuf heures, suivant l'usage ordinaire, sous peine de cinquante livres d'amende pour ceux qui ne se conformeroient pas à la présente ordonnance.

« 5º Enfin, il sera écrit à M. le commandant de la garde nationale à l'effet qu'il donne les ordres nécessaires à faire prendre les armes pour assister au *Te Deum* ». — Suivent les signatures.

Une nouvelle réunion municipale eut lieu le même jour, à six heures du soir.

Le procureur de la commune dit que la délibération du matin avait été exécutée, mais qu'il convenait de le faire demeurer constant.

Le Conseil reconnut que « le clergé des deux paroisses s'est rendu sur la place du Coq, processionnellement, précédé de la garde nationale sous les armes ; que la municipalité accompagnée du Conseil général de la commune s'y étant rendu aussy, il a été entonné un *Te Deum* qui a été soutenu par une musique exécutée par MM. les amateurs de cette ville, pendant lequel M. le maire, MM. les curés et M. le commandant de la garde nationale ont mis le feu au bûcher disposé sur la place et le tout s'est terminé par les cris de : « Vive la Nation ! »

Voici ce que nous trouvons sur le même registre de police pour 1791 :

Les boulangers des localités voisines venaient s'installer sur la place du Coq pour vendre leur pain.

« Les rues sont sales parce que les ouvriers de la fabrique ne trouvent pas de latrines dans les fabriques où ils travaillent. Les fabricants sont invités à en faire construire chez eux, de sorte que leurs ouvriers ne sortent plus sur la voie publique pour satisfaire leurs besoins ». Peu de temps après, l'invitation devint un ordre.

Pierre-Louis Fromont et Nicolas Louvet fonctionnaient comme prud'hommes assesseurs du juge de paix.

Le blé valait 24 livres 5 sols le sac ; le pain blanc était vendu 4 sols 9 deniers les deux livres, et le pain bis 3 sols 3 deniers également les deux livres. — Au commencement de février 1791, le blé ne vallait que 23 livres 4 sols le sac. Le pain blanc 2 sols 3 deniers la livre ; le pain bourgeois 1 sol 9 deniers, et le pain bis 1 sol 3 deniers.

On reçut quatre maîtres fabricants qui avaient accompli trois années d'apprentissage ou étaient fils de maître ; les nouveaux reçus prêtèrent serment.

A la séance tenue le 24 juin par le Directoire du district, Grandin, administrateur, exposa qu'il y avait nécessité urgente de procurer aux manufacturiers d'Elbeuf, qui manquaient de numéraire, des espèces en cuivre pour payer leurs ouvriers. On fit délivrer immédiatement à Grandin un baril de 1.800 livres de monnaie, contre la remise de la même somme en assignats ; ce baril fut expédié le lendemain et arriva à Elbeuf le même jour.

Le maire, le procureur de la commune et le commandant de la garde nationale furent mandés au District le 30 juin. Les administrateurs leur firent entendre des paroles de paix et les renvoyèrent conciliés dans le différend qui s'était élevé entre eux.

CHAPITRE XXIII
(JUILLET-SEPTEMBRE 1791)

Le curé de Saint-Etienne dénonciateur de prêtres. — Discours de Grandin, procureur de la commune. — La cérémonie du 14 juillet. — La caisse patriotique. — Nouvelle affaire entre le juge de paix et le maire. — Promulgation de la nouvelle Constitution ; fête a Elbeuf. — Le législateur Nicolas Vimar. — Les assignats ; la monnaie de billon. — Fin de l'Assemblée nationale.

Le curé Duhamel ne vivait pas en bonne intelligence avec tous les ecclésiastiques de sa paroisse ; nous trouvons dans une lettre un passage qui le prouve. Cette lettre, adressée par le maire au curé de Saint-Etienne, porte la date du 3 juillet :

« Nous avons reçu l'honneur de votre lettre d'hyer contenant un extrait de la réponse que vous a faite M. l'évêque, dont les expressions nous annoncent que vous lui avez représenté la conduite de quelques-uns des prêtres non sermentés de votre paroisse comme très reprochable et très dangereuse, ce dont nous déclarons n'avoir aucune connoissance.

« Placés pour réprimer tout ce qui peut être contraire au bon ordre, nous nous empresserons d'y faire rentrer ceux qui s'en écarteroient. Mais pour employer l'authorité que la loi nous confie, il faut que la plainte porte sur des faits positifs et qu'ils soient répréhensibles.

« En conséquence, nous vous prions, Monsieur, de nous instruire des griefs qui peuvent rendre coupable la conduite de ces messieurs et des preuves que vous pouvez en avoir acquises. Soyez certain que si elle tend à troubler la tranquillité publique, nous ne manquerons pas d'y porter le remède dont notre devoir nous impose l'obligation. Nous nous plaisons, d'ailleurs, à donner à votre zèle les éloges qu'il mérite... »

Cette dénonciation de plusieurs prêtres de Saint-Etienne par le curé de la paroisse, souleva d'assez vifs commentaires dans toute la ville, dès qu'elle fut connue.

La municipalité de Rouen, avons-nous dit, avait prêté trente fusils à celle de notre ville. De ce nombre, plusieurs avaient été perdus lors de l'affaire du prieur de Mandeville, d'autres avaient leur canon éclaté ; enfin la plupart des derniers n'avaient plus de baguette, de sorte qu'il étaient hors de service. Le maire se plaignit de ce désordre, le 6 juillet, à Henri Delarue, commandant de la garde nationale, en lui représentant le danger de cette situation et en lui observant que les baguettes n'avaient pu être enlevées que par des malveillants, qu'il était de son devoir de découvrir.

Les membres du directoire du district avaient

engagé le corps municipal d'Elbeuf à faire estimation des maisons de cette ville devenues biens nationaux aux termes des décrets de l'Assemblée nationale.

Cette affaire fut soumise au Conseil municipal le 7 juillet. La première de ces propriétés consistait dans les bâtiments ayant servi de bureau « à la cy devant communauté des marchands fabricants d'Elbeuf, située rue Saint-Etienne proche le moulin » et la seconde « sise rue Meleuse, appartenant aux Ursulines de cette ville, occupée par le sieur Billard, menuisier, en observant cependant qu'il ne faut point comprendre dans l'estimation de cette maison un espèce de hangar ou appentis réclamé par lesdites religieuses Ursulines comme étant inhérent à leur maison... »

Jacques Chefdrue, entrepreneur de bâtiments, demeurant rue Saint-Etienne, fut désigné comme expert. Chefdrue prêta serment le lendemain.

Dans le courant de ce mois, Jean-Marie Eusèbe de Salverte, demeurant à Paris, fit acheter pour 89.700 livres de biens nationaux sis à Saint-Paul de Fourques, par Jacques Bourard, receveur des droits d'enregistrement à Elbeuf.

Hayet, officier municipal, dénonça à ses collègues, le 9 du même mois, des affiches « illégales et dangereuses » qui avaient été apposées en ville. Nous n'en connaissons pas la teneur ; tout ce que nous pouvons dire, c'est que, suivant Hayet, elles exprimaient une défense qui n'était permise qu'aux corps établis par la loi et qu'elles tendaient à soulever le peuple contre « des établissements protégés par l'Assemblée nationale elle-même » ; à priver ce même peuple des seuls moyens de subsistance que les circonstances d'alors présentaient, et conséquemment, à exposer Elbeuf aux plus grands désordres.

Il ne fallait pas que ces affiches fussent réellement bien dangereuses, car la municipalité décida, à la majorité, qu'il n'y avait pas lieu de délibérer sur ce sujet.

A l'assemblée municipale tenue le 11, Grandin, procureur de la commune, prit la parole et s'exprima dans ces termes :

« Messieurs, l'époque mémorable où les François sont devenus un peuple libre retrace des événements trop heureux pour n'en pas rappeler aux citoyens le souvenir délicieux.

« N'oublions pas que c'est le 14 juillet que la prise de la Bastille a détruit l'empire du despotisme, sur les débris duquel une Constitution sagement établie a assuré le bonheur de la France.

« Renouvelons nos vœux pour le maintien des nouvelles lois ; réitérons nos serments de ne vivre que pour aimer la Constitution et de la défendre contre ses ennemis de tout notre pouvoir ; unissons-nous de cœur et d'esprit avec tous les bons François, pour montrer aux ennemis du bien public que nous sommes prêts à opposer à leurs projets tous les efforts dont un peuple libre est capable.

« En conséquence, je requiers qu'il soit donné les ordres nécessaires pour renouveler, le 14 de ce mois, la Fédération qui eût lieu l'année dernière à pareille époque ».

Le Conseil municipal arrêta qu'il serait célébré, le 14 juillet, deux messes basses sur la place du Coq et que pour cet effet il y serait élevé un autel double. Des lettres furent adressées aux curés ; en même temps, on invita le commandant de la garde nationale à faire prendre les armes à ses troupes. Enfin, il fut enjoint aux habitants d'illuminer la façade de leurs maisons, sous peine de cinquante livres d'amende.

Voici le procès-verbal qui fut dressé à l'occasion de cette fête :

« Aujourd'huy jeudy 14 juillet 1791, à dix heures du matin, en conséquence de la délibération prise pour célébrer en ce jour l'anniversaire de la liberté françoise, le Conseil général de la commune convoqué, le clergé des deux paroisses invité, la garde nationale prévenue, la gendarmerie nationale commandée, nous nous sommes assemblés en l'hôtel commun, MM. les notables y réunis ainsy que M. le juge de paix et ses assesseurs.

« A l'instant où le clergé des deux paroisses se rendoit processionnellement à la place du Coq, accompagné d'un détachement de la garde nationale, MM. le commandant et les officiers de l'état-major sont entrés et nous ont accompagnés vers l'autel, dressé sous l'avant-saillie de M. Jamet, à cause de la variété et de l'incertitude du temps, traversant le cercle que formoit la garde nationale sur ladite place du Coq.

« Aussitôt on a commencé une messe basse, pendant laquelle différens morceaux de musique ont été exécutés par un grand nombre d'amateurs rassemblés dans le centre.

« Après la messe, M. Rousselin, officier municipal, pour l'absence du maire, a prononcé le serment décrété par l'Assemblée nationale et chacun a répété : Nous le jurons, etc.

« De suite, le commandant de la garde nationale, au nom de son corps, a aussy prononcé le même serment ; le brigadier de la gendarmerie a fait de même, ainsy que M. le curé de Saint-Etienne au nom de tous les ecclésiastiques, et toute l'assemblée a répété : Nous le jurons, etc.

« Puis il a été chanté un *Te Deum*, et de retour en la municipalité, dans le même ordre que nous étions partis, nous avons rédigé le présent ». — Suivent les signatures des mem- du corps municipal.

Le 14 juillet, le Département et le District adressèrent des félicitations à notre municipalité et aux administrateurs de la Banque civique et patriotique qui venait d'être fondée dans notre ville.

La Caisse patriotique s'obligeait de faire le remboursement de ses billets en assignats, ainsi qu'il suit :

En assignats de 50 à 90 livres, autant qu'elle pourrait y suffire ; en assignats de 100 livres et au dessus à présentation. Elle accordait une prime d'un pour cent sur les assignats de 100 livres, de deux pour cent sur ceux de 200 livres, et de trois pour cent sur ceux de 300 livres.

Les billets de cette banque furent loin d'être accueillis avec faveur par toute notre population. Voici, à ce sujet, un autre discours, intéressant à divers points de vue, que prononça, en cette même journée du 14 juillet, le procureur de la commune devant la municipalité assemblée :

« Dans un jour où nous avons tous réitéré nos serments d'être fidèles à la Nation et à la Loy, rien ne sera plus digne de nous que de fixer notre attention sur les devoirs que nous avons à remplir l'un envers l'autre,

« L'ordre public est le seul moyen par lequel la Constitution puisse s'affermir ; il faut donc que chaque citoyen contribue de tout son pouvoir à le maintenir. Les malveillants répandent de toutes parts les semences de l'anarchie ; c'est à vous, Messieurs, qu'il appartient d'en détruire le germe partout où il se trouvera.

« Il faut que la liberté publique et les propriétés particulières soient tellement protégées par la loi, et la loi par la force publique, que rien ne puisse y porter la moindre altération, et que chacun de nous soit prêt à s'armer en leur faveur, à l'égard même de ceux dont le patriotisme seroit suspect, pour repousser les atteintes qu'on pourroit porter au respect de la loi protectrice des citoyens. Notre ressource, notre confiance, ne peuvent être que dans la force publique, surtout dans les circonstances où la subordination n'est rien moins que certaine.

« Vous n'ignorez pas que les billets de confiance, proposés en circulation par une association de manufacturiers de votre ville, causent de la fermentation, non seulement parmi les citoyens livrés aux travaux de la fabrique, mais encore dans toutes les autres classes des habitans. Quelqu'utile, quelque nécessaire même que soit cette invention, elle a excité des murmures, je dirai même des menaces.

« Dans cet état, n'y a-t-il pas lieu d'inviter les membres de l'association à corriger, dans l'émission de leurs billets de confiance, tout ce qui a pu choquer l'opinion publique, et à puiser dans cette opinion même les mesures propres à en faciliter le cours ?

« Ne convient-il pas encore de réveiller l'activité de la force publique, dont le repos et la tranquillité ont ralenti le zèle ?

« On a souffert que les citoyens se fissent remplacer dans leur tour de garde par des hommes mercenaires. Cette tolérance, bonne en elle-même peut-être, si l'on n'en avoit pas abusé, a entièrement détruit la force publique. La plupart des chefs ont abdiqué ou veulent abdiquer leur poste, et la sûreté de la ville est abandonnée à des hommes qui n'ont nul intérêt à la chose publique.

« Je pense donc qu'il est urgent de régénérer la garde nationale par une nouvelle organisation, en appelant indistinctement tous les citoyens à la défense publique, sans que qui que ce soit, sous quelque prétexte que ce puisse être, puisse se dispenser du service du poste.

« Et afin que nul ne puisse prétexter l'abus de vos pouvoirs, je vous propose de faire part de vos dispositions, dès demain, à l'administration du département, pour avoir ses ordres ou son agrément.

« C'est pourquoi, pour assurer la tranquillité publique, je requiers qu'il soit fait une invitation aux membres de l'association des billets de confiance de joindre, à l'émission de leurs billets, toutes les conditions qui peuvent en assurer le succès, en consultant l'opinion de toutes les classes de citoyens, et qu'en outre, il soit écrit dès aujourd'huy à l'administration du département pour avoir son avis sur le projet de régénérer la garde nationale... »

Le Conseil municipal se rendit aux avis du procureur de la commune ; de plus, il décida de faire une demande de fusils, dont on « manquoit totalement ».

Les discours de Grandin, procureur de la commune, éclairent beaucoup de points de l'histoire locale pendant la Révolution ; aussi reproduirons-nous encore celui qu'il prononça, le 26 du même mois, devant l'assemblée du corps municipal :

« Messieurs, vous avez connoissance d'un affront fait par M. le juge de paix à M. Lingois, notaire et maire de cette ville, dans l'audience du 22 de ce mois. Il me semble que cette affaire présente un acte de violence qui doit intéresser la sensibilité de tous les membres de la commune.

« Le devoir d'un homme dont les fonctions sublimes sont de rappeler la paix partout où elle est troublée, doit sans doute professer la douceur et la modération. Comment un juge, dont l'âme pure doit être inaccessible à la haine comme à la vengance, qui ne doit voir que les actions et non les personnes, peut-il verser à plaisir l'opprobre et l'humiliation sur ses concitoyens ?

« Nous reconnoissons qu'il est dans l'ordre que le juge de paix soit respecté, lui et tous ceux qui composent sa juridiction ; mais sa qualité et ses fonctions, toutes respectables qu'elles sont, ne sont pas des titres pour fouler aux pieds les droits et l'honneur de ses justiciables : ne souffrons pas qu'abusant de ses pouvoirs et orgueilleux de sa place de juge de paix, il exerce un empire tyrannique sur tous ceux qui l'approchent !

« La justice de paix est une justice de douceur. Lorsque des affaires nous appellent devant le juge de paix, nous devons en approcher comme de notre meilleur ami, comme de notre consolateur et de notre soutien dans l'oppression, comme du deffenseur de nos droits insultés, et s'il arrivoit que quelque citoyen s'oubliât au point de manquer à l'ordre qui doit être observé en sa présence, ce n'est pas avec les griffes du lion furieux qu'il doit corriger, mais avec la voix persuasive de l'homme loyal et bon !

« Si le juge de paix n'est pas pénétré de ces sentiments, si nous sommes réduits à ne paroître devant lui qu'avec une timide et farouche circonspection, s'il faut craindre qu'une parole de trop, qu'un mot qui aura choqué son oreille, nous expose aux effets de sa fureur et de sa vengeance, il est bon de le rappeler au caractère de sa place, et qu'il sache que tous les citoyens sont scandalisés de ses violences et affectés de l'injure faite à M. Lingois... »

Le procureur conclut en demandant l'adjonction de la municipalité au maire; mais l'assemblée, par neuf voix contre cinq, décida qu'il n'y avait pas lieu de délibérer sur ce sujet.

Voici ce dont il s'agissait : la fête de la Fédération, dans notre ville, avait donné lieu à un incident, et le juge de paix Balleroy avait porté plainte à la municipalité contre le commandant de la garde nationale « qui s'étoit présenté avant lui à l'autel de la Patrie pour y prêter serment ». Alors des mots vifs avaient été échangés entre lui et Lingois.

Balleroy s'étant plaint au District, celui-ci rendit la sentence suivante, le 29 juillet;

« ... Considérant que l'article 8 du décret du 28 février 1790 concernant les bases et les principes de la Constitution militaire, ne déclare pas la présence du juge de paix nécessaire à la cérémonie annuelle du serment fédératif, dont le but n'est que de faire renouveler ce serment aux dépositaires de la force publique ; tout en approuvant son civisme et sans lui interdire la faculté d'en donner annuellement des marques, sommes d'avis qu'il n'y a pas lieu de délibérer sur la requête du sieur Balleroy ».

Le 1er août, Henri Delarue, commandant, et Jamay, aide-major de la garde nationale, portèrent plainte contre Taffin, sergent de grenadiers, qui entre autres faits répréhensibles, avait menacé Guilbert, l'ancien prisonnier de Louviers, alors officier des chasseurs de la garde nationale, de lui passer son sabre à travers le corps.

L'indiscipline était d'ailleurs à son comble dans la garde nationale. D'un autre côté, il ne se manifestait aucun zèle pour le service.

Le 6, il fut représenté à l'assemblée municipale « que plusieurs des personnes qui s'étoient fait inscrire comme volontaires dans la garde nationale en avoient témoigné des regrets ; que l'ardeur qu'elles avoient mise à se faire inscrire n'étoit que la suite du vin ; que plusieurs même avoient un grand nombre d'enfants et étoient simples ouvriers ».

Le corps de ville décida de dérôler tous ceux qui le demanderaient.

Un premier appel de gardes nationaux eut lieu au commencement du mois d'août. Quarante-quatre Elbeuviens se firent inscrire. Le mois suivant, il s'en présenta cinquante-deux nouveaux. « Notre jeunesse, écrivit le maire au District, brûle du désir de partir et en attend l'ordre avec impatience ».

Les Ursulines, qui aviaent demandé une réduction de leurs impôts, portés à 561 livres 19 sols 9 deniers au rôle d'Elbeuf, furent déboutées de leur demande, le 1er août, « parce qu'elles pouvoient répéter une partie de ces impositions sur celles de leurs pensionnaires jouissant de leurs droits ».

Le 11, Louis Dubos, commissaire de police d'Elbeuf, présenta une requête à l'Hôtel de Ville tendant à avoir délivrance de sa réception de sergent au siège de la ci-devant haute-justice de ce lieu, restée sous scellés à l'ancienne audience ducale.

La perception des impôts pour l'année 1791 fut commencée le 14, dans l'église Saint-Jean.

Le lendemain, le conseil général de la commune s'assembla à la maison de ville pour, de là, se rendre en corps, escorté par la garde nationale, à l'église Saint-Etienne, afin d'assister à la procession dite du vœu de Louis XIII, qui se fit après les vêpres.

Le 16, le corps municipal fut averti qu'une somme de 1.800 livres en monnaie de cuivre était à sa disposition à Rouen, contre pareille somme en assignats de 5 livres. Comme la ville n'avait pas de fonds en caisse, Grandin, procureur de la commune, avança cette somme.

Le 29, la municipalité prit un arrêté concernant la police municipale et correctionnelle d'Elbeuf, et un autre arrêté relatif aux places occupées par les marchands forains.

A l'Assemblée nationale, on venait de reviser la Constitution et de faire un code unique des lois et décrets rendus depuis deux ans. Ce travail considérable se fit pendant le mois d'août, et, le 3 septembre, une députation de l'Assemblée présenta l'acte constitutionnel au roi, qui, le 13, formula son acceptation dans les termes les plus solennels. Le lendemain, il se rendit à l'Assemblée où il prononça avec apparat le serment constitutionnel et signa la Constitution, laquelle fut proclamée dans toute la France, avec une pompe inouïe et au milieu des démonstrations les plus passionnées de la joie publique.

C'était, en effet, un grand événement, et, quelles que fussent ses imperfections, l'œuvre des constituants n'en fut pas moins la première de nos Chartes de liberté, le pacte social le plus parfait qui, jusque-là, eût régi un peuple.

L'éloquence du procureur de la commune eut donc une nouvelle occasion de s'exercer devant la municipalité. Le 17 septembre, il s'exprima en ces termes :

« L'acceptation qu'a fait le roy de la Constitution françoise est le signal de la concorde et du bonheur des François. Les ennemis de la chose publique sont confondus ; les projets des malveillants sont détruits : cette union du roy avec la Nation présage les plus heureux jours.

« Pourrions-nous, dans une pareille circonstance, ne pas nous livrer aux transports de la joie qui anime tous les bons François ?

« Je requiers donc qu'il soit demain, issue des vêpres, allumé un grand feu de joie à la place du Coq, où le clergé des deux paroisses sera invité de se rendre processionnellement pour y chanter un *Te Deum*, et qu'il soit donné des ordres pour que toutes les maisons soient illuminées demain à sept heures du soir, sous peine de cinquante livres d'amende ».

Le corps municipal se rendit à ce désir. Il

ajouta au programme de la fête que le commandant ferait prendre les armes à la garde nationale, afin de se trouver sur la place à trois heures et d'envoyer un piquet à chacune des deux paroisses pour escorter le clergé. Les musiciens reçurent également une invitation à se présenter à la cérémonie avec leurs instruments. Enfin, des ordres furent donnés pour le nettoyage des rues et leur lavage par les eaux du moulin que l'on lâcherait à cet effet.

Les élections à l'Assemblée législative venaient d'avoir lieu. Au nombre des élus, se trouvait Vimar, homme de loi, procureur de la commune de Rouen, avec lequel notre administration avait entretenu une correspondance suivie au sujet des blés vendus chaque semaine à notre halle et de l'alimentation de Rouen. Le 18 septembre, le procureur de la commune d'Elbeuf lui écrivit :

« J'ai l'honneur de vous passer les états du prix du froment. Je dois croire que c'est pour la dernière fois que vous recevrez ces états.

« Digne des plus sublimes fonctions, appelé par vos lumières à donner des lois au peuple françois, vous allez paroître sur une scène que vous honorerez par vos talents et votre patriotisme. Vous emporterez les justes regrets du corps que vous allez quitter ; mais la France entière, en applaudissant à notre choix, se réjouira de trouver en vous un représentant digne de toute sa confiance.

« Partez sous l'heureux augure de la joye publique... Allez consolider le bonheur des peuples... Aussi vertueux que ferme appuy de la Constitution françoise, vous servez l'effroy de ses ennemis, en luy prêtant de nouvelles forces, et vous assurerez ainsi la prospérité de l'empire... — Grandin ».

Nicolas Vimar était alors âgé de quarante-sept ans ; il était né à Mézières. Il fit peu parler de lui pendant la Révolution, mais devint membre du Comité central de l'instruction publique, puis, en 1798, membre du Conseil des Anciens. Vimar refusa à deux reprises le portefeuille de la justice, et lors de la création du Sénat fit partie de ce corps. Créé comte par Napoléon, il adhéra à sa déchéance et fut élevé à la pairie par Louis XVIII.

En réponse à une pétition de la Société patriotique de notre ville, approuvée par les officiers municipaux, le Directoire du district décida qu'il appuierait la demande de petits assignats nécessaires pour le paiement des salaires ouvriers : « Dans une ville d'une fabrique aussi intéressante que celle d'Elbeuf, c'est le seul moyen d'y soutenir les ouvrages qui font la subsistance de plusieurs milliers d'ouvriers de ladite ville et des environs, qu'on ne peut payer que par cette voie... » Une demande faite par les basdestamiers d'Elbeuf fut également bien accueillie, par une délibération du 22 du même mois. Cette dernière requête nous apprend que le nombre des ouvriers employés dans cette branche industrielle était d'environ deux cents.

Grâce à ses démarches, notre administration obtint aussi plusieurs fois de la monnaie de billon, qui faisait défaut presque partout, pour le payement des ouvriers de la fabrique, en échange d'assignats. Un accusé de réception donné par le maire, le 22 septembre, mentionne comme arrivés dans notre ville en un mois : deux barils de 1 800 livres chacun, de gros sols, et trois barils de 900 livres chacun.

Par la suite, d'autres barils de monnaie de billon furent encore envoyés dans notre ville, alors peuplée de 5.862 habitants, suivant un état de cette époque.

Nous avons sous les yeux un état des habitants d'Elbeuf pendant la Révolution, où nous trouvons, à la suite du nom de chaque citoyen, sa signature et, écrite de sa propre main, l'indication de la profession qu'il exerçait, ainsi que son âge en 1791.

A titre de curiosité, nous relevons la liste des instituteurs :

Brasseur (Jean-Pierre), 59 ans, maître d'école ;

Bourdet (Jacques-Pascal), 27 ans, « maître De Col » ;

Dupont (Louis), 24 ans, maître à écrire ;

Derrey (J.), 38 ans, « maître decolle » ;

Fleury (François-Michel), 55 ans, « maître decolle » ;

Hareng (Jacques), 51 ans, « maîtres de colle » ;

Leroux (Jean-François), 50 ans, maître d'école.

Comme on peut en juger, la quantité valait mieux que la qualité.

Il y en avait cependant un huitième : Dumont (Etienne), âgé de 61 ans, se disant également maître d'école, mais ne sachant pas signer son nom, à la suite duquel il fit une † sur l'état dont nous parlons et où il figure sous les numéros 121 et 225. Qu'est-ce que ce maître d'école pouvait bien apprendre à ses élèves ?

Le 30 septembre, l'Assemblée nationale se sépara, pour faire place à la nouvelle législalature. En vingt-cinq mois, elle avait élaboré plus de trois mille lois, actes et décrets consacrés à la liquidation de la société ancienne et à l'organisation de la France nouvelle, en faisant table rase de la féodalité et de toutes les anciennes puissances sociales.

On sait que l'Assemblée nationale avait décrété, sur la proposition de Robespierre, que ses membres ne seraient pas rééligibles à la législature suivante.

CHAPITRE XXIV
(OCTOBRE-DÉCEMBRE 1791)

L'Assemblée législative. — Les citoyens « actifs » et le prix de la journée de travail. — Les orgues de Saint-Etienne. — Elections municipales. — Galleran, 10e maire d'Elbeuf. — L'hopital ; ses revenus et ses dépenses. — Dépréciation des billets de confiance. — Les anciens poids et mesures d'Elbeuf. — Vente de l'auditoire, du bureau de la manufacture et autres biens nationaux.

L'Assemblée législative, qui se réunit le 1er octobre, se composait de 745 députés, presque tous jeunes. Les départements de la Seine-Inférieure et de l'Eure y étaient représentés par :
Albite aîné, homme de loi et notable à Dieppe ;
Boullenger, président du tribunal du district et administrateur de la Seine-Inférieure ;
Brémontier, négociant à Rouen ;
Christinat, négociant, maire du Havre ;
Desportes, administrateur de la marine à Fécamp ;

Ducastel, homme de loi, officier municipal à Rouen ;

Forfait, ingénieur-constructeur de la marine à Rouen ;

Froudière, homme de loi à Rouen ;

Grégoire aîné, négociant au Havre, administrateur du département ;

Hochet, juge de paix à Manneville-ès-Plains, administrateur de la Seine-Inférieure ;

Langlois, de Lintot, administrateur du district de Dieppe.

Tailleur, cultivateur à Elbeuf, près Gournay ;

Levavasseur (Léon), capitaine d'artillerie des colonies à Rouen ;

Lucas, homme de loi à Betteville, administrateur de la Seine-Inférieure ;

Tarbé, négociant, officier municipal à Rouen ;

Vimar, homme de loi, procureur de la commune de Rouen ;

Delives-Saint-Mars, procureur-syndic du district d'Evreux ;

Deschamps, administrateur du directoire de l'Eure ;

Duval du Theil-Nollent, vice-président du département de l'Eure ;

Hébert, chevalier de Saint-Louis, administrateur de l'Eure ;

Hugau, chevalier de Saint-Louis, juge de paix du canton d'Evreux ;

Langlois, de Louviers, négociant, administrateur de l'Eure ;

Legendre, notaire à Heuqueville, administrateur de l'Eure ;

Lindet, homme de loi, procureur-syndic du district de Bernay ;

Pantin, propriétaire-cultivateur à Gaillarbois, près Andely ;

Rever, curé de Conteville, administrateur de l'Eure.

Une des premières résolutions de l'Assemblée législative fut de supprimer le titre de « Majesté » et de décider que le « roi des François », lorsqu'il se présenterait dans la salle, serait assis à côté du président, sur un siège semblable.

Les administrateurs du District de Rouen reçurent le 4 octobre, cette intéressante lettre du procureur de la commune d'Elbeuf :

« Si la loy qui exclut les citoyens non actifs du droit de prendre part aux délibérations publiques est sage, est politique, les principes d'égalité commandent d'en user modérément et comme à regret.

« Vous avez porté à 30 sols le taux moyen des journées de travail dans notre ville, en sorte que pour y jouir des avantages de citoyen actif, il faudra payer 4 livres 10 sols d'impositions. Ce taux est juste, sans doute, dans votre opération, puisque vous vous êtes déterminés sur le tableau même de la municipalité ; mais il est excessif dans la réalité.

« J'aurais à me reprocher une grande faute si je gardais le silence sur un objet que je regarde comme important. La municipalité elle-même m'engage à vous présenter quelques observations additionnelles au tableau qu'elle vous a envoyé le 18 mars dernier...

« Je dois observer que : 1° Le laineur n'est point journalier ; on a calculé que son gain pouvoit être de 20 sols par jour, mais c'est en prolongeant son travail au-delà de la journée ordinaire ; 2° Le teinturier chef de teinture gagne à la vérité 22 sols, mais le teinturier travaillant sous un chef ne gagne que

18 sols ; cette différence est remarquable ; 3° Le tisserand ne travaille point à la journée ; il ne sort de son métier qu'à la nuit fort avancée, et c'est ainsi qu'il gagne 25 sols ; s'il étoit payé à la journée, il ne gagneroit pas plus de 20 sols ; 4° Le tondeur ne travaille point à la journée ; il gagne à raison de ses forces et de son assiduité au travail ; il y en a qui ne gagnent pas 15 sols par jour ; Les charpentiers et maçons ne gagnent que 28 sols ; c'est par erreur que l'on a dit 30 sols ; 5° Les menuisiers sont payés au mois, nourris et logés ; on ne peut guère dire ce qu'ils gagnent par jour, mais on peut assurer que c'est calculer leur gain au plus haut que de le porter à 30 sols ; 6° C'est par erreur que l'on a noté pour 40 sols la journée de travail des serruriers : elle n'est que de 30 sols ; 7° On a omis de vous parler des manœuvres, dont la journée est de 16 sols ; 8° Il est encore digne de remarque que les menuisiers et serruriers sont en petit nombre, tandis que dans les autres classes les individus sont en très grand nombre... »

Le procureur Grandin conclut à demander la fixation de la journée de travail à une moyenne de 20 sols, afin d'augmenter le nombre des citoyens actifs et donner à notre ville plus de voix dans les assemblées électorales.

Quelque temps après, le procureur de la commune d'Elbeuf écrivit à Auguste Grandin, administrateur du District de Rouen, pour le prier d'appuyer sa réclamation auprès des autorités de l'arrondissement.

Les rapports entre Grandin, procureur de la commune, et Durand, porteur de la procuration du ci-devant duc d'Elbeuf, n'étaient pas devenus des plus cordiaux, ainsi que le montre une lettre adressée, le même jour 4 octobre, par le premier au second :

« L'amour bien ordonné du bien public sera toujours la règle constante et invariable de ma conduite. Je ne crains point les traits d'une jalouse calomnie.

« Si, dans l'exercice de mes fonctions publiques, mes foibles lumières me laissoient tomber dans quelque faute involontaire, apprenez que ce ne seroit ni à vous, ni au juge de paix à me faire ma leçon.

« La signification que vous m'avez fait faire, fondée sur des ouï-dire, est aussi ridicule que méprisable. Je vous déclare hautement que je la regarde comme non avenue. Sçachez que rien ne peut m'ébranler... »

Un acte du 12 octobre mentionne Louis-Jean-Baptiste-Morin Sevaistre, chevalier de Saint-Louis, capitaine au 10e régiment de chasseurs, demeurant à Thuit-Simer, héritier en partie de feu Abraham Sevaistre, prêtre, son oncle ; et Louis-Jean-Baptiste Sevaistre, ancien fabricant, fils de Louis et à ce titre aussi héritier de feu l'abbé Sevaistre, originaire d'Elbeuf.

Une procuration de ce même mois concerne Pierre-François-Ambroise Bouvry, « capitaine en second sur *le Newport*, maintenant à Dunkerque en Flandre, fils de feu Pierre-Jacques Bouvry, chirurgien à Elbeuf ».

Vers ce temps, il fut question de rétablir une « ancienne ruelle et un quay » ayant existé au bas de la rue Notre-Dame, et du débouchage de la « ruelle aux Pendus » encore fermée par un mur.

Le 13 octobre, on fixa le traitement du geôlier Dumort à 50 livres par an, « tant que la commune pourrait se servir des prisons de M. de Lorraine ».

Louis-Joseph Quesné, fabricant, trésorier de Saint-Jean, donna à loyer, le 19, à Laurent Patallier, plusieurs portions de l'ancien cimetière entourant l'église, moyennant 50 livres 5 sols par an.

Le procureur de la commune d'Elbeuf exposa au District, le 21 octobre, « qu'une partie des citoyens actifs ne s'était pas fait inscrire sur les registres de la garde nationale, à l'effet de se soustraire au fardeau de la garde publique ». Il pria le Directoire du district d'envoyer à notre municipalité le décret sur la force publique.

Il lui fut répondu que ce décret n'était pas encore parvenu entre les mains du Directoire; mais qu'il était de principe constant que les citoyens ne voulant point faire de service devaient se faire remplacer ou être remplacés d'office ; que c'était là le vœu du décret qui avait été rendu par la garde nationale de Rouen. Le Directoire envoya un exemplaire de ce décret à Elbeuf, en faisant observer à notre municipalité qu'il était particulier à la ville de Rouen, et que le tarif d'office fixé à 3 livres serait trop élevé pour Elbeuf ».

Quelques jours après, le prix de base pour la journée de travail fut abaissé de 30 sols à 20 sols.

Louis Lenoble, prêtre, se présenta à la mairie le 23 octobre et déclara s'être transporté chez Mᵉ Pinel, curé de Saint-Jean, à l'effet de faire inhumer le corps de Marthe Rivet, et que la réponse du curé avait été un refus formel.

Pinel fut immédiatement appelé devant la

municipalité. Il déclara qu'il persistait dans son refus, parce que la dame Rivet avait été administrée pendant sa maladie « par un prêtre non sermenté ».

Le Conseil représenta au curé que son ministère lui prescrivait le devoir d'inhumer le cadavre en question. Vu sa déclaration qu'il ne l'enterrerait que d'après un ordre du District, il fut arrêté que, pour éviter tout scandale public, cette réponse serait communiquée audit sieur abbé Lenoble, afin qu'il eût à se pourvoir sur le champ, vu l'urgence du cas, au District.

Nous avons vu, à plusieurs reprises, que notre ville était imposée au delà de l'importance de ses ressources ; c'est un mal qui se continua jusqu'à notre époque, ainsi que chacun le sait.

En 1791, elle fut taxée à 82.207 livres ou à celle de 106.869 livres y compris les accessoires. A elle seule, la ville d'Elbeuf devait payer le vingtième des impositions départementales, fixées à 1.611.900 livres en capital. Le maire écrivit, le 23 octobre, aux administrateurs du directoire du département :

« Nous ne saurions vous peindre l'extrême surprise que nous cause une imposition aussi exorbitante. Nous ne pouvons nous empêcher de croire qu'il y a eu erreur de calcul ou fausse présomption de la richesse mobilière de notre ville. Il nous faut tout le patriotisme et l'amour de la liberté dont nous sommes animés pour ne pas être découragés... Déjà trop imposés précédemment, en nous surcote de 60.000 livres... »

A la suite de la révocation de l'édit de Nantes et par une sentence de la ci-devant haute justice de la Londe, vingt-huit masures et pièces de terre, appartenant à un des protestants d'Elbeuf émigrés, et relevant du marquisat de la Londe, avaient été confisquées et réunies à ce marquisat. A la faveur de la Révolution, les descendants du « fugitif » revendiquèrent ces biens ; à cet effet, ils firent, le 27 octobre, une déclaration à Louis-Paul le Cordier de Bigars de la Londe, héritier de François-Jean-Baptiste Le Cordier de Bigars, son oncle, lequel était héritier de François Le Cordier de Bigars.

Les réclamants étaient « Charles-Louis Varnier, docteur en médecine de la Faculté de Paris et de Montpellier, et Françoise-Judith Lecointe, sa femme, fille de Jean-Robert Lecointe et de Jeanne Nourichel, décédé à Londres ; ledit Jean-Robert fils de Charles Lecointe et de Françoise Delarue, tous deux décédés à Genève ; ledit Charles, fils d'André Lecointe et de Marie Frontin, fille de Mathieu Frontin, et neveu de Thomas Lecointe époux de Madeleine Frontin, et de Jean Lecointe, époux de Marthe Frontin, et cousin germain de Nicolas Lecointe fils Thomas. Le dit André Lecointe fils d'André et d'Anne Lemonnier d'Elbeuf, et ledit André fils de Pierre Lecointe et d'Anne Hue, de Sahurs ».

Le même jour, Pierre-Henri Hayet, fabricant et officier municipal, acheta, de la veuve Jacques Grandin, la ferme de la Cerisaie, moyennant le service d'une rente de 880 livres et la somme de 3.640 livres payée en passant l'acte devant le notaire.

L'orgue de Saint-Etienne d'Elbeuf provient de l'église Saint-Etienne-des-Tonneliers, de Rouen, supprimée au commencement de la

Révolution. Voici la copie d'une pièce qui se rapporte à cette acquisition :

« Nous soussignés, maire et procureur de la commune d'Elbeuf-sur-Seine, consentons que M. Mathieu Quesné fils aîné paye à M. l'abbé Desgenetez, commissaire nommé par assemblée des habitants de la paroisse Saint-Etienne de ce lieu, en datte du 23 de ce mois, pour l'emplassement de l'orgue accordé à la dite paroisse, par le département de la Seine-Inférieure, la somme de 1.200 livres et même plus si besoin est, à valoir sur celle dont il est redevable à la fabrique de ladite paroisse Saint-Etienne, pour l'année de sa gession en qualité de thrésorier.

« Elbeuf, ce 27 octobre 1791. — Le procureur de la commune : Jacques-Pierre GRANDIN ; le maire : LINGOIS ».

Une quittance de Godefroy, facteur d'orgues à Rouen, accuse réception de ces 1.200 livres des mains de l'abbé Desgenetez, vicaire de Saint-Etienne d'Elbeuf.

En cette même année, l'église Saint-Etienne fut dallée à neuf.

Les élections communales étaient proches. Le 11 novembre, le corps municipal arrêta que les assemblées, pour la nomination des nouveaux officiers municipaux, seraient composées des mêmes citoyens actifs que dans les assemblées passées, c'est-à-dire de ceux qui seraient inscrits sur le registre de la garde nationale.

Join-Lambert, maître teinturier, fut désigné pour ouvrir la séance à la section de Saint-Etienne, et Pierre Lebailly, émouleur, pour ouvrir celle de Saint-Jean.

Le 13 novembre, il fut procédé à la nomination d'un maire en remplacement du notaire Lingois.

Comme les opérations électorales devaient se faire dans les deux églises, les curés avancèrent l'heure de la grand'messe et chantèrent les vêpres à l'issue.

A la section de Saint-Jean, Galleran, officier municipal, fut élu par 38 voix. Les autres suffrages se répartirent ainsi : Parfait Grandin 1, Joseph Duruflé 1, Morin Duruflé 3, Hayet 1, J.-M. Grandin 1, J -P. Grandin 6, plus une voix perdue. La section de Saint Etienne donna 41 voix à Galleran, à J. P. Grandin 20, à Marin Duruflé 5, à Join-Lambert 2. Galleran fut donc élu maire par 79 voix, représentant la majorité absolue.

Ce même jour, le corps municipal de la commune adressa cette lettre à l'Assemblée législative :

« Aux législateurs françois,

« Offrant ses hommages à l'Assemblée nationale, le conseil général de la commune, animé des sentiments du plus pur civisme et du plus inviolable attachement aux principes de la Constitution et brûlant du zèle le plus ardent pour l'activité des lois, se voit forcé de faire éclater ses plaintes sur la lenteur qu'éprouve l'exécution du décret qui règle l'organisation des gardes nationales. Ce décret, rendu depuis longtemps, n'a point encore été publié dans le département de la Seine Inférieure dont nous faisons partie.

« Considérant que cette loy est une des bases sur lesquelles repose la sûreté de l'Etat, notre sollicitude pour le salut de la chose publique gémit d'une négligence qui est d'autant plus dangereuse qu'elle paroît volontaire.

« L'exécution des lois serait-elle donc confiée aux ennemis de la Patrie?

« Frappés de l'importance d'organiser au plus vite la garde nationale, nous prions l'Assemblée de se faire rendre compte des causes qui retardent l'exécution des lois concernant l'organisation des gardes nationales et, dans sa sagesse, de pourvoir aux moyens de nous faire jouir des heureux effets qu'ils doivent produire et pour le corps social et pour tous les citoyens en particulier.

« Nous présentons à l'Assemblée nos parfaits respects ». — Suivent les signatures.

Le lendemain, il fut procédé à l'élection d'officiers municipaux pour remplacer Rousselin, Tienterre, Galleran et Le Roy. Furent élus Séjourné, Delastre, Delaunay et Martin Hayet, les trois premiers à la majorité absolue après deux tours de scrutin, le dernier après trois votes successifs et seulement à la majorité relative.

Jacques-Pierre Grandin fut réélu procureur de la commune, par 77 voix sur 80 votants.

Les neuf notables sortants étaient Bailli, Folie, Devé, Séjourné, François Lefebvre, Eloi, Duhamel et Guerout, plus Placide Le Roy, nommé précédemment officier municipal pour succéder à Balleroy.

Furent élus : Balleroy; Fontaine, huissier; Lenoble aîné; Morin, épicier; André Duchemin; Charles Moquet; Passot, épicier; Lemercier, charron, et Mouton père.

Les nouveaux élus prêtèrent serment et furent installés dans leurs fonctions le 20 du même mois.

C'est encore dans les registres du district de Rouen que nous trouvons la délibération suivante ; elle porte la date du 17 novembre et concerne une affaire dont nous avons déjà parlé :

« Vu la requête du sieur Fontaine, tendant à obtenir l'autorisation de poursuivre devant les tribunaux M. le procureur de la commune d'Elbeuf, sur le prétexte qu'il s'est rendu coupable envers lui d'un délit d'administration...

« Considérant que la voie de haro, réservée dans son origine pour les causes et matières criminelles, étendue depuis aux matières civiles mais pour les causes où il y a péril, ne devoit pas être la voie à prendre contre le procureur de la commune agissant pour et à la garantie de la municipalité ; que, dans la supposition (à laquelle on veut bien se prêter) que cette voie peut être prise, le péril ne se remontroit pas dans le retard qu'auroit opéré la voie du procès-verbal de refus que pouvoit dresser l'officier ;

« Considérant qu'au lieu de cette voie régulière ouverte à M. Fontaine, il ne disconvient pas d'avoir pris au collet le procureur de la commune, décoré des signes extérieurs de son état et de ses fonctions, ce qui établit la volonté d'agir de violence et de s'aider à cet effet des cavaliers de la gendarmerie nationale dont il s'étoit fait assister ;

« Nous estimons qu'il doit être débouté de sa demande en renvoy au tribunal judiciaire, et qu'il n'y a lieu à aucune dénonciation de la part dudit Fontaine contre le procureur de la commune d'Elbeuf ».

Le 23 novembre, le sieur Rielle se rendit acquéreur, moyennant 29.300 livres, d'une masure, de clos et labours, situés à Saint-Aubin et ayant appartenu au prieuré de Saint-Gilles.

Ce même jour, Duruflé frères achetèrent pour 1.725 livres, un labour sis à Caudebec, confisqué sur la collégiale de la Saussaye.

Le 27, en réponse à une lettre datée du 10, le maire écrivit au District qu'il y avait dans notre ville un tabellionage royal et un tabellionage dépendant du ci-devant seigneur, l'un et l'autre exercés par M⁰ Lingois ; qu'à Orival, il y avait autrefois un notariat près la haute justice dudit lieu, appartenant au ci-devant seigneur de la Londe, mais qu'il n'était occupé par personne ; enfin qu'à la Bouille, il y avait un notariat appartenant à Mᵉ Cirette, notaire à Amfreville-la-Campagne, mais pas occupé, ce notariat n'ayant été créé qu'à condition « que l'occupant ne pourroit résider à la Bouille, au préjudice du titulaire de ladite haute justice à qui ce droit appartenoit exclusivement ».

J. Delacroix, Bernard Flavigny, Radier père, Louis-Robert Quesné, Pierre Lefebvre, Pierre Dugard, Métais, Patallier, Rousselin, Mathieu Sevaistre, Alex. Leroy, Flavigny et Grandin, ces deux derniers prêtres, tous créanciers de la ville, furent informés, le 1ᵉʳ décembre, qu'il leur serait remboursé, à chacun, le quart du montant de leur créance respective, à partir du 15 du même mois.

Les administrateurs du District reçurent, le 7, les renseignements suivants sur l'hospice de notre ville, fournis par la municipalité :

« Il n'y a, à Elbeuf, qu'un seul hôpital, établi pour les malades seulement. Il possède trois salles, y compris celle de l'infirmerie, contenant ensemble vingt lits. Tous pauvres d'Elbeuf et tous ouvriers d'ailleurs et compagnons venant y travailler journellement, y sont reçus lorsque leur maladie ne permet point qu'ils regagnent leur pays. Le certificat du médecin, la signature d'un des curés et celles de deux administrateurs en exercice sont les seules conditions exigées pour y avoir entrée. Les infirmes, jeunes ou vieux, n'y sont point admis.

« Deux administrateurs, élus dans une assemblée d'anciens tenue en présence des officiers municipaux et du procureur de la commune, et dont un est remplacé au 1er novembre de chaque année, régissent les revenus dudit hôpital ; le plus ancien des deux est le seul comptable.

« La dépense journalière et la surveillance des domestiques femelles employées au service des malades sont confiées à une demoiselle d'un âge mûr, sans autre salaire que d'être nourrie, logée et servie par une des trois domestiques, spécialement gagée à cet effet.

« Les revenus de l'hôpital se composent, savoir :

D'une ferme dans le Vexin, au revenu annuel de.....................	710 l. »»	s.
D'une petite ferme attenant audit hôpital...........	330	»»
Une rente sur les domaines.	377	10
Une rente sur le clergé....	180	»»
Rentes sur divers particuliers..................	1.903	10
13 corps de bâtiments loués à des journaliers qui payent difficilement et quelquefois point...............	517	»»
Total.........	4.018	»»

« Ses charges sont :

ANNÉE 1791

Une rente au trésor de la paroisse Saint-Jean................	20 l. »»	s.
Une rente au trésor de Vitot.	200	»»
Une rente seigneuriale.....	4	9
Honoraires du chapelain...	278	»»
— du médecin....	150	»»
— du chirurgien..	50	»»
Gages des trois servantes..	252	»»
Total.........	954	9

« Outre l'excédent de 3.063 livres 11 sols, il se fait une quête par les maisons tous les mois, dont le produit n'a monté cette année qu'à 1.092 livres environ ».

Le maire ajouta que ces quêtes diminuaient sensiblement et que tout faisait alors supposer qu'elles diminueraient davantage encore ; que la retenue d'un cinquième sur les rentes, l'imposition foncière des bâtiments loués ou occupés par l'hôpital, le renouvellement nécessaire des camisoles pour les malades, la réparation des bâtiments et des murs, etc., annonçaient une situation inquiétante pour l'avenir des malheureux malades, auxquels rien n'avait manqué jusque-là.

Le 12 décembre, Flavigny-Desilles s'autorisa de l'article de la loi le dispensant du service de la garde nationale, comme ayant plus de trente ans de services à l'armée ; il avait fait, en outre, quatre campagnes. Néanmoins, il se mit à la disposition des autorités municipales pour le cas où l'intérêt public réclamerait le secours de son expérience et de ses forces.

Deux délibérations du District nous montrent quel était l'état des esprits dans notre région, à cette époque, vis-à-vis du bas clergé.

A la suite d'une demande faite par les habitants de Saint-Aubin jouxte-Boulleng, qui désiraient qu'une basse messe put être célébrée le dimanche, le Directoire approuva leur pétition « tendante à ce qu'un vicaire fut envoyé dans cette paroisse ». Cette délibération fut prise le 19 décembre. — L'année suivante, le 9 juillet 1792, le District donna au curé Guersent, de Caudebec, une permission d'un mois afin qu'il put aller prendre des bains de mer.

Le 15 décembre, Pierre-Jacques-Amable Chrétien de Fumechon, ancien chevalier, ancien conseiller au Parlement, vendit à Louis-Robert Flavigny, fabricant à Elbeuf :

« 1° Le ci-devant fief noble, terre et seigneurie de Bosguerard..., auquel fief étoit attaché le patronage de la paroisse de Saint-Denis-de-Bosguerard et le droit de nommer et présenter au bénéfice-cure d'icelle... Le domaine fieffé est composé d'hommes, vassaux, rentes et redevances seigneuriales en argent, oiseaux, sujétions, corvées, droit de tor et de ver (de taureau et de vérat), colombier, relief, treizièmes, amendes, confiscations, etc... Le domaine non fieffé est composé de la grande ferme du château, jardin, colombier, écuries, remises, pressoir.

« 2° Le ci-devant fief noble, terre et seigneurie de Saint-Wandrille, dont le chef mois est en ladite paroisse de Saint-Denis-de-Bosguerard et s'étend ès paroisses circonvoisines ».

Ces deux fiefs relevaient de l'abbaye du Bec-Hellouin. La vente fut consentie moyennant 150.000 livres comptant.

Une plainte fut portée, le 22, devant les administrateurs du District, par le secrétaire-greffier d'Oissel et plusieurs autres greffiers de municipalités du canton d'Elbeuf, contre Gosselin, juge de paix suburbain du canton d'Elbeuf, et son greffier, « qui distribuoient leurs cédules de citations à signifier aux huissiers qui les avoisinoient, et cela au mépris de la loi, qui réservoit cet avantage aux greffiers des municipalités ». Le District fit écrire au juge de paix Gosselin pour le rappeler à l'exécution de la loi.

Le 29, on délibéra, au corps de ville, sur le salaire qui serait désormais accordé aux ouvriers travaillant aux chantiers de charité. Onze voix se prononcèrent pour le prix de 18 sols, sept pour le mettre à 20 sols et une pour l'abaisser à 16.

On était alors en pleine crise monétaire. En neuf jours seulement, il était sorti de France pour 6.800.000 francs de numéraire. Dans la province, la petite monnaie avait complètement disparu, au point qu'on en manquait même pour payer les ports de lettres.

L'absence de billon et de fractions d'assignats avait provoqué l'émission de « billets de confiance », dont nous avons déjà parlé, qui furent d'abord reçus favorablement, parce que, suivant l'expression de Condorcet, les besoins l'emportaient sur la méfiance. Ces billets firent leur apparition sous la surveillance des municipalités ; il y en eut de 20, 15, 10 et 5 livres, de 50, 40, 30, 20, 15 et 10 sous. Rouen et Louviers, suivant l'exemple de notre ville, émirent de ces billets. Au mois de décembre 1791, les municipalités et même les particuliers en avaient déjà créé pour 140 millions de livres.

Leur succès dura peu, car des faussaires

les firent bientôt déprécier. Il y eut une fabrique de faux billets à Evreux. Ceux de Louviers, d'Elbeuf, du Havre et autres villes furent contrefaits, de sorte qu'on les refusait partout.

Le 24 décembre, la municipalité d'Elbeuf demanda avec instance au District de la monnaie de billon, afin d'éviter des malheurs qui ne pouvaient manquer de surgir sans cela.

Une lettre adressée par le maire au District nous fournit d'intéressants renseignements sur les poids et mesures en usage à Elbeuf :

Il n'avait été trouvé dans les archives municipales ni étalons, ni matrices, ni procès-verbaux pouvant fixer l'étendue, la superficie ou la capacité des poids et mesures, « sauf, au ci-devant greffe de la haute justice, l'étalon d'un marc en cuivre, et une livre du même métal, divisée en ses parties composantes emboîtées les unes dans les autres par progression géométrique ».

La livre de poids était de seize onces, comme celle de Paris.

La mesure des grains était le boisseau, contenant 17 pots mesure d'Elbeuf et non d'Arques. La contenance du pot d'Elbeuf était d'un seizième moindre que celle d'Arques. Les grains se mesuraient au boisseau, moitié ras et moitié comble, en sorte que le boisseau de grains livrables était de 19 pots mesure d'Elbeuf et 18 pots mesure d'Arques.

Les terres se mesuraient par acres, contenant chacune 4 vergées ou 160 perches ; la perche était de 22 pieds carrés.

La bûche avait 26 pouces de longueur et se vendait à la corde, mesure qui avait 8 pieds de longueur et 4 pieds de hauteur. Le cotret avait 26 pouces de longueur, 18 pouces de tour et se vendait au cent.

Le bois équarri ou en grume, pour bâtisse, se vendait à la marque, mesure qui contenait 300 chevilles ou 3.600 pouces cubes de bois.

Le charbon de bois se vendait au boisseau comble ; il contenait 21 pots d'Elbeuf ou 20 pots d'Arques.

Le charbon de terre se vendait à la rasière comble, contenant 4 boisseaux.

Le plâtre se vendait au boisseau ras.

Le charbon se vendait au boisseau comble.

Les étoffes étaient mesurées à l'aune de Paris, ayant 43 pouces 8 lignes de longueur.

Prosper Durand, receveur de l'ancienne seigneurie et procureur du ci-devant duc d'Elbeuf, vendit, le 26 décembre, à Michel-Guillaume Bosquier, avocat, « les bâtiments et terrain composant l'auditoire et prisons étant dans ladite ville d'Elbeuf, avec le petit jardin étant au bout dudit auditoire... Comme dans lesdits bâtiments il y a un petit cabinet servant au dépôt des papiers du greffe de la cy devant juridiction, que lesdits papiers y sont encore, que sur la fermeture de la porte il y a une apposition de scellés par la municipalité d'Elbeuf, l'acquéreur devra prendre contre qui il appartiendra le party qu'il jugera le plus convenable pour faire rendre libre ledit cabinet, en arrière du sieur de Lorraine et sans l'y appeler directement ou indirectement ». La vente fut consentie moyennant 6.300 liv.

Le 27 décembre, on mit en adjudication publique « une maison sise grande rue de Saint-Etienne, aïant servi de bureau pour la marque des draps, et aïant appartenu à la communauté des Drapiers d'Elbeuf ». Elle fut acquise par Louis-Joseph Flavigny, fabricant, rue Meleuse, pour le prix de 6.000 livres.

Ce même jour, Jacques-Pierre-Michel Grandin se rendit acquéreur d'un autre bien national consistant en une autre maison sise dans la paroisse Saint-Etienne et ayant appartenu aux Ursulines. Il la paya 7.000 livres.

Les grands événements politiques de cette époque ne détournaient pas la marche du progrès industriel. A Elbeuf, plusieurs manufacturiers s'ingéniaient à perfectionner les métiers à filer. Ce fut en cette année également que les frères Granger, d'Annonay, firent connaître leurs nouvelles machines à carder et à filer la laine.

De 1791 date aussi le brevet Sarazin, de Lyon, concernant de nouveaux appareils de filage, et enfin, le moulin que fit construire Simonis, de Verviers, « à l'aide duquel trois personnes pouvoient filer 400 écheveaux de laine par jour ».

CHAPITRE XXV
(JANVIER-AVRIL 1792)

INCIDENTS. — INSTALLATION DE LA GARDE NATIONALE. — RECRUTEMENT DE L'ARMÉE ; DISCOURS D'HENRI HAYET. — LE BONNET ROUGE ET LES « SANS-CULOTTES ». — DÉSORDRES AU NEUBOURG ; ELBEUF MENACÉ ; ARRIVÉE DE TROUPES. — SURCHARGE DE CONTRIBUTIONS ; MOUVEMENT DANS LA VILLE. — LA CONSIGNE DU CORPS DE GARDE. — LES ÉMIGRÉS. — DÉBUTS DE LA GUERRE.

Le 7 janvier 1792, l'assemblée municipale, sur les conclusions du procureur de la commune, ordonna l'exécution prononcée de l'ordonnance du 12 mai précédent, en faisant démolir les clôtures et cheminées qui avaient été construites aux petites halles, situées dans le milieu de la rue Saint-Jean. Elle accorda un délai jusqu'au 25 mars aux personnes qui les occupaient, pour déménager, mais ordonna que la partie non habitée serait déclose incessamment.

Immédiatement, le prince de Lambesc, par

son fondé de pouvoir, interjeta « clameur de haro ».

Le 9, le conseil municipal chargea le maire Galleran et le procureur de la commune Grandin d'aller représenter la ville, devant le District, sur le haro interjeté par le sieur de Lorraine.

Ils furent bien accueillis du président du District, et, exposition entendue des faits, le haro fut simplement converti en action et joint à la question principale pour être fait droit sur le tout en l'audience du 17 janvier.

A une question posée par le District au maire d'Elbeuf, celui-ci répondit, le 2 février, qu'il n'existait à proprement parler aucun établissement d'instruction ou d'éducation dans notre ville.

Les habitants d'Elbeuf furent prévenus au prône des messes paroissiales des deux églises, le 22 du même mois, qu'une assemblée aurait lieu pour l'installation de la garde nationale.

Le 23, l'administration communale arrêta que les seules personnes domiciliées et pourvues de patentes seraient admises à la réception des gros sous, et que nul n'en recevrait deux fois de suite.

En réponse à des questions du District, le maire répondit le 5 février :

« Il n'y a plus à Elbeuf de prisons à la disposition de la municipalité, les bâtiments qui servoient à cet usage ayant été, depuis un mois, vendus par M. de Lorraine à un particulier de la ville ; mais il seroit intéressant de s'en procurer.

« Les dites prisons consistoient en deux chambres et en un cachot. Une des chambres contient 19 pieds de longueur sur 16 de largeur et l'autre 19 pieds sur 8 ; le cachot 7 pieds sur 6.

« Elles ne sont pas sûres ; les murailles en sont bonnes ; les planchers et les refends sont très foibles. La plus grande chambre est la seule qui soit saine. Elles ne renferment aucuns ouvroirs ni bâtiments propres à cet usage.

« Du registre du geôlier, il résulte qu'année commune le nombre des prisonniers peut s'élever à 40 ou environ, civils en majeure partie. Elles se trouvent quelquefois vuides ».

L'administration départementale, ayant été sollicitée par la municipalité d'Elbeuf, s'était enfin décidée à accorder des secours pour ouvrir des travaux publics sur la route des Essarts, en faveur des ouvriers sans travail. Ces secours arrivèrent trop tard, car au 7 février 1792, malgré des avis rendus publics à Elbeuf, Orival et la Londe, il ne s'était encore présenté que sept personnes, dont quatre d'Elbeuf et trois de la Londe. La fabrique avait alors repris une pleine activité et fournissait un travail abondant à tous les ouvriers de notre ville et des localités des environs.

Nous avons dit que l'église Sainte-Croix-des-Pelletiers, de Rouen, ayant été fermée, son mobilier avait été donné à diverses autres églises. L'autel, destiné à celle de Caudebec-lès-Elbeuf, avait été arrêté par le curé et les marguilliers de Saint Jean, ce dont Guersent, curé de Caudebec, se plaignit.

Le 11 février, le maire d'Elbeuf adressa cette lettre au curé Pinel :

« Messieurs les curé et trésorier de la paroisse Saint-Jean d'Elbeuf,

« L'administration du département nous a fait passer les copies de deux arrêtés par lesquels elle vous enjoint de remettre aux sieurs curé et trésorier de Caudebec l'autel de Sainte-Croix-des-Pelletiers, avec ses accessoires.

« Nous vous prévenons que nous sommes délégués par le Directoire du district pour faire exécuter lesdits arrêtés. Nous sommes convaincus que, pénétrés de respect pour les autorités constituées, vous préviendrez les démarches que nous sommes chargés de faire, en defférant incessamment aux vues des administrateurs du département, si vous ne l'avez pas encore fait. Vous voudrez bien, Messieurs, nous faire connaître vos dispositions... GALLERAN ».

La remise de l'autel à l'église de Caudebec eut lieu la semaine qui suivit cette lettre.

Voici un extrait du procès-verbal de l'installation de la garde nationale, le 12 février :

« Aussitôt avertis que les citoyens composant deux bataillons se trouvoient rangés sur la place d'armes, commandants et officiers de tous grades à leur tête, nous nous y sommes rendus.

« Alors les deux commandants, élus dans les formes prescrites par la loi, se sont avancés vers la municipalité pour tirer au sort le rang des bataillons. Le premier est échu à M. Henri de la Rue qui, sur le champ, a été proclamé, par M. le maire, commandant du 1er bataillon de la section de Saint-Etienne. Ensuite M. Maille le jeune a été de même proclamé commandant du 2e bataillon de la section de Saint-Jean.

« Puis chaque commandant, à la tête de son bataillon, a fait l'appel et proclamation des capitaines, officiers, sergents et caporaux qui, les jours précédents, avoient été choisis et nommés au scrutin par leurs compagnies, et, de suite, ils ont prononcé à haute et intelligible voix le serment civique pour et au nom de leur bataillon. A l'instant, et d'un bout à l'autre, l'on a entendu ces mots : Je le jure! et à diverses reprises les sentiments d'allégresse se sont manifestés par des cris de : Vive la Nation, la Loi et le Roy !

« Enfin, nous sommes rentrés à la maison commune pour rédiger le présent, laissant le bataillon défiler et conduire chaque drapeau à l'hôtel du commandant ». — Suivent les signatures du maire et des officiers municipaux.

Le ci-devant prince de Lambesc, « général major des troupes de l'empire », étant en Belgique, à Bruxelles, au commencement de cette année, avait donné pouvoir à Charles-Prosper Durand, receveur de sa terre d'Elbeuf, de vendre, à Louis Henri Delarue : « 1° Une portion de terrain faisant cy devant partie de l'avenue du château d'Elbeuf ; 2° Une prairie nommée le Pré-Bazire ».

L'acte de vente passé à Elbeuf, le 16 février, porte : « M. Delarue ne pourra sous aucun prétexte exiger que M. de Lorraine recueille les eaux qui filtrent à travers les murs qui retiennent l'eau de la Rigolle. Il supportera l'écoulement des eaux du bassin qui est dans l'avenue de M. de Lorraine ». Cette vente fut consentie moyennant la somme de 12.000 liv.

On sait qu'à cette époque les Girondins poussaient à la guerre contre l'Autriche, qui venait de contracter un traité d'alliance avec la Prusse, pour se précipiter sur la France et y rétablir l'ancien régime.

Le 26 février, on afficha une proclamation des administrateurs du District, faisant un appel aux plus zélés des habitants d'Elbeuf pour aller compléter de leurs personnes plusieurs régiments. Cette proclamation fut lue aux prônes des deux paroisses.

Le 28 février, on mit en adjudication publique un clos en nature de pré situé « proche Elbeuf, paroisse Saint-Jean, appelé le clos de l'Epinette, contenant une acre, bornée d. c. par la ruelle du Port, d. c. la prairie, d. b. le chemin de halage, d. b. une petite ruelle » ; plus une oseraie séparée du clos par le halage, et une pièce de terre en pré, contenant deux acres trois vergées, bornée par la Seine ; le tout, ayant appartenu aux Ursulines d'Elbeuf, fut adjugé à Pierre-Henri Hayet, moyennant 8.350 livres.

Hayet acheta également, pour le prix de 3.050 livres, une pièce de prairie, contenant une acre deux vergées, ayant appartenu aux chanoines de la Saussaye et affermée alors à Laurent Patallier.

Les derniers syndics de l'ancienne corporation des maîtres drapiers d'Elbeuf rendirent leurs comptes à la municipalité le 1er mars. Dans les titres de la corporation, se trouvait celui d'une rente de 300 livres, du 25 novembre 1765, sur les domaines et bois de la généralité de Rouen, et un autre d'une rente de 600 livres, du 15 juillet 1765, sur la recette des tailles de Pont-de-l'Arche.

Le dimanche 4 mars, les membres de la municipalité, « en habit de cérémonie », s'assemblèrent à l'occasion du recrutement de l'armée que devait présider une commission du Directoire, en présence de toutes les gardes nationales du canton.

A midi, les troupes bourgeoises nationales

étaient réunies sur la place du Coq, ainsi que Marc, maire d'Orival ; Delarue, maire de Caudebec ; Fréret, maire de Saint-Aubin ; Lenormand, maire de Cléon ; Pétrel, maire de Petit-Couronne ; des officiers municipaux de Grand-Couronne et de la Bouille. H. Hayet, en l'absence du maire d'Elbeuf, fut proclamé commissaire. Il fit plusieurs « exhortations civiques, terminées par un discours dont l'énergie, soutenue du plus pur patriotisme, fut couvert d'applaudissements ». Les archives municipales nous ont conservé le texte de ce discours ; le voici :

« Messieurs, vous êtes instruits de l'objet important qui vous rassemble. La Patrie mecée réclame des défenseurs. La cause la plus juste, les intérêts les plus chers vous appellent à la défense d'une constitution que vous avez juré de maintenir. En vous voyant, Messieurs, briguer tous aujourd'huy l'inappréciable honneur de combattre pour elle, nous reconnoîtrons en vous des hommes qui n'ont point dégénéré de la noble ardeur qui les animoit en 1789.

« Mais c'est en vain que les despotes s'agitent contre la volonté du peuple françois. Lorsqu'une nation entière marche à la vengeance ; lorsqu'elle s'arme pour conserver la liberté qu'elle a conquise, n'est-elle pas invincible ?

« Déjà de nombreux bataillons de gardes nationales courent aux frontières, ils y forment déjà un rempart impénétrable entre l'esclavage et la liberté. Commandés par des généraux dont le nom seul annonce des victoires, quels succès n'en devons-nous pas attendre si la guerre doit éclater ? C'est pour la terminer d'une manière aussi prompte que l'Assemblée nationale a jugé nécessaire de porter au complet l'armée de ligne dont les braves soldats méritent votre estime et vos sentiments fraternels par le civisme dont ils ne cessent de donner des preuves.

« Vous êtes appelés, Messieurs, pour concourir au complément auquel se portent à l'envi les citoyens des diverses parties de l'empire. Nous ne vous parlerons pas des avantages que présente la loi du 25 janvier. Ce n'est pas d'intérêt qu'il faut entretenir des hommes libres qu'anime assez l'amour de la Patrie pour lui faire les sacrifices que peut exiger son bonheur. Il suffit à des vrais citoyens, il suffit à des François de leur montrer l'ennemy commun pour les voir voler au combat.

« Affranchis du régime odieux de la milice, que remplace une inscription libre et volontaire, vous n'en serez que plus ardents à vous armer de votre propre gré contre le retour des abus par lesquels vous étiez asservis, et qui renoîtroient infailliblement de la perte de votre liberté.

« Telle est donc la confiance que nous inspire votre zèle, Messieurs. Par la réunion de vos efforts, la France sera bientôt heureuse. Elle le sera par vous, magistrats du peuple, qui justifierez son choix en déjouant, par votre vigilance, les intrigues de ses ennemis intérieurs. Elle le sera par vous, jeunes guerriers qui, généreusement, irez la défendre contre ceux du dehors, pour revenir bientôt triomphants, au milieu de vos concitoyens, recevoir la récompense flatteuse qui sera due à votre courageux patriotisme ».

A cette époque, la plupart des autorités elbeuviennes, à l'imitation de celles de Paris,

Année 1792 577

avaient déjà adopté le bonnet rouge et la cocarde des patriotes, et c'est aussi à partir de ce moment que les citoyens « non actifs » écartés des rangs de la garde nationale, s'enrôlèrent pour la défense de la Patrie et de la Révolution ; ils se parèrent de l'épithète de « sans culottes » que l'aristocratie leur avait donnée par mépris.

Depuis quelques semaines, des désordres se produisaient aux marchés du Neubourg. Le maire d'Elbeuf écrivit à son collègue de l'Eure, mais celui-ci n'eut point le temps d'y répondre à cause des embarras dans lesquels il se trouvait.

Le mercredi 7 mars, le maire Galleran fit appeler des personnes revenant du marché du Neubourg, pour savoir d'elles ce qui s'était passé dans le jour. Les sieurs Hébert, Lanon, Delalande et la femme Martin, interrogés séparément, racontèrent les faits que nous trouvons résumés sur les registres des délibérations municipales :

Vers dix heures du matin, il avaient vu arriver d'abord une avant-garde d'environ trois cents hommes armés, lesquels exigèrent que la municipalité allât au-devant du gros de la troupe, composée de plus de trois mille hommes, également armés de toutes manières, qui paraissaient conduits par un homme portant la croix de Saint-Louis et par une trentaine de personnes ayant l'écharpe municipale, le tout accompagné de tambours, drapeaux et violons.

La troupe, après son entrée au Neubourg, avait environné la halle et forcé le peu de laboureurs qui s'y trouvaient à délivrer le blé au prix de 25 livres le sac, les autres grains à proportion, ainsi que diverses autres denrées et marchandises.

Un cultivateur ayant refusé de livrer ses grains au prix qu'on voulait lui imposer, avait été fort maltraité, traîné en prison, d'où on l'avait tiré ensuite pour le promener ignominieusement sur un âne, et, finalement, réemprisonné.

La troupe avait, en outre, forcé la municipalité de prendre un arrêté par lequel celle-ci s'engageait à se joindre aux trois mille hommes pour marcher le samedi suivant sur notre ville, afin d'y jeter les mêmes désordres, espérant grossir son nombre des individus qu'elle ramasserait dans sa marche.

Ces nouvelles jetèrent l'épouvante à Elbeuf, comme on le pense bien. Le corps municipal se réunit et prit la délibération suivante:

« Considérant que de semblables excès ne pouvant être occasionnés que par l'instigation des ennemis du bien public, on ne peut s'occuper trop promptement de les réprimer, avant que de plus grands maux ne se fassent sentir.

« Considérant encore qu'il est de la plus grande importance d'assurer la liberté du commerce, surtout l'approvisionnement des marchés, et de garantir les propriétés menacées.

« Craignant aussy que nos halles ne soient pas garnies s'il n'y a pas de protection, puisque déjà les boulangers de cette ville n'ont pu s'approvisionner aujourd'hui au Neubourg, où la frayeur avait empêché les laboureurs de se rendre.

« A arrêté unanimement qu'il sera envoyé demain matin une députation au Directoire du département, à l'effet de l'instruire de ces fâcheux événements et de réclamer des forces suffisantes qui puissent en imposer à ces séditieux et même les repousser si les circonstances l'exigeoient... »

Le surlendemain vendredi, des ordres furent donnés, par la municipalité, aux deux commandants de la garde nationale d'envoyer chacun cent hommes pour assurer la sûreté de la halle du samedi. Les gendarmes furent également prévenus.

A dix heures du soir, on apprit à Elbeuf que, sur les ordres du Département, un détachement, composé partie du 17º régiment (ci-devant Royal-Bourgogne cavalerie), et partie de la gendarmerie nationale, arriverait le lendemain matin à neuf heures dans notre ville.

Le samedi 10, dès huit heures, un fourrier du 17º régiment arriva à Elbeuf et annonça que trente cavaliers le suivaient. Ce fourrier remit un pli à notre municipalité, par lequel le procureur général syndic du Département l'avisait qu'il était informé que « déjà l'attroupement des séditieux étoit dissipé en grande partie et les chefs arrêtés » ; qu'en conséquence, le Directoire avait réduit le détachement à trente cavaliers et à cinq gendarmes.

On remit immédiatement au fourrier trente-cinq billets de logement et une note indiquant les écuries où l'on placerait les chevaux. Quelques instants après le détachement arriva, commandé par le sieur Buy, lieutenant, qui s'entretint avec le corps municipal.

Vers une heure de l'après-midi, arriva le sieur Humblot, officier, commandant vingt-quatre hommes du 9º régiment de chasseurs et suivi de quatre gendarmes. Notre munici palité ne s'attendait pas à ce nouveau corps de troupe ; aussi, quand l'officier réclama des billets de logement, le maire Galleran lui demanda-t-il communication des ordres dont il était porteur.

Humblot montra une pièce émanant du procureur syndic du département de l'Eure, qui lui prescrivait de se porter dans les villes, bourgs et villages où sa présence pourrait être nécessaire.

Le maire lui objecta que cet ordre, venant d'un autre département, le mettait dans l'embarras : cependant il offrit d'accueillir la détachement ; mais le commandant se contenta d'écuries et de fourrages pour ses chevaux. A trois heures, Humblot demanda un « certificat de bonne conduite » qui lui fut accordé, puis il se retira avec sa troupe.

Un « certificat de bonne conduite et de civisme » fut également délivré au sieur Buy, commandant du détachement du 17e régiment, qui retourna à Rouen le même jour.

Le 2 avril, des habitants présentèrent une pétition demandant « l'ouverture de la ruelle aux Cochons, donnant dans la rue de la Justice d'un bout et de l'autre dans la sente Paquet tendante au Valot ». Le conseil arrêta que cette ruelle serait débouchée dans le délai de deux mois, afin de donner le temps aux propriétaires riverains de clore leurs terrains.

Ce même jour et dans les mêmes conditions, le corps de ville arrêta que l'on déboucherait également une autre ruelle située « vis à-vis de celle ci-dessus, prenant de la susdite sente Paquet et allant aux Trois-Cornets, à travers le clos de Pierre-Michel Grandin ».

La contribution mobilière de la ville d'Elbœuf fut fixée, pour l'année 1792, à 106.869 livres 15 sols. Notre municipalité fut effrayée de la surcharge imposée à nos concitoyens. Elle pria le procureur de la commune de dresser un mémoire destiné à être envoyé à l'administration supérieure.

Quand le chiffre de cette imposition fut connu en ville, il excita un murmure presque général. Le 4, la cloche de Saint-Jean appela la population qui y accourut en masse. De vives protestations s'élevèrent ; mais nous ne connaissons pas le texte de la délibération qui fut prise.

Le corps municipal s'émut de cette réunion, faite sans son concours et en arrière de lui. Le 7, à la réunion de ses membres, à l'Hôtel de Ville, il arrêta :

« Afin de prémunir sur l'abus de pareilles assemblées les bons citoyens, qui sans doute conservent à la municipalité la confiance qu'ils lui ont accordée, confiance qu'elle a justifiée sur l'objet même, par les démarches qu'elle faisoit ce jour-là vers l'administration du département...

« Regardant cette prétendue délibération nulle et illégale, déclare rappeler cette assemblée à l'ordre, et faire défense d'en tenir de pareilles à l'avenir. Ordonne que la présente sera affichée et publiée ».

Le sieur Bosquier, avocat, se disant acquéreur des prisons, maison de geôlier et auditoire du prince de Lambesc, le corps municipal l'invita, le même jour, à présenter son contrat d'acquisition ; ce que Bosquier fit quelques jours après.

Quatre labours sis à Caudebec, ayant appartenu au bénéfice-cure du lieu, furent vendus à divers, le 7 avril. Le même jour, on adjugea deux autres labours, autrefois propriétés du prieuré de Saint-Gilles, à Laurent Duruflé. Le mois suivant, on mit en vente vingt quatre pièces de terre, en neuf lots, ayant appartenu aux Ursulines d'Elbeuf et également sises à Caudebec, dont se rendirent acquéreurs les citoyens Nicolas Corblin, Langlois, J.-B. Châtel, Duruflé et autres.

Voici quelques extraits du projet de consigne à donner au corps de garde, dont les articles furent adoptés par le Conseil communal le 11 avril :

« Pour le bon Dieu, le factionnaire criera Aux armes !

« Pour le feu : Aux armes !

« Pour les batteries : Aux armes !

« Pour une troupe armée : Aux armes !

« Il écartera à dix pas toute personne étrangère au service.

« Défense de causer pendant l'heure de sa faction.

« Il ne laissera sortir personne du corps de garde avec son fusil.

« Il ne laissera entrer personne à la municipalité avec des armes, cannes, bâtons et chiens.

« Des patrouilles seront faites toutes les nuits et dans le plus grand silence. Défense à ces patrouilles de boire dans les cabarets, et dans le corps de garde », etc.

Les municipaux de Caudebec et d'Orival avaient fait l'estimation des biens fonds de la communauté d'Elbeuf. Orival les avait estimés à 195.194 livres et Caudebec à 206.104 livres. Dans sa réunion du 12 avril, le Conseil municipal de notre ville déclara ne pas adhérer à l'avis du District qui avait porté l'estimation à 216.000 livres, et demanda qu'elle fut fixée à la moyenne de la somme indiquée par les communes voisines.

Tout n'était pas rose dans le service de la garde nationale. Nous n'en voulons pour preuve qu'une requête présentée au corps de ville, le 13 avril, par les deux commandants de la milice bourgeoise, dans laquelle ils disaient les motifs de la détention de Flavigny-Gosset aîné, officier de la garde nationale, emprisonné sur l'ordre du juge de paix et conduit à Rouen.

Les deux commandants exposaient, en outre, leur propre inquiétude à propos de la démission d'un très grand nombre d'officiers et de sous-officiers, à cause du découragement auquel les portait l'emprisonnement de Flavigny. Comme conclusion, ils priaient la municipalité de s'interposer pour obtenir une justice prompte, de nature à calmer les esprits et maintenir le service de la garde nationale.

Le corps de ville décida de consulter un avocat de Rouen, afin de ne point se compromettre. Le procureur de la commune partit sur le champ pour le chef-lieu.

Par délibération du 18 du même mois, et en conformité de la loi concernant les émigrés, le corps municipal invita Servant Huault et Durand, fermiers et agents d'affaires du prince de Lambesc, à venir passer déclaration de leurs comptes avec « le sieur de Lorraine ».

Le nom d'émigré, si odieux en France pendant la Révolution, rappelait une suite de trahisons et de complots contre la patrie française.

Le mouvement d'émigration, nos lecteurs

le savent, avait commencé après le 14 juillet 1789, par la fuite du prince de Lambesc, du comte d'Artois, de Condé, de Conti, de Polignac, de Broglie, du marquis de la Londe et autres princes ou grands seigneurs. Le roi lui-même avait tenté, à deux reprises, de sortir de France, pour aller rejoindre les factieux à Worms et à Coblentz, et diriger des armées contre notre pays.

Toutes les Assemblées, jusqu'au Consulat, eurent à s'occuper des émigrés, dont les biens avaient été placés dans les mains de la Nation, dès les premiers mois de l'année 1792. Le seul émigré originaire d'Elbeuf, à cette époque, était Louis-Tranquille Delarue ou de la Rue, ancien garde du corps du roi.

La guerre avait été déclarée à l'Autriche le 20 avril, et tout de suite les troupes françaises avaient été mises en campagne, prématurément, de sorte que les débuts des hostilités ne furent pas favorables à nos armes. Le 28 et le 29, les Français se débandèrent devant Tournay et Mons, et durent se replier sur Lille et Valenciennes.

FIN DU TOME VI

TABLE DES GRAVURES

DU TOME VI

1. Ancien Hôtel de Ville (vers 1856) ; actuellement siège de la Société Industrielle ; bureaux des poste, télégraphe et téléphone. . . . . au titre
2. Une des Roches d'Orival (sous le Catelier) . . . . p. 33
3. Premier métier mécanique à filer la laine importé à Elbeuf vers 1782. . p. 65
4. Filage de la laine à la main (d'après une gravure de 1783 . . . . . p. 116
5. Ancien métier à ratiner les draps (d'après une gravure de 1783). . . . p. 147
6. Ouverture des Etats généraux, le 5 mai 1789. . . . . p. 232
7. Une famille bourgeoise elbeuvienne (photographie d'un tableau de l'époque). p. 247
8. La nuit du 4 août 1789 . . . . p. 272
9. L'abbaye de Bonport (vers 1850). p. 301
10. Fête de la Fédération au Champ de Mars, le 14 juillet 1790. . . . . p. 440
11. Une ancien barguette, devant Saint-Adrien. . . . . p. 472
12. Arrestation de Louis XVI à Varennes. . . . . p. 528

Nota. — *Cette table servira d'avis au relieur.*

TABLE DES MATIÈRES

DU TOME VI

I. (1780). — Le prince de Lambesc, duc d'Elbesc, (suite). — L'impôt de capitation. — Prix de revient d'un drap d'Elbeuf et production annuelle. — Mort de l'abbé Jean Poulain. — Police des fabriques d'Elbeuf et de Louviers. — Un condamné à mort. — La marque des draps et les bureaux de visite. — Les droits de justice sur les ouvriers. — Substitution pour le maintien perpétuel du duché-pairie d'Elbeuf. — Les officiers du duché. . . . . p. 1

II. (1781). — Le prince de Lambesc (suite). — Liste et importance respective des fabriques elbeuviennes. — Nouveau réglement pour les draps d'Elbeuf. — Le Mont-Duve. — Création d'un cimetière au triège de la Porte-Rouge. — Affaires de la manufacture de draperies. — Instructions données aux fabricants. . . . . . p. 30

III. — 1782-1783). — Le prince de Lambesc (suite). — Michel Grandin, 5ᵉ maire d'Elbeuf. — Création du cimetière Saint-Auct. — Pratiques féodales. — Les viandes de boucherie. — Les premiers métiers à filer la laine. — Les Van-Robais. — Vœux de la municipalité. — Ouverture du nouveau cimetière Saint-Jean. — Réduction des fondations à Saint-Etienne. . p. 51

IV. (1784). — Le prince de Lambesc (suite). — Les premières ouvrières fileuses à la mécanique ; procès curieux. — Notes sur la fabrique et ses opérations. — Crise industrielle et cherté des subsistances, — Affaire ville d'Elbeuf contre Grandin de l'Eprevier, au sujet des droits d'octroi. — Le fief de l'Eprevier. . . . . p. 77

V. (1785), — Le prince de Lambesc *(suite)*. — Jacques Delacroix et Benoist Delarue, 6° et 7° maires d'Elbeuf. — Ricatte nommé doyen de la Saussaye ; protestation des chanoines. — Statistique de la fabrique d'Elbeuf. — Tolozan et la manufacture elbeuvienne. — La comtesse de Brionne et l'affaire du « Collier de la Reine ». — Les cardiers et les cardeurs de laine. — Une séance d'examen pour la réception à la maîtrise de drapier . . . . p. 98

VI. (1786-1787). — Le prince de Lambesc *(suite)*. — Une chanson diffamatoire. — Les plombs de visite des draps. — Dambourney et la garance. — Les perruquiers d'Elbeuf contre ceux de Caudebec. — Les fabricants elbeuviens contre ceux de Louviers. — Les assemblées provinciales. — Le fossé de l'Oison. — Représentation de la municipalité d'Elbeuf. — Les laines indigènes. — Les charges et les revenus municipaux . . . . p. 123

VII. (janvier-septembre 1788). — Le prince de Lambesc *(suite)*. — Bernard Delarue, 8° maire d'Elbeuf. — La « Papillette ». — Lettres d'honorariat. — La mendicité. — Le cimetière Saint-Etienne. — Hommage au bailli Guillaume Blin. — Le théâtre à Elbeuf. — Vives réclamations contre les impôts . . . . p. 152

VIII. (octobre-décembre 1788). — Le prince de Lambesc *(suite)*. — Curieux projet d'un hospice-hôpital général. — Lettres du duc d'Elbeuf et du ministre Villedeuil. — Les adjoints aux répartiteurs. — Nouvelle crise industrielle. — La misère des ouvriers. — Premiers actes de la Révolution française à Elbeuf. — Mémoire sur la composition des Etats Généraux. — Mort du bailli G. Blin. . . . . p. 175

IX. (janvier-mars 1789). — Le prince de Lambesc *(suite)*. — Les cahiers des trois ordres. — Les communautés de métiers préparent leurs doléances aux Etats Généraux. — La misère redouble; travaux de charité. — Hervieu du Homme, dernier bailli d'Elbeuf. — Marie Delaquerrière aux Ursulines. — Réunion des délégués des corporations. — Le Cahier de la ville d'Elbeuf . . . . p. 198

X. (avril-juillet 1789). — Le prince de Lambesc *(suite)*. — L'Ecole militaire de la Saussaye. — Le Cahier des chanoines. — Le cabaretier Leveneur. — Réunion des Etats Généraux. — Le « massacre » des Tuileries. — Le duc d'Elbeuf s'échappe de Paris et gagne l'étranger ; son procès. — La prise de la Bastille. — Une famille elbeuvienne . . . . p. 227

XI. (juillet-août 1789). — Les Patriotes volontaires d'Elbeuf. — Pillage de convois de blé. — Fait d'armes extraordinaire à Poses. — Arrestation d'un Patriote elbeuvien à Louviers ; grand émoi à Elbeuf. — Expédition armée contre Louviers ; insuccès. — Elbeuf s'adresse à La Fayette. — Les patriotes Dupont et Quesné députés à l'Hôtel de Ville de Paris. — Indignation du conseil des Cent-vingt contre Louviers. p. 249

XII. (août 1789). — Les Patriotes volontaires *(suite)*. — Dupont et Quesné à l'Assemblée nationale. — Leur récit de la célèbre nuit du 4 août. — Manifestation de l'Assemblée contre Louviers et félicitations aux Elbeuviens. — Délivrance du Patriote emprisonné. — Lettre de Bailly et de Moreau de Saint-Merry à la ville d'Elbeuf. — Rapport du prisonnier Guilbert. — Curieuse lettre des autorités municipales d'Elbeuf à celles de Louviers . . . . p. 269

XIII. (août-septembre 1789). — Création de la Milice volontaire. — Contrat d'union de la paroisse de la Londe avec la ville d'Elbeuf. — Le drapeau des Volontaires ; difficultés pour leur armement. — La disette ; les boulangers refusent de cuire. — Mesures pour le maintien de l'ordre. — Réglement pour les Volontaires ; nominations de nouveaux officiers. — Plainte contre le bailli du Homme. — Le curé de Bec-Thomas.   p. 298

XIV. (octobre 1789). — La disette continue. — Obligation de servir dans la Milice elbeuvienne. — Refus opposé par plusieurs bourgeois notables. — Les affaires Balleroy et Aze, avocats. — Le tribunal se divise en deux camps. — Requête au bailli par un groupe d'Elbeuviens. — Conflit entre le bailli et la municipalité. — Correspondance curieuse . . . . p. 325

XV. (octobre 1789, *suite*). — Le factum de l'avocat Balleroy contre la municipalité d'Elbeuf. — Détails rétrospectifs. — Ce que l'on appelait « noblesse » et « bourgeoisie » à Elbeuf. — Les « triumvirats » elbeuviens. — La municipalité accusée de concussion. — Comment Balleroy avait été déclaré indigne de servir dans le corps des Volontaires. — Il dénonce la municipalité à l'Assemblée nationale. — Ses griefs contre Zens et Bosquier . . . . p. 348

XVI. (octobre-décembre 1789). — Plaintes de la municipalité au ministre contre le bailli, complice des boulangers. — Les premiers drapeaux d'Elbeuf. — Proclamation de la loi martiale ; le drapeau rouge. — Lettre de Necker au corps municipal. — Contribution patriotique. — La justice régulière est suspendue ; la municipalité s'en saisit. — La disette augmente. — Toujours l'affaire Balleroy. . . . . . p. 377

XVII. (janvier-mars 1790). — Création du département de la Seine-Inférieure, du district de Rouen et du canton d'Elbeuf. — Tentatives pour obtenir un tribunal. — Premières élections municipales. — Pierre Lingois, notaire, 9ᵉ maire d'Elbeuf . . . . p. 402

XVIII. (avril-août 1790). — Abandon des droits dans la forêt. — Adresse des municipaux à l'Assemblée nationale. — Organisation d'une nouvelle garde nationale. — Une émeute. — Nouveau conflit entre le bailli et la municipalité. — Les fêtes de la Fédération ; le 14 Juillet. — Délits dans les bois d'Elbeuf. — Félicitations du corps municipal au Directoire du district. — Réglements de police . . . . p. 424

XIX. (septembre-octobre 1790). — Une nouvelle émeute ; l'Hôtel de Ville arbore le drapeau rouge. — Les embarras de l'administration municipale. — La question des subsistances. — L'affaire du prieur-curé de Mandeville ; autre émeute. — Troubles à la halle au blé. — La question des desservants de paroisses et des communes. — Décès de Constant Le Roy ; deuil municipal. — Les barguettes d'Elbeuf et d'Oissel . . . . p. 452

XX. (novembre-décembre 1790). — Nationalisation des biens du clergé. — Fin de la maîtrise des fabricants de draps, de la haute justice et de la verderie d'Elbeuf. — Les bâtiments de la halle. — Demandes en réduction d'impôts. — La fortune des Elbeuviens. — Nouvelles élections municipales. — Balleroy est élu juge de paix. — Les prêtres et la garde nationale. — Les registres de police. — Vote au moyen de haricots. . . . . p. 479

XXI. (janvier-mars 1791). — Différend entre la municipalité et la garde nationale. — Dispersion des chanoines de la Saussaye ; leurs adieux au prince de Lambesc. — Aux Ursulines, — Elbeuf est divisé en neuf sections. — Suppression d'une fête religieuse. — Le clergé des deux paroisses prête serment ; sept ecclésiastiques s'y refusent. — Séparation, entre les communes riveraines, de la forêt d'Elbeuf. — Une nouvelle émeute ; le sang coule . . . . . . p. 496

XXII. (avril-juin 1791). — Le prince de Lambesc et les halles de la rue Saint-Jean. — Réclamation des Elbeuviens. — Nouveau conflit entre le juge de paix Balleroy et la municipalité. — L'huissier Fontaine. — La fuite du roi Louis XVI ; son arrestation ; *Te Deum* et réjouissances à Elbeuf. — Notes de police. — Faits divers. p. 515

XXIII. (janvier-septembre 1791). — Le curé de Saint-Etienne dénonciateur de prêtres. — Discours de Grandin, procureur de la commune. — La cérémonie du 14 Juillet. — La caisse patriotique. — Nouvelle affaire entre le juge de paix et le maire. — Promulgation de la nouvelle Constitution ; fête à Elbeuf. — Le législateur Nicolas Vimar. — Les assignats ; la monnaie de billon. — Fin de l'Assemblée nationale. p. 532

XXIV. (octobre-décembre 1791). — L'Assemblée législative. — Les citoyens « actifs » et le prix de la journée de travail. — Les orgues de Saint-Etienne. — Elections municipales. — Galleran, 10ᵉ maire d'Elbeuf. — L'hôpital ; ses revenus et ses dépenses. — Dépréciation des billets de confiance. — Les anciens poids et mesures d'Elbeuf. — Vente de l'auditoire de la manufacture et autres biens nationaux . . . p. 549

XXV. (janvier-avril 1792). — Incidents. — Installation de la garde nationale. — Recrutement de l'armée ; discours d'Henri Hayet. — Le bonnet rouge et les « sans-culottes ». — Désordres au Neubourg ; Elbeuf menacé ; arrivée de troupes. — Surcharge de contributions ; mouvement dans la ville. — La consigne du corps de garde. — Les émigrés. — Débuts de la guerre de 1792. . . . . p. 569

Table des gravures . . . . . . p. 585

FIN DE LA TABLE

Elbeuf. — Imprimerie H. SAINT-DENIS.

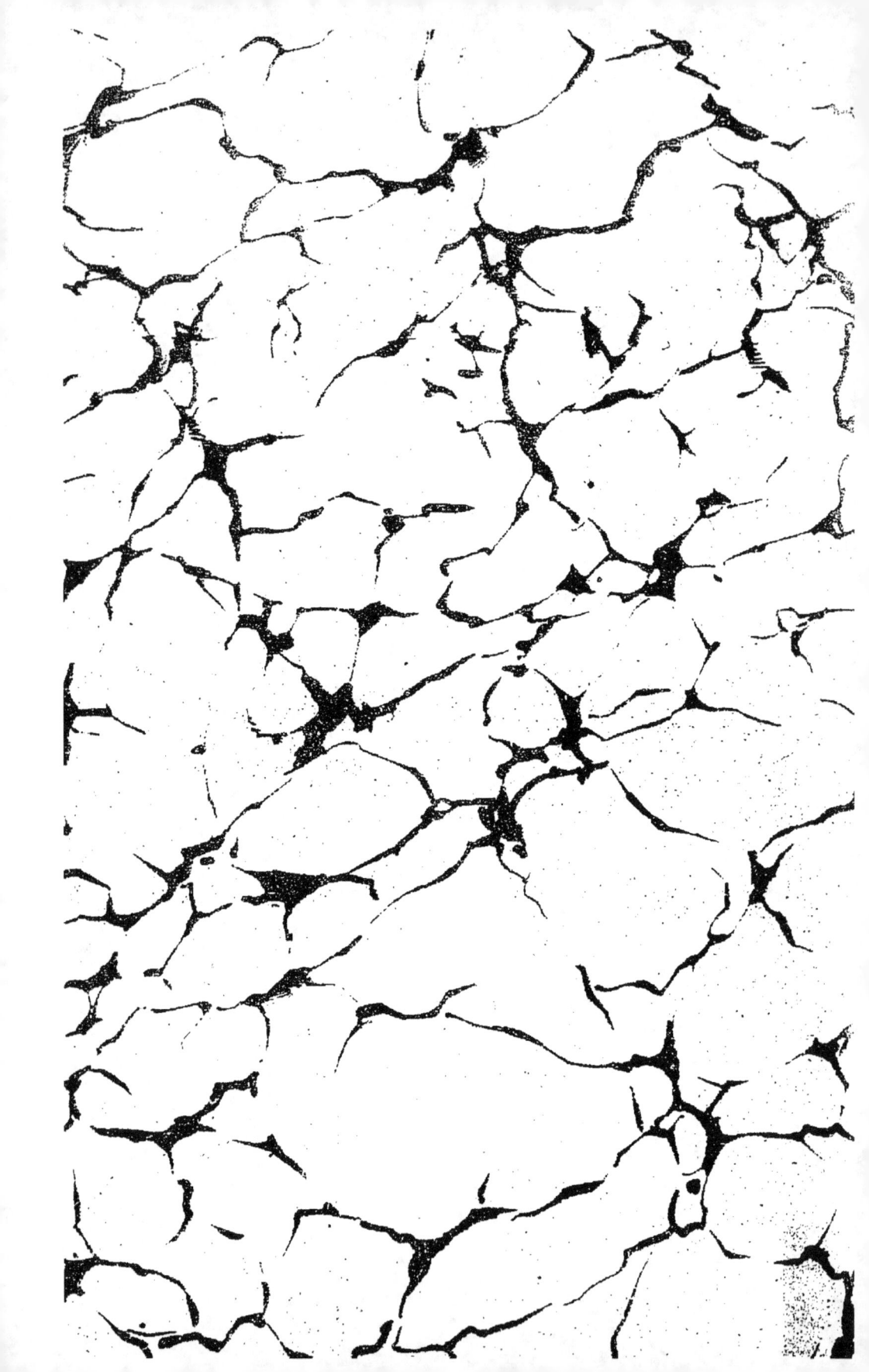

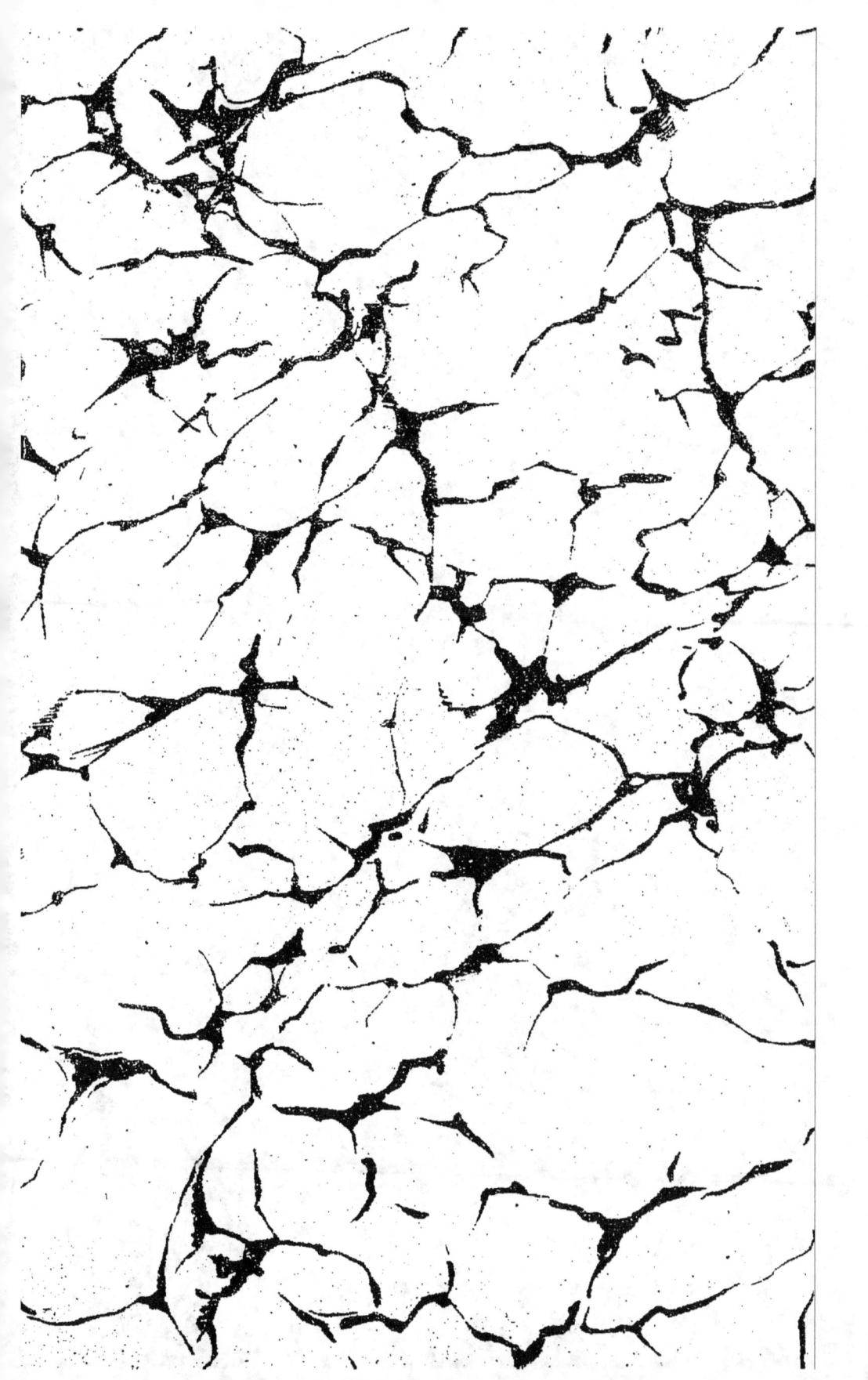

www.ingramcontent.com/pod-product-compliance
Lightning Source LLC
Chambersburg PA
CBHW051317230426
43668CB00010B/1054